Das Sumpf-Entwässern, Wälder-Roden
Schafft einwandfreien Ackerboden....
Doch langsam merken's auch die Deppen:
Die Seelen schwinden und versteppen!
Drum wollt Ihr nicht zugrunde gehn,
Laßt noch ein bißchen Wildnis stehn!
Eugen Roth

Klaus Gerdes

Die Vogelwelt
im Landkreis Leer

im Dollart und auf den Nordseeinseln
Borkum und Lütje Hörn

SCHUSTER

Herausgegeben und gefördert von der NABU Kreisgruppe Leer, gefördert von der Niedersächsischen Lottostiftung, der Niedersächsischen Wattenmeer-Stiftung Hannover, der Sparkasse Leer-Weener und der Umwelt-Stiftung Weser-Ems.

Biographische Notiz
Dr. Klaus Gerdes, *26.04.1932 in Wilhelmshaven. Nach dem Abitur Vogelwart auf Wangerooge-Ost von April bis Oktober 1952. Studium der Zoologie, Botanik, Chemie und Geographie in Göttingen und Kiel. Promotion 1961 bei Prof. Dr. H. Precht über das Heimfindevermögen der Lachmöwe. 1962-1963 als postdoctorate associate am Hydrobiology Laboratory der Universität Wisconsin in Madison. Nach dem Referendariat in Kiel und Flensburg unterrichtete er 1965-1994 Biologie und Chemie, zeitweise Erdkunde am Teletta-Groß-Gymnasium in Leer. 1970-1988 1. Vorsitzender der Kreisgruppe Leer des Naturschutzbundes Deutschland, seitdem im Beirat als Sachverständiger für Grundlagenarbeit und Naturschutz.

ISBN 3-7963-0348-X
1. Auflage 2000
© 2000 by Verlag Schuster, D-26789 Leer
Veröffentlichungen in Medien gleich welcher Art bedürfen
einer vorherigen schriftlichen Genehmigung.
Umschlagbild: Uferschnepfe, Zeichnung A. Langwisch n.e. Foto von A. Haken
Lektorat: Theo Schuster
Gesamtherstellung: Hans Kock Buch- und Offsetdruck GmbH, Bielefeld
Gedruckt auf säurefreiem, chlorfrei gebleichtem Papier
Printed in Germany

Inhalt

Geleitwort

"Im Detail liegt oft Wesentliches". Dieser häufige, hier leicht abgewandelte Satz gilt auch in der Faunistik. Denn: In den "Vögeln Niedersachsens" oder gar bei den "Vögeln Mitteleuropas" lassen sich wichtige regionale Feinheiten, z.B. ökologische Zusammenhänge und die Bewegungen der Artenbestände niemals hinreichend unterbringen.

So ist es denn sehr zu begrüßen, dass ein nordwestlicher Landkreis Deutschlands, der an die Niederlande grenzt, avifaunistisch nun nicht mehr zu einem "weißen" Bereich gehört. Dies ist umso wertvoller, als die Vogelwelt der westlich anschließenden Provinz Groningen gut bearbeitet ist und das Wattenmeer am Dollart als Habitat von Wasser- und Watvögeln nicht allein überregionale, sondern in mancher Beziehung auch globale Bedeutung hat.

Höchst wichtig ist, dass der Verfasser Klaus Gerdes mit Ernst und mit großer Objektivität seine Ergebnisse auf den Naturschutz des Kreises Leer und dessen Umgebung anwendet. Denn Vögel sind wichtige Indikatoren für den Biotop- und Artenschutz. Der Naturschutz und seine amtlichen und freiwilligen Kräfte gehören nicht - wie bis heute noch vielfach angenommen wird - einer "Unterhaltungs"-Lobby an, sondern sind Ausfluss einer Weltanschauung. Ja, da sie dem Schutz der Schöpfung dienen, stehen sie für eine höhere Dimension ein.

Gern gebe ich diesem Buch einige Worte mit auf den Weg, weil ich das Leben des Verfassers *Dr. Klaus Gerdes* in vielen Teilen begleiten durfte: Als er Schüler war und schon begeisterter Feldornithologe ("Entensee" Wilhelmshaven), als er Student war und Naturschutzwart (Wangerooge-Ost 1952), als er eifrig an seiner Doktorarbeit über das Heimfindevermögen der Lachmöwe (Universität Kiel) arbeitete und als er schließlich am Teletta-Groß-Gymnasium zu Leer Naturwissenschaften lehrte. Dass *Klaus Gerdes* nicht bei den "hohen Weihen" blieb, sondern sich in oft zähem und entbehrungsreichem Einsatz den Grundlagen des Naturschutzes verschrieb, ist als Glück für den letzteren ebenso wie für die Vogelwelt des Kreises Leer anzusehen.

Möge dieses Buch Jüngere in Wissen und Gesinnung anregen, damit die Arbeit von Klaus Gerdes weiterläuft. Denn eine Vogelwelt ist eine sehr dynamische Sache. Auch brauchen wir weiterhin kundige Wächter.

Wilhelmshaven, im Juli 2000   Dr. Friedrich Goethe
                                      Direktor (1958-1976) des Instituts für Vogelforschung
                                      "Vogelwarte Helgoland" in Wilhelmshaven

Einführung

Mit dieser Beschreibung der Vogelwelt im Landkreis Leer werden erstmals die zahlreichen Veröffentlichungen aus dem 20. Jh. gesichtet und viele unveröffentlichte Ergebnisse zusammengefasst. Bisher ist der festländische Teil des Kreisgebietes nicht im Überblick behandelt worden. Im Vergleich zu anderen Gegenden Deutschlands erscheint der Kreis Leer geradezu als ein "weißer Fleck" auf der Karte avifaunistischer Bearbeitungen (vgl. Heckenroth & Laske 1997). Nur wenige Vogelkenner haben früher das Gebiet aufgesucht und darüber berichtet. Einheimische haben gar nichts oder nur sehr wenig Allgemeines veröffentlicht. Daher ist das Datenmaterial aus der Zeit vor 1950 äußerst lückenhaft. Bielefeld (1906, 1924) erwähnt einige Arten aus der Geest und den Hochmooren Ostfrieslands mit nur wenigen Zahlen-, Zeit- und Ortsangaben. Bereits Leege (1936) hat bemerkt, dass das Festland "nicht die gebührende Berücksichtigung im Vergleich zu den Inseln" gefunden habe. Nach dem Zweiten Weltkrieg besserte sich die Situation allmählich (s. die Arbeiten von Atkinson-Willes, P. Blaszyk, F. Klimmek, F.E. Stoll und E. von Toll), doch blieb der Kreis Leer bis zur Gegenwart mit Feldornithologen unterbesetzt.

Systematische Untersuchungen setzten erst in den 1970er Jahren ein. Die wenigen daran beteiligten Mitarbeiter sahen sich aber außerstande, ein Gebiet von >1000 km² flächendeckend zu bearbeiten. Sie waren angesichts der Vielzahl vogelreicher Lebensräume überfordert. Aus Mangel an Mitarbeitern mussten sie sich auf die interessantesten Teilgebiete beschränken. Wegen des Reichtums an Feuchtgebieten mit ihren auffälligen Vogelarten wurde der größte Teil der verfügbaren Beobachtungszeit in solchen Lebensräumen verbracht. Zwangsläufig wurden insbesondere die Geest mit ihrer Wallheckenlandschaft und die wenigen Wälder sowie die Siedlungen vernachlässigt. Nur die häufigeren Greifvögel wurden im Zeitraum 1981-1989 flächendeckend von J. Prins bearbeitet. K. Rettig hat über etwa 30 Jahre hin viele kurze Mitteilungen veröffentlicht, die hier soweit berücksichtigt sind, wie sie das Untersuchungsgebiet betreffen.

1971 begannen die Gänse-Untersuchungen und 1974/1975 deutsch-niederländische Dollartzählungen. Diese Zählungen haben ein umfangreiches Datenmaterial erbracht, das für den Zeitraum 1974/75-1999 der Auswertung zugrundegelegt wird. In die Wasser- und Watvogelzählungen wurde die Ems ab 1990 teilweise einbezogen.

Über welche Teilgebiete die Kenntnisse am besten sind, kann der Leser aus dem Kapitel "Vogelreiche oder bedeutende Lebensstätten" und an der Länge der Artbeiträge ersehen. Viele Wünsche, insbesondere der nach flächendeckender Darstellung der Verbreitung, müssen bei den meisten Arten offenbleiben. Angesichts der Lückenhaftigkeit des Materials erscheint der Titel dieser Avifauna gewagt. Es kommt dem Verfasser darauf an, den Reichtum der Vogelwelt des Landkreises Leer und ihre Veränderungen seit etwa 1950 (für Borkum seit 1861) zusammenfassend darzustellen. Ziel dieser Dokumentation ist es, der Öffentlichkeit bewusst zu machen, welche Schätze verloren gegangen oder gefährdet und welche dazugekommen sind. Es ist zu hoffen, dass die vielen offenen Fragen zu weiteren Untersuchungen anreizen und als Aufgaben für die künftige Naturschutzarbeit wahrgenommen werden.

Allgemeiner Teil

1 Untersuchungsgebiet

Untersuchungsgebiet ist der Landkreis Leer. Unter Naturschutz stehende Randgebiete werden als Ganzes behandelt, auch wenn sie von der Kreisgrenze durchschnitten sind. Zu ihnen gehört als größtes Gebiet der Dollart. Diese große Bucht muss als ein Ökosystem betrachtet werden, in dem sich die Rastvögel hin und her bewegen. Daher wird sein niederländischer Teil (Dollard) vollständig bis zur NW-Ecke bei Punt van Reide (Spitze von Reide) einbezogen. Die niederländischen Vogelnamen sind aufgeführt, zumal sie häufig lautmalerisch etwas über die Besonderheit einer Art aussagen. Das im Bereich der Stadt Emden liegende Naturschutzgebiet "Petkumer Deichvorland", das mit seinem östlichen Zipfel zum Kreis Leer gehört, das gesamte Fehntjer Tief-Gebiet (Nordteil im Kreis Aurich) und das Naturschutzgebiet "Ems-Altwasser bei Vellage" einschließlich des von der Tunxdorfer Schleife umgebenen Tunxdorfer Hagen (Kreis Emsland) werden behandelt. Das für die Öffentlichkeit nicht zugängliche, nur einmal kartierte 560 ha große Marine-Sperrgebiet Ramsloh-Burlage südlich von Ostrhauderfehn gehört im Ostteil zum Landkreis Cloppenburg.

Besondere Vogelarten, die etwas außerhalb des Kreisgebietes festgestellt wurden, werden erwähnt. Die Artenliste enthält nicht viele Seltenheiten, da nirgends, auch nicht auf Borkum, wissenschaftlicher Vogelfang betrieben wurde, wie er für Helgoland, Mellum oder Wangerooge typisch war und ist. Auf Borkum haben von Droste-Hülshoff und Leege Vogeljagd lediglich für Bestimmungs- und Dokumentationszwecke betrieben.

So wissen wir über die Vogelwelt dieses Teilgebietes, die Nordseeinsel Borkum, seit längerem besser als über das Festland Bescheid. Die Insel ist von Erholung suchenden Ornithologen häufig bereist worden, nachdem Ferdinand Freiherr von Droste-Hülshoff (der Kürze halber Droste genannt) sie 1869 einem breiten Publikum bekannt gemacht hat. Er hat die Grundlage gelegt, auf der Otto Leege (1905) mit seinen Forschungen aufbauen konnte. Dessen Veröffentlichungen trugen weiter dazu bei, den Strom ornithologischer Borkumliebhaber nicht abreißen zu lassen. Von ihnen seien Peitzmeier (1961) und Schoennagel (ab 1970) hervorgehoben. In neuerer Zeit haben der Insulaner B. Hofmann und die Mitarbeiter der Arbeitsgemeinschaft "Seevogelschutz" umfangreiches Material über Borkum und Lütje Hörn, die kleine unbewohnte Nachbarinsel auf dem Randzel-Watt, beigesteuert.

2 Lage und Beschreibung des Kreisgebietes

Der Landkreis Leer liegt im äußersten Nordwesten Deutschlands, angrenzend an die Niederlande (Abb. 1). Der festländische Teil (geographische Koordinaten: 53° 2' bis 53° 22' N und 7° 12' bis 7° 53' O) erstreckt sich auf einer Fläche von 1055 km² innerhalb des Einzugsbereiches der unteren Ems zwischen dem Dollart und seinen Zuflüssen aus dem ostfriesisch-oldenburgischen Geestrücken. Ebenfalls zum Kreis gehören die dem Emsästuar vorgelagerten Wattenmeer-Inseln Borkum (31 km², Inselmitte 53° 36' N und 6° 42' O) und Lütje Hörn (53° 36' N, 6° 52' O). Das Kreisgebiet wird im Norden von der Stadt Emden und dem Kreis Aurich, im Osten vom Kreis Ammerland, im Süden von den Kreisen Cloppenburg und Emsland und im Westen von der niederländischen Provinz Groningen begrenzt.

Im Vergleich zu anderen Landkreisen Norddeutschlands besitzt der Landkreis Leer eine sehr große Zahl verschiedenartiger Lebensräume in beträchtlicher Ausdehnung, die für die Vogelwelt bedeutsam sind: Hochsee vor der Insel Borkum, lange Sandstrände, Dünen verschiedenen Alters, Salzwiesen, Sand- und Schlickwatt, die Brackwasserbucht Dollart, Flusslandschaften mit Altarmen, alte Grünlandmarsch, junge Ackermarsch, Niedermoore mit meist verlandeten Seen, Hochmoore mit dem Hochmoorsee Lengener Meer, Geest mit Laub- und Nadelwäldern, Wallheckenlandschaften und Siedlungen. Diese Tatsache erklärt die hohe Zahl von 306 Vogelarten, die bisher im Kreisgebiet oder seiner Nähe nachgewiesen worden sind.

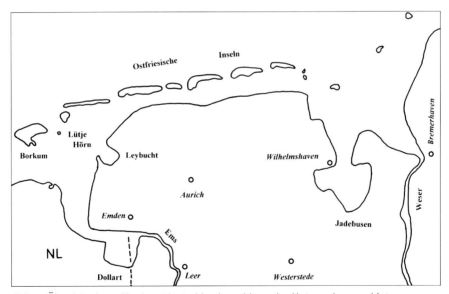

Abb. 1: Übersichtskarte Nordwestdeutschlands und Lage des Untersuchungsgebietes

2.1 Naturräumliche Gliederung

2.1.1 Borkum und Lütje Hörn

Die *Nordseeinsel Borkum*, die größte der Ostfriesischen Inseln, liegt 12 km N der niederländischen und 20 km von der ostfriesischen Küste entfernt am NW-Rand des großen Randzel-Watts, das von der Wester- und Oster-Ems umflossen wird. Borkum ist aus ursprünglich zwei, noch 1863 durch einen Priel getrennten Inseln, dem West- und Ostland, zusammengewachsen (Schrader 1928). Das Tüskendör zeigt heute die alte Nahtstelle an. Die beiden Inselteile weisen deutlich die hufeisenförmige Gestalt der konzentrisch verlaufenden Dünenketten auf, die zum Randzel-Watt hin offen sind. Das Innere der Dünenbögen ist mit eingedeichten Marschen aus großenteils Grünland und Salzwiesen vor dem Seedeich ausgefüllt. Der Scheitel der Dünenketten des Westlandes ist von der Meeresbrandung gekappt und muss mit Betonmauern und Buhnen geschützt werden. Die Stadt Borkum hat diesen Teil der Insel überformt. Die Insel besticht durch eine Vielzahl von Biotopen auf engem Raum. Peters (1996) hat in seiner Dissertation die Vegetation der Insel für die Jahre 1990-1993 ausführlich dokumentiert und kartiert und ist auf landschaftliche Veränderungen der letzten vier Jahrhunderte eingegangen. Im Nordosten des Randzel-Watts liegt die unbewohnte kleine Insel *Lütje Hörn* (1999 24,4 ha), deren Fläche durch Abrasion kleiner geworden ist. Sie hat in den letzten Jahren einen erheblichen Teil ihrer niedrigen, mit Strandhafer *(Ammophila arenaria)* bewachsenen Dünen verloren. Leege (1935) gab ihre Länge noch mit 3 km an. Durch menschliche Nesträuber wurden die Brutvögel früher fast regelmäßig gestört, so dass nur wenige Arten (Austernfischer, Seeregenpfeifer, Silbermöwe, Brand-, Fluss- und Zwergseeschwalbe) oft vergebliche Brutversuche unternahmen.

Der Umweltatlas Wattenmeer (Nationalpark Niedersächsisches Wattenmeer & Umwelt-Bundesamt 1999) behandelt ausführlich alle ökologischen Aspekte von Borkum, Lütje Hörn und dem Randzel-Watt.

2.1.2 Geest

Das Landschaftsbild der pleistozänen Geest des Festlandes wird hauptsächlich von den Gletscherablagerungen der Saale-Kaltzeit vor 310.000 bis 120.000 Jahren bestimmt (Reineck 1994, s. Abb. 2). Fünf parallele Geestrücken, die zur SW-Abdachung des ostfriesisch-oldenburgischen Geestrückens gehören, erstrecken sich nordöstlich der Kreishauptstadt Leer in NO-SW-Richtung. Sie zeigen noch heute die Schürfrichtung der damaligen Gletscher an. Das heutige Relief gibt der Landschaft ein fast ebenes bis flachwelliges Gepräge, da weichseleiszeitliches Bodenfließen eine Abflachung der ursprünglichen Bodengestalt bewirkte. Am meisten fällt der etwa 24 km lange Geestrücken mit den Orten Leer und Hesel auf, der

Höhen von häufig 5-10 m und maximal 18 m im Holle Sand erreicht, dem größten Binnendünengelände Ostfrieslands. Der Holle Sand war 1844 völlig unbewaldet (Papen 1844). Auf diesem Geestrücken liegen heute fast alle Wälder (von SW nach NO): Logabirumer (120 ha), Heseler (516 ha), Stiekelkamper Wald (46 ha), Oldehave (97,6 ha) und Holle Sand. Die Flächengrößen-Angaben beziehen sich auf die Waldfläche.

Der Heseler Wald ist erst um 1900 entstanden, als die Binnendünen des Barther Sandes mit Kiefern aufgeforstet wurden (Bielefeld 1924, G. Dählmann mdl.). Auf benachbarten Geestrücken finden sich kleinere Laubwälder bei Selverde und Jübberde (zusammen 27 ha). Naturwälder mit altem Baumbestand sind nicht vertreten. Der Kreis gehört mit 1,5 % Waldfläche zu den äußerst gering bewaldeten Gebieten Deutschlands, während die Waldfläche des Landes Niedersachsen 19,3 % beträgt (Untere Naturschutzbehörde mdl., von Drachenfels et al. 1984). Im Südteil des Kreises verlaufen die Geestrücken überwiegend in N-S-Richtung entsprechend den Wasserläufen der Ems und des Burlager-Langholter Tiefs.

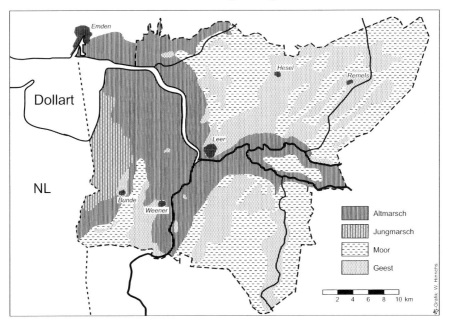

Abb. 2: Naturräumliche Einheiten im Landkreis Leer nach W. Haarnagel, um 1962, verändert und ergänzt.

Die Kulturlandschaft der Geest wird weithin von Wallhecken geprägt, die meist von Stieleichen (*Quercus robur*) und weniger von Birken (*Betula pendula*) sowie

13

Schwarzerlen (*Alnus glutinosa*) in lockerem Abstand überragt werden. Dadurch entsteht eine Park- bzw. Kulissenlandschaft, die allerdings häufig stark gestört oder zerstört ist. Besonders reizvoll ist sie N von Kiefeld bei Hesel sowie in Teilen Uplengens erhalten geblieben.

Um vor Überschwemmungen geschützt zu sein, sind Städte wie Leer und Weener oder Orte wie Bunde, Ihrhove, Hesel, Remels und andere auf Geestrücken oder an ihrem Rand enstanden.

2.1.3 Nieder- und Hochmoore

Nach dem Ende der Weichsel-Kaltzeit und mit dem Vordringen der Nordsee setzte vor etwa 6000 Jahren die Bildung von Niedermooren in den Tälern ein, die vom Schmelzwasser erodiert waren (Behre 1987). Die nur wenige Meter betragenden Höhenunterschiede der Geest wurden noch weiter verringert, so dass eine Landschaft fast ohne Relief entstand. Niedermoore waren besonders in den Bereichen entlang der Leda, Jümme, den Tälern ihrer nördlichen und südlichen Zuflüsse, entlang dem Fehntjer Tief an der N-Grenze des Kreises sowie im Bereich des Dollart vor seinem Einbruch entstanden. Große Hochmoore wie das stark abgetorfte Stapeler Moor mit dem NSG Lengener Meer (ursprünglich 141 ha) in seinem Nordteil und das Neudorfer Moor im äußersten Nordosten, das an die Esterweger Dose angrenzende Klostermoor im Süden und ein Ausläufer des Bourtanger Moores im Südwesten hatten sich in den Randgebieten des Kreises ausgedehnt. Die Niedermoore und besonders die Hochmoore sind häufig über dem Geestuntergrund gewachsen. Dadurch sind die Landschaftstypen oft ineinander verzahnt oder überlagert, so dass ihre Abgrenzungen im Gelände manchmal schwierig zu erkennen sind.

Die ehemals 4-8 m mächtigen Hochmoore sind vor allem seit dem 17. Jh. durch die Fehnkultur, d.h. den Bau von Kanälen, durch Trockenlegung und Torfabbau (besonders im 20. Jh.) in landwirtschaftlich genutzte Gebiete umgestaltet worden. Im Bereich der ehemaligen Moore überwiegt wegen der Bodenbeschaffenheit und des Klimas Grünland. Lebende Nieder- und Hochmoore sind bis auf kleine, häufig allmählich austrocknende Reste verlorengegangen. Lediglich um den 22 ha großen Hochmoorsee Lengener Meer wölbt sich noch ein kümmerlich existierendes Hochmoor. Mit dem starken Verlust der Hochmoore hängt das völlige Verschwinden des Goldregenpfeifers, des Birkhuhns und der Rückgang des Großen Brachvogels zusammen.

Sehr positiv sind die bisherigen und geplanten Vernässungsaktionen zu werten. Zu hoffen ist und vorstellbar, dass ein Teil der verschwundenen Pflanzen- und Tierwelt wiederkehrt, wenn die Pläne konsequent umgesetzt werden. Erfolgreich verläuft die Entwicklung z.B. im Neudorfer Moor seit 1985, wenn auch die Verluste der Vergangenheit bisher nicht wettgemacht werden konnten. Es wird interessant sein zu verfolgen, wie sich die begonnene Vernässung des Stapeler Moores und des Klostermoores einschließlich der Esterweger Dose auswirken wird. Hier soll einer der größten Hochmoorbiotope Deutschlands mit einer Größe von etwa 6000 ha wiedererstehen.

2.1.4 Marsch

Als jüngste Landschaft ist die Marsch erst mit dem Vordringen der Nordsee in den heutigen Küstenbereich während des Holozäns entstanden. Die hauptsächlich aus Ton oder Lehm bestehenden Sedimente überlagerten die Basistorfe. Sie bildeten die Marschen, die sich am weitesten entlang den Flüssen ins Landesinnere erstrecken. Besonders im Rheiderland zwischen Dollart und Ems und rechts des Flusses sind großflächig Marschen entstanden, die mehr als ein Drittel des Kreisgebietes ausmachen. Wegen ihrer fruchtbaren Böden hat sich hier eine leistungsfähige Landwirtschaft entwickelt. Dies gilt vor allem für die durch Einpolderungen des Dollart gewonnene, höher gelegene Jungmarsch (entstanden vom Anfang des 16. Jh. bis 1877, +1 bis 1,5 m über NN gelegen). Sie wird überwiegend ackerbaulich genutzt, während die Altmarsch (Sietland, meist um -0,5 bis -2,5 m) durch Grünlandwirtschaft charakterisiert ist.

Das Sietland wird von bis zu 3,80 m mächtigem Darg der früheren Niedermoore unterlagert. Diese Moore bestanden vor rund 1000 Jahren aus riesigen Röhrichten und Seggenflächen, durchsetzt mit Bruchwäldern aus Erlen und Weiden (*Salix*; Behre 1987 und in Behre & van Lengen 1995). Flur- oder Ortsnamen wie Swartewold, Böhmerwold und St. Georgiwold erinnern an ehemalige, fast völlig verschwundene Bruchwälder. Das Schilfröhricht des Marienchorer Meeres und Erlenbestände am Süder- und Norderkolk bei St. Georgiwold sind Reste der damaligen Vegetation. Wie zur Erinnerung an die frühere Zeit sind bei Sturmfluten wenige Male Schilfmoorstücke aus der Zeit vor dem Dollarteinbruch an das Ostufer getrieben worden (1362 und später). Durch Überflutungen der Nordsee wurde das Sietland vornehmlich im dollart- und emsnahen Bereich mit Schlick überlagert, der im Niederrheiderland eine mehrere Dezimeter mächtige Kleidecke bildet. Aus Niedermooren hervorgegangene Meeden werden im ostfriesischen Sprachgebrauch Hammriche genannt (s. Karte von Le Coq und Begriffserklärungen).

Auf dem 1-2 km breiten Uferwall der Ems (1 bis 1,5 m über NN), wo sich der meiste, wenn auch stellenweise abgeziegelte Ton abgelagert hat, konzentrieren sich die Orte der Rheiderländer Marsch, deren Siedlungen ab 700 v. Chr. nachgewiesen sind (Behre 1987). Rechts der Ems erstrecken sich die Flussmarschen entlang dem Fehntjer Tief im N und der Leda und Jümme. Nach O wird die Kleidecke immer dünner und fehlt schließlich. - Dem interessierten Besucher sei eine Besichtigung des Heimatmuseums in Weener empfohlen, wo die Entwicklung der Marsch gut dargestellt ist.

2.1.5 Feuchtgebiete

Ein großer Reichtum an Wasserläufen und Feuchtgebieten kennzeichnet den Kreis. Die ihn von S nach N durchströmende Ems bildet die Hauptachse. Ihr fließen von der rechten Seite die Leda und Jümme zu sowie im Nordteil das Ayenwolder (Rorichumer) Tief bei Oldersum (als künstliches Tief oder Kanal geschaffen) und das Fehntjer Tief bei Emden, ein mäandrierender Wasserlauf. Auf der linken Seite münden das Soltborger und Coldeborger Tief (Janssen 1967). Alle Wasserläufe sind von Grünländereien flankiert und ausgerichtet auf den Dollart, das größte und bedeutendste Feuchtgebiet.

Ems, Leda und Jümme gliedern als wichtigste Fließgewässer das Kreisgebiet in vier Kulturräume: 1. Rheiderland W der Ems mit der Stadt Weener, 2. Overledingen S der Leda mit Ihrhove (Westoverledingen) und Rhauderfehn, 3. Moormerland N und NO von Leer und 4. Uplengen im Nordosten mit Remels als zentralem Ort. Im Zwischenstromland von Leda und Jümme liegt der Jümmiger Hammrich.

Die wenigen natürlichen Stillgewässer des Kreises beschränken sich auf die Moore; sie sind zum größten Teil oder völlig verlandet wie z.B. in der Gemeinde Moormerland Wolfmeer (früher mit einem Durchmesser von 300 m, Papen 1844), Gretjemeer, Hammeer (vor 160 Jahren mit einer offenen Wasserfläche von 500 m im Durchmesser, Papen 1844) und Puddemeer (NSG, 80 ha) sowie der Wynhamster Kolk (schon vor 1844 trocken gelegt) und das Marienchorer Meer im Rheiderland (früher 800 m lang). Das vor 200 Jahren noch beträchtlich große Flachsmeer O von Veenhusen (1844 440 m lang) liegt heute als winziger Rest zwischen der Siedlung und der Autobahn (s. die topographische Karte von Le Coq 1805). Erhalten geblieben sind der ein Hektar große Süderkolk im Rheiderland, das N von Boekzetelerfehn an der Kreisgrenze gelegene Boekzetelermeer, im äußersten Nordosten der Hochmoorsee Lengener Meer und in der Gemeinde Rhauderfehn das Langholter Meer, das allerdings durch Wasserverschmutzung beeinträchtigt ist. Hier befinden sich ausgedehnte und kaum untersuchte Weidendickichte. (Ein "Meer" ist im ostfriesischen Sprachgebrauch ein flaches Binnengewässer.) Erst in den letzten 30 Jahren sind durch Sandgewinnung zahlreiche künstliche Seen entstanden, die der Vogelwelt neue Lebensräume bieten.

2.2 Wirtschaftliche Nutzung

Mit einer Einwohnerdichte von 143 E/km² gehört der Kreis zu den geringer besiedelten Kreisen Deutschlands (7 % Bebauung, Abb. 3).

Einen wichtigen Wirtschaftszweig stellt die Landwirtschaft dar, denn rund 75 % der Kreisfläche werden landwirtschaftlich genutzt. Wie kaum ein anderer Kreis in Niedersachsen, mit Ausnahme des Landkreises Wesermarsch, wird das Kreisgebiet von Grünland beherrscht. Der Gewässeranteil beträgt 624 ha (5,7 %) und ist ebenfalls vergleichsweise hoch. Die vielen Gewässer (Flüsse, Gräben und Tiefs) und die niedrige Höhenlage bedingen aber auch den Reichtum an Feuchtgebieten mit den für sie charakteristischen Pflanzen und Tieren. Aus diesem Sachverhalt ergeben sich viele Konflikte zwischen der Landwirtschaft und dem Naturschutz (Landkreis Leer 1991, unveröffentlicht).

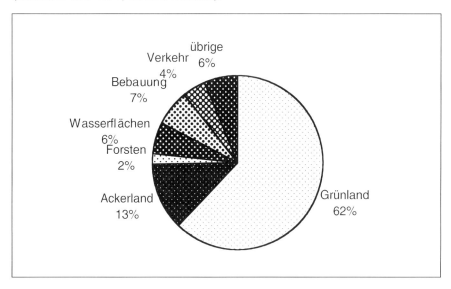

Abb. 3: Prozentuale Flächenanteile der Nutzung im Lk Leer (1990, Quelle: Landkreis Leer, UNB). Zu den 6 % übrigen Flächen gehören u.a. Halden, die Breinermoorer Mülldeponie und Naturschutzgebiete (2,1 %). Die Wattflächen des NSG "Dollart" sind nicht mitgerechnet.

2.3 Klima

Der Landkreis Leer liegt im ozeanisch-subozeanischen Klimabereich mit kühlen, oft regenreichen Sommern (Julimittel in Emden 16°) und relativ milden Wintern (Januarmittel +1°). Mit der kühlen Witterung im Frühsommer hängt zusammen, dass sich wärmeliebende Arten wie Girlitz, Neuntöter und Nachtigall im Vergleich zum küstenferneren Binnenland kaum oder spärlicher ansiedeln. Im Mittel kommen 56 Frosttage vor und es fallen 730-760 mm Niederschlag. Schneelagen sind selten und dauern meist nur kurze Zeit (Daten der Wetterwarte Emden). Diese Bedingungen begünstigen das Vorkommen von Wasser- und Watvögeln im Winterhalbjahr. Charakteristisch ist das Vorherrschen oft kräftiger Winde vornehmlich aus SW und NW besonders von September bis März. Das Klima der Nordseeinsel Borkum zeichnet sich durch geringere Temperaturamplituden, niedrigeren Niederschlag, längere Sonnenscheindauer und kräftigere Winde aus.

3 Landschaftswandel aus avifaunistischer Sicht

3.1 Entwässerung der Hammriche

Schon vor mehr als 100 Jahren wurden in der niedrig gelegenen Marsch Maßnahmen getroffen, um die Entwässerung zu verbessern und die Wiesen rascher trocken zu legen, wie Bielefeld (1906) aus der Umgebung des Großen Meeres (NO von Emden) berichtet. Hier seien die Veränderungen in jüngerer Zeit geschildert, die auf die Vogelwelt nachteilige Auswirkungen gehabt haben. Noch um 1950 boten die Hammriche dem Naturfreund im Frühjahr herrliche Erlebnisse. "Die Luft war erfüllt von den Balz- und Warnrufen der vielen Kiebitze und Uferschnepfen", "dem Jubeln der unzähligen Lerchen, dem Meckern der Bekassinen und dem Konzert der Kreuzkröten" (Blaszyk 1961). Solch eine Landschaft gehört heute aufgrund der Entwässerungen und mit dem Ausbleiben von Überschwemmungen der Geschichte an.

3.1.1 Leda-Jümme-Gebiet

Fast alljährlich standen früher im Leda-Jümme-Gebiet in den Wintermonaten (oft ab Oktober) bis ins Frühjahr hinein 250-300 km² unter Wasser. Der große Reichtum an Wasservögeln lockte Gänse- und Entenjäger von fern und nah an. Wie berühmt der Flugwildreichtum gewesen ist, zeigen folgende Beispiele. Die Bahnbeamten H. Köhler und E. Schröder (mdl.) erinnern sich: 1947 und 1948 wurde in Heidelberg oder anderen Orten der damaligen amerikanischen Besatzungszone in unregelmäßigen Abständen ein Sondertriebwagen eingesetzt, der hohe amerikanische Offiziere nach Stickhausen brachte. Von dort, von Filsum und Barge aus, fuhren sie mit Jeeps ins Gelände und gingen von den Deichen aus auf Jagd nach Gänsen und Enten. Auch britische Offiziere frönten hier dem Jagdvergnügen (s. Artkapitel Kurzschnabelgans und Blässgans). Es handelte sich wahrscheinlich um einen Geheimtip.

Nicht nur für Wintervögel, auch für Sommervögel war das Leda-Jümme-Gebiet ein Paradies, so für Kiebitze, Uferschnepfen, Bekassinen und viele andere Arten.

Atkinson-Willes (1961) schreibt nach Angaben von F. Klimmek, den er folgendermaßen zitiert: "It was a favourite resort ... so much that on one occasion when he (Klimmek) drove down the track from Stickhausen to Amdorf he had constantly to halt and allow their broods to cross his path". Der Ruf von Atkinson-Willes, jeden Hektar solcher Landschaften zu bewahren, ist längst verhallt.

Nach dem Bau des Ledasperrwerks 1954 blieb das Leda-Jümme-Gebiet von den winterlichen Überschwemmungen verschont. Es wurde später dräniert und mit Wirtschaftswegen durchzogen, die vielfach landschaftsverfremdend von Baumreihen und Windschutzstreifen begleitet werden. Folglich verschwanden die großen Scharen nordischer Schwäne und Gänse im Winterhalbjahr. Die ehemals großen Bestände der Sommervögel wie Kiebitze, Kampfläufer, Uferschnepfen, Bekassinen und Birkhühner gingen stark zurück oder verschwanden völlig (van Dieken 1960, Harrison 1954, Janssen 1967, E. von Toll 1964). Der Weißstorch kommt nur noch in wenigen Paaren vor. Entwässerungsmaßnahmen, unterstützt durch leistungsfähige Schöpfwerke, wurden auf fast alle Weiden und Wiesen des Kreises ausgedehnt.

3.1.2 Fehntjer Tief-Gebiet

Die Entwässerungs- und Trockenlegungsmaßnahmen wurden im Fehntjer Tief-Gebiet in den 1980er Jahren mit den gleichen Folgen fortgesetzt. Als letztes Teilgebiet ist die Umgebung des Boekzeteler Meeres ab 1985 entwässert worden und wird landwirtschaftlich intensiver genutzt. Der Wasserspiegel lag früher wenige Dezimeter unter der Erdoberfläche, später etwa 2 m tiefer. Zu Beginn der 1980er Jahre konnte man am Boekzeteler Meer eine Hammrichlandschaft erleben, wo im April und Mai Sumpfdotterblumen (*Caltha palustris*) blühten und Kiebitze, Bekassinen, Uferschnepfen und Rotschenkel mit ihren Fluggesängen die Luft erfüllten. Mit dem Wirksamwerden der Trockenlegungsmaßnahmen kehrte fast der "stumme Frühling" ein. Ein seit 1985 von einem Deich umgebenes Restgebiet am Boekzeteler Meer steht zwar unter Naturschutz (102 ha Kreisanteil), ist jedoch durch Verzicht auf Beweidung oder Mahd und hohe Vegetation so ungünstig verändert, dass die Wiesenvögel auch hier fast völlig verschwunden sind.

3.2 Veränderungen der Moore

Niedermoore sind nicht nur durch Trockenlegung, sondern auch durch Überspülung vernichtet worden. So befand sich NW Sieve, 4,5 km ONO Oldersum, ein Niedermoor mit dem verlandeten Gastmer Meer. 1844 hatte dieses Meer nach Papen einen Durchmesser von 300 m. Zu Beginn der 1970er Jahre wurde das Niedermoor mit dem Spülgut aus der nahen Autobahn-Trasse überspült. Es war etwa 43 ha groß, lag -0,4 m tief und ist weder pflanzensoziologisch noch avifaunis-

Ems mit stark versteintem Ufer bei Mitling-Mark (15.03.1997)

Zerstörung eines Hochmoores: Torfabbau im Klostermoor (25.09.1983)

tisch untersucht worden. Auf dem Spülfeld siedelten sich 1973 12 Bp Säbelschnäbler und 1975 die Krickente an. In den 1980er Jahren und später bot es Schilfröhrichtbewohnern Habitate.

Hochmoore stellten vor 200 Jahren einen erheblichen Teil des Landkreises dar. Vor allem im Osten und Süden war das Gebiet bis auf schmale Geestrücken vom Oldenburger Land und Emsland nahezu abgeriegelt. Eindrucksvoll stellen die Karte von Le Coq (1805) und der Topographische Atlas von Papen (1844) die riesige Ausdehnung der Hochmoore dar. Von Glansdorf S Collinghorst erstreckten sie sich ununterbrochen 14 km weit nach S allein auf dem Kreisgebiet, reichten im Emsland aber noch weiter nach S. Diese geographische Besonderheit war lange Zeit für die kulturelle Eigenständigkeit Ostfrieslands verantwortlich. Sie wirkt bis heute nach.

Die Hochmoore sind bis auf winzige Reste verschwunden; sie wurden abgetorft und in Kulturlandschaften umgewandelt. Mit ihnen verschwanden auch die früher zahlreichen Hochmoorseen. Die Brunseler Meere bei Burlage im S dehnten sich nach Papen (1844) 1,7 km aus. In den 1980er Jahren fanden in diesen Hochmoorresten teilweise Vernässungsmaßnahmen statt, die sich auf Flora und Fauna sehr positiv ausgewirkt und den Wert der Gebiete erheblich gesteigert haben. Als vorbildliches Beispiel gelungener Vernässung verdient das Neudorfer Moor hervorgehoben zu werden, während am Lengener Meer, dem einzigen übriggebliebenen Hochmoorsee des Kreises, und im Wymeerster Hochmoor durchgreifende Erfolge noch ausstehen. Die Vernässungsmaßnahmen des Stapeler Moores und der Moore im Bereich des Jammertals sowie der Esterweger Dose sind in Angriff genommen.

Wie stark sich die Landschaft in 190 Jahren verändert hat, wird beim Vergleich der Karte von Le Coq (1805) und der Regionalkarte von 1995 deutlich (s. Umschlaginnenseiten). Riesige Hochmoore dehnten sich damals z.B. N und S von Leer aus. Die Flüsse Ems, Leda und Jümme zeigten viel mehr Flusswindungen. Die Siedlungen waren winzig im Vergleich zu heute. Die Verkehrsverbindungen fehlten oder waren schlecht ausgebaut.

3.3 Eingriffe in den Emslauf

Seit 1984 ist dieser bedeutendste Tidefluss Ostfrieslands von ehemals 5,5 m Tiefe unterhalb von Leer schrittweise auf 7,30 m bei MHW vertieft worden. Durch ständige Baggerungen und jahrelang geringen Oberwasserzufluss verstärkte sich die Trübung derart, dass die Sichttiefe des Wassers auf Null sank. Für fischfressende Vögel sind damit drastische Einbußen verbunden, zumal die Fischfauna stark zurückgegangen ist. Die Ufer sind im gesamten Kreisgebiet mit Steinblöcken befestigt worden und durch Buhnen geschützt, so dass die Ems weithin einem Kanal gleicht. Die Versteinung der Ufer erschwert laufenden Vögeln den Wechsel zwischen Vorland und Flusswatt. Für Küken wirken die Lücken zwischen den Steinblöcken wie tödliche Fallen.

In den 1960er Jahren wurden die Winterdeiche zwischen Rhede und Vellage so nahe an die Ems verlegt, dass nur noch ein 400-700 m breiter Überflutungsraum übrigblieb, der sich lediglich im Bereich des NSG "Emsaltwasser bei Vellage" auf 1100 m weitet. Hier floss die Ems bis 1890 in einer Schleife, die den Tunxdorfer Hagen umgibt (Janssen 1967). Die Wiesen im NSG vor Vellage wandelten sich nach dem Bruch der Sommerdeiche und infolge Erosion ab 1991 in ein mit Röhricht und Weiden durchsetztes Süßwasserwatt um. Auf dem Tunxdorfer Hagen verschwanden die ehemals extensiv beweideten Wiesen; er ist fast geschlossen mit Schilfröhricht und etwas Auwald bewachsen. Bei Grotegaste, Stapelmoor, Weekeborg und Coldam sind im Rahmen des Ausbaus der Ems zum Schifffahrtskanal Schleifen beseitigt und der Flusslauf verkürzt worden. Dabei ging immer mehr Flutraum verloren. Die Strömungsgeschwindigkeit nahm zu und der Tidenhub erhöhte sich. Wie stark sich das im Bau befindliche Emssperrwerk N von Nendorp auf den Unterlauf der Ems auswirken wird, bleibt abzuwarten.

3.4 Erdbewegungen, Straßen- und Wegebau, Windparks

Ungünstig wirkte sich der Bau von Wirtschaftswegen in den Hammrichen aus, durch die ganzjährig Verkehr in bis dahin kaum gestörte Gebiete hineingetragen wurde (Blaszyk 1966). Nach dem Bau der Hammrichstraße im Wymeerster Hammrich 1972 wurden die wegnahen Bereiche von den Wildgänsen gemieden. Ähnliche Konsequenzen haben sich überall dort ergeben, wo Wirtschaftswege gebaut wurden. Der Verlust an Anziehungskraft dieser Gebiete für die Vogelwelt wird z.T. durch Bodenentnahmestellen ausgeglichen, die in den 1980er Jahren entstanden und als künstliche Seen Nahrung, Trinkwasser und vor allem Ruhe für Entenvögel bieten (seit 1980 Erlensee im Stapelmoorer Hammrich, zwei Seen im NW des Wymeerster Hammrichs nahe dem Hessentief, Holtgaster See am Swartwolder Dwarsdeep seit 1988, Kolke im Königsmoor NW Meerhausen bei Brinkum, Spülfläche bei Soltborg). Sie könnten einen noch größeren Wert besitzen, wenn ihre Ufer flach abfallen würden.

Die Autobahn A 28/31 durchschneidet den Kreis seit 1988-1990 auf 64,4 km Länge. Schwerwiegend wirkt sich die Trasse im Rheiderland aus, wo Bruthabitate von Wiesenvögeln und Äsungsgebiete nordischer Gänse verloren gingen oder in ihrem Wert gemindert wurden. Bemühungen zum Ausgleich sind im Jahr 2000 noch immer im Gange. Seit 1994 wird der Bau von Windparks insbesondere im

Rheiderland vorangetrieben, wo sich der größte Teil der Gastvögel konzentriert. Die Flächen innerhalb der Parks und im Umkreis von 300-500 m werden von den meisten Brut- und Gastvögeln gemieden. Hier dem Naturschutz zu seinem Recht zu verhelfen, stößt auf größte Schwierigkeiten.

4 Vogelreiche oder bedeutende Lebensstätten mit Beobachtungspunkten

4.1 Dollart

Westlich der Emsmündung bei Pogum erstreckt sich eine fast 100 km² große Bucht, die über den 3 km breiten Dollartmund bei Punt van Reide mit der Außenems und somit der Nordsee verbunden ist. Die Bucht ist das Ergebnis von Meereseinbrüchen zwischen 1362 (Marcellusflut) und 1509. Nach zahlreichen Einpolderungen vom 17. bis zum 20. Jh. ist der Dollart heute auf etwa 1/3 seiner ursprünglichen Fläche geschrumpft (Homeier 1977). Der jüngste Polder ist an der Ostseite der 1877 eingedeichte Kanalpolder. An der Nordseite wurde die Wybelsumer Bucht 1922 eingedeicht (Sindowski 1973). Der Carel-Coenraad-Polder entstand im SW 1924/25.

Der Dollart wird von der deutsch-niederländischen Staatsgrenze durchschnitten. Sie führt bei Nieuwe Statenzijl in NNW-Richtung auf den Außenhafen von Emden zu und biegt im Nordteil nach W ab. Über die genaue Lage der Ost-West verlaufenden Grenze gibt es keine einheitliche deutsch-niederländische Auffassung. (Zur Schreibweise: Dollard = niederländischer Teil, Dollart = deutscher Teil oder Gesamtdollart)

Der niederländische Dollard steht seit 1977 unter Schutz und ist seit 1990 Ramsar-Gebiet, der etwa 30 % der Bucht ausmachende deutsche Dollart wurde 1980 als Naturschutzgebiet (2250 ha) ausgewiesen, soweit er zum Kreisgebiet gehört (Werkgroep Eemsmond/Naturschutzbund 1992). Wegen der internationalen Bedeutung für Wasser- und Watvögel gehören dieser Teil sowie der größte Teil des zum Kreis Emden gehörenden N-Randes zum Ramsar-Gebiet "Ostfriesisches Wattenmeer mit Dollart" (seit 1974, Zentrale für Wasservogelforschung und Feuchtgebietsschutz in Deutschland 1993). Die dem Naturschutzzweck zuwiderlaufende Wattenjagd wurde bis Ende 1994 intensiv ausgeübt (s. Kapitel Naturschutz).

Der Dollart kann sowohl als Flussbucht wie als Meeresbusen betrachtet werden, in dem Nordseewasser und das Süßwasser der Zuflüsse stärker durchmischt werden. Küstenform und Wasserverhältnisse schaffen einen Brackwasserraum mit einem Salzgehalt, der von etwa 5 ‰ an der Mündung der Westerwoldschen Aa im Südosten auf etwa 18 ‰ im Nordwesten ansteigt (Dahl & Heckenroth 1978). Durch Sturmfluten oder starke Regenfälle kommt es zu großen Abweichungen von diesen Mittelwerten. Dem Salzgradienten entsprechend häufen sich tonig-schluffige Ablagerungen im Osten und besonders im Südosten. In nordwestlicher Richtung nimmt der Sandanteil immer mehr zu (H. P. J. Mulder in Essink & Esselink 1998).

Bei Niedrigwasser fallen etwa 78 % der Dollartfläche als Watt trocken. Während dieser Zeit und vor allem beim Ablaufen des Wassers suchen viele Wat- und Entenvögel die weiten Wattflächen nach Nahrung ab. Auf Grund der Brackwas-serverhältnisse ist die Artenzahl der Wattorganismen nicht so groß wie im marinen Wattenmeer. Für die Nahrungssuche der Vögel sind u.a. folgende Arten wichtig: unter den Polychäten (Vielborster) *Nereis diversicolor* bzw. *N. succinea*, unter den Weichtieren die Baltische Plattmuschel (*Macoma balthica*) und die Wattschnecke (*Hydrobia*) sowie von den Krebsen der Schlickkrebs (*Corophium volutator*). Die aus Kartoffelmehlfabriken stammenden, bei Nieuwe Statenzijl eingeleiteten Ab-wässer führten in den 1970er Jahren und bis etwa Mitte der 1980er Jahre zu star-ker Eutrophierung des Dollart und somit zu einer Zunahme der Biomasse von Vielborstern, Schlickkrebsen und Muscheln. Mit der Reduzierung der Abwasserlast nahmen diese Arten und somit die Nahrungsquelle für wattabhängige Vogelarten ab, wie u.a. am Beispiel der Brandente und des Säbelschnäblers gezeigt wird.

Diese ökologischen Veränderungen werden von dem *Marenzelleria*-Phänomen überlagert. *Marenzelleria* ist ein aus N-Amerika stammender Polychät, der sich seit seinem ersten Nachweis 1981 im Dollart stark ausgebreitet und mind. z.T. *Nereis* verdrängt hat. Ob der leicht zerbrechliche Wurm *Marenzelleria* als Nah-rungsquelle für Watvögel geeignet ist, bleibt vorerst offen. Wie die erwünschte Verbesserung der Wasserqualität und die Ausbreitung von *Marenzelleria* mit der Abnahme der Watvögel, Brandente und Krickente zusammenhängen, muss noch untersucht werden (Essink & Esselink 1998, Prop 1998, vgl. auch van de Kam et al. 1999). Das zuletzt genannte Werk gibt einen hervorragenden Überblick über alle Aspekte der Ökologie und des Verhaltens aller vom Wattenmeer abhängigen Vogelarten.

Zwischen dem Watt und dem Seedeich erstreckt sich im W, S und O ein Saum aus etwa 1100 ha großen und 100 bis 1200 m breiten Vorländern, wovon 336 ha vom Deichfuß wattwärts auf die deutsche Seite entfallen. Die Zusammensetzung der Vegetation ändert sich entsprechend dem Salzgradienten von Salzwiesen mit typischen Halophyten im W über salztolerante Pflanzen wie Strandaster (*Aster tri-polium*) und Quecke (*Agropyron repens*) bis hin zu Brackwasserwiesen, wie sie an der Ostseite vorherrschen. Begrüppungsmaßnahmen und landwirtschaftliche Nutzung haben hier vor dem Deich bis zu 700 m breite, vielfach tischebene

Wiesen oder Weiden entstehen lassen, die als Wirtschaftsgrünland von Weidel-gras-Weißklee-Weiden (*Lolio-Cynosuretum*) und Flutrasen mit Quecke und Knick-fuchsschwanz (*Alopecurus geniculatus*) bestimmt werden. Zum Watt hin breiten sich Andelrasen (*Puccinellia maritima*) aus. Ihnen sind Röhrichte aus Schilf (*Phragmites australis*, besonders im Bereich der Flussmündungen), Strandastern und Strandsimsen (*Bolboschoenus maritimus*) vorgelagert. Diese letzte Art ist allerdings seit 1990 stark zurückgegangen (Reepmeyer in Dahl & Heckenroth 1978, Gerdes 1994, Esselink et. al. 1997 und Essink & Esselink 1998). Das Schlickgras (*Spartina anglica*) ist so gut wie verschwunden. Der Queller (*Salicornia europaea*) als für das marine Watt typische Pionierpflanze siedelt am Ostufer meist nur in Einzelexemplaren, während er im Westteil des Dollard bestandsbil-dend gedeiht.

Als Folge landwirtschaftlicher Extensivierungsmaßnahmen seit 1995 haben sich Schilf und Strandastern auf deutscher Seite stärker ausgebreitet. Der Flächenan-teil des Schilfröhrichts beträgt hier 1999 6,5 %. Die niederländische Seite ist we-sentlich reicher an Vogelarten und Individuen als die deutsche Seite. Dies hängt mit der größeren Vielfalt natürlicher Pflanzengesellschaften, aber auch mit einem Management zusammen (Verzicht auf Begrüppung, verschiedene Abstufungen der Beweidungsdichte), das die biologische Vielfalt fördert. N vom Dollart befin-det sich hinter dem scharliegenden Deich der Wybelsumer Polder, wo viele Dollartvögel Hochwasser-Fluchtplätze in den Spülfeldern aufsuchen. Aber auch andere von Feuchtgebieten abhängige Arten finden sich hier mitunter zahlreich (z.B. Zwergtaucher, Tafel- Reiher-, Schellenten, Blässhühner, Flussuferläufer und Steinwälzer; Rettig 87. Ber. 1996).

Zum Beobachten seien dem Naturfreund folgende Geländepunkte empfohlen, wo interessante Erlebnisse ein bis zwei Stunden vor bzw. nach Hochwasser möglich sind (Abb. 4). Dabei sollte er sich vorsichtig gegenüber der störungsempfind-lichen Vogelwelt verhalten und ein Fernglas mit möglichst starker Vergrößerung (Spektiv) benutzen.

1.1: Kiekkaaste auf niederländischer Seite seit November 1994, ein Turm mit Sichtschlitzen, zu dem der Marcelluspad führt, bietet hervorragende Einblicke ins Watt, ins Schilfröhricht und auf die von Gänsen belebten Heller; 1.2: die Deich-krone am Buttjepad und die Halbinsel "Bohrinsel", wo allerdings oft der Touris-musverkehr stört; 1.3: die Deichkrone bei Dyksterhusen mit vielgestaltigem Hel-ler. Der Besucher sollte zunächst vorsichtig aus dem Sichtschutz des Deiches beobachten und erst dann die Deichkrone betreten, wenn er sich vergewissert hat, dass er keine Vögel verscheucht. 1.4: der Deichknick bei Pogum mit dem Blick auf die Emsmündung und den Geisedamm. Auch die gegenüberliegende Seite bei Punt van Reide ist sehenswert. 1.5: die Pütten (Kleientnahmestellen, etwa 19 ha)

Priele im Schlickwatt des Dollart (7.09.1988)

Hatzumer Sand mit rastenden und einfliegenden Gänsen (13.03.1992)

im nördlichen Heinitzpolder, wo oft Vögel aus dem Dollart einfallen und wo sie leichter zu beobachten sind als im weitläufigen Dollart.

4.2 Ems

Trotz des Ausbaus der Ems zu einem Schifffahrtsweg sind die Vorländer bislang als wertvolle Feuchtgebiete erhalten geblieben. Ihre Fläche von zusammen 943 ha zwischen Leer und Emden wird zu etwa 80 % von landwirtschaftlich genutztem Grünland und zu 15 % von Schilfröhrichten eingenommen. Der Rest verteilt sich auf Gewässer und wenige Gehölze (Gerdes et al. 1998). Alle Deichvorländer ziehen vor allem dann große Vogelscharen an, wenn sie nach Überschwemmungen teilweise unter Wasser stehen.

Entlang dem 22 km langen Flussabschnitt zwischen Pogum und Leer bieten sich folgende Beobachtungspunkte an der Deichkrone an:

2.1: N von Nendorp (Limikolen und Blaukehlchen während des Vorsommers, im Winterhalbjahr Gänse und Pfeifenten). Während des Baus des Emssperrwerks mieden große Vogelscharen die engere Umgebung der Baustelle.

2.2: Coldeborgersiel (Blick auf die Ems mit hier sehr schmalem Vorland und auf den Hatzumer Sand, wo zur Brutzeit Rohrweihen vorkommen).

2.3: Midlumer Vorland (Limikolen und Gänse). Der Emsdeich der gegenüberliegenden Seite bei Nüttermoorersiel oder Hohegaste ist ebenfalls empfehlenswert.

2.4: Unmittelbar am westlichen Emstunnel-Ausgang liegt der Soltborger Teich. Hier können die Wasservögel hinter einer Beobachtungswand aus größter Nähe betrachtet werden. Oft pendeln Pfeifenten zwischen dem Teich und der Ems hin und her. Das Paarungsspiel der Pfeif-, Krick- und Schellenten lässt sich im Januar vorzüglich beobachten. Westlich vom Teich liegt ein tieferer See, der als Bade- und Anglersee genutzt wird. Hier stellen sich im Winter Säger ein.

2.5: Bingumer Sand, wo ein Wiesenvogelleben herrscht wie in den 1950er Jahren. Die Insel kann vom Deich links und rechts der Ems aus z.T eingesehen werden.

2.6: Oberhalb von Leer NW Papenburg liegt nahe der Ems bei Nesseborg der 1980 im Zuge einer Deichverstärkung entstandene 11 ha große Erlensee, wo oft zahlreiche Wasservögel außerhalb der Angelsaison vorkommen. Auch hier findet ein Austausch der Vögel zwischen dem See und der Ems statt. Der Erlensee liegt im Stapelmoorer Hammrich (1027 ha), wo noch zahlreiche Wiesenbrüter vorkommen und im Winter Gänse und Schwäne beobachtet werden können.

2.7: Emsaltwasser bei Vellage. Hier befindet sich die durch den Film "Lied der Wildbahn" von Heinz Sielmann bekannt gewordene Tunxdorfer Schleife mit benachbarten Vorländern, von denen 100 ha zum Landkreis gehören. Dieses aus

Süßwasserwatten, riesigen Röhrichten und Weiden-Auwald-Streifen bestehende Gebiet stellt neben dem Dollart ein sehr bedeutsames Feuchtgebiet dar, wo sich im Winterhalbjahr viele Wasservögel konzentrieren, insbesondere abends nordische Schwäne, die man tagsüber im weiten Umkreis suchen muss.

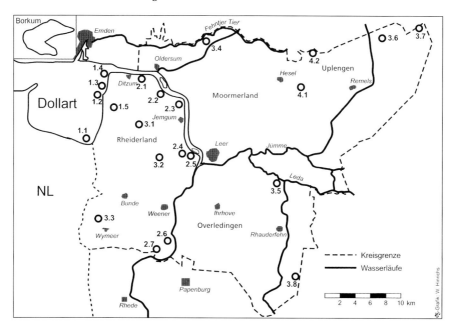

Abb. 4: Orte, Wasserläufe, vogelreiche Lebensstätten mit Beobachtungspunkten. Borkum ist in kleinerem Maßstab gezeichnet.
Nummern der Beobachtungspunkte: 1.1 Kiekkaaste, 1.2 Bohrinsel, 1.3 Dyksterhusen, 1.4 Pogum, 1.5 Pütten, 2.1 Nendorp, 2.2 Coldeborgersiel, 2.3 Midlum, 2.4 Soltborger Teich, 2.5 Bingum, 2.6 Erlensee, 2.7 Vellage, 3.1 Marienchor, 3.2 Holtgaster See, 3.3 Kolke Wymeerster Hammrich, 3.4 Puddemeer, 3.5 Holter Hammrich, 3.6 Neudorfer Moor, 3.7 Lengener Meer, 3.8 Klostermoor, Altburlage, 4.1 Heseler Wald und 4.2 Oldehave.

4.3 Feuchtgebiete des Binnenlandes

3.1: Die weiten Hammriche des Rheiderlandes sind äußerst attraktive Nahrungsgebiete für mehrere Arten der Enten- und Watvögel während des Weg- und Heimzuges, insbesondere für Tausende oder gar Zehntausende von Goldregenpfeifern, Kiebitzen, Alpenstrandläufern, Bläss- und Weißwangengänsen, aber auch für zahlreiche Große Brachvögel und andere Limikolen. Zu entdecken, wo gerade die größten Ansammlungen vorkommen, bleibt dem findigen Vogelfreund überlassen. Grundsätzlich sollen die Wege nicht verlassen werden, um die Vögel nicht zu verscheuchen. Erst ein Spektiv mit 20-30facher Vergrößerung ermöglicht das Genießen der oft scheuen Vogelwelt.

3.2: Auf dem Holtgaster See am Swartwolder Dwarsdeep fallen oft Wasservögel zur Nahrungssuche und zum Schlafen ein. Besonders im Winterhalbjahr sind hier schöne Beobachtungen möglich, falls sich nicht Einspülungen mit Spülgut aus der Ems oder Störungen durch Angler auswirken.

3.3: Im NW des Wymeerster Hammrichs liegen zwei Seen, wo Wasser- und Watvögel zu interessanten Beobachtungen verlocken.

3.4: Im Niedermoorgebiet des Fehntjer Tiefs lassen sich vom Leidseweg am W-Rand des Puddemeeres oder vom S-Rand des Hammeeres Uferschnepfen, Brachvögel, Rohrsänger u.a. günstig beobachten.

3.5: Nicht ganz so reich an Arten und Individuen ist der Holter Hammrich am Bietzeweg N von Holte.

3.6: Ein Turm am Ostrand des Neudorfer Moores ermöglicht am besten morgens großartige Einblicke in eine Lachmöwenkolonie, in deren Schutz zahlreiche Schwarzhalstaucher brüten. Aber auch andere interessante Arten lassen sich feststellen.

3.7: Das Lengener Meer ist von einem nicht abgetorften Hochmoor umgeben. Hier erleichtern ein Beobachtungsturm und der Weg am N-Rand das Beobachten der für Hochmoore typischen Vögel.

3.8: Das im Hochmoor gelegene, nicht zugängliche Marine-Sperrgebiet (560 ha) mit Längstwellensendern zwischen Altburlage und Ramsloh weist eine abwechslungsreiche Vogelwelt auf. Am Zaun halten sich oft Neuntöter und Schwarzkehlchen auf. Kuckucke und Wiesenpieper sind überdurchschnittlich häufig.

Außer diesen vogelreichen Gebieten, für die Wasser- und Watvögel in erster Linie charakteristisch sind, lohnen sich einige andere Gebiete, die zum Erleben wenig genutzter Landschaften und zur Abrundung des Artenspektrums beitragen.

4.4 Geest mit Wallhecken und Wäldern

Die Vogelwelt der Geest ist im wesentlichen die der Wälder, Parks und Wallhecken. Empfohlen seien Gänge durch den Heseler Wald (4.1), in dem man schöne Erlebnisse in den Laub- und Mischwäldern des Südteils haben kann. Im Nordteil überwiegt Nadelwald, der ärmer an Vogelarten ist. Der Wald Oldehave (4.2) bietet mehr Ruhe, da er abseits vom Verkehr liegt und von Spaziergängern weniger aufgesucht wird. Für den Rheiderländer ist der Holthuser Wald (22 ha) interessant, das einzige Wäldchen W der Ems.

4.5 Borkum

Die Insel Borkum und das Randzel-Watt ermöglichen dem Ornithologen zu jeder Jahreszeit abwechslungsreiche Erlebnisse. Seit 1950 hat sich die Artenzahl stark vermehrt, weil Baumbestände und Buschwerk mehr Windschutz gewähren als früher (Peitzmeier 1961, 1970). Dem Vogelbeobachter sei der Deich S vom Tüskendörsee empfohlen, von wo aus er einen guten Einblick in die besonders im Mai fesselnde Weide- und Gewässerlandschaft erhält. Auf der Wattenmeerseite dehnen sich Salzwiesen und das große Randzel-Watt aus, wo viele Enten- und Watvögel Nahrung suchen. Sehr lohnend ist die Greune Stee (80 ha). Die Geschichte und Eigenart dieser Dünen-, Wald- und Sumpflandschaft hat Beerens (1999) beschrieben.

Auch von den Radwegen aus, die durch die vielgestaltige Dünenlandschaft mit Beerensträuchern und niedrigen, windgeschorenen Gehölzen führen, lassen sich während der Brutzeit und zu den Zugzeiten schöne Beobachtungen machen. Der britische Arzt und Zoologe Harrison (1954) lobte schon vor 50 Jahren das einsamere Ostland, das viel Interessantes bietet und weniger von Menschen aufgesucht wird. Die Ruhezonen des Nationalparks Wattenmeer müssen unbedingt respektiert werden.

5 Schlafplätze und Schlafplatzflüge

5.1 Gänse

Die winterliche Landschaft des Rheiderlandes wird am stärksten von den riesigen Scharen nordischer Gänse belebt. Das eindrucksvollste Phänomen sind ihre Schlafplatzflüge zwischen dem Binnenland und dem Dollart von November bis März. Das Rheiderland hätte nicht die große Bedeutung für äsende Gänse, wenn nicht der Ruhe und Sicherheit bietende Dollart in seiner Nähe läge. Bei windigem Wetter ziehen die Gänse die Windschutz bietenden Heller an seinem Südrand vor. Sie schlafen aber auch auf dem Watt, sei es trocken gefallen oder geflutet. Oft fallen die Gänse auf dem Geiserücken ein, der wegen seiner Höhenlage länger trocken fällt als das übrige Watt. Ist der Dollart vereist, verteilen sich die Gänsetrupps an vielen Stellen, wobei die Eisränder am Grote Gat im Zentrum bevorzugt werden. Hier können sie jederzeit baden und trinken.

Um Sonnenaufgang beginnen die ersten Gänse die Schlafplätze im Vorland des Südrandes auf niederländischer Seite zu verlassen. Zehn oder zwanzig Minuten später brechen gleichzeitig einige Tausend auf; in langgezogenen Wolken fliegen vor allem die Bläss- und etwas später die Weißwangengänse vor Nieuwe Statenzijl nach NO schwenkend auf die deutsche Seite zu. In kurzen Abständen folgen weitere Wellen. Manchmal fallen sie im Heller zur Zwischenrast ein, bevor sie laut rufend in östlicher Richtung zu den binnenländischen Äsungsgebieten fliegen. Die Gänse, welche S von Ditzum oder Hatzum einfallen, fliegen erst am Hellerrand oder über der Ems entlang, bevor sie zur Äsung abbiegen. Der Flug in die Äsungsgebiete findet bei größerer Helligkeit statt als der abendliche Schlafplatzflug und beeindruckt daher besonders. Er lässt sich am besten im Südosten des Dollart vom Deich aus beobachten (z.B. am Pavillon bei Nieuwe Statenzijl). Falls die Gänse bei Mondschein nachts im Binnenland geäst haben, verzögert sich der Schlafplatzflug am Morgen. Dies gilt auch bei strengem Frostwetter. Dann kann er sogar wegen der notwendigen Energieersparnis ausfallen. Die Flüge führen vom Dollart bis zu 35 km weit nach Süden.

Der Aufbruch zum Schlafplatz am Abend findet dreißig bis vierzig Minuten nach Sonnenuntergang statt. Bei bedecktem Himmel verfrüht er sich. Bei nicht zu starkem Mondschein verzögert sich der Aufbruch. In mondhellen Nächten verbleiben die Gänse in den Äsungsgebieten, wenn sie nicht gestört werden. Am Dollart kommen sie in Keilformationen oder breit ausgezogenen Ketten an, die aus der Ferne wie Perlschnüre wirken. Auch dieses Schauspiel ist für jeden Naturliebhaber unvergesslich. Nachdem die Gänse die Deichlinie gequert haben, verringern sie ihre Flughöhe von 100-200 auf 30-50 m, wenn sie sich über dem Heller oder dem vegetationsfreien Watt befinden. Weißwangengänse fliegen in wesentlich größerer Höhe (um 500 m) in den Dollart ein als Blässgänse.

Starker Gegenwind oder Sturm behindert die Gänse derart, dass sie bedeutend niedriger fliegen müssen. Dabei verletzen sich wegen schlechter Sichtverhältnisse öfter einige an Hindernissen wie Drahtzäunen oder verunglücken tödlich. Auch die Tunxdorfer Schleife, der Flaarsee S von Rhede, ein See im NW des Wymeerster Hammrichs und der Holtgaster See werden zum Schlafen aufgesucht. Dies gilt vor allem bei strengerem Winterwetter (Gerdes 1994).

5.2 Regenbrachvögel

Während des Heimzuges vom 10. April bis in den Mai hinein suchen zahlreiche Regenbrachvögel ihre Schlafplätze im Nendorper und Petkumer Vorland oder im Dollart auf. Zur Zeit des Höhepunktes um die Monatswende April/Mai steigen die Zahlen auf mehrere hundert Ind. an (30.04.1984 256 und ein Jahr später 1100 als Höchstzahl vor Petkum, Rettig 19. Ber., 1.05.1997 mind. 660 an der Ems nahe der Mündung, Rettig 104. Ber., H. van Göns u. Verf.). Die oft bis zu 8 oder gar 16 km weit führenden Schlafplatzflüge finden viel unauffälliger als die der Gänse statt, zumal die Vögel wenig rufen. Manche Trupps von 10-20 Ind. fliegen bei Annäherung an den Schlafplatz völlig stumm. Aus diesem Grunde, aber auch wegen mangelnder Helligkeit sowie nicht möglicher oder schwieriger Einsicht können Vögel leicht übersehen werden.

In der Abenddämmerung verlassen sie ihre Nahrungsgebiete im Fehntjer Tief-Gebiet, den rechtsemsischen Grünländereien und im Rheiderland, steuern die Ems an und fliegen in einer Höhe von wenigen Metern die ufernah gelegenen Schlafplätze an. Bei tiefem Wasserstand fliegen sie so niedrig oberhalb der Wattbänke, dass man sie nicht vom Deich aus erspähen kann, zumal Steilufer oder Schilfsäume sie streckenweise verdecken. Sie landen am Wassersaum, wo viele ein Bad nehmen und das Gefieder putzen. Nahrung wird kaum aufgenommen. Zehn bis zwanzig Minuten später fliegen sie lautlos in das Vorland. Im Gegensatz zum Verhalten am Abend sind die Vögel früh in der Morgendämmerung sehr ruflustig. Schon vor dem Aufbruch trillern sie lebhaft und während des Abfluges gehen die Trillerrufe manchmal in Fluggesang über. Dies Konzert wiederholt sich Trupp für Trupp mit oft 10-20 Ind. Bereits nach kurzer Flugstrecke werden die Vögel schweigsam. Bis zur Emsbiegung bei Oldersum fliegen sie über dem Fluss. Zwischen Oldersum und Rorichum gabeln sich die Routen. Der überwiegende Teil biegt nach ONO ins Fehntjer Tief-Gebiet ab, während andere Vögel der Ems weiter flussaufwärts folgen, wie es sich am 5.05.1999 gezeigt hat (Verf.).

Sowohl die Ankunft am Schlafplatz wie der Aufbruch am Morgen erfolgen konzentriert mit dann größeren Trupps (25-50 Ind.) um die Sonnenuntergangs- bzw. -aufgangszeit in einer Zeitspanne von jeweils mind. einer Stunde. Am 30.04.1999 verließen >50 % von mind. 294 Ind. den Schlafplatz bei Nendorp im Zeitraum von 5 Min. vor bzw. nach Sonnenaufgang. Auch im Südosten des Dollart liegen Schlafplätze (B. Voslamber mdl.). Die hier ein- und ausfliegenden Vögel suchen tagsüber vermutlich in den Hammrichen bei Ihrhove und Stapelmoor Nahrung. Auch aus nördlicher Richtung wird der Dollart angeflogen. Am 17.04.1998 steuerten 167 Ind. abends den Dollart bei Wybelsum an (Rettig 115. Ber). Das schwer durchschaubare System der Schlafplätze und Nahrungsgebiete im Dollart und im Einzugsbereich der Ems ist erst in Ansätzen erkennbar. Zahlreiche Beobachter wären erforderlich, um die Schlafplatzflüge rund um den Dollart und an der Unterems vollständig zu erfassen.

Schlafplätze, an denen sich 500-1000 Regenbrachvögel konzentrieren, sind bisher aus Deutschland nicht bekannt geworden (Zang 1995). Dagegen befinden sich in den Niederlanden viel größere Schlafplätze. Allein in der Provinz Drenthe sind bis zu 16.500 Ind. auf binnenländischen Schlafplätzen gezählt worden (van Dijk & van Os 1982). Auch in Belgien (Kalmhout) bilden Regenbrachvögel Ende April/Anfang Mai große Schlafgemeinschaften von einigen tausend Vögeln (Voet 1983).

Erst am 30.04.1984 entdeckte Rettig den Schlafplatz im Petkumer Vorland. 1999 wurde dieser Schlafplatz wahrscheinlich völlig oder weitgehend gemieden, während mind. 320 Vögel den Nendorper Schlafplatz am 29.04.1999 aufsuchten (seit 1997 bekannt, H. Kruckenberg, Verf.). Am 1.05.1997 fielen vor Petkum 310 und vor Nendorp 350 Vögel ein. Während des Wegzuges von Mitte Juni bis Anfang September finden erneut Schlafplatzflüge statt (Gerdes 1975 b, Rettig 59., 66., 96. Ber.). Sie verlassen die Schlafplätze im Dollart am frühen Morgen in etwa 10 km breiter Front und lassen sich daher schwer quantitativ erfassen. Am 23.07.1978 flogen abends mind. 70 Ind. zur Geise im Dollart. Ein kleiner Schlafplatz befindet sich im Neudorfer Moor (20 Ind. am 27.04.1987).

5.3 Große Brachvögel

Auch der Große Brachvogel, der größere Verwandte des Regenbrachvogels, führt fast ganzjährig Schlafplatzflüge zwischen dem Dollart und dem Grünland durch. Diese Flüge sind stark witterungsabhängig. Wenn das Grünland z.B. bei sehr nasser Witterung leichter Nahrung bietet als das Dollartwatt, wird das Grünland bevorzugt. Hier halten sich öfter >1000 Große Brachvögel auf. Nur ein kleiner Prozentsatz verweilt dann zur Hochwasserzeit im Dollart. Bei der November-Zählung 1996 hielten sich keine Großen Brachvögel am Dollart (D) auf, aber mind. 988 im Grünland (H. Kruckenberg). In der Morgendämmerung des 4.10.1987 verließen den Dollart im Südosten an zwei Zählstellen mind. 742 Vögel in östlicher Richtung. Gleichzeitig hielten sich binnendeichs im Nordosten 755 Vögel auf. Während also etwa 1500 Ind. im Binnenland verweilten, verblieben sieben Tage später 639 Große Brachvögel im Dollart (nur D). Die Ergebnisse der Hochwasserzählungen werden stark durch solche Schlafplatzflüge beeinflusst.

5.4 Uferschnepfen

Vor und nach der Brut- und Aufzuchtzeit suchen die Uferschnepfen das Dollartwatt oder nasse Hellerplätze zum Schlafen auf. Die Flüge sind am stärksten im März und von Ende Mai bis Mitte oder Ende Juli ausgebildet. Auf dem Morgenflug starten die Vögel im Zeitraum von 45 Minuten vor bzw. nach Sonnenaufgang meist in Trupps von 10-40 Ind. (1973-1975). Im Frühjahr lassen sich in den Trupps jeweils zwei Vögel als Paare erkennen. Zur Zeit großer Massierungen, wie wir sie im Sommer 1973 und 1974 erlebten, ertönte im Südosten des Dollart vor dem Start von etwa 4000 Vögeln eine laute Rufkulisse aus vielen, rasch gereihten "kek"-Rufen, die im Moment des Aufbruchs verstummten. So wurde dem Zähler ein deutliches Signal gegeben. Die Vögel verteilten sich im Rheiderland, flogen aber auch über die Ems und die Stadt Leer hinaus ins z.T. 25 km entfernte Leda-Jümme-Gebiet.

In dem Maße, wie die Zahl der Uferschnepfen abnahm, haben diese Flüge viel von ihrer Einzigartigkeit verloren. Von 1973 bis 1989 haben die Schlafplatz-Bestände um etwa 75 % abgenommen. Da sich die Abnahme der Brutvögel noch fortsetzen wird, dürfte dies Naturereignis bald der Vergangenheit angehören (Gerdes 1975 a u. 1995 b).

Je nach dem Ablauf des Wegzuges erreichen die Zahlen um Mitte Juni oder im Juli ihren Höchstwert. Zunächst überwiegt der Anteil mausernder Altvögel, im Juli derjenige der Jungvögel (A. J. van Dijk briefl.).

5.5 Möwen

Seit eh und je gibt es dagegen die Schlafplatzflüge der Lach-, Sturm-, Silber- und Mantelmöwen. In breiter Front verlassen sie den Dollart während des ganzen Jahres am frühen Morgen und verteilen sich bis tief ins Binnenland, aus dem sie schon am Nachmittag bis weit in den Abend zum Dollart zurückkehren. Dabei bilden sie manchmal Keilformationen. Die Ems ist eine bevorzugte Leitlinie. Von einem Punkt auf dem Dollartdeich aus gesehen, verließen am 28.06.1974 ab 3 Uhr MEZ >2000 Lachmöwen den Dollart. Dies ist nur ein kleiner Teil, die Gesamtzahl konnte nicht ermittelt werden. Am 4.10.1987 schätzten wir etwa 10.000 Lachmöwen auf dem Morgenflug. Über die anderen Möwenarten liegen keine Zahlen vor. In der wärmeren Jahreszeit fliegen bedeutend mehr Möwen zum Dollart als im Winter.

5.6 Rabenvögel

Im Winterhalbjahr (Oktober bis Februar) fliegen Dohlen, Raben- und Saatkrähen in der Abenddämmerung Parks und Baumbestände an, oft in der Nähe von Siedlungen. Tagsüber haben sie im Grünland, wo öfter Mist oder Gülle ausgebracht wird, Nahrung gefunden. Im November 1981 nächtigten etwa 3500 Dohlen und 100 (29.01.1986 300) Rabenkrähen in den Pappeln beim Ledasperrwerk, im November 1986 bis zu 8000 Ind. und am 6.12.1996 2000 Ind. im Julianenpark in Leer. Gegen Ende der 1990er Jahre mieden die Dohlen diesen Schlafplatz. Weitere Schlafplätze befanden oder befinden sich in einem Weidendickicht NO Leerort (6.10.1986 4000, 29.02.1988 700 Dohlen und 6.02.1993 470 Saatkrähen) und einem Gehölz bei der Seeschleuse in Leer (am 11.12.1987 370 Dohlen und 6.12.1996 100 Saatkrähen). Im Januar 1997 befand sich ein Zwischenrastplatz auf dem Eis der zugefrorenen Leda, wo bis zu 1200 Dohlen eine Wasserstelle nutzten. Außer einem Schlafplatz bei Stickhausen ist über Schlafplätze außerhalb von Leer nichts bekannt (H. van Göns briefl.).

5.7 Stare

Die Schlafplätze der Stare liegen häufig in den zahlreichen Schilfröhrichten. Zehntausende von Staren suchen nach dem Flüggewerden der Jungen bis in den Herbst hinein Schilfgebiete im Südosten des Dollart zum Schlafen auf (am 4.10.1987 mind. 92.000 Stare). Weitere Schlafplätze liegen in Schilfgebieten an der Ems (z.B. 15.06.1989 8000 Ind. bei Rorichum, 20.08.1994 10.000 auf dem Hatzumer Sand, Mindrup in Rettig 78. Ber.) und im Binnenland, wo sie nicht so stetig aufgesucht werden. Da sich die Schlafplätze manchmal in der Nähe von Häusern befinden, erregen sie in der Öffentlichkeit großes Interesse. Vom 18.-25.03.1989 nächtigten etwa 75.000 Stare in einem Gehölz bei Nortmoor. Im August 1998 fielen an den Gandersumer Kolken etwa 15.000 Ind. ein. Die Stare verlagern oft ihre Schlafplätze.

6 Winterökologie nordischer Gänse

Alle Gänsearten, die das Winterhalbjahr bei uns in sehr großen Schwärmen ver-bringen, stammen aus arktischen oder subarktischen Gebieten. Sie müssen ihre Brutgebiete nach der Aufzucht der Jungen verlassen und nach langen Wande-rungen über Tausende von Kilometern Winterquartiere aufsuchen. Hier benöti-gen sie Nahrungs- und Schlafplätze, die nahe beieinander liegen. Solche Lage-gunst trifft auf den Dollart und seine Umgebung zu, wo die Gänse zwischen dem Dollart, einem ungestörten Schlafplatz, und ausgedehnten Äsungsgebieten vor allem O, S und W vom Dollart hin- und herfliegen. Je näher das Äsungsgebiet dem Schlafplatz liegt, desto wertvoller ist es wegen der besonders an kurzen Wintertagen notwendigen Energieersparnis (Gerdes et al. 1978). Der Dollart und seine Umgebung gehören neben dem Niederrhein zu den wichtigsten Gänsege-bieten im Westen der Bundesrepublik Deutschland.

Abgesehen von der Graugans, deren Brutgebiete hauptsächlich in gemäßigten Breiten liegen und die im Artkapitel ausführlich behandelt wird, ist der Dollart-bereich für die nordischen Arten Saat-, Bläss- und Weißwangengans lebenswich-tig als Rastplatz ("Trittstein") auf ihren Zugwegen zwischen den Gänsegebieten in Schleswig-Holstein, Mecklenburg-Vorpommern oder Brandenburg und denen in Belgien, den Niederlanden bzw. am Niederrhein. Dabei sind die Niederlande das Land mit den größten Gänsekonzentrationen Europas.

Die drei genannten Arten unterscheiden sich in ihren räumlich-ökologischen Ansprüchen an den Lebensraum. Daher verteilen sie sich nicht gleichmäßig über das gesamte Gebiet rund um den Dollart bis ins Emsland, sondern trennen sich voneinander, wenn auch mit starker Überlappung. Bezieht man die für Borkum und das Randzel-Watt charakteristische Ringelgans ein, so bieten die vier Arten ein Musterbeispiel der ökologischen Isolation.

Die **Weißwangengans**, eine wie die Ringelgans zu den Meeresgänsen (*Branta*) gehörende Art, bevorzugt beim Äsen u.a. Andel und Queller, Pflanzen, die in Salz- und Brackwasserwiesen heimisch sind. Mit ihrem vergleichsweise kurzen Schnabel ist sie in der Lage, kurzblättrige Pflanzen abzubeißen. Da diese Pflanzen auf das Dollart- und das Emsvorland nahe der Mündung beschränkt sind, nutzt sie dieses Habitat (s. Artkapitel Weißwangengans) bis an die Grenze der Tragkapazität, seitdem sie im Dollartbereich sehr häufig auftritt. Wenn die Gänse die Vorländer bei Sturmfluten, Eisgang oder Schlammablagerungen verlassen und ins Binnenland ausweichen müssen, suchen sie bevorzugt das Grünland im nördlichen Niederrheiderland S von Ditzum, W von Jemgum oder rechtsemsische Gebiete bei Oldersum auf (Abb. 18). Auch Nahrungsverknappung im Heller zwingt sie zum Ausweichen ins Binnenland. In dem Maße, wie die Weißwangengans häufiger wurde, wich die Blässgans mehr oder minder nach S aus und verteilt sich jetzt mehr gleichmäßig im Rheiderland (Gerdes 1994, Kruckenberg et al. 1996, Abb. 12).

So lange, wie die Weißwangengans spärlich vorkam (bis etwa 1986), war die **Blässgans** in Abhängigkeit vom Nahrungsangebot und von Störreizen außer im Dollartheller im gesamten Grünland des Rheiderlandes einschließlich des Wymeerster und Stapelmoorer Hammrichs vertreten. Seit etwa 1992 hat sie das nördliche Rheiderland teilweise geräumt, besonders wenn sich die Weißwangengans zu Zehntausenden einstellte. Gebiete südlich einer Linie von Nieuwe Statenzijl an der SO-Ecke des Dollard bis nach Jemgum sind ins Emsland hinein bei Tunxdorf und Rhede in den 1990er Jahren immer wichtiger geworden.

Da sich die Nahrungsquellen infolge der Beäsung nach mehreren Tagen erschöpfen, verlagern die Gänse ihre Äsung auf andere Flächen, kehren aber wieder zurück, wenn die Gräser bei milder Witterung nachgewachsen sind. Dabei steigern die Gänse durch diese Strategie die Produktivität der Nahrungspflanzen. Diese sind im frisch gewachsenen Zustand sehr proteinreich. Gänse verwalten also ihre Nahrungspflanzen und gehen haushälterisch mit ihnen um, so lange wie sie nicht gestört werden. Auf proteinreiche Gräser sind die Gänse für ihren Weiterzug und ihren körperlichen Zustand im nordischen Brutgebiet sehr angewiesen.

Borbach-Jaene & Kruckenberg (2000) haben im Winter 1996/97 Nutzungsstrategien der Blässgänse im Rheiderland untersucht. Das gesamte Rheiderland wurde in Rasterflächen von 200 x 200 m eingeteilt; die Gänse wurden alle zwei Tage parzellenscharf kartiert. Dabei zeigte sich, dass die Gänse ihre Äsung nahe den Schlafplätzen im N des Rheiderlandes beginnen. Sie fressen sich in südlicher Richtung durch das Grünland bis zur Bundesstraße Weener-Coldam. Danach beginnen sie von neuem im N. Der Nutzungszyklus hat sich 1996/97 dreimal wellenförmig wiederholt, wobei jeder Zyklus zwei bis drei Wochen gedauert hat. Das Verhalten war bei knapperem Nahrungsangebot infolge niedriger Temperaturen besonders ausgeprägt. Es lässt sich auf dem Monitor eines Computers wie in einem Film darstellen.

Wenn kaum Gras nachwächst oder dünne lückenhafte Schneedecken die Äsung erschweren, kann man morgens kleine Gänsetrupps beobachten, die wie Pioniere auf der Suche nach verbliebenen Äsungsmöglichkeiten sind. Erst wenn die Vorräte im Rheiderland erschöpft oder nicht zugänglich sind (auch infolge Begüllung), weichen die Gänse in der Regel in rechtsemsische Gebiete aus. Ist das Nahrungsangebot bei milder Witterung wie 1997/98 größer, macht sich diese Nutzungsstrategie nicht so deutlich bemerkbar. Auf jeden Fall zeigen die Beispiele, dass der Wert des Rheiderlandes für die Gänse in seiner großen Ausdehnung besteht, auch wenn das Gebiet inzwischen durch die Autobahn und Windparks unterbrochen ist. Eine weitere Einengung oder Zerstückelung würde ein international bedeutendes Gebiet stark beeinträchtigen. Selbstverständlich hängt die Verteilung auch von anderen Störreizen ab, denn Flugzeuge (diese an erster Stelle!), Straßen- oder Wegeverkehr und landwirtschaftliche Aktivitäten verursachen häufige Platzwechsel. Wenn im Laufe des Winters die Nahrungsvorräte abnehmen, äsen die Gänse näher an Straßen. Jedoch sind sie dann gezwungen, häufiger aufzumerken, da sie auf von der Straße ausgehende Störreize verstärkt reagieren müssen. Dadurch verlieren sie Zeit für das Fressen und müssen außerdem ihr Komfortverhalten (z.B. Gefiederpflege) einschränken, wie Kruckenberg et al. (1998) im Winter 1994/1995 herausfanden.

Die Vorliebe der Blässgans für das Grünland ist im Herbst nicht so ausgeprägt. Wenn nach der Erntezeit der Zuckerrüben Rübenreste auf den Feldern der Poldermarsch übrigbleiben, gesellen sich Blässgänse zu den Grau- und Saatgänsen, die im Herbst häufig Ackerflächen aufsuchen. Die Nachbarschaft von Grünland und Getreideflächen in den Poldern ist für das Vorkommen der Gänse sehr positiv zu werten.

Von den drei Gänsearten ist die **Saatgans**, wie der Name sagt, am stärksten an Ackerland gebunden. Da Ackeranbau außer in den Dollartpoldern häufiger auf niederländischer Seite und im nördlichen Emsland vorkommt, bevorzugt die Saatgans diese Gebiete. Die räumlich-ökologische Isolation der drei Gänsearten ist am deutlichsten bis Ende Januar ausgeprägt, wie es sich in den strengen Wintern 1985-1987 gezeigt hat. Erst ab Februar, wenn Rüben-, Maisreste und Kartoffelknollen, eine beliebte Nahrung der Saatgans, nicht mehr zur Verfügung stehen, wechselt die Saatgans stärker ins Grünland über (Voslamber 1989). Hier kam sie im Rheiderland und in rechtsemsischen Gebieten 1985-1987 außergewöhnlich häufig vor.

Starke Kälte zwingt die Gänse zur Energieersparnis. Bei Frost- oder gar den seltenen Schneelagen äsen sie umso mehr im Liegen, je kälter es wird. Die Bewegungen werden immer mehr eingeschränkt. Sie fressen nicht im Weiterlaufen wie sonst üblich, sondern äsen auf der Stelle, so weit wie im Liegen der Schnabel reicht. Nur langsam wechseln sie ihre Liegeplätze. Schlafplatzflüge finden bei Frostlagen verzögert statt oder fallen völlig aus, wie es im Landschaftspolder während des Januar 1987 bei strengem Frost bis -17° geschah. Dann ist das Risiko der Entstehung von Feldschäden mit geringerem Ernteertrag sehr groß.

Gleichwohl finden bei Frost, wenn die Ländereien kein Wasser bieten, Trinkflüge statt. Die Gänse fliegen zur Ems, die auf Grund ihrer Strömung fast immer eisfreie Stellen aufweist, oder ins Dollartinnere. Durch solche Flüge fallen sie um die Mittagszeit besonders auf. Wenn die Schneedecke 15-20 cm dick wird, so dass das Wegschieben des Schnees zu aufwendig ist, müssen sie nach SW in mildere Gefilde ausweichen.

Werden die Gänse durch Bejagung gestört, verlieren sie Fettreserven, die sie durch verstärkte Nahrungsaufnahme ersetzen müssen. Sie sind gezwungen, mehr zu fressen. Außerdem nimmt die Fluchtdistanz zu. Sie suchen dann noch mehr in der Mitte der Äsungsgebiete Nahrung und meiden die wege- und straßennahen Streifen (Gerdes & Reepmeyer 1983, Kruckenberg et al. 1996). Das Risiko möglicher Feldschäden erhöht sich. Steigt die Zahl der Gänseweidetage auf >3000/ha (Zahl der Gänse multipliziert mit der Zahl der Tage, an denen Gänse anwesend sind), ist mit Ernteverlusten zu rechnen (Mooij 1998). Daher sind große Schutzgebiete, in denen keine Jagd ausgeübt wird, für die Gänse wichtig und längst überfällig.

Bejagung greift außerdem stark in das Familienleben der Gänse ein. Jagd zerreißt den Zusammenhalt von Familien. Die Geschlechter schließen häufig eine Ehe auf Lebenszeit. Die Tötung eines Partners lässt den Witwer oder die Witwe zunächst vereinsamen, bis er oder sie einen neuen Partner (Partnerin) gefunden hat. Die Kinder ziehen mit den Eltern gemeinsam und "erfliegen" so die Zugwege und die Lage der Winterquartiere. Dies setzt eine mindestens siebenjährige Lebensdauer voraus. Nur so können Rasttraditionen an die Nachkommen weitergegeben werden. Die Verkürzung der Lebensdauer durch Abschüsse wirkt sich sehr schädlich aus. Das artgemäße Verhalten der Gänse und Jagd sind also unvereinbar. Auch deswegen ist die Ausweisung großer Schutzgebiete erforderlich. Die Bundesrepublik muss ihren Verpflichtungen zum Schutz wertvoller Rast- und Überwinterungsgebiete nachkommen.

Die drei Arten unterscheiden sich außer in der räumlichen Verteilung in ihrem zeitlichen Auftreten. Als winterhärteste Gans erscheint die Saatgans nicht nur am häufigsten in strengen Wintern, sie harrt dann auch am längsten von allen Gänsearten aus, während die anderen nach SW gezogen sind wie im Winter 1978/79. Der Median ihres Heimzuges lag bis 1992 etwa zwei Wochen früher als derjenige der Blässgans (s.u.). Die Gänse verlassen den Dollartbereich in charakteristischer Reihenfolge: die Saatgans um die Monatswende Februar/März, die Blässgans um März/April und die Weißwangengans Ende April bis Mitte Mai (vergl. Abb. 13 u. 19). Noch später, nämlich erst gegen Ende Mai, zieht die Ringelgans als hochnordische Gans wegen des späten Frühlings in die Brutgebiete der Taimyr-Halbinsel (Abb. 20).

Zur Erklärung der Zunahme der Gänse seit 1983/87 (vgl. Abb. 11, 14 u. 17) werden folgende Thesen diskutiert: 1. Verlagerung der Überwinterungsgebiete aus SO-Europa in die Niederlande und angrenzende Gebiete. Nach Mooij (1997) sind die Blässganszahlen in großen Teilen SO-Europas zurückgegangen, während der Bestand in W-Europa im gleichen Zeitraum zugenommen hat. 2. großräumige Jagdverschonung in Europa (Ebbinge 1991) und 3. Eutrophierung landwirtschaftlicher Ländereien mit verbessertem Nahrungsangebot. Dabei spielt die Nährstoffanreicherung aus der Luft als Immission und Ablagerung im Boden eine maßgebliche Rolle. Stickstoffverbindungen (u.a. Ammoniumsulfat), die früher (vor 1930) im Minimum auftraten, verstärken heute das Wachstum der gesamten Vegetation (Ellenberg 1989). Infolgedessen hat sich auch das Nahrungsangebot für überwinternde Wasservögel verbessert. Der Niederschlag von Ammoniumsalzen ist besonders ausgeprägt in den Niederlanden und NW-Deutschland, den Gebieten, die sich auch aus klimatischen Gründen für die Überwinterung von Gänsen und Schwänen eignen (van Eerden et al. 1996). Der Eutrophierungseffekt wird ab Anfang Februar durch großräumiges Ausbringen von Gülle verstärkt (in manchen Jahren >50 % des Grünlandes im Rheiderland). Eine gewisse Zeit lang werden den Gänsen dadurch erhebliche Bereiche für die Äsung entzogen. Andererseits wird ihnen ein zusätzliches Nahrungsangebot verschafft, wenn die Düngestoffe von den Pflanzen assimiliert worden sind.

So sehr die Wintergäste von der zunehmenden Eutrophierung profitieren (Rutschke 1995), sind Wiesenvögel an diese Entwicklung nicht angepasst, da Nährstoffüberschüsse und zu niedrige Wasserstände die Vegetationsperiode zunehmend in das Frühjahr verschieben. Folglich wird der erste Grasschnitt-Termin weiter vorverlegt, nämlich um 6-8 Wochen. Um 1920 fand die Mahd ab Anfang Juli statt (Bielefeld 1924), am Ende der 1990er Jahre schon Anfang Mai für die Silage und um Mitte Mai für die Heugewinnung. Eine Entwicklung, die für die Wintergäste günstig ist, führt also gleichzeitig zu einem Rückgang der Bestände der bodenbrütenden Wiesenvögel.

7 Niedergang der Wiesenvögel

Wegen des hohen Grünlandanteiles am Kreisgebiet (Abb. 3) sind die Vögel der Feuchtgrünländereien seit langem charakteristisch für den Landkreis. Sie fallen auch heute noch neben den Vögeln des Wattenmeeres vor allem im Winterhalbjahr durch ihre Häufigkeit auf, da viele Durchzügler hier rasten. Dagegen sind die Brutvögel der Weiden und Wiesen stark gefährdet. Noch sind Kiebitze, Uferschnepfen und Rotschenkel im Landkreis Leer verglichen mit dem landesweiten Durchschnitt überproportional in den Meedenlandschaften vertreten (jedenfalls noch 1999), während die Bekassine nur in Restbeständen vorhanden und der Kampfläufer verschwunden ist. Diese Wiesenbrüter sollen im folgenden betrachtet werden. Beintema et al. (1995) rechnen außerdem Stock-, Knäk-, Löffelente, Austernfischer, den Großen Brachvogel, Feldlerche, Wiesenpieper und Schafstelze zu den primären (vorrangigen) Wiesenvögeln. Die zuletzt genannten Arten werden in den Artkapiteln behandelt.

Die fünf Arten Kampfläufer, Bekassine, Rotschenkel, Uferschnepfe und Kiebitz sind in dieser Reihenfolge unterschiedlich empfindlich gegenüber Entwässerungen. Sie waren vor 1950 überaus häufig. Aus jener Zeit berichten Autoren wie Droste-Hülshoff (1869) und Leege (1905, 1930) sehr allgemein und knapp vom Reichtum der Meedenlandschaft, ohne Zahlen zu nennen. Damals war es nicht üblich, Brutbestände zu zählen. Erst seit 1950 und aus den 1970er Jahren liegen Schätzungen vor, die sich als zu niedrig erwiesen, nachdem im LK Leer ab 1986 Brutbestandszählungen organisiert wurden. Zu dieser Zeit hatte schon längst im Binnenland und im bewirtschafteten Dollartheller eine Abnahme der Wiesenbrüter eingesetzt. Je nach den Ansprüchen an den Feuchtigkeitsgrad des Lebensraums gingen die Bestände der Wiesenbrüter mit zunehmender Entwässerung zurück.

Nach dem Zweiten Weltkrieg und dem Verlust Ostdeutschlands bestand die Notwendigkeit, auf landwirtschaftlichen Nutzflächen größere Erträge zu erwirtschaften. Im Rahmen strukturverbessernder Maßnahmen wurde das Grünland nach und nach entwässert und zu Ländereien umgestaltet, die mit schweren Traktoren und Güllewagen befahren werden konnten. Das Schlagwort "Mensch statt Löffelente oder Kiebitz" wird noch heute gern benutzt.

Als empfindlichste Art ging zuerst der **Kampfläufer** zurück (s. Artkapitel). In den 1970er Jahren blieben Restbestände übrig, die bald nach 1990 erloschen. Die Bestände der **Bekassine** nahmen nach Zang (1995) schon seit 1850 ab. Nach 1950 hat sich der Rückgang in den meisten Gebieten Ostfrieslands wie anderswo beschleunigt, so z.B. in den Niederlanden seit 1960 um 85 %, in Schleswig-Holstein im Zeitraum 1970-1991 um >80 % und im Bremer Raum 1981-1999 um 61 % (Beintema et al. 1995, Bauer & Berthold 1996, Seitz 2000). Die Rückgänge ähneln sich verblüffend in vielen Gebieten. Aus dem Kreis Leer liegen für diese schwierig und mühsam zu erfassende Art nur wenige verlässliche Zahlen vor. Drastisch ist das Beispiel aus dem Grünland zwischen Oldersum und Leer. Hier balzten 1987 40 und 1996 15 ♂. 1998 war die Art verschwunden (Arbeitskreis Feuchtwiesenschutz Westniedersachsen 1998, H. Kruckenberg mdl.). Der Bestand nahm im Bunderhammrich 1987-1994 von 11 auf 4 Bp und auf einer Probefläche im Emsvorland von 14 auf 6 Bp ab (Flore u. Schreiber, Verf.). Nur in den 1258 ha großen NSGs des Fehntjer Tief-Gebietes zeichnet sich dank Vernässungsmaßnahmen eine Erholung des Bestandes ab. Dies gilt jedoch nicht für den Rotschenkel, der sich im Binnenland auf einem niedrigen Niveau gehalten hat. Er ist allerdings in den Vorländern des Wattenmeeres und der Ems ein häufiger Charaktervogel geblieben.

Entsprechend der Abhängigkeit von feuchtem Grünland setzte ab 1970 dann auch eine auffällige Abnahme der **Uferschnepfe** ein (Beintema et al. 1995, Gerdes 1995 b). Sie ist auf weiche Böden mit oberflächennahen Bodentieren angewiesen, die ihr das Stochern nach Nahrung ermöglichen, und auf ein Kleinrelief mit Blänken und Grasflächen mit unterschiedlich starkem Wuchs, wie es auf dem Bingumer Sand vorkommt. Die Darstellung des Rückgangs setzt voraus, dass die Bestände im selben Gebiet über einen längeren Zeitraum mit etwa der gleichen Methode (Kartierung der revieranzeigenden Paare im April und Mai) erfasst worden sind. Diese Bedingung ist im Bunderhammrich wegen unterschiedlicher Abgrenzungen in verschiedenen Jahren nicht erfüllt. Abb. 5 zeigt beispielhaft, wie stark die Uferschnepfe im Ditzumer Hammrich abgenommen hat. Zwischen Oldersum und Leer hat der Bestand des Kiebitzes 1987-2000 von 250 auf 35 Bp (um 86 %) und derjenige der Uferschnepfe 1987-1996 von 90 auf 25 Bp (um 72 %) abgenommen. Sogar in den NSGs des Fehntjer Tief-Gebietes, wo eine extensive Landwirtschaft beibehalten wird, nehmen die Bestände weiter ab. Die Daten über den Rückgang ähneln denen im Bremer Raum (Seitz 2000).

Trotz großräumiger Abnahme der betroffenen Arten blieben an wenigen Plätzen wertvolle feuchte Wiesenvogel-Habitate erhalten (s. Beispiel Bingumer Sand in den Artkapiteln). So entdeckte K.-D. Moormann bei Kartierungen im Niederrheiderland Restgebiete von nationaler Bedeutung mit hohen Siedlungsdichten in 1999: S Critzum und W Midlum auf 200 ha 73 Bp Kiebitze und 55 Bp Uferschnepfen und etwa 800 m WSW Jemgumgaste auf 160 ha 29 Bp Kiebitze, 44 Bp Uferschnepfen und 6 Bp Rotschenkel. Auch im Raum Aaltukerei-Leegeplaats und an wenigen anderen Stellen sind kleine Dichtezentren im Rheiderland erhalten geblieben (U. de Bruyn, F. Sinning u. K.-D. Moormann briefl.). Aber zwischen diesen Gebieten lagen stark ausgedünnte Flächen. Insgesamt zeigt die Bestandsentwicklung im Kreis eine abnehmende Tendenz. Im Mai 2000 wurde fast überall katastrophal schlechter Aufzuchterfolg der betroffenen Arten gemeldet.

Auch vom **Kiebitz** liegen Berichte über Rückgänge seit 1850 vor (Onnen & Zang 1995). Seit 1970 hat sich die Abnahme verstärkt und gegen Ende der 1990er Jahre ist sie dramatisch geworden (Abb. 5). Als Frühbrüter ist der Kiebitz, der niedrige Vegetation bevorzugt, besonders durch das Umherfahren auf den Ländereien, Walzen und Düngen gefährdet. Nach Bairlein & Bergner (1995) sind "die Verluste durch die Landwirtschaft unverhältnismäßig und auf die Dauer zu hoch, um den Wiesenvögeln einen längerfristig ausreichenden Fortpflanzungserfolg zu sichern".

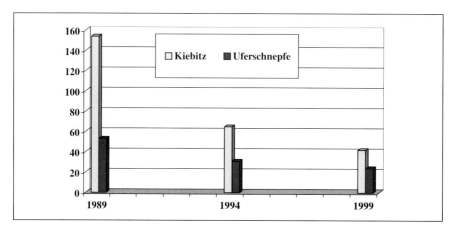

Abb. 5: Bestände der Brutpaare des Kiebitzes und der Uferschnepfe in den Jahren 1989 (Verf.), 1994 (Flore u. Schreiber briefl.) und 1999 (K.-D. Moormann briefl.) im Grünland (begrenzt vom Dollartdeich und von der Straße Pogum, Ditzum, Oldendorp, Aaltukerei und Dyksterhusen) auf etwa 750 ha. Der Kiebitz hat um 73 % und die Uferschnepfe um 55 % in 11 Jahren abgenommen. Im selben Gebiet brüteten 1999 13 Paare Rotschenkel. Die Bekassine wurde 1999 nicht nachgewiesen. Man beachte, dass der Rückgang kreisweit gesehen viel stärker ausgeprägt ist, als es die Graphik wiedergibt.

Neuere Untersuchungen von A. Schoppenhorst und W. Eikhorst im Bremer Raum (Borgfelder Wümmewiesen) in den Jahren 1998 und 1999, bei denen ständig während der gesamten Brutzeit die Temperatur der Gelege mit Messgeräten (Thermologgern) graphisch aufgezeichnet wird, haben ergeben, dass die Temperatur in vielen Fällen plötzlich während der Nacht auf die Umgebungstemperatur absinkt. Aus 114 kontrollierten Gelegen (davon 104 Kiebitzgelege) schlüpften in zwei verschiedenen Schutzgebieten (!) nur von 30 % der Gelege die Küken aus. 18 % der Gelege gingen durch landwirtschaftliche Tätigkeiten verloren. In 5 % der Fälle blieb die Verlustursache unklar. Von den durch Prädation zerstörten Gelegen gingen 31 Gelege (62 %) in völliger Dunkelheit und 19 (38 %) in der Dämmerung oder am Tage verloren. Daraus ergibt sich, dass die häufig die Ländereien nach Nahrung absuchenden Rabenkrähen keinen entscheidenden Anteil an den Verlusten gehabt haben. Vielmehr kommen Fuchs und Hermelin als nächtliche Beutegreifer in Frage (Seitz 2000). Die Füchse, die im Bremer Raum um fast das Doppelte zugenommen haben, können in die entwässerten Habitate eindringen und profitieren u.a. von der Zunahme der Erdmäuse (*Microtus agrestis*, G. Nehls auf der DOG-Tagung 1998 in Jena). Überschwemmungen früherer Zeiten ließen keine großen Mäuse-Populationen entstehen. Infolge der Entwässerung und stärkerer Düngung haben Bodentiere und Erdmäuse aber zugenommen und das Nahrungsangebot für Prädatoren verbessert. Die Zunahme der Mäusebussarde hängt ebenfalls mit dieser Entwicklung zusammen. Nicht nur die Rabenvögel, die vielfach als die alleinigen Verursacher verdächtigt werden, sondern vielmehr Raubsäuger sind in erster Linie für den Rückgang der Uferschnepfen u.a. mitverantwortlich. Das komplizierte Wirkungsgefüge zwischen den direkten landwirtschaftlichen Einflüssen wie Zertritt der Gelege durch Vieh, Walzen, Düngen, schnellerer und früherer Graswuchs sowie immer frühere Mahd, die grundsätzlich den Bruterfolg vereiteln, und den Einflüssen der Beutegreifer bedarf weiterer Untersuchungen.

Wübbenhorst (2000) hat 1996 das Verteidigungsverhalten von Wiesenlimikolen gegen Prädatoren aus der Luft (Rohrweihe und Rabenkrähen) auf der Flussinsel Strohauser Plate in der Unterweser untersucht. Bei vergleichsweise hoher Siedlungsdichte der Kiebitze und Uferschnepfen waren die Verteidigungsreaktionen während der Zeit des Brütens und Jungeführens sehr intensiv und überwiegend erfolgreich. Die Frage blieb offen, ob beim Unterschreiten einer kritischen Populationsdichte der Limikolen die Verteidigungsbereitschaft nachlässt. Ausgedünnte Populationen sind auf jeden Fall erheblich stärker gefährdet. Sie können sich am Tage der Prädatoren nicht genügend erwehren (nachts ohnehin nicht). In der Tagespresse wird eine äußerst polemische und sehr einseitige Diskussion über die sogenannten "Killerkrähen" geführt (s. Kapitel Rabenvögel: Verfolgen oder Verstehen?).

Strukturverbessernde Maßnahmen kamen bisher fast nur der Landwirtschaft zugute. Naturschutzmaßnahmen, wie sie in den Niederlanden von staatlicher Seite aus praktiziert werden, lassen sich bei uns schwer verwirklichen (Beintema et al. 1995). Trotz der noch bedeutenden Bestände der Wiesenvögel wird das Land Niedersachsen seiner "Verantwortung für den Erhalt der Tiere und Pflanzen der feuchten Wiesen und Weiden derzeit nicht gerecht" (Melter et al. 1997). Ein Grünlandschutzprogramm des Niedersächsischen Landesamtes für Ökologie von 1993 stieß ausgerechnet im Rheiderland, dem wertvollsten Wiesenbrütergebiet des Kreises, auf größte Widerstände.

Die wenigen mahnenden Stimmen, die auf den Niedergang der Wiesenbrüter hinwiesen, wurden totgeschwiegen oder für "rückständig" erklärt. Der Schutz der Natur wurde und wird auch gegenwärtig von vielen noch als lästiges Übel betrachtet! Angesichts der Achtung, die der Mensch Kulturdenkmälern entgegenbringt, zeugt die Vernichtung der ehemals reichen Meedenlandschaft von einer unverantwortlichen Einstellung mancher Planungsbehörden, welche die Schätze der Natur unwiederbringlich aufs Spiel gesetzt haben. In späteren Zeiten wird die Erinnerung an den Reichtum der Natur und die damalige Schönheit der Landschaft verloren gehen und niemand wird sich mehr dessen bewusst sein!

8 Rabenvögel: Verfolgen oder Verstehen?

In der breiten Öffentlichkeit herrscht die Meinung vor, dass Rabenvögel wie Aas-kräre, Eichelhäher, Elster, Dohle und Saatkräre nicht geschützt, sondern verfolgt werden müssen, um andere Singvögel zu schützen. Diese Meinung beruht auf Vorurteilen und der Verallgemeinerung von zufällig gewonnenen Beobachtun-gen. Die emotionsgeladenen Einstellungen der Menschen schwankten schon früh zwischen der Verehrung des Kolkraben als "Göttervogel" und der Verteufelung anderer Rabenvögel als "Todesvögel". Unter jagdlichen Gesichtspunkten wurden und werden sie heute immer noch als "Raubzeug" betrachtet, das zum Schutze des Nutzwildes und der Kleinvögel bekämpft werden müsse. Das verunglimpfen-de Wort "Raubzeug" zeigt, wie die Rabenvögel als Un-Lebewesen eingestuft wer-den.

Solchen Ansichten stehen die Ergebnisse neuerer Untersuchungen entgegen (Übersichten in Bauer & Berthold 1996 und Mäck & Jürgens 1999). So ist eine Abnahme der Dichte der Kleinvögel in den Siedlungen trotz der Zunahme der Elster nicht nachweisbar. In einem Untersuchungsgebiet bei Ulm mit hoher El-sterndichte (bis 7,2 Bp/km²) brüteten Rebhuhn, Goldammer und Neuntöter re-gelmäßig erfolgreich. Gleichwohl verursacht die Elster nach Glutz von Blotzheim & Bauer (1993) "die größten Verluste unter Singvogeleiern und -nestlingen". Dabei ist jedoch zwischen dem Erfolg oder Misserfolg einzelner Bruten und der langfristigen Bestandsentwicklung der betroffenen Singvogelarten sorgfältig zu unterscheiden. Kooiker (1994) hat 1984-1993 die Beziehungen zwischen den Dichten des Singvogels Elster und anderer Singvögel auf einer Probefläche von 23,6 km² in Osnabrück untersucht. Der Bestand der Elster nahm in diesem Zeit-raum um fast das Vierfache zu (von 60 auf 228 Brutpaare). Gleichzeitig nahmen die Bestände von Rotkehlchen, Zaunkönig, Gimpel, Amsel, Kleiber und Ringel-taube sogar ebenfalls zu und nur diejenigen vom Buchfink und Grünling ab.
  Nicht nur die Elster, alle Rabenvögel haben zugenommen. Im Niedervieland bei Bremen hat sich der Bestand der Rabenkrähe im Zeitraum 1988-1998 verzehn-facht (Seitz 2000). Sorgfältige Bestandserfassungen sind im Kreis Leer während langer Zeiträume nicht durchgeführt worden. Vermutlich hat die Rabenkrähe bei uns in ähnlichem Ausmaß wie bei Bremen zugenommen. Es wird behauptet, dass der Rückgang des Niederwildes (Feldhase, Fasan u. Rebhuhn) durch Rabenvögel mitverursacht wird. Die Jägerschaft im Kreis Leer wiederholt oft dieses Fehlurteil. Da die meisten Jäger die Forschungsergebnisse nicht kennen, die in der wissen-schaftlichen Literatur veröffentlicht sind, werden Aussagen über die Populations-dichten an Hand von Streckenzahlen getroffen, ein fragwürdiges und wissen-schaftlich angreifbares Verfahren. Mehrjährige Ausschlussversuche in England, "bei denen während der Brutzeit des Rebhuhns die Untersuchungsgebiete frei von

Raubsäugern und Rabenvögeln gehalten wurden, erbrachten keinen signifikanten Unterschied im Bestand der Beutetiere verglichen mit Flächen, auf denen die Rabenvögel nicht bejagt wurden" (Mäck & Jürgens 1999).

Hinter dem Ruf nach Bejagung der Rabenvögel steht der Gedanke, einen künstlichen Überschuss an Beutetieren zu erzeugen, der in der Jagdsaison abgeschöpft werden kann. Gedanken der Tierhaltung treten an die Stelle populationsökologischer Erkenntnisse. Tatsächlich verringert die Tötung von Rabenvögeln die biologische Vielfalt. Jagdliche Eingriffe können niemals die natürliche Selektion ersetzen, denn das Auge des Jägers sieht anders als das Auge des Tier-Beutegreifers. Bestandsrückgänge der heimischen Vogelwelt sind "mit an Sicherheit grenzender Wahrscheinlichkeit auf anthropogene Ursachen wie Überbeanspruchung der Landschaft durch den Menschen, Veränderungen des regionalen Klimas" und lokale Standortfaktoren zurückzuführen (Mäck & Jürgens 1999).

Die Zunahme der Rabenvögel darf nicht isoliert gesehen werden. Sie ist in erster Linie auf ein größeres Nahrungsangebot auf den Feldern, im Grünland und an den Straßen (Verkehrsopfer!) zurückzuführen, abgesehen von ausreichend vielen Nistmöglichkeiten Diese bieten ihnen z.B. die Baumalleen und Windschutzstreifen der entwässerten Hammriche. Es wäre im Interesse der Wiesenvögel besser gewesen, wenn man auf die Anpflanzung dieser landschaftsverfremdenden Strukturen verzichtet hätte.

Außer dem Kolkraben, der dem deutschen Jagdrecht mit ganzjähriger Schonzeit unterstellt ist, waren die übrigen Rabenvögel "vogelfrei", denn weder das Jagd- noch Naturschutzrecht berücksichtigte sie. Dieser rechtlich unhaltbare Zustand wurde erst 1979 von der EG-Vogelschutzrichtlinie beendet. In Deutschland sind Aaskrähe, Saatkrähe, Elster und Eichelhäher laut Bundesartenschutzverordnung seit Ende 1986 "besonders geschützt". Sie dürfen nicht mehr ohne Ausnahmegenehmigung bejagt werden. In der Jägerschaft, aber auch in der Bevölkerung, erhob sich gegen den Schutzstatus heftige Kritik. Die Verordnung wurde folglich aufgeweicht. Seit dem 5.08.1996 sind die Kreise zuständig für die Erteilung von Ausnahmegenehmigungen zum Abschuss von Elstern und Rabenkrähen im Zeitraum 16. Juli bis 31. Januar eines jeden Jahres. Pauschale Abschussgenehmigungen dürfen nicht erteilt werden.

In den Jagdjahren 1996/97 und 1997/98 wurden im Kreisgebiet offiziell 745 bzw. 860 Elstern und 1110 bzw. 1326 Rabenkrähen erlegt. Begründet wurde die Maßnahme mit dem Schutz der Wiesenvögel. Den Nachweis, dass sich die Wiesenvogelbestände dadurch erholt haben, konnte die Jägerschaft nicht erbringen.

Zur Klärung der Elstern-Problematik führte Anke Haberer (1996) vom 10.03.-27.07.1996 Untersuchungen auf Borkum durch, nachdem die dortige Jägerschaft einen Elsternbestand von 652 Ind. am 10.02.1994 ermittelt hatte. Bei Zählungen an drei Schlafplätzen Mitte März 1996, also vor der Brutzeit, wurden bis zu 119 Elstern festgestellt mit maximal 45 Ind. am Schlafplatz in den Steern-klippdünen sowie 77 Rabenkrähen und 278 Dohlen. Während der Brutzeit 1996 wurden 168 Elstern (Nichtbrüter-Anteil 6 %), 112 Rabenkrähen (45 % nicht brü-tend) und etwa 300 Dohlen (17 % nicht brütend) gezählt. Die Zahl von angeb-lich 652 Elstern war also um fast das Vierfache überhöht!

Auf einer Probefläche im Stadtgebiet von Borkum mit 25 Amselpaaren war der Aufzuchterfolg mit 75 % recht hoch. Auch der Schlupferfolg der Kiebitze, Ufer-schnepfen und Austernfischer lag hier mit 52-66 % in einem für heutige Ver-hältnisse überdurchschnittlichen Bereich. Die Rabenvögel hatten nur einen ge-ringen Einfluss auf den Schlupf- bzw. Aufzuchterfolg.

Diese Ergebnisse der Rabenvogelforschung widersprechen deutlich den immer wiederholten Forderungen der Jägerschaft nach Regulation der Rabenvogelbe-stände durch Bejagung. Hält die Öffentlichkeit an der Forderung fest, die Raben-vögel durch Abschuss zu dezimieren, würde man nur die Symptome "behan-deln", nicht aber die Ursache der Zunahme der Rabenvögel beheben. Bejagung ist außerdem mit viel zu vielen schädlichen Nebenwirkungen verbunden, wie an anderen Stellen beschrieben wird. Abschüsse wären ohnehin innerhalb der Sied-lungsbereiche nicht möglich. Werden Rabenvögel außerhalb der Siedlungen bejagt, drängt man diese Opportunisten nur noch stärker in die Siedlungen.

9 Naturschutz

Vielfältige Nutzungsansprüche an die Landschaft haben von jeher zu einer kon-kurrierenden Situation zwischen wirtschaftlichen Belangen und dem Wunsch auf Erhalt der Natur geführt. Dies gilt besonders für einen Raum, der so reich an Feuchtgebieten ist wie der Kreis Leer. Die folgende Erörterung der Probleme zeigt auf, wieviel Mühe erforderlich war und bleiben wird, die verbliebenen Natur-schätze zu bewahren. Bis Ende der 1960er Jahre beschränkte sich die Natur-schutzarbeit auf das Ausweisen von Schutzgebieten. Einen Überblick geben die Tabellen 1 u. 2.

Die auf Borkum gelegenen Schutzgebiete sind seit 1986 Bestandteile des Na-tionalparks Wattenmeer. Einige Gebiete liegen teilweise in angrenzenden Krei-sen: Lengener Meer, 1984 erweitert von 140,6 auf 246,7 ha; Emsaltwasser bei Vellage 100 ha kreiseigen; Fehntjer Tief, 340 ha kreiseigen, in mehreren Schrit-ten erweitert, 1979 wurden zuerst das Pudde- und Hammeer als NSGs ausgewie-sen; vom Petkumer Vorland gehören 3 ha zum LK Leer; Boekzeteler Meer 80 ha kreiseigen. Von den Landschaftsschutzgebieten sind nur die mit einer Größe von >150 ha genannt. Die Bodenentnahmestelle beim Schöpfwerk St. Georgiwold, im Text Holtgaster See genannt, ist geschützter Landschaftsteil.

Im November 1968 wurde die Kreisgruppe Leer des Deutschen Bundes für Vogelschutz (DBV, ab 1993 Naturschutzbund Deutschland, NABU) in Leer gegründet. Die Tätigkeit beschränkte sich zunächst auf Vorträge, Informationen der Öffentlichkeit und Führungen.

Naturschutzgebiet	seit	Charakteristik	Bedeutung	ha
Barger Meer	1941	See, Bruchwald	Angelsport	6,3
Wolfmeer	1942	Fast verlandeter Hochmoorsee	Vegetation	26,9
Holle Sand	1951	bewaldete Binnendünen	Vegetation	126
Lütje Hörn	1957	Primärdünen, Sandstrand, Watt	Seevögel	26
Waterdelle, Borkum	1961	verlandeter, bewaldeter Strandsee	Vegetation	87
Lengener Meer	1964	Hochmoor mit See (22 ha)	Moorvögel	246,7
Hartkamp	1967	Rest eines Bruchwaldes	Vegetation	2,5
Emsaltwasser, Vellage	1968	Flusswatt, Röhricht, Auwald	Wasservögel	185
Püttenbollen	1969	degeneriertes Klein-Hochmoor	Vegetation	11,8
Magerwiese Potshausen	1973	ehemalige Magerwiese		3,9
Süderkolk	1977	Rest eines Dollart-Einbruchs	Teichvögel	12
Tüskendörsee, Borkum	1978	Meeresdurchbruch, Bodenentnahme	Wasservögel	44
Fehntjer Tief, ab 1979	1992	verlandete Meere, Tiefs, Marschen	Niedermoor	1258
Dollart	1980	Ästuar und Brackwasserbucht	Vogelwelt	2250
Hochmoor Wymeer	1983	ausgetrocknetes Hochmoor	Vegetation	52
Neudorfer Moor	1983	vernässtes Hochmoor, z.T. entbirkt	Wasservögel	350
Stapeler Moor	1983	abgetorftes Hochmoor	noch gering	557
Petkumer Vorland	1994	vogelreiche Emsvorlandwiesen	Vogelwelt	200
Boekzeteler Meer1998	1998	Niedermoorsee, Bruchwald, Röhricht und Grünland	Wasservögel	102

Tab. 1: Naturschutzgebiete im Landkreis Leer in der zeitlichen Reihenfolge der Ausweisung

Landschaftsschutzgebiet	seit	Charakteristik	Bedeutung	ha
Langholter, Rhaudermeer	1967	Bruchwald	Vogelwelt	201
Stiekelkamper Wald	1969	Laub, Mischwald	Waldvögel	179
Heseler Wald	1969	Buchen, Eichen u.a.	Waldvögel	870
Oldehave	1975	Laub-, Mischwald	Waldvögel	200
Umgeb. Boekzeteler Meer	1998	Wiesen		230
Greune Stee (Borkum)	1970	Dünental mit feuchtem Wald	Vogelwelt	360
St. Georgiwold	1990	Bodenentnahmestelle	Wasservögel	27

Tab. 2: Landschaftsschutzgebiete im LK Leer (Quelle: Landkreis Leer).

Ab 1973 begannen Aktivitäten zur Einschränkung der Lizenzjagd am Dollart. Die sog. Wattenjagd wurde lange Zeit äußerst exzessiv ausgeübt. Sie hatte in den 1960er Jahren "bedrohliche Formen des Andrangs" angenommen, wie Wandschneider (1967) berichtete. Zeitweise mussten sich die Jäger in einer zweiten Linie aufstellen, um zum Schuss zu kommen. Die Schüsse fielen so häufig, dass Erinnerungen an ein Trommelfeuer aufkamen. 1973 wurden für eine Uferstrecke von 10 km 215 Erlaubnisscheine gegen ein geringes Entgelt ausgegeben. Am 1.08.1976 standen im SO-Teil des Dollart in der Morgendämmerung 44 Wattenjäger zum Aufgang der Jagd bereit. In einem Rundfunkinterview bekannten einige Jäger, dass die Jagd nur Vergnügen bedeute. Für den Fleischerwerb war sie nicht erforderlich (K.-H. Garberding mdl. und Verf.). Nicht nur bejagbare Arten, sondern geschützte Arten wie Brandenten, Säbelschnäbler und Berghänflinge wurden abgeknallt (Fotobeleg liegt vor). Die schlimmen Auswüchse und die Folgen der Wattenjagd hat Gerdes (1991) beschrieben.

Diese Jagd wurde erst Ende 1994 nach vielen Gesprächen und Aktionen eingestellt. Bemühungen zur Unterschutzstellung des Dollart führten nach langwierigen Verhandlungen 1980 zum Erfolg. Nach der Ausweisung als NSG wurde die landwirtschaftliche Nutzung allerdings derart intensiviert, dass z.B. der Brutbestand der Uferschnepfe fast völlig zusammenbrach. Erst zu Beginn der 1990er Jahre wurde die Nutzung durch spätere Mahd und geringeren Viehbesatz extensiviert, doch ein mustergültiges Management, wie es von der Stichting Het Groninger Landschap auf der niederländischen Dollard-Seite praktiziert wird, steht noch immer aus. Die Betreuung und Lenkung der Besucher ist mangelhaft.

Die Insel Borkum und das Randzel-Watt wurden ab 1. Januar 1986 in den Nationalpark "Niedersächsisches Wattenmeer" einbezogen. Große Ruhezonen vor allem im Watt, Zwischenzonen für die extensive landwirtschaftliche Nutzung im Grünland und für den erholungsuchenden Menschen auf den Wegen der Dünenlandschaft sowie Erholungszonen am Strand kennzeichnen die Entwicklung auf Borkum. Ob und wann der Dollart Bestandteil des Nationalparks wird, ist noch nicht entschieden.

Die Ausweisung von Schutzgebieten an der Ems wurde trotz der Schutzwürdigkeit des Hatzumer und Bingumer Sandes, der Coldamer Emsschleife und der Vorländer unnachgiebig boykottiert. Diese Gebiete blieben bis jetzt ohne gesetzlichen Schutzstatus. Wirtschaftliche Interessen standen im Vordergrund. Lediglich als Besondere Schutzgebiete (IBA = Important Bird Areas) wurden die Außendeichsgebiete 1983 anerkannt, dem Jahr, in dem drei andere Schutzgebiete ausgewiesen wurden (s. Tab. 1). Wie nachteilig sich das im Bau befindliche Emssperrwerk bei Nendorp auf die Natur auswirken wird, bleibt abzuwarten. Wertvolle Flächen sind durch den Deichbau verloren gegangen.

Seit den Planungen der Autobahn ab Anfang der 1980er Jahre wuchs der Umfang der Arbeit der NABU-Gruppe erheblich, zumal der Verband seit 1978 nach dem Bundesnaturschutzgesetz berechtigt war, zu den Eingriffen in die Landschaft Stellung zu nehmen. Sie musste zu jedem Bauabschnitt biologische Grundlagenarbeit leisten und auf den Wert der durchschnittenen Ländereien hinweisen. 17 Jahre nach dem Planfeststellungsbeschluss für den Autobahnbau (1983) im Grünland des Rheiderlandes lässt der vollständige und rechtsverbindliche Ausgleich für die Eingriffe trotz unzähliger Gespräche im Jahr 2000 noch immer auf sich warten. Keine andere Abteilung der Verwaltung als die des Naturschutzes muss so geduldig und hartnäckig um die Erfüllung gesetzlich vorgeschriebener Forderungen ringen!

Im Anschluss an die Festlegung der Trassenführung folgten Flurneuordnungs-Verfahren, die weiteren, bis in die Gegenwart andauernden Einsatz verlangten. Mit der Verwirklichung solcher Verfahren waren weitere Einbußen für die Natur verbunden (z.B. durch den Bau von Wirtschaftswegen). Kompensationsmaßnahmen hatten meist nur eine Alibifunktion und waren schwer nachkontrollierbar. Auch die Wallheckenlandschaft erlitt Eingriffe. Neu errichtete und bepflanzte Wallhecken sehen 10 Jahre nach der Herstellung kümmerlich im Vergleich zu alten Wallhecken aus. Seit 1990 bearbeitet die Vorsitzende der NABU-Kreisgruppe, I. Tilsner, akribisch und gewissenhaft alle Anträge auf Planfeststellung. Sie dringt gründlich auf die Erfüllung und die schwierige Kontrolle der Auflagen, um die sich mancher Betreiber drückt.

Der Windreichtum des Landkreises bietet ideale Voraussetzungen für die Gewinnung von Strom aus Windkraft. Leider decken sich vielfach windhöffige Gebiete mit wertvollen Flächen für Sommer- und Wintervögel vor allem im Rheiderland. Die Flächen zwischen den Windkraftanlagen werden von empfindlichen Arten wie Schwänen, Gänsen und Watvögeln gemieden; zum Windpark werden oft beträchtliche Abstände eingehalten. Nur Möwen- und Rabenvögel zeigen sich unbeeinflusst. Bei der Errichtung von Windparks ist auf für den Naturschutz wertvolle Gebiete nicht genug Rücksicht genommen worden. Die Standorte insbesondere der Windparks in Holtgaste, Weener und z.T. auch in Weenermoor sind mit den Belangen des Naturschutzes nicht vereinbar. Auf keinen Fall dürfen weitere Windkraftanlagen errichtet werden.

1984 begannen Maßnahmen zum Ausbau der Ems für die Überführung großer Schiffe zwischen Papenburg und Leer. Der Fluss wurde in mehreren Schritten von 5,50 auf 7,30 m vertieft und teilweise begradigt. Eine sehr starke Wassertrübung, Uferabbrüche, die eine Versteinung notwendig machten, und ein starker Rückgang der Fischfauna waren die Folge. Die Auswirkungen sind z.B. beim Gänsesäger geschildert. Die Zunahme des Tidenhubes und damit raschere Flussströmungen wirken sich bis in die Jümme und Leda aus. Die Unterbringung des Spülgutes ist ebenfalls mit Problemen verbunden.

Vorschläge zum Schutz der Wiesenvögel (s. Kapitel Niedergang der Wiesenvögel) blieben zum größten Teil unbeachtet. Lediglich im Fehntjer Tief-Gebiet wurden die Schutzgebiete im Laufe der Zeit vergrößert, oft erst nach Überwindung vieler Widerstände. Seit 1995 leistet die Naturschutzstation Fehntjer Tief in Lübbertsfehn (Kreis Aurich) verdienstvolle Arbeit zur Betreuung und zum Bestandsmonitoring in den Naturschutzgebieten. Es ist bedauerlich, dass das Grünland des Rheiderlandes sowohl für die Sommer- wie die Wintervögel keinen verbindlichen Schutzstatus erhalten hat, obwohl es die Bedingungen eines Ramsar-Gebietes erfüllt.

Der Schutz der letzten Hochmoore stieß ebenfalls auf große Schwierigkeiten. Das Neudorfer Moor sollte als eines der letzten großflächigen Hochmoore in den 1970er Jahren für die Landwirtschaft erschlossen und kultiviert werden, ein äußerst fragwürdiger Plan, denn damals hatte die Europäische Gemeinschaft mit den Problemen der Überproduktion der Landwirtschaft zu kämpfen. Die Überschüsse der Produktion, die teuer vernichtet oder verbilligt abgestoßen werden mussten, sollten widersinnigerweise noch vermehrt werden! Nur der Einsatz einer Bürgerinitiative rettete das Moor für die Natur und die Allgemeinheit. Inzwischen hat in weiten Kreisen ein Umdenken stattgefunden. Die Staatliche Moorverwaltung in Meppen und Aurich hat dafür gesorgt, das Neudorfer Moor erfolgreich zu vernässen. Nachdem das Abtorfen im Stapeler Moor und Klostermoor weitgehend abgeschlossen ist, werden auch hier Vernässungen zum Erfolg führen. Diese Beispiele zeigen sinnvolle Ansätze des modernen Naturschutzes.

Die Untere Naturschutzbehörde (UNB, mdl.) wurde 1984 als eigenständige Behörde eingerichtet, nachdem vorher das Ressort ”Naturschutz” vom Schulamt betreut wurde. Wegen der vielfachen Eingriffe in die Landschaft ist das Ausmaß der

Arbeit der UNB, das hier nur angerissen werden kann, enorm gewachsen. Ein Landschaftsrahmenplan ist erstellt worden, der wichtige Entscheidungshilfen liefert. Eingriffe in die Landschaft mussten begutachtet und kontrolliert werden. Unzählige Verfahren zu Ausgleichs- und Ersatzmaßnahmen sowie zur Unterschutzstellung von Gebieten banden und binden viel Energie.

Wie in großen Teilen Europas wird die Vogelwelt im LK Leer vor allem durch folgende Faktoren bedroht: landwirtschaftliche Intensivierung oder völliger Verzicht auf landwirtschaftliche Nutzung, Entwässerung, Eutrophierung durch Immission aus der Atmosphäre, Pestizid- und Düngereinsatz, Landansprüche für die Bebauung, Erholung und Jagd (Tucker & Heath 1994). Außerdem wirken sich Saurer Regen überall und lokal Ölpest auf dem Meer, Freileitungen, der Verlust von Nistplätzen durch Fällen alter Bäume oder moderne Hausbauweise nachteilig aus. Die Folgen des Klimawandels sind schwierig einzuschätzen.

Das Bewusstsein für die Erhaltung der Natur wächst in der Bevölkerung nur langsam. In großen Städten oder dicht besiedelten Gebieten ist dies Bewusstsein mitunter besser entwickelt. Zu hoffen ist, dass auch im LK Leer das Verständnis für die Erhaltung einer artenreichen Natur weiter wächst. Nur das Kennenlernen der Natur kann den Sinn dafür wecken und fördern. Deswegen sind fachmännisch organisierte Führungen wichtig. Im NABU-Büro in Ditzum, das Busfahrten und Führungen anbietet, oder am Pavillon der Stichting Het Groninger Landschap in Nieuwe Statenzijl unmittelbar W der Staatsgrenze kann man sich informieren. Manche Anregung kann der Naturliebhaber auf den Lehrpfaden gewinnen. Hingewiesen sei auf den Marcelluspad im SO des Dollard, die Waldlehrpfade im Heseler und Stiekelkamper Wald, den Naturlehrpfad Bühren in Uplengen und den Moorlehrpfad in Wymeer. Auf Borkum ist das Nationalparkschiff "Borkumriff" einen Besuch wert. Zunehmender Natur-Tourismus wird weitere Einrichtungen erforderlich machen (s. Kap. Beobachtungspunkte).

Spezieller Teil

1 Vorbemerkungen

1.1 Material: Sammlung und Auswertung

Zugrunde liegen alle genannten Literaturquellen (bis 1999 mit Ergänzungen aus 2000) und viele unveröffentlichte Tagebuchnotizen. Frau Blaszyk hat Einblick gewährt in die Kartei ihres Mannes Paul Blaszyk, der außerdem eine Datensammlung aus den Tagebüchern des Konservators Ferdinand Erhard Stoll angelegt hatte. Weitere Brutvogeldaten aus der Zeit ab 1954 stammen von B. Petersen und H. Reepmeyer. Viele Beobachtungen haben die Mitarbeiter des Naturschutzbundes Deutschland der Kreisgruppe Leer (NABU) aus dem Zeitraum 1968-1999 geliefert. Zu den Mitarbeitern gehören Klaus Gerdes, Hinderk van Göns, Adolf Haken, Hans-Joachim van Loh, Else Meyer, Thomas Munk, Harro Reepmeyer, Bernhard Petersen und Jonny Prins. Die meisten Beobachter haben sich regelmäßig über Jahrzehnte hin und E. Meyer, B. Petersen, J. Prins sowie Dieter Heß zeitweise an den Dollartzählungen beteiligt. Auf niederländischer Dollard-Seite haben die Zähler der Werkgroep "Avifauna Groningen" (Han de Boer, Rudi Drent, Peter Esselink, Piet Glas, Jan Hulscher, Ben Koks, Eduard Koopman, Leendert Oudman, Jouke Prop, Berend Voslamber und Eva Wolters) umfangreiches Material beigesteuert. Ihre Beiträge sind den unveröffentlichten Dollard-Rapports entnommen.

1994/95 haben Johannes Jaene und Helmut Kruckenberg zunächst im Rahmen ihrer Diplomarbeit und danach im Auftrag der Staatlichen Vogelschutzwarte die Wasser- und Watvogelzählungen im Rheiderland intensiviert (Jaene & Kruckenberg 1996). Wichtige mündliche Hinweise hat Hermann Heyen gegeben. Über Borkum hat Bruno Hofmann seine Daten zusammengestellt. Martin Reuter hat mit großem Einsatz die Brutvogelerfassungen auf Borkum, Lütje Hörn und an der Ems geleitet. Der Niedersächsische Landesbetrieb für Wasserwirtschaft und Küstenschutz (NLWK) Betriebsstelle Norden hat in einer schriftlichen Mitteilung Brut- und Gastvogeldaten über diese Gebiete zur Verfügung gestellt. J. Prins hat maßgeblich die Erfassung der Greifvögel ab 1981 betreut und den Kreis flächendeckend bis 1989 bearbeitet. Arnulf Keßler hat Beiträge aus den östlichen Teilen des Kreises beigesteuert. Sorgfältig erfasste C. Panzke 1985-1990 die Brutbestände am Dollart und in Teilgebieten des Rheiderlandes. 1994 ist das Grünland des Rheiderlandes N von Wymeer flächendeckend von Bernd-Olaf Flore u. Matthias Schreiber bearbeitet worden. Die vielen Berichte von Klaus Rettig sind der Kürze halber mit ihrer Nummer aufgeführt; sie sind fast immer im Jahr der Beobachtung erschienen. Aus dem Landschaftsplan der 112 km² großen Gemeinde Westoverledingen stammen die 1992 ermittelten Daten (Matthias Bergmann u.a.)

52

und von Heinrich Pegel (Naturschutzstation Fehntjer Tief der Bezirksregierung Weser-Ems) die Daten aus dem Fehntjer Tief-Gebiet. Die Arbeit dieser Station hat Requardt-Schohaus (1997) gewürdigt. Die Namen der Gewährspersonen sind nur bei besonderen Beobachtungen genannt. Häufig handelt es sich um Gelegenheitsbeobachtungen. Unter den Beobachtern der Deutschen Gesellschaft für Naturschutz (DGN, Zeitschrift Saxicola) sind vor allem Axel Degen, Werner Brinkschröder, Bernhard Hülsmann und Wolfgang Schott zu nennen, die im Süden des Kreises und dem angrenzenden Emsland beobachtet haben. Die Brutvögel sind in der Regel nach der Revierkartierungsmethode erfasst worden. Als revieranzeigendes Verhalten, Brutnachweis oder Brutverdacht wurde z.B. Gesang an mehreren Tagen, Warnen oder die Beobachtung Junge führender Altvögel gewertet. Alle Daten wurden kritisch geprüft, unwahrscheinliche verworfen.

Die Ergebnisse der meist im mittleren Monatsdrittel an Sonntagen durchgeführten Dollartzählungen werden im folgenden erörtert. Ausgewertet wurden 339 niederländische Dollard-Rapports und 292 deutsche Dollart-Berichte aus dem Zeitraum 1974/75 bis 1999. Diesen Zählungen waren ab 1963 niederländische Untersuchungen vorausgegangen, die in den 1960er Jahren die große Bedeutung des Dollart für Sommer- und Wintervögel (z.B. fast 20.000 Säbelschnäbler) aufzeigten (Braaksma & Timmerman 1969, Dantuma & Glas 1968, Drost 1967, Werkgroep Dollard 1974).

Die etwa 24 km lange Zählstrecke ist in acht Strecken von je 3 km unterteilt, auf denen alle Vögel im Zeitraum von zwei Stunden vor und einer Stunde nach HW mit Hilfe von Spektiven (meist 30 x) von je 1-2 Vogelkennern gezählt werden. Wo der Kwelder bzw. Heller sehr breit ist oder Röhricht den Einblick verwehrt, mussten Gänge bis zum Wattrand unternommen werden. Dabei wurde versucht, die Vögel so wenig wie möglich zu stören, z.B. bei Anwesenheit großer Gänseansammlungen. Jeder Zähler musste verantwortungsvoll zwischen einem Minimum an Störungen und der erwünschten Genauigkeit der Zählungen abwägen. Bei manchen schwierig zu entdeckenden Arten (Bekassine oder Singvögel) handelt es sich um Mindestzahlen. Wenn die Geise nicht völlig geflutet wurde, verweilten dort viele selten oder gar nicht bestimmbare Watvögel. Nicht immer gelang also eine vollständige Zählung. Je unauffälliger oder kleiner die Vogelart, desto mehr nahm der Erfassungsgrad ab.

Ein Überblick konnte nur gewonnen werden, wenn entlang der gesamten Küste gleichzeitig gezählt wurde. Dies klappte nicht immer in den 1970er Jahren, danach aber wurden die Absprachen zwischen der niederländischen und der deutschen Seite meist streng eingehalten. Die Möglichkeit von Doppelzählungen wurde durch Gespräche oder Briefwechsel ausgeklammert. Der Einfluss der Witterung war beträchtlich. Angenehmes Zählwetter ist nicht häufig, besonders nicht in der kälteren Jahreszeit. In 12 Fällen vereitelte Nebel oder stärkerer Regen brauchbare Ergebnisse. So mussten die Daten dieser Zählungen verworfen werden. In den Monaten Juni bis August fanden anfangs bedeutend weniger Erfassungen als in den anderen Monaten statt, doch reichten sie für Mittelwert-Berechnungen aus. In 88 % der Monate wurde gezählt (jahreszeitliche Verteilung der Zählungen s. Prop et al. 1999).

Graphiken zum jahreszeitlichen Auftreten sind in der Regel nur für häufige und für Borkum bzw. den Dollart charakteristische Arten erstellt, so weit es gelungen ist, die Vögel weitgehend vollständig zu erfassen. Um die Veränderungen im Dollart während eines Zeitraumes von 24-25 Jahren wiederzugeben, ist in den Graphiken der gesamte Zeitraum in zwei Teilabschnitte gegliedert, von denen der erste Abschnitt als Flächen- und der zweite Abschnitt als Säulen-Diagramm wiedergegeben ist. Die Verteilung im Dollart wird durch die Aufteilung zwischen der deutschen Ostseite (D) und dem niederländischen Anteil (NL) zum Ausdruck gebracht. Weitere Erläuterungen s. Phänologie-Graphik der Graugans. Der Heimzug einiger Watvögel (Kiebitzregenpfeifer, Pfuhlschnepfe und Dunkler Wasserläufer als "Paradepferde" des Dollart sowie Grünschenkel) läuft sehr viel rascher als der Wegzug ab. Um den Ablauf des Heimzuges dieser Arten zum Ausdruck zu bringen, fanden Zählungen vom 1. Mai bis 20. Mai statt, deren Ergebnisse Dekaden-Mittelwertberechnungen ermöglichten. Aus dem letzten Maidrittel liegen nur Teilzählungen vor. Auch im Zeitraum 1.-20. Mai wäre eine Häufung weiterer Zählungen wünschenswert gewesen. Doch der dafür notwendige Personalaufwand war nicht zu leisten.

Die von Zivildienstleistenden des NLWK auf Borkum durchgeführten Wasser- und Watvogel-Zählungen haben für leicht erkennbare Arten wie Ringelgans, Austernfischer, Steinwälzer und Silbermöwe verwertbares Zahlenmaterial erbracht, das Mittelwertberechnungen ermöglichte. Auf die Auswertung des uneinheitlichen Materials weiterer Zählergebnisse (z.B. Knutt und Sanderling) ist verzichtet worden.

1.2 Danksagung

Das Buch hätte nicht entstehen können, wenn mir nicht von allen Seiten Hilfe geleistet worden wäre. Allen in Kap. 1.1 genannten Gewährsleuten und zahlreichen zusätzlich im Text genannten Beobachtern gebührt großer Dank. F. Goethe, H. Kruckenberg, B. Petersen und P. Südbeck haben das Manuskript kritisch durchgesehen. H. Kruckenberg hat umfangreiches Datenmaterial über Ablesungen von Halsbändern zur Verfügung gestellt. Wilfried Hinrichs hat die Karten der Abbildungen 2, 4 und 38 gezeichnet. J. Borbach-Jaene hat die Berechnungen für die Rastgebiete der Gänse (Abb. 12, 15 u. 18) durchgeführt und die Karten entworfen. Ich danke allen für ihre wichtige Mitarbeit und für viele wertvolle, anregende und kritische Gespräche. Besonderer Dank gilt A. Haken, B. Hofmann, E.

Meyer und E. Voß für das Zurverfügungstellen ihrer Fotos. Theo Schuster hat auf ältere Quellen aufmerksam gemacht.

1.3 Abkürzungen: ad. adultus erwachsen, ausgefärbt; Bp Brutpaar; immat. immaturus, nicht geschlechtsreif, unausgefärbt; Ind. Individuum bzw. Individuen; juv. juvenilis, jugendlich, Jugendkleid; n Zahl der Individuen einer Stichprobe; MEZ mitteleuropäische Zeit, MHW Mittleres Hochwasser; LSG Landschaftsschutzgebiet, NSG Naturschutzgebiet, N Nord(en); O Ost(en); S Süd(en); W West(en).

1.4 Statusangaben

Folgende Begriffsdefinitionen werden gebraucht: Brutvogel - mindestens einmal brütend festgestellt, Gastvogel - rastend angetroffen und oft längere Zeit im Kreisgebiet lebend, Sturmgast - im Zusammenhang mit Sturmwetterlagen an die Küste verschlagen, Invasionsvogel - im Zusammenhang mit unregelmäßigen Einflügen erscheinend, Irrgast - seltenes Vorkommen weit außerhalb des Verbreitungsgebietes der Art ohne erkennbare Einflüsse, Jahresvogel - in der Regel ganzjährig vorkommend, Gefangenschaftsflüchtling - mit großer Wahrscheinlichkeit stammen die Vögel aus der Haltung von Tierliebhabern oder Tiergärten.

Die systematische Reihenfolge der Arten richtet sich nach der Liste der Vögel Deutschlands (Barthel 1993).

Die Zahlen bedeuten bei Brutvögeln Paare, bei Gastvögeln Individuen: sehr selten (1-7), selten (8-20), spärlich (21-150), mäßig häufig (151-1000), häufig >1000 und sehr häufig (>5000). Die bei manchen Arten angegebenen Brutbestandsgrößen beruhen bei seltenen oder spärlichen Arten auf tatsächlichen Ermittlungen und bei häufigen Arten auf Hochrechnungen der Bestände der Ems, Westoverledingens und dem Vergleich mit den niederländischen Provinzen Groningen und Drenthe. * besonders zu schützende Art nach der EU-Vogelschutz-Richtlinie. Die Entwicklung der Brutbestände richtet sich nach der Einschätzung für Mitteleuropa von Bauer & Berthold (1996) für die Zeit ab 1970. Nur bei den Arten, die inzwischen im LK Leer einen anderen Trend aufweisen, ist davon abgewichen worden. Es bedeuten: ↑ Zunahme, ↔ weitgehend unveränderter Bestand, ↓ Abnahme und † Bestand erloschen.

Ringfunde bzw. Ringablesungen: Von den in Deutschland im Zeitraum 1909-1999 beringten Vögeln sind 209 Funde im LK Leer gemacht worden. Am häufigsten sind vertreten: Weißstorch 67 mal (32,1 %), Mäusebussard 58 mal (27,8 %), Sperber 17 mal (8,1 %) und Schleiereule 16 mal (7,7 %). Unter den Totfunden waren Straßenverkehrsopfer mit 18 Ind. am häufigsten beteiligt (Unterlagen des Instituts für Vogelforschung in Wilhelmshaven, W. Foken briefl.).

Dollart mit Mündung der Westerwoldschen Aa, Marcelluspfad und Kiekkaaste (25.09.1997)

Graureiher, Pfuhlschnepfen, Große Brachvögel und Brandenten rasten bei Hochwasser
auf der Geise (21.09.1991)

56

Dollartheller vor dem südlichen Kanalpolder. Der Simsengürtel ist voll ausgebildet.
In der Bucht ein schwimmender Säbelschnäblerschwarm (29.08.1982)

Heller mit Strandaster- (heller Saum) und Schilfgürtel am Dollart. Der verschwundene
Simsengürtel hebt sich als dunkler Streifen ab (25.09.1997)

Brandenten auf der Geise (30.03.1991)

Petkumer Vorland an der Ems bei Hochwasser mit Weißwangengänsen.
Jenseits der Ems der Ort Ditzum (9.05.1999)

Nendorper Vorland mit Laugenblume (*Cotula coronipifolia*). Im Hintergrund Spundwand für die Baustelle des Emssperrwerks (7.07.1999)

Weißwangengänse im Nendorper Vorland. Der Windpark von Riepe im Hintergrund ist 7-8 km entfernt (9.04.1998)

Austernfischerschwarm im Watt vor Borkum bei Hochwasser (7.03.1998)

Sanderlinge auf vereistem Strand von Borkum (6.01.1979)

Eine Graugansfamilie steigt auf das Emsvorland (29.10.1997)

Zerstörung eines Feuchtgebietes: Bau eines tiefen Entwässerungsgrabens im
Fehntjer Tiefgebiet bei Ayenwolde (22.12.1987)

Bartmeisenpaar im Röhricht an der Ems (8.07.1999)

Hammrich bei Ayenwolde nach dem Absenken des Grundwasserspiegels.
Die Kuckuckslichtnelke (*Lychnis flos-cuculi*) gedeiht nur noch nahe dem Graben (2.06.1985)

Birkhähne im Morgennebel und bei Rauhreif auf dem Niedermoor am Fehntjer Tief
(3.05.1975)

Wallheckenlandschaft bei Holtland (September 2000)

Jungstörche auf dem Horst in Amdorf
(einziger Horst auf dem Schornstein eines Bauernhauses, 14.07.1988)

Ad. Flussregenpfeifer

Bekassine an der Ems

Ad. Rotschenkel

Blaukehlchen an der Ems

Ad. Heckenbraunelle

Singende Blaumeise

Kohlmeise

Star im Februar (Perlstar)

Feldsperling

Buchfink-♂ im Winter

Bergfink-♂ im Februar

70

Grünling-♂ im März

Erlenzeisig-♂ im Dezember

2 Die einzelnen Vogelarten

Sterntaucher (Roodkeelduiker, *Gavia stellata*) *
Seltener, nicht alljährlicher Gastvogel aus Skandinavien oder N-Russland

Von diesem auf der Nordsee in großer Zahl überwinternden Vogel erscheinen nur sehr kleine Teile des Bestandes in Küstennähe. Hier ist er seltener Gastvogel von Ende Oktober bis Ende März. Es handelt sich um Einzelvögel, die meist nur wenige Tage verweilen.

Okt	Nov	Dez	Jan	Feb	März	Apr	Mai
1	0	1	4	4	9	0	1

Tab. 3: Monatliche Verteilung der 20 Einzelnachweise im Zeitraum 1958-1995

Kommentar zu Tab. 3: 1958-1960 kam der Sterntaucher öfter auf dem Leda-Altarm beim Sperrwerk vor (23.-24.02.1958, 2.03.1958, 5.02.1960, 18.02.1960) und an der Tunxdorfer Schleife bei Vellage (15.03.1958, 26.12.1958 und 27.01. 1968), auf der nahen Ems am 30.03.1958 und 6.01.1959 (H. Reepmeyer briefl.). Später wurden an diesen Stellen keine Vögel mehr festgestellt. Zuletzt wurden auf der Ems am 19.01.1969 beim Bingumer Sand (Verf.) und Mitte Mai 1971 ein Vogel im Prachtkleid (E. Meyer mdl.) beobachtet.

Mit zunehmender Wassertrübung der Ems wurde die Art hier immer spärlicher (nur noch eine Beobachtung am 28.03.1976, E. Meyer mdl.) und verschwand. Von der Jümme liegen nur zwei Beobachtungen vor (30.03.1956 bei Barge, K. Oltmer in Rettig 100. Ber.; 27.03.1994, K. Ritzer in Rettig 82. Ber.). Dollard: 20.03.1988 ein Ind. im W, 22.03.1988 im SO (R. Drent u. B. Voslamber briefl.), 3.03.-11.03.1990 ein juv. Ind. auf dem Wymeerster Sieltief SW Dyksterhusen (H.-J. van Loh und Verf.). Gelegentlich werden künstliche Seen aufgesucht: beim Schöpfwerk St. Georgiwold 14.02.1992, 25.-29.10.1995, bei Soltborg am 5.02. 1995 (H. van Göns mdl.), bei Stickhausen 23.01.1994 (W. Böttcher in Rettig 71. Ber.), jeweils Einzelvögel.

Im Mai 1996 starben in der südlichen Nordsee viele Sterntaucher infolge Ablassens eines gefiederentfettenden Mittels. Am ersten Tag der Katastrophe wurden am Strand von Borkum 97 kranke Tiere eingesammelt. 350 Taucher gingen in der Seehundaufzuchtstation Norddeich ein. B. Hofmann (briefl. und in Rettig 93. Ber.) schätzt, dass 3500 Vögel dem Ölteppich zum Opfer fielen.

Prachttaucher (Parelduiker, *Gavia arctica*) *
Sehr seltener Gastvogel auf dem Festland

Sechs Einzelnachweise ab 1977 jeweils von Ende Oktober bis 7. November, meist auf dem Erlensee (DGN briefl.), am 27.10.1991 bei Soltborg (H. Reepmeyer mdl.), am 6.05.1976 auf dem Lengener Meer (Rettig 10. Bericht). Dollard: im W ein Ind. am 17.02.1980 (R. Drent).

Nach Droste (1869) begegnete man ihm früher häufig auf der Oster- und Westerems, wo er einmal "7 Taucher Sprotten jagen" sah.

Eistaucher (Ijsduiker, *Gavia immer*) *
Sehr seltener Gastvogel

Auf dem Festland drei Nachweise: ein Ind. am 2.10.1955 in Iheringsfehn (Stoll) u. ein Ind. am 14.12.1991 auf dem Erlensee (DGN briefl., W. Schott). Das Leerer Anzeigeblatt meldete am 9.12.1881, dass ein Eistaucher im Folmhuser Hammrich etwa 6 km S von Leer geschossen wurde, den ein Präparator richtig bestimmte. Nach Droste (1869) ist er einige Male im Dollart erbeutet worden.

Borkum: ein Ind. am 17.02.1974 zwischen den Buhnen tauchend (Schoennagel 1974).

Zwergtaucher (Dodaars, *Tachybaptus ruficollis*)
Seltener Brutvogel (5-10 Bp) ↓

Droste (1869) bezeichnete ihn als einen häufigen Brutvogel auf dem ostfriesischen Festland. Auch Leege (1931) schreibt ohne Orts- und Zeitangaben: "Noch ziemlich häufiger Brutvogel an unseren Landseen und in Sumpfgebieten". Die Verhältnisse müssen sich später stark geändert haben, denn bis etwa 1975 galt Ostfriesland als fast unbesiedelt (Alpers 1978). Für 1975 berichtet Rettig (1979 / 1980) von "vagem Brutverdacht an einem bewachsenen Spülfeld" O Tergast. Die Entstehung von Gewässern und intensivere Beobachtungstätigkeit haben ergeben, dass der Zwergtaucher als Brutvogel im Kreisgebiet vorkommt. Außer der erfolglosen Brut eines Paares am Boekzeteler Meer 1971 (E. Meyer mdl.) sind Brutnachweise auf dem Festland erst seit 1985 an mind. 5 Stellen gelungen (Abb. 6): 2 Paare 1985 und 4 Paare 1986, seit 1991 regelmäßig 1-2 Paare im wiedervernässten Neudorfer Moor (A. Keßler), seit 1988 1-2 Paare an den Gandersumer Kolken (Rettig 32., 36., 40. Ber.), 1993-1999 auf einem Teich bei Soltborg jährlich ein Paar erfolgreich brütend. 1986 wurden 2 Paare mit Jungen im Militärgebiet O Burlage nachgewiesen (Dirks 1992). Im Mai 1995 fand K.-D. Moormann (briefl.) trillernde Altvögel an der Eisenbahntrasse N Hilkenborg O Weener und schloss auf Brutverdacht. Im Flachsmeer bei Veenhusen 1998 brutverdächtig; hier

1999 2 Paare, davon ein Bp schon am 10.05. mit drei Küken (Verf.). Ein Paar war 1999 brutverdächtig auf einem Kolk an der A 31 bei Siebenbergen (G. Reichert). Spülfelder im Wybelsumer Polder: sogar 5 Bp am 9.05.1999 (Rettig 131. Ber.).

B. Hofmann (briefl.) wies im Juni 1965 eine Brut auf Borkum nach.

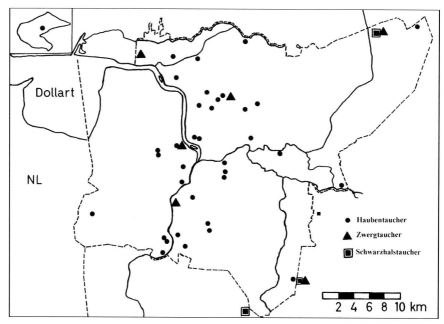

Abb. 6: Brutplätze des Hauben-, Zwerg- und Schwarzhalstauchers (1980-1999). Mit Ausnahme des Schwarzhalstauchers im Neudorfer Moor steht jedes Symbol für 1-2 Bp.

Zur Zugzeit ab Ende August tritt er häufiger als im Frühjahr auf: maximal 11 Ind. am 31.08.1996 bei Soltborg und 27 Ind. im Wybelsumer Polder (Rettig 87. Ber.), an den meisten Gewässern wie z.B. dem Erlensee kommen wenige Ind. vor. Aus dem Winter liegen nur einige Nachweise vor: 31.12.1981, 25.02.1983 und 3.02. 1985 je ein Ind. auf dem Schöpfwerkstief Wymeer und am 3.01.1995 3 Ind. an der N-Seite vom Dollart (Rettig 82. Ber.).

Auf Borkum zeigt er sich öfter während der Zugzeiten.

Haubentaucher (Fuut, *Podiceps cristatus*)
Spärlicher Brutvogel (25-30 Bp, ↑), in milden Wintern in geringer Zahl überwinternd

Aus den 1970er Jahren sind nur drei sichere Brutplätze bekannt: Leda-Altwasser beim Sperrwerk, Boekzeteler Meer und Kolke beim Wasserwerk Tergast (hier 1974

2 Bp, Rettig 1974 a) mit meist je einem Bp. 1978 hat ein Paar am Erlensee einen vergeblichen Brutversuch unternommen (Brinkschröder et al. o. J.). Nach Hammerschmidt (1965) sollen von 1960 an 1-4 Paare (1963 4 Bp) auf dem Tunxdorfer Hagen gebrütet haben, wo später kein Brutvorkommen bestätigt wurde.

Mit dem Entstehen von Seen durch Bodenentnahme seit Beginn der 1980er Jahre nahm die Art rasch zu, so dass fast alle künstlichen Gewässer besiedelt sind (Abb. 6). 1983 wurden 8-10 Paare und 1993 mind. 17 Paare nachgewiesen. Wichtige Gewässer sind der Holtgaster See beim Schöpfwerk St. Georgiwold (1992 4 Bp, 1997 5 Bp.), das Boekzeteler Meer (1991 6 Bp, 1993 5 Bp), Kolke bei Tergast (2-3 Bp) und der Erlensee im Stapelmoorer Hammrich bei Nesseborg (1987, 1996 u. 1998 je 2-3 Bp). Brutnachweise mit meist 1-2 Paaren liegen außerdem vor von Middelsterborg, Sieve, Badesee Neermoor, dem Kolk an der Mentewehrstraße, See am Windelkampsweg NW Leer, Siebenbergen, Soltborg (ab 1991), Ferstenborgum, Nortmoor (ab 1995), Lütjegaste (1990 wegen des Baus eines Campingplatzes erloschen), Mitling-Mark und Halte. Von 1997-1999 sind auf 11 weiteren Gewässern Brutpaare mit Jungen nachgewiesen worden.

Borkum: Auf dem Tüskendörsee brüten einige Paare seit 1982 (1998 drei Bp, B. Hofmann briefl., 1999 ein Bp, NLWK).

Die Brutzeit nimmt einen langen Zeitraum ein. Ein Paar führte bei Soltborg bereits am 16.05.1995 halb erwachsene Junge, die etwa Mitte April geschlüpft waren. Am 12.09.1995 hatte ein Paar bei Leer noch zwei kleine Jungvögel (Rettig 86. Ber.). Im Dollard erscheint er zur Zugzeit meist unregelmäßig und mit wenigen Ind. (Höchstzahl 20 Ind. am 19.08.1990). Stärker sammelt er sich auf dem Holtgaster See: 24 Ind. am 15.09.1995 und 28.10.1995, 19 Ind. am 21.09. 1997 und 11 Ind. am 2.11.1997 nach einer Kälteperiode.

Rothalstaucher (Roodhalsfuut, *Podiceps grisegena*)
Unregelmäßiger Brut- und Gastvogel

Im Neudorfer Moor trat er bald nach der Wiedervernässung von 1985 bis 1992 als Brutvogel in 1-2 Paaren mit 2 Jungen auf (A. Keßler briefl., Rettig 57. Ber., Verf.). 1993 kam noch ein Altvogel vor. Seit 1994 fehlen hier Nachweise. In einem wiedervernässten Hochmoor O Papenburg bestand 1999 Brutverdacht (J. Prins mdl.).

Auch als Gastvogel tritt die Art selten auf: 19.10.1975 ein juv. Vogel am Leda-Altarm beim Sperrwerk, ein Ind. am 11.10.1992 auf dem Erlensee, ein ad. Ind. am 25.02.1993 auf dem Sieltief im Kanalpolder, 2 Ind. am 17.02.1985 und ein Ind. am 20.03.1988 im W des Dollard (R. Drent), 2 Ind. am 17.09.1995 auf dem Holtgaster See beim Schöpfwerk St. Georgiwold (Th. Munk briefl. und Verf.), ein ad. Ind. am 5.06.1996 bei Soltborg.

Ohrentaucher (Kuifduiker, *Podiceps auritus*) *
Sehr seltener Gastvogel von Seen borealer Wälder

Nach Droste (1869) war er früher an der ostfriesischen Küste nicht selten. Dagegen liegen seit 1970 nur folgende sieben Nachweise vom Festland vor: 2 Ind. 15.03.1970 auf der Tunxdorfer Emsschleife, ein Ind. am 17.12.1978 auf dem Erlensee (DGN briefl.), 2 juv. Vögel 20.-23.12.1986 bei Ferstenborgum (Verf. u. H.-J. van Loh), am 15.10.1989 2 ad. Ind. auf dem Holtgaster See (Verf.).
Auch auf Borkum erscheint er sehr selten (Schoennagel 1974).

Schwarzhalstaucher (Geoorde Fuut, *Podiceps nigricollis*)
Seltener Brut- (10-15 Bp, ↔) und Gastvogel

Diese aus dem Osten eingewanderte Art wurde erstmals 1986 als Brutvogel nachgewiesen (Abb. 6): Juni 1986 mind. ein Paar brütend im Militärgebiet bei Burlage (Dirks 1992). 1987 wurde sie im Neudorfer Moor entdeckt, wo sich der Bestand im Schutz einer Lachmöwen-Kolonie günstig entwickelte: bis 1992 mind. 5 Paare mit 8 juv. (A. Keßler in Rettig 61. Ber.), 1993 mind. 9 erfolgreiche Bruten (A. Keßler in Rettig 66. Ber., aus Niedersachsen wurden in 1993 nur 32 Bp bekannt, Mädlow & Mayr 1996), am 20.05.1995 12 Paare, 30.04.1996 11 Paare und am 10.05. 1999 etwa 15 Paare brutverdächtig (Verf.). Am 30.04.1999 wies D. Kolthoff ein Paar auf einem See im NW des Wymeerster Hammrichs nach, jedoch fehlt ein Brutnachweis (Rettig 131. Ber.). Im vernässten Kortemoor 10 km SO Papenburg nahe dem Kreisgebiet entdeckte H.-J.van Loh am 29.04.2000 2 Paare.
Einen recht früh eingetroffenen Altvogel sah B. Petersen (mdl.) am 21.03.1999. Als Gastvogel nur gelegentlich beobachtet: 10.-13.05.1984 2 Ind. auf dem Erlensee, 3.-9.05.1992 (Verf.) und 15.05.1993 (B. Petersen mdl.) je 2 Ind. bei Soltborg, am 5.06.1996 hier ein ad. Ind. Auf einem See W Veenhusen an der Mentewehrstraße hielten sich am 1.07.1999 2 juv. Vögel auf, deren Herkunft unklar blieb.

Eissturmvogel (Noordse Stormvogel, *Fulmarus glacialis*)
Sehr seltener Sturmgast (4 Nachweise) ↑

Offensichtlich gelangen nur geschwächte oder durch Stürme verschlagene Tiere dieser pelagischen Art ins Festland: 24.02.1962 an der Ems bei Papenburg (Hammerschmidt 1965), 1.05.1985 ein kaum flugfähiger Vogel auf dem Sieltief am Dollart (Verf.), am 24.02.1988 wurde ein Vogel in Bunderhee gegriffen, der später in der Pflegestation Keudel in Jemgum einging, und am 13.08.1994 ein Vogel der hellen Morphe bei NW-Wind 7-8 über dem Neudorfer Moor umherfliegend und in Richtung ONO verschwindend (A. Keßler briefl.). Am Dollart zwei Totfunde (15.03.1981 und 18.04.1982).

Dunkler Sturmtaucher (Grauwe Pijlstormvogel, *Puffinus griseus*)
Unregelmäßiger Sturmgast

Bei Borkum hat Schoennagel (1978) am 12.11.1977 einen Vogel beobachtet. Ein anerkannter Nachweis NW Borkum am 8.07.1993 wurde von S. Garthe u.a. gemeldet (Limicola 9, 1995).

Schwarzschnabelsturmtaucher (Noordse Pijlstormvogel, *Puffinus puffinus*)
Sehr seltener Sturmgast

Auf Borkum nach Schoennagel (1977) je ein Vogel am 6.12.1974 und 24.08. 1975. Da die Sturmtaucher in größerer Entfernung vor Borkums Strand entlangziehen, entgehen die meisten der Beobachtung (s. Verhältnisse vor Norderney, Temme 1989).

Sturmschwalbe (Stormvogeltje, *Hydrobates pelagicus*) *
Sehr seltener Sturmgast (3-4 Nachweise)

Droste (1869) hat im Spätherbst 1868 ein stark geschwächtes Ind. an Borkums Strand gefunden. Am 15.11.1973 wurde ein Vogel nach Borkum verdriftet (Schoennagel 1974). An Bord des MS "Mellum" wurde ein Vogel am 1.11.1991 in der Emsmündung gegriffen und später bei Helgoland freigelassen (T. Stühmer u.a. in Barthel 1994). Ein Ind. soll am 23.2.1965 an der Ems bis nach Vellage verschlagen worden sein (Hammerschmidt 1965).

Wellenläufer (Vaal Stormvogeltje, *Oceanodroma leucorhoa*) *
Sturmgast

Da für die östlich gelegene Insel Norderney zahlreiche Lebendbeobachtungen ziehender Vögel vorliegen, muss vermutlich auch für Borkum mit dem Vorbeizug dieser Art gerechnet werden (Temme 1989). Hier wird er als Irrgast nach Orkanen beobachtet (B. Hofmann briefl., z.B. ein Ind. am 14.11.1977 bei heftigem Sturm, Schoennagel 1978). Zu bezweifeln ist, dass nach Hammerschmidt (1965) im Febr. 1962 sturmbedingt bis zu vier Ind. an die Tunxdorfer Schleife verdriftet worden seien.

Basstölpel (Jan van Gent, *Sula bassana*)
Seltener Gastvogel aus der nördlichen Nordsee (7 Nachweise), Brutvogel der Vogelfelsen, ↑

Sehr viele Vögel ziehen von September bis Dezember vor Norderney vorüber (Temme 1989), wahrscheinlich auch vor Borkum. Hier sah W. Brinkschröder einen Jungvogel am 14.08.1994 (Rettig 78. Ber.).

Nur verirrte Ind. gelangen ins Binnenland. Im Winter 1930/31 verunglückte ein immat. Vogel an einer Hochspannungsleitung bei Esklum (Fund in der Schulsammlung des Teletta-Groß-Gymnasiums Leer, Menken 1932). W. Brinkmann (1956) berichtet von 2 ermatteten ad. Vögeln im Oktober 1953 bei der Tunxdorfer Emsschleife. Derselbe Beobachter sah (nach Hammerschmidt 1965) hier einen Jungvogel am 20.01.1954. Am 24.02.1988 wurde ein krankes Tier in Bunderhee gegriffen. Ein Jungvogel flog am 13.10.1996 am Westrand des Dollard über das Watt (J. Prop). Totfunde kommen selten im Treibselsaum vor.

Kormoran (Aalscholver, *Phalacrocorax carbo*)
Neuerdings mäßig häufiger Brutvogel und Jahresvogel ↑

Früher war der Kormoran ausgesprochen selten. Droste (1869) wies ihn nur einmal auf Borkum nach. Während der exponentiellen Zunahme von 1981 (2000 Bp in Deutschland) bis 1995 (>14.000 Bp in Deutschland) wurde der Kormoran im Kreisgebiet Brutvogel (Heckenroth & Laske 1997, Südbeck 1997). 1987 nistete erstmals ein Paar auf einer Bohrplattform im Randzel-Watt O vom Borkumer Hafen. Es entstand eine Kolonie, die bis 1994 auf 54 Paare wuchs und dann erlosch. 1993 begann er mit 30 Paaren als Bodenbrüter in den niedrigen Strandhaferdünen von Lütje Hörn zu nisten (Fleet et al. 1996). Hier brüteten 1995 167, 1998 229 und 1999 237 Bp (NLWK, B. Oltmanns u. Staatl. Vogelschutzwarte). Am Boekzeteler Meer hat ein Paar 1998 3 Junge aufgezogen (Mindrup in Rettig 124. Ber.).

Regelmäßiger Gastvogel in meist wenigen Ind. an der Ems und am Süd- und Ostufer des Dollart. Nur im N am Geisedamm konzentrieren sich mehr Vögel (bis 150 am 20.10.1993, U. Kampenga in Rettig 68. Ber.). Am Erlensee (stark schwankende Bestände, maximal 92 Ind. 14.03.1993, N. Fehrmann, Saxicola 1993, H. 1, Schlafplatz später erloschen) und an der Tunxdorfer Schleife kommen zeitweise größere Ansammlungen vor (143 Ind. 12.03.1994, W. Schott, Saxicola 1994, H. 1). Seit 1995 werden Kormorane gelegentlich zahlreich am Holtgaster See registriert (32 Ind. 22.01.1995, 74 am 8.11.1998, Verf.). In einem Erlenwäldchen des Esklumer Hammrichs entdeckte H. Kruckenberg einen Schlafplatz, wo Th. Munk von Ende Oktober bis 7.12.1997 86-106, am 18.10.1998 127 und am 22.01.2000 123 Ind. zählte. An zahlreichen kleineren Gewässern kommt er oft vor, so am Lengener Meer im März 1999 6 Ind. (B. Petersen). Der herbstliche Durchzugsgipfel fällt nach Südbeck (1997) im küstennahen Binnenland auf den Oktober. Ein Teil der Kormorane überwintert.

Wiederfund: juv. Vogel beringt 28.05.1996 in Oostvaardersplassen, Flevoland (NL), abgelesen am 27.09.1996 u. 26.08.1997 am Emder Außenhafen (H. Kruckenberg).

Krähenscharbe (Kuifaalscholver, *Phalacrocorax aristotelis*)
Seltener und unregelmäßiger Gast auf Borkum

Folgende Nachweise liegen vor: Januar 1972, 8.02.1973 bis 22.01.1974 ständig 1-2 Ind., 5.05.1973 4 Ind., 14.05.1974 ein Ind. (Schoennagel 1974), 7.01.1993 2 Ind. (Hofmann in Rettig 65. Ber.), 17.10.-22.10.1993 2 Ind. (M. A. Neumann & C. Trentler, Limicola 9, 1995).

Rohrdommel (Roerdomp, *Botaurus stellaris*) *
Ehemaliger Brut- und sehr seltener Gastvogel ↓

Über die Brutverbreitung vor 1975 ist sehr wenig bekannt. Die wenigen Daten über knapp 10 Bp sind wahrscheinlich unvollständig. Auf Borkum ist sie nach Schoennagel (1974) erst 1974 eingewandert; bis 1981 kam ein Bp vor (Hofmann 1986). Auf dem Festland wurde sie an mind. 8 Stellen als Brutvogel nachgewiesen: Hammerschmidt (1965) sah im Juli 1961 und 1962 Altvögel und am 17.08. 1963 ausgewachsene Jungvögel im Tunxdorfer Hagen. H. Reepmeyer beobachtete einen möglichen Brutvogel am 21.04.1961 in einem später verschwundenen Teich an der Ems zwischen Bingum und Soltborg. Im Mai 1967 hörte B. Petersen (briefl.) ein ♂ am Boekzeteler Meer. Im Mai und Juni 1974 bzw. im Juni 1975 riefen ♂ bzw. kamen Bp vor: Ems im Rauhen Land O Soltborg, am Puddemeer und Marienchorer Meer (H. Reepmeyer). Rettig (Frühjahr 1981) meldet für 1975 Brutverdacht von den Gandersumer Kolken. Beim bisher letzten Nachweis mit Brutverdacht am 29.05.1978 flog ein Altvogel mit Nistmaterial am Hatzumer Sand (Gerdes et al. 1998).

Außerhalb der Brutzeit werden gelegentlich Einzelfunde gemeldet; so am 28.08. 1975 aus dem Schilf und am 22.02.1976 aus einer Schlickgrasinsel am Ostufer des Dollart abfliegend, im Oktober 1978 ein Totfund am Puddemeer (E. von Toll mdl.), 11.11.1989 am Erlensee (DGN briefl.), 1.01.1996 bei Soltborg (F.-D. Busch in Rettig 89. Ber.) und 3.09. sowie im November 1998 ein Ind. an einem Teich bei Weener-Holthusen (A. Garen mdl.).
Auch auf Borkum erscheint sie als Gast.

Zwergdommel (Woudaapje, *Ixobrychus minutus*) *
Sehr seltener Gastvogel †

Ob sie in den früher nicht untersuchten Schilfmeeren des Fehntjer Tief-Gebietes vielleicht gebrütet hat, blieb unbekannt. Dem Konservator Stoll ist in Leer im August (1948?) ein ♀ gebracht worden, das durch Bleischrot verletzt worden war. Bis etwa 1965 soll sie am Großen Meer Brutvogel gewesen sein (Ringleben 1952). Auf dem N vom Kreisgebiet gelegenen NSG Sandwater hat K. Rettig (1979/1980) ein ♂ am 10.05.1970 beobachtet.

Rallenreiher (Ralreiger, *Ardeola ralloides*) *
Sehr seltener Gast aus S-Europa ↓

Im Juni 1984 wurde ein Ind. bei Nieuwe Statenzijl nachgewiesen (de Bruin & van Dijk 1993).

Kuhreiher (Koereiger, *Bubulcus ibis*)
Vielleicht Gefangenschaftsflüchtling

Am 17.11.1993 ein Ind. in Moormerland (Th. Mindrup in Rettig 70. Ber.).

Nachtreiher (Kwak, *Nycticorax nycticorax*) *
Sehr seltener Gastvogel ↔

Nach Hammerschmidt (1965) soll sich am 14.04.1962 ein ad. Ind. auf einer Pappel am Westende der Tunxdorfer Schleife aufgehalten haben. Rettig (27. Ber.) entdeckte am 2.06. und 30.07.1986 einen immat. Vogel an einem Kolk O Emden.

Seidenreiher (Kleine Zilverreiger, *Egretta garzetta*) *
Sehr seltener Gastvogel ↔

Nach Leege (1905) 1901 auf Borkum. Hier hielt sich vom 4.-7.06.1972 ein ad. Ind. auf (Schoennagel 1974). Melter (mdl.) sah ein Ind. am 21.07.1990 in den Pütten an der Ems NW Nüttermoorersiel.

Silberreiher (Grote Zilverreiger, *Egretta alba*) *
Seltener Gastvogel ↑

In den Niederlanden ist seit 1978 eine Brutpopulation entstanden (SOVON 1987). Daher häufen sich in jüngster Zeit die Nachweise. Mind. 9 Ind. wurden festgestellt: 7.11.1973 Terheide im Jümmiger Hammrich (Scherner 1978), 25.09.1990 Detern an der Jümme (H. J. Braese in Rettig 44. Ber.), 11.- 26.02.1995 im Raum Grotegaste-Nesseborg (A. Degen et al. in Limicola 11, 1997 und Th. Munk), 22.10.1995 bis 12.11.1995 (Wymeerster Hammrich und beim Kiekkaaste im Dollard (H. Reepmeyer, H. van Göns, Th. Munk, Verf.), 15.01.1996 Kiekkaaste (Verf.), am 3.11.1996 am Wallschloot SW Ihrhove (H. Reepmeyer mdl.), am 17.01. 1999 am W-Ufer des Dollard (R. Drent) und 2 Ind. 1.-3.04.1999 bei Kirchborgum nahe Leer (G. Pöppe mit Fotonachweis).

Graureiher (Blauwe Reiger, *Ardea cinerea*)
Mäßig häufiger Brutvogel (200 Bp, ↓) und spärlicher Überwinterer

Dank des Reichtums an Gewässern und Nistmöglichkeiten in deren Nähe hat sich der Brutbestand trotz gelegentlicher Verfolgung über längere Zeit halten können. Jedoch nimmt er in letzter Zeit ab. Drei Kolonien sind erloschen: Bollinghausen bei Leer schon vor 1905 (Leege 1905), Wymeer (um 1891) und Halte (1910-1988) an der Ems W Papenburg, wo 1985 die Horste durchschossen wurden und 1988 noch ein Paar Junge aufzog. Wie die Kolonie in Halte unter menschlicher Verfolgung gelitten hat, zeigt die Entwicklung besetzter Horste: 1930 92 (Brinkmann 1933), 1953 35-40 (Blaszyk 1956), 1955 26, 1975 15 und 1985 5 (Frank 1992). Blaszyk hob die reizvolle Lage dieser Kolonie in Linden und Eschen rund um einen Hof hervor. Übriggeblieben ist nur noch der Name eines Restaurants ("Reiherhorst"). 1987 brütete erstmals ein Paar gegenüber von Halte bei Papenburg. Diese Kolonie wuchs bis 1991 auf 10 und bis 1998 auf 31 besetzte Horste. Aus 1999 liegt über diese Kolonie kein Zählergebnis vor (für 1999 musste in Abb. 8 die Zahl von 1998 eingesetzt werden, Staatl. Vogelschutzwarte). Die Kolonie bei Holthuserheide lässt sich bis 1885 zurückverfolgen. 1955 kontrollierte Blaszyk (1956) die Kolonien Ostfrieslands. Er fand 242 besetzte Horste im Kreisgebiet, von denen 32 auf Halte, 26 auf Holthuserheide und 184 auf Logabirum entfallen, der seit langem größten Kolonie des Kreises. Diese Kolonie existiert seit 1931. 1948 nisteten die Reiher auf Weißtannen (*Abies alba*); sie haben aber seit 1950 zunehmend Eichen und Rotbuchen (*Fagus sylvatica*) bevorzugt. 1955 befanden sich 88 Nester auf Eichen, 35 auf Buchen und 61 auf Tannen. Inzwischen nisten die Reiher nur auf Laubbäumen. Bauer & Glutz von Blotzheim (1966) geben für Logabirum 276 Horste in 1961 an. So groß ist diese Kolonie später nie gewesen.

1983 brütete erstmals ein Paar in einem kleinen Fichtenwäldchen (*Picea abies*) in Hatzumerfehn mitten im Hammrich, wo die Kolonie bis 1993 auf 93 Bp anwuchs.

1986 fand in den Bantjedünen Borkums eine erfolgreiche Einzelbrut statt (B. Hofmann briefl.)

Überwinternder Graureiher an der Ems

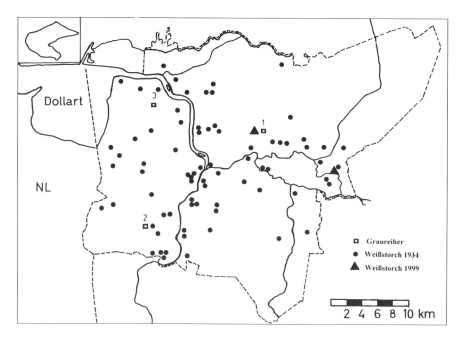

Abb. 7: Kolonien des Graureihers (1 Logabirum, 2 Holthusen, 3 Hatzumerfehn) und der Horste des Weißstorchs in 1934 und 1999.

Der Gesamtbestand schwankte im Zeitraum 1971-1998 um 200 Bp. Allerdings hat der Bestand der drei Kolonien im Kreisgebiet in 1999 auf 140 Bp abgenommen (Abb. 8). Allein in Logabirum sank die Zahl der Bp 1997-1999 von 104 auf 77 Bp. Die zyklischen Schwankungen hängen z.T. mit den Folgen strenger Winter zusammen (1979, 1986, 1987 u. 1996). Die Abnahme in Logabirum in 1979 ist vielleicht auf das Fällen von Horst-Bäumen 1978 zurückzuführen (Frank 1992). - 1992 entfielen mit 316 Bp 7 % des gesamten niedersächsischen Bestandes auf den Landkreis Leer (Mädlow & Mayr 1996). Daran zeigt sich die große Bedeutung des Kreises für den Graureiher.

In der Winterzeit trifft man den Graureiher am ehesten im Rheiderland an, wo er an Gräben steht oder auf Weiden Mäuse fängt. Im Januar und Februar 1990 zählten wir mind. 36 Reiher locker verteilt im Niederrheiderland. Bei strenger Witterung leiden sie Not; sie konzentrieren sich dann an der Ems, die kaum zufriert. So standen am 2.01.1993 21 Graureiher am Ufer des Hatzumer Sandes. Im Februar 1991 sammelten sich am Rande der Wohnsiedlung Loga zwischen zwei Alleen unmittelbar neben einer belebten Straße bis zu 24 Reiher, die zunächst Mäuse fingen, dann aber von mitleidigen Anwohnern mit Fischen, Gulasch und toten Küken gefüttert wurden.

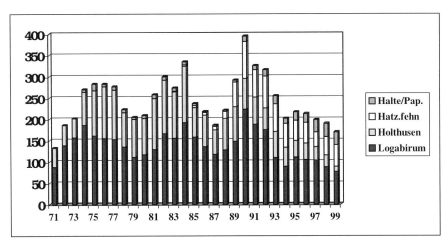

Abb. 8: Entwicklung der Graureiher-Kolonien (Paare) in Logabirum, Holthuserheide, Hatzumerfehn und Halte bzw. Papenburg von 1971-1999 (Daten der Staatlichen Vogelschutzwarte).

Ein am 25.05.1980 in Estland beringter Nestling lag Anfang Januar 1982 tot in Südgeorgsfehn (Rettig 16. Ber.). Dieser Fund weist darauf hin, dass Reiher im Herbst aus dem Osten zu uns kommen, während heimische Reiher nach SW ziehen. Im Dollart suchen nur wenige ganzjährig Nahrung. Als um 1980 auf der Geise Schlickgrasinseln gediehen, standen hier einzelne zur Nahrungssuche. Am 19.09.1986 hatte sich ein Jungreiher in einem Fischernetz verfangen. Ein am 9.05.1982 in Hoogezand bei Groningen beringter Nestling wurde am 8.05.2000 frischtot am Fehntjer Tief nahe Emden gefunden (Alter 18 Jahre, Rettig 147. Ber.)

Purpurreiher (Purperreiger, *Ardea purpurea*) *
Sehr seltener Gast ↓

Vier Meldungen liegen vor: 1.08.1962 Ostende der Tunxdorfer Schleife (Hammerschmidt 1965), 16.10.1966 Dollard (Boekema et al. 1983), 21.10.1979 am Inselsee bei Aschendorf südlich des Kreisgebietes (E. Meyer u. Verf.) und am 9.04.1981 an den Gandersumer Kolken (Rettig 14. Ber.).

Schwarzstorch (Zwarte Ooievaar, *Ciconia nigra*) *
Sehr seltener Gast ↑

Äußerst selten verfliegen sich Schwarzstörche aus dem östlichen Verbreitungsgebiet. Am 19.05.1976 flog ein Ind. bei Boen nach SW (J. Wandschneider mdl.); am S-Rand des Dollard rastete am 14.08.1983 ein Ind., das nach SO abflog, und ein

Ind. am 3.05.1986 vor Nieuwe Statenzijl (J. Prop). Ein Paar mit 2 Jungvögeln hielt sich am 10.08.1986 bei Großsander nur 150 m von der Bundesstraße entfernt auf (M. Saathoff mdl.). Auf einer Weide bei Ayenwolde suchte ein Jungvogel am 10.09.1988 Nahrung. Zwei Tage später fand M. Saathoff ihn tot unter einer Freileitung (Rettig 33. Ber.).

Weißstorch (Ooievaar, *Ciconia ciconia*) *
Im Verschwinden begriffener Brutvogel und seltener oder spärlicher Gast ↓

Der Rückgang dieses stattlichen und volkstümlichen Vogels, des Wappenvogels des Naturschutzbundes Deutschland, spiegelt drastisch den großflächigen Verlust an Feuchtwiesen wider. Nur in Ost-Niedersachsen und weiter östlich scheint sich der Bestand zu erholen (Kaatz 1999). Schon zu Beginn des 20. Jh. war der Weißstorch im Kreisgebiet in schneller Abnahme begriffen. Auf Grund einer landesweiten Erfassung hat Weigold (1937) die Verbreitung für 1934 beschrieben. Damals waren im Kreisgebiet 78 Nester von Paaren besetzt; 62 Paare zogen 178 Junge auf, 16 Paare hatten keine Junge (Abb. 9). Alle Nester lagen in der Marsch oder in kultivierten Niedermooren. Gegenüber 1907, als die Erfassung noch unvollständig war, hatte sich wahrscheinlich ein Rückgang um 25 % ergeben. Leege (1930) gibt für 1929 allerdings nur 19 Bp für das Rheiderland an (Weigold für 1934 30 Paare), von denen 12 Paare 31 Junge aufzogen. Im Kreisgebiet sank die Zahl während der 1940er Jahre von 95 auf 17 Paare ab. Zwar stieg die Zahl 1958 auf 37 und 1965 auf 34 Paare an, doch danach ging es unaufhaltsam abwärts: 1971 17 Bp (zwei ohne Junge), 1980 11 Bp (vier ohne Junge), 1990 5 Bp (nur ein Paar mit 2 Jungen). Ein vielbeachteter Horst stand an dem später abgerissenen Hof von Aeikens an der Emsbrücke bei Leer, wo 1978 das letzte Bp einen Jungvogel aufzog (F. Frank 1975 und 1993, B.-U. Janssen in Rettig 47., 52., 59. u. 70. Ber.). Die letzten zwei Paare lebten am Rande des Leda-Jümme-Gebietes: 1999 zog ein Paar bei der Mühle in Logabirum 2 Junge erfolgreich auf; in Detern hatte ein Paar einen Jungvogel, der plötzlich verschwand, und ein Paar erschien kurzfristig in Südgeorgsfehn (H. Appiß mdl.).

Abb. 9 zeigt drastisch den Niedergang der Weißstorch-Population. Entwässerungen und Meliorationen haben dem Storch die Nahrungsgrundlage entzogen. Er ist gegenwärtig zumeist auf Regenwürmer und Heuschrecken angewiesen. Beim Mäusefang ist er im Vergleich zum Graureiher nicht erfolgreich genug, um seinen Nachwuchs zu ernähren (Bauer & Glutz von Blotzheim 1966).

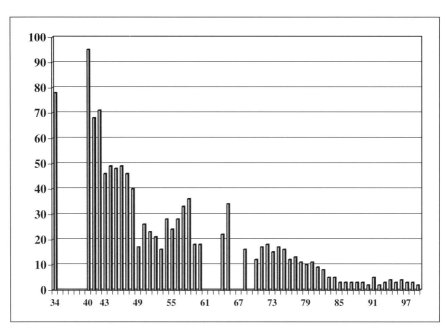

Abb. 9: Entwicklung des Weißstorch-Brutbestandes (Horstpaare) im LK Leer im Zeitraum 1934-1999 (Quellen: s. Text, B.-U. Janssen briefl. und H. Appiß mdl.)

Im Mai und Juni 1989 traten Störche im Jümmiger Hammrich so häufig auf wie seit langem nicht mehr. Der Trupp bestand meist aus 22-30 Ind. und umfasste am 28.05. 44 Ind. (H. van Göns mdl). Am 15.06.1993 fielen 13 Ind. auf einem Baum in Backemoor zum Schlafen ein (Th. Munk briefl.). Gelegentlich versuchen Einzelstörche zu überwintern. Dies gelingt ihnen ohne Zufütterung in milden Wintern. Nur bei längeren Frost- und Schneelagen benötigen sie menschliche Hilfe.

Sichler (Zwarte Ibis, *Plegadis falcinellus*) *
Sehr seltener Gast ↔

Ein Ind. flog am 16.11.1970 über Borkum nach SW (Schoennagel 1972). Vom 10.-12.05.1995 hielt sich ein Vogel am Emsdeich bei Gandersum auf (T. Krüger et al., Limicola 11, 1997).

Löffler (Lepelaar, *Platalea leucorodia*) *
Neuerdings Brutvogel und spärlicher Gast ↑

Der ursprünglich in SO-Europa und später im niederländischen Wattenmeer heimische Löffler, der Nationalvogel der Niederlande, hat sein Brutgebiet nach Osten ausgedehnt. Umherstreifende Vögel gelangten aus den Niederlanden auch nach Ostfriesland wie z.B. 20 Ind. im August 1951 im Borkumer Watt (Ringleben 1978). Auf dem Festland datieren die ersten Nachweise von 1962 an der Tunxdorfer Schleife (Einzelvögel im Mai 1962 und April 1964, Hammerschmidt 1965). Vom 17.-19.11.1974 hielten sich 2 Jungvögel am Südrand des Dollard auf. Ende April 1977 verweilte ein ad. Vogel eine Woche an der Leda bei Klein Leyße. Auf dem Tunxdorfer Hagen beobachtete G. Pöppe (mdl.) ein Ind. am 28.04.1985. Im Juli 1991 und am 22.03.1992 stellte A. Haken (mdl.) an zwei Stellen an der Unterems Einzelvögel fest.

Seit dem Anstieg der niederländischen Population am Anfang der 1990er Jahre häufen sich die Beobachtungen auf Borkum und bei Wybelsum N vom Dollart: Borkum 6 Ind. am 25.08.1990, 17 Ind. am 25.07.1997 und 28 Ind. am 3.09.1997 (B. Hofmann briefl. u. in Rettig 43., 107. u. 116. Ber.). Rettig (59., 94., 115., 116. und 119. Ber.) meldet von den Spülflächen im Wybelsumer Polder von 1992 an zunächst Einzelvögel, aber am 12.07.1998 14 meist immat. Vögel. Ein gleich großer Trupp flog am 27.07.1997 im Dollard nach O; ebenso viele rasteten am 20.07.1999 in den Pütten des Heinitzpolders (Verf.).

1999 haben erstmals 3 Paare auf Borkum in den Salzwiesen gebrütet; für 2 weitere Paare bestand Brutverdacht (NLWK).

Rosaflamingo (Flamingo, *Phoenicopterus ruber*) *
Vermutlich Gefangenschaftsflüchtlinge ↑

Früher waren aus der Gefangenschaft entwichene Vögel kaum bekannt. Während einer Invasion aus dem Osten erschienen um den 12.12.1935 zwei wahrscheinlich wildlebende Jungvögel auf Borkum (Hahn 1936, Ringleben 1978). Die Nachweise aus der Zeit ab 1974 beziehen sich vermutlich auf Gefangenschaftsflüchtlinge: Anfang März 1974, 8.08.1974, vom 15.06. bis 6.08.1975, im Oktober und November 1976 sowie am 28.08.1977 hielt sich vermutlich derselbe Altvogel am Ostufer des Dollart auf. Auch im Sommer 1980 (3 Ind. am Dollard), 1983 und 1992 rasteten 1-2 Vögel am Dollard. Verwechselungen mit dem **Chileflamingo** *Ph. chilensis* sind nicht auszuschließen.

Höckerschwan (Knobbelzwaan, *Cygnus olor*)
Spärlicher Brut- (30 Bp) und meist spärlicher Gastvogel ↑

Der ursprünglich aus O-Europa stammende Schwan ist vor etwa 500 Jahren als zunächst exotische, halbwilde, oft flugunfähig gehaltene Art bei uns eingeführt worden. Er galt im Mittelalter als Symbol der Staatsgewalt. In Ostfriesland besaßen Klöster nach einer Urkunde von 1553 (Staatsarchiv Aurich) das Privileg der Haltung. Man hielt Schwäne zur persönlichen Freude und zur Steigerung des Ausflugsverkehrs (Scherner 1980). Wie selten er war, zeigt die Feststellung Drostes (1869) von lediglich zwei Ind. im Sommer 1861 auf dem Ostland Borkums.

Noch in den 1970er Jahren war er seltener Brutvogel. Im Zeitraum 1976-1980 kamen mind. 6 Bp im Rheiderland vor. Von 1981 bis 1998 nahm der Bestand im Rheiderland auf 22 Bp und im gesamten Kreisgebiet auf etwa 30 Bp zu (H. Kruckenberg mdl.). Davon entfielen 1992 3-5 Bp auf Westoverledingen (M. Bergmann briefl.). Er besiedelt Tiefs, größere Gräben, Bodenentnahmestellen und umwallte Spülfelder. Ein Paar nistete 1997 erfolglos auf dem schmalen Grasstreifen zwischen einer Kreisstraße und einem Tief W Jemgum. Außerhalb des Rheiderlandes sind die Bestände niedriger.

Mit der Zunahme der Brutbestände wuchsen auch die winterlichen Rastbestände im Niederrheiderland: 17.12.1978 mind. 13 Ind., 27.11.1988 mind. 33 Ind., 16.02.1995 66 Ind. und am 19.01.1999 191 Ind. als Höchstzahl (H. Kruckenberg). In Frostperioden weichen viele in die Polder aus, wo sie Rapsfelder bevorzugen.

Größere Mauserplätze sind im Kreisgebiet nicht bekannt geworden. Am Südstrand Borkums stellte B. Hofmann im Juni und Juli 1974 24-28 Ind. fest, die dort vielleicht mauserten (Ringleben 1991). Gelegentlich ziehen kleine Trupps küstenparallel.

Wiederfunde: 1. Beringt ad. 27.02.1940 Dyksterhusen, gefunden 28.01.1941 Hälsingborg, Schweden (Hilprecht 1970). 2. Ein am 4.02.1979 auf Møn (DK) beringter Schwan wurde bereits 15 Tage später an der Leda bei Leer tot gefunden. Diese beiden Fälle zeigen, in welch großem Gebiet die Schwäne im Winter wandern. 3. Ein am 6.03.1986 bei Horuphav (Jütland) beringtes Ind. wurde ein Drahtopfer bei Stapelmoor am 22.04.1987 (Verf.).

Schwarzschwan (Zwarte Zwaan, *Cygnus atratus*)
Seltener Gefangenschaftsflüchtling, in Australien heimisch

Erst seit 1986 werden gelegentlich Einzelvögel beobachtet: 5.10.1986, 17.03.1991 und 28.10.1993 am Dollart, im März 1994 und 1996 im Emsbereich bei Ferstenborgum je ein Ind. Ein Trupp mit 8 Ind. hatte sich am 20.02.1999 SW Tunxdorf den anderen Schwänen zugesellt. Ein Ind. am 5.04.1999 bei Coldam nahe Leer (H. van Göns)

Brütendes Höckerschwan-♂ bei Jemgum

Ad. Singschwan

Zwergschwan (Kleine Zwaan, *Cygnus columbianus*) *
Häufiger Wintergast (1000-1500) aus NO-Russland und Sibirien ↑

Die großen Rastplätze im Leda-Jümme-Gebiet sind bis auf gelegentliche Nachweise kleiner Trupps aufgegeben worden. Allein bei Detern und Barge hatte G. Thielcke (Rettig 100. Ber.) im Dezember 1952 900 Ind. gesehen. Im Bahnhofsgebäude von Filsum waren nachts die klaren und klangvollen Rufe der Schwäne bis in die Zimmer hinein zu hören (H. Köhler mdl.). Im Gesamtgebiet sollen "einige 1000" Schwäne vor dem Bau des Ledasperrwerks gerastet haben (Kelm & Boll 1985). Aus dieser Zeit ist das Schwangebiet an der Ems bei Vellage-Tunxdorf-Rhede als einziges überregional wichtiges übriggeblieben. Schon in den 1950er Jahren war "der Tunxdorfer Hagen durch seine Zwergschwäne berühmt", wo Brinkmann (1956) 1954 bis zu 500 Vögel feststellte und Atkinson-Willes (1961) im Januar 1949 einen Flug von 1000 Ind. meldete.

Seit 1980 ist Näheres über die Bedeutung der Schwan-Rastgebiete an Elbe, Weser, Aller und Ems bekannt. An der Ems ist seit etwa 1985 eine Bestandszunahme festzustellen. Außen- und binnendeichs beiderseits der Ems zwischen Weener und Meppen sammeln sich auf dem Wegzug und noch zahlreicher auf dem Heimzug im Februar und März 500-1000 Ind. (Degen et al. 1996). Im Februar oder März 1994-1996 sowie 1998 wurden Höchstzahlen von 1500-1900 Ind. erreicht, z.B. 1753 Ind. am 9.03.1996 (A. Degen, W. Schott, Saxicola 1994-1998 jeweils H. 1). Von diesem Rastgebiet strahlen kleinere Vorkommen weit nach N ins Grünland des LK Leer aus. Seit 1979 kommen auch im Rheiderland Trupps von einigen 10 bis etwa 150 Ind. vor. Vermutlich hängt diese Zunahme mit dem häufigeren Auftreten von Höckerschwantrupps zusammen, denen sich die Zwergschwäne anschließen. Besonders wenn die Ländereien infolge starker Niederschläge oder bei der Schneeschmelze sehr nass sind, rasten mehr Schwäne. Am 11.03.1979 veranstalteten 164 Ind. bei Ditzumerverlaat und 144 Ind. im Wymeerster Hammrich Konzerte. Im Bunderhammrich ästen am 9.02.1980 156 Ind. Seit 1990 gibt es einen fast stetig besetzten Rastplatz zwischen Holtgaste und N von Jemgumgeise, wo oft 10-20 Ind. (zeitweise bis 150, so am 2.03.1995, H. Kruckenberg) Nahrung suchen, die den Holtgaster See als Schlafplatz gewählt haben. Seitdem ein Windpark bei Holtgaste errichtet wurde, wird die engere Umgebung der Windräder gemieden.

Die Rastgebiete nahe dem Emsland sind am bedeutendsten. Zu großen Ansammlungen kommt es gelegentlich im Stapelmoorer Hammrich (220 Ind. am 19.02. 1984) und bei Mitling-Mark (273 Ind. am 2.03. und 20.03. sowie 432 Ind. am 5.03.1988). Von hier starten die Schwäne zum Schlafplatz auf der Tunxdorfer Schleife oder zu einem See S Rhede. Auch N von Wymeer werden manchmal große Trupps festgestellt (z.B. 90 Ind. am 24.02.1991).

17 Wiederfunde im Rheiderland: Ab 1995 haben J. Jaene & H. Kruckenberg (briefl.) mit Halsbändern markierte Schwäne sehr oft abgelesen. Zehn Schwäne sind im Juli oder August im Brutgebiet in N-Russland (z.B. Petschora-Delta), sieben Schwäne in England (z.B. Slimbridge, dem weltberühmten Wasservogel-Reservat des Wildfowl Trust) markiert worden, wo sie vor der Rast im Rheiderland noch mildere Winter verbringen. Dank der Markierungen und Ablesungen nimmt die Verteilung im Jahreslebensraum der Zwergschwäne Konturen an. Im Rheiderland verweilten die Schwäne im Mittel 23,9 Tage (von 13 bis zu 40 Tagen) meist im Februar bis Anfang März, besonders im Raum Böhmerwold, Klimpe und Jemgumgaste. Wenige rasteten im November und Dezember.

Singschwan (Wilde Zwaan, *Cygnus cygnus*) *
Spärlicher oder mäßig häufiger Wintergast aus N-Skandinavien und N-Russland ↑

Die meisten Singschwäne überwintern in S-Skandinavien, besonders in Dänemark. Von der im Januar 1995 auf 59.000 Ind. geschätzten Population überwintert ein winziger Bruchteil (208 Ind. = 0,3 % Mitte Januar 1995 im Emsland, N. Fehrmann, Saxicola 1995, H. 1, Degen et al. 1996, Laubek et al. 1999). Die Zahlen auch dieser Art haben deutlich zugenommen. Die zeitlichen und räumlichen Verteilungsmuster sind ähnlich wie beim Zwergschwan. Durchweg macht der Singschwan 5-20 % aller Gelbschnabelschwäne aus. Bestände von >200 oder gar 370 Ind. am 1.01.1996 zwischen Weener und Meppen sind außergewöhnlich, meist sind es zwischen 100-200 Ind. (W. Schott, Saxicola 1994, H. 1, 1995, H. 3 u. 1996, H. 1).

Unter den Zwergschwänen im Rheiderland befinden sich manchmal kleine Trupps Singschwäne, die auf dem Zug rasten (so 24 am 11.03.1979 im Wymeerster Hammrich, 10 am 9.02.1980 im Bunderhammrich, 16 am 9.03.1988 oder 4 Ind. am 22.11.1995). Am oder im Dollart fällt die Art nur zu kurzer Rast ein, wie z.B. 6 Ind. am 10.03.1977, 5 Ind. am 14.01.1979 an Eislöchern oder 33 Ind. am 10.01.1988.

Saatgans (Rietgans, *Anser fabalis*)
Häufiger Wintergast (>1000) aus der nordischen Tundra und Taiga

Je strenger und schneereicher der Winter in Skandinavien verläuft, desto häufiger ist die Saatgans in den 1980er Jahren von November bis Anfang März im Rheiderland als Wintergast aufgetreten. Sie harrt oft bei starker Kälte und dünnen Schneedecken aus. Besonders von 1985 bis 1987 kam es zu großen Ansammlungen im Rheiderland. In der ersten Februarhälfte 1987 hielten sich etwa 30.000 Saatgänse im Einzugsbereich des Dollart (D+NL), dem Hauptschlafplatz, und der Tunxdorfer Schleife auf, wo um den 20.02.1987 4700 Ind. nächtigten.

Am 31.01.1987 wurden 19.093 Saatgänse O der Staatsgrenze bei Rhede im Emsland, im Rheiderland und im Fehntjer Tief-Gebiet gezählt (Abb. 10). Davon entfiel ein Drittel auf das für diese Art wichtige Gebiet N von Wymeer, wo sie auch in milden Wintern am ehesten anzutreffen ist.

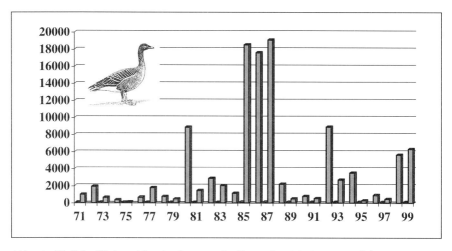

Abb. 10: Jährliche Höchstzahlen der Saatgans im Einzugsbereich des Dollart (D) und der Tunxdorfer Schleife (1971-1999)

In der Regel kommt die Art während milder Winter eher im Emsland bei Rhede-Borsum oder weiter südlich bis Meppen und im Rhederveld sowie den benachbarten Ackerbaugebieten der Niederlande vor, wo sich große Ansammlungen seit 1992 auf dem Heimzug aufhalten. In den 1990er Jahren trat sie noch häufig, aber nicht stetig im Stapelmoorer Hammrich (2050 am 13.12.1998), den Tunxdorfer und Brualer Wiesen (8000 am 20.12.1998), S Rhede im Emsland 10 km S vom Kreisgebiet (z.B. 6300 Ind. am 21.02.1999; W. Schott in Saxicola 1998, H. 3; 1999, H. 1) sowie weiter südlich auf. Im Dollartheller halten sich meist nur kleinere Trupps auf. Die Bestände sind am zahlreichsten von Mitte Januar bis Mitte Februar. Die Höchstzahlen werden meist etwa zwei Wochen früher als bei der Blässgans erreicht. Während des Heimzuges rastet sie wie die Blässgans viel häufiger als während des Wegzuges. Hauptsächlich bestehen die Scharen aus der Tundraform *A. f. rossicus*. Nur bei strengem Winterwetter erscheinen kleine Trupps der Taiga-Subspecies *A. f. fabalis*.

Die Vorliebe für Ackerland, wo sie je nach Angebot von den Ernteabfällen der Kartoffeln und Zuckerrüben oder vom Winterweizen lebt, ist bis in den Januar ausgeprägt. Ab Februar verlagert sie die Äsung stärker ins Grünland (Voslamber 1989 b, Gerdes 1994).

Im Juli 1997 zog ein Paar am Hatzumer Sand erfolgreich einen Jungvogel auf. Das Küken war bei seiner Entdeckung am 6.07.1997 eine Woche alt (Gerdes 1997). Mind. 1½ Jahre wurde der Familienverband aufrechterhalten. Die Familie hielt sich ganzjährig stets im engen Umkreis um den Brutplatz auf, obwohl alle Mitglieder von 1998 an flugfähig waren.

Kurzschnabelgans (Kleine Rietgans, *Anser brachyrhynchus*)
Spärlicher Wintergast aus Spitzbergen (10-50)

Als im Zeitraum von wahrscheinlich vor 1949 bis Ende der 1970er Jahre 3000 bis 4000 Gänse (selten bis 10.000) am Jadebusen vorkamen (Ringleben 1950 u. 1957, Hummel 1980), überwinterte die Art anfangs auch zahlreich im Jümmiger Hammrich. Einige Beobachtungen von Atkinson-Willes (1961) wiesen damals darauf hin, dass Kurzschnabelgänse vom Schlafplatz im Jadebusen bis in die Marschen bei Detern 40-45 km weit geflogen sind. Wie die Äsungsgebiete im Leda-Jümme-Gebiet zu den Schlafplätzen im Jadebusen und Dollart in Beziehung standen, ist damals nicht untersucht worden. Genaue Zählungen und Kontrollen waren im Leda-Jümme-Gebiet wegen der winterlichen Überschwemmungen und aus Mangel an Beobachtern und Verkehrsmöglichkeiten nicht erreichbar. Atkinson-Willes (1961), ein hervorragender Gänsekenner, der nach dem Zweiten Weltkrieg als britischer Offizier im Dienst der Besatzungsmacht stand und als einziger Ornithologe den Wasserwildreichtum in diesem Gebiet dokumentiert hat, schilderte eindrucksvoll das reiche Wasservogelleben der Zeit um 1950. Außer den maximal 10.000 bis 15.000 Blässgänsen hielten sich im Herbst 2000-3000 Kurzschnabelgänse im Leda-Jümme-Gebiet auf, die von Oktober an oft bis in den Winter Nahrung und Schlafplätze fanden und nur bei Störungen (z.B. Jagd) zum 25-30 km entfernten Schlafplatz Dollart flogen (Bauer & Glutz von Blotzheim 1968). Wahrscheinlich hatten damals 200-500 Ind. den Winter über z.B. bei Detern ausgeharrt. Da höhergelegene Flächen aus dem riesigen Überschwemmungsgebiet herausragten und auch nicht alle Flächen gleichzeitig geflutet waren, fanden die Gänse nahe beieinander Äsungsmöglichkeiten und Schlafplätze.

Nach dem Bau des Ledasperrwerks 1954 und dem Ausbleiben der Überflutungen wurde das Gebiet bald gemieden. Im Februar 1962 und 1963 sah Hammerschmidt (1965) noch 200-300 dieser Gänse weiter emsaufwärts auf überschwemmten Wiesen bei Tunxdorf, wo Atkinson-Willes (in Harrison 1954) die Art nur selten beobachtet hat. Mit dem Beginn systematischer Zählungen ab 1971 wurden meist nur noch Einzelfamilien oder Einzeltiere unter den großen Gänsescharen im Rheiderland bzw. am Dollart von Mitte Dezember bis Mitte April festgestellt. Selten kommen Trupps vor wie z.B. 59 Ind. am 2.03.1969 bei Marienchor (Verf.), 80 Ind. am 23.01.1972 bei Vellage (H. Reepmeyer), 80 Ind. im Niederrheiderland und 4 Ind. im Stapelmoorer Hammrich am 31.03.1997 (H. Kruckenberg). Die Gänse haben ihre Zugwege verlagert; sie ziehen jetzt häufig über die Nordsee hinweg oder küstennah zwischen den Rastplätzen in Jütland und Friesland (NL), dem Hauptüberwinterungsgebiet des mitteleuropäischen Tieflandes (Hummel 1980).

Blässgans (Kolgans, *Anser albifrons*)
Sehr häufiger Wintergast (45.000) aus der russischen Tundra

Über das Vorkommen vor 1970 ist sehr wenig bekannt, denn systematische und flächendeckende Erfassungen haben nicht stattgefunden (Gerdes 1971). Gelegenheitsbeobachtungen zeichnen ein grobes Bild, das die lange Rasttradition des Rheiderlandes aufzeigt. Schon in der Mitte des 19. Jahrhunderts erschienen Bläss- und Graugänse von Oktober an in großer Zahl am Dollart (Strating & Venema 1855). Mansholt (1909), der anschaulich das Leben der Menschen um 1850 am Dollart und im Niederrheiderland geschildert hat, berichtet von einer "ungeheuren Anzahl" wilder Gänse. Im Leda-Jümme-Gebiet hat Atkinson-Willes (1961) 1945-1955 10.000-15.000 Ind. um Mitte November nachgewiesen. Im Osten dieses Gebietes hat K. Oltmer (in Rettig 100. Ber.) noch bis 1962 große Ansammlungen festgestellt, so am 18.03.1956 5000 Ind. bei Barge und am 28.01.1962 2750 Ind. bei Nortmoor. Bald danach ist die Tradition des Leda-Jümme-Gebiets als Gänseplatz abgebrochen.

Das Rheiderland und seine Umgebung sind dagegen seit langem das wichtigste Äsungsgebiet für diese Art geblieben (Atkinson-Willes 1961). Hier ist sie seit 1971 systematisch registriert worden (Gerdes et al. 1978, Gerdes & Reepmeyer 1983, Gerdes 1994 und Kruckenberg et al. 1996). Die Bestände stiegen von etwa 8000 in 1973 auf etwa 20.000 bis 1980 und auf über 40.000 Ind. bis 1989, wenn auch mit einigen Abweichungen je nach dem Witterungsverlauf der Winter. Bis 1997 haben sich maximal 40.000-50.000 Gänse vor allem auf dem Heimzug im Februar in den weiten Grünländereien zwischen Pogum im N und Tunxdorf im S, im Dollart, an der Ems und in rechtsemsischen Gebieten konzentriert (Abb. 11, 12). In den letzten Jahren scheint kein weiterer Anstieg zu erfolgen.

5-10 % der gesamten Nordsee-Ostsee-Population halten sich wochenlang von Dezember oder Januar bis Anfang März im Einzugsbereich des Dollart auf. Viele dieser Blässgänse haben vor der Rast im Kreisgebiet einen Teil des Winters in den Niederlanden zugebracht. Berücksichtigt man den Individuen-Austausch während des Zuges, so könnten etwa 20 % der NW-europäischen Winterpopulation vom Dollart als dem wesentlichen Schlafplatz und seinem Umland abhängig sein. Bei witterungsbedingtem Nahrungsmangel oder infolge Gülleauftrag weicht die Blässgans in die Gebiete rechts der Ems zwischen Gandersum und Leer aus. Wintergetreideflächen sucht sie bei Schneelagen auf, wenn solche Flächen wegen der längeren Blätter grün erscheinen im Gegensatz zum weiß verschneiten Grünland.

In dem Maß, wie die Weißwangengänse häufiger wurden, zogen sich die Blässgänse zunächst aus dem Dollartheller, später auch teilweise aus den Äsungsgebieten S von Ditzum und Oldendorp zurück und verlagerten sich stärker nach S. Ein kleiner Teil bleibt aber mit den Weißwangengänsen vergesellschaftet. Auch im Raum Stapelmoor-Tunxdorf-Rhede oder noch weiter südlich äsen viele Blässgänse (z.B. bis 9500 Ind. Februar 1998, A. Degen in Saxicola 1998, H. 1).

Die ersten Vorboten kamen 1975 um Mitte Oktober aus Ostdeutschland an. Die Ankunft scheint sich zu verfrühen, denn 1996 trafen die ersten Gänse schon am 21.09. ein. 1999 sind bereits im November (20.11. 7400 Ind.) und nicht erst im Dezember große Scharen aus Ostdeutschland angekommen.

Die Gänse rasten während der Wegzugphase bis Ende Dezember und während des nach O gerichteten Heimzuges von Anfang Januar bis Anfang April. Weg- und Heimzug können sich überschneiden. Für 17 Jahre vor 1993 fällt der Median des Heimzuges auf den 17./18. Februar. Je strenger der Winter verläuft, desto mehr verspätet sich der Heimzug. Die Höchstzahl wird je nach Witterungsverlauf zwischen Mitte Januar und Mitte März erreicht. Nach dem strengen Winter 1985 hielten sich am 14. April noch 1043 Ind. am Dollart auf und am 10.05.1986 verweilten 483 meist immat. Vögel im SO des Dollart. Oft kommt es zur Übersommerung einzelner angeschossener und flugunfähiger Tiere, die sich manchmal zu kleinen Invalidentrupps zusammenfinden.

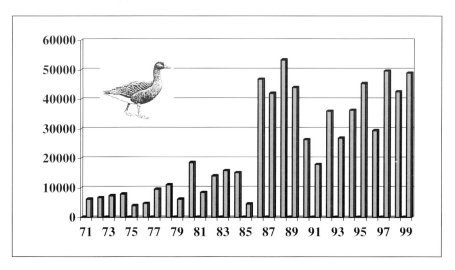

Abb. 11: Jährliche Höchstbestände der Blässgans im Einzugsbereich des Dollart (D) 1971-1999

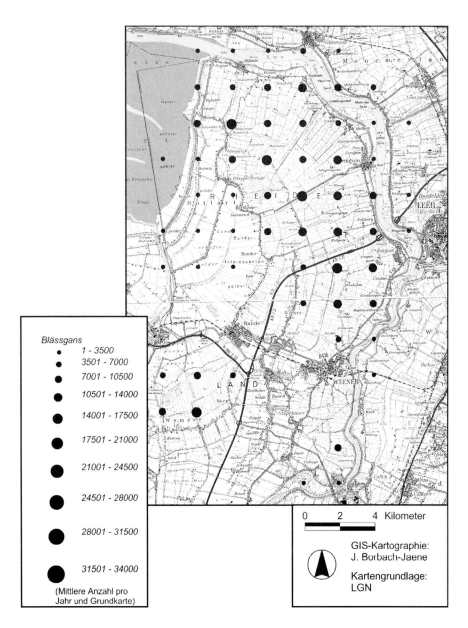

Blässgans
- 1 - 3500
- 3501 - 7000
- 7001 - 10500
- 10501 - 14000
- 14001 - 17500
- 17501 - 21000
- 21001 - 24500
- 24501 - 28000
- 28001 - 31500
- 31501 - 34000

(Mittlere Anzahl pro
Jahr und Grundkarte)

0   2   4   Kilometer

GIS-Kartographie:
J. Borbach-Jaene

Kartengrundlage:
LGN

Abb. 12: Verbreitung der Blässgans in den Wintern 1996/97, 1997/98, 1998/99 und 1999/2000.
Häufigkeit gemittelt für eine Saison. Rastersymbole auf der Basis der Grundkarte 1 : 5000, verkleinert. Die Art konzentriert sich auf das Rheiderland und ist dort mehr oder minder
gleichmäßig im Grünland verbreitet.

96

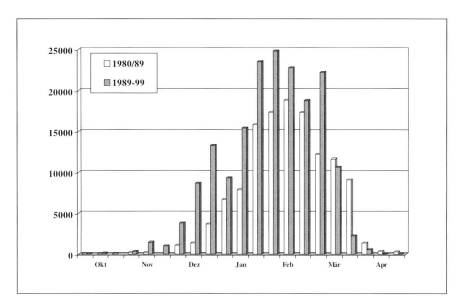

Abb. 13: Jahreszeitliches Auftreten der Blässgans (Dekadenmittel der Ind., D) in den Zeiträumen 1980/81-1988/89 (weiße Säulen, n = 1.050.257) und 1989/90-1998/99 (graue Säulen, n = 1.223.174) am Dollart, an der Ems und im benachbarten Grünland von Oktober bis April. Da aus dem 1. Zeitabschnitt wesentlich mehr Zählergebnisse als aus dem 2. Abschnitt verfügbar sind, ist der Unterschied der beiden Stichproben nicht so groß (vgl. die beiden n-Werte), wie beim Vergleich der Häufigkeiten in den beiden Zeiträumen zu erwarten wäre. Die niederländische Seite ist nicht einbezogen worden, da nicht so viele Zählergebnisse vorliegen. Außerdem ist die Blässgans dort bei weitem nicht so häufig.

Das jahreszeitliche Auftreten stellt Abb. 13 dar. Das Verhalten der Gänse in Abhängigkeit von strengen und milden Wintern hat Verf. (Gerdes 1994) graphisch dargestellt. Durch das Zusammenfassen von 9 (1. Zeitabschnitt) bzw. 10 Jahren (2. Zeitabschnitt) werden die Unterschiede zwischen den einzelnen Jahren verwischt. Trotzdem lässt sich folgendes erkennen: Im 1. Abschnitt kamen einige strenge Winter vor. Infolge der großen Unterschiede zwischen den einzelnen Wintern ist die Abgrenzung des Weg- und Heimzuges nicht erkennbar. Die beiden Zugphasen gehen scheinbar gleitend ineinander über. Im 2. Abschnitt (graue Säule der 1. Januar-Dekade) ist eine Abgrenzung möglich.

Während der strengen Winter (weiße Säulen) waren die Gänse gezwungen, länger im Frühjahr bis in den April hinein zu verweilen, wenn auch viele ab Anfang März weiter nach O zogen. Daher sind die Säulen besonders um die Monatswende März/April höher, obwohl die Zahlen in den ersten 5 Jahren erheblich niedri-

97

ger waren als später (vgl. Abb. 11). Die häufig milden Winter der letzten 10 Jahre ermöglichten dagegen einen früheren Heimzug. Andererseits erschienen die Gänse während des Herbstes im 1. Abschnitt später als im 2. Abschnitt. Dabei hat sich mit großer Wahrscheinlichkeit der Jagddruck negativ ausgewirkt. Wenn die Gänse in neuerer Zeit früher im Herbst eintreffen, spielt vermutlich die neuerdings stärkere jagdbedingte Beunruhigung in Ostdeutschland eine Rolle.

In der Saison 1999/2000 hat H. Kruckenberg (briefl.) ein umfangreiches Planmarkierungs-Programm begonnen, das erste Ergebnisse erbracht hat. Von 1612 meist in den Niederlanden mit Halsbändern markierten Blässgänsen wurden in dieser Saison zwischen Ditzum und Brual 110 Ind. abgelesen. Von ihnen wurden meist im Zeitraum Januar bis Mitte März 42 Ind. nur an einem Tag wiedergefunden. 68 Ind. verweilten 3 bis evt. 40 Tage. Zwei Ind. wurden zwischen dem 13.02. und 16.03.2000 6 bzw. 7 mal erkannt (Verweildauer 33 Tage). Die Berechnung der mittleren Verweildauer ist problematisch, da sich ein Ind. einerseits zwischen zwei Ablesungen außerhalb des Rastgebietes aufgehalten haben kann und andererseits die Ablesetage nicht mit den Tagen des Eintreffens und Weiterziehens identisch zu sein brauchen, zumal nicht jeden Tag alle Gänse kontrolliert werden konnten. Wegen dieser Schwierigkeiten sei die mittlere Verweildauer von 8,3 Tagen im Rheiderland mit allem Vorbehalt wiedergegeben. Ein Ind., das sich bis zum 16.03.2000 24 Tage lang (5 Ablesungen) im nördlichen Rheiderland aufgehalten hatte, wurde am 7. Mai bei Jaroslav NO Moskau auf dem Zugweg ins Brutgebiet gesehen (Enfernung 2100 km).

Wie Ringfunde gezeigt haben, stammen alle Gänse der häufigen Subspecies *A. a. albifrons* aus dem Bereich vom Weißen Meer bis zur Taimyr-Halbinsel. Vier auf der Taimyr-Halbinsel im Juli 1991-1992 beringte Ind. wurden später im Rheiderland erkannt (am 27.11., 27.12.1994, 27.02.1997, 17.02.2000). Eine am 25.07. 1990 auf Taimyr beringte Gans erschien am 2.12.1990 bei Peizerwold (NL) und wurde am 10.01.1993 am Dollart geschossen (Flugentfernung zum Brutgebiet 4825 km). Gänse, die zwischen 1991 und 1995 im November am Gülper See (Brandenburg) verweilen, überwintern während des Januar und Februar ebenfalls im Rheiderland. Blässgänse wechseln vom größten westdeutschen Gänsegebiet am Niederrhein ins Rheiderland, wie folgender Fall zeigt: Ein am 16.01.1994 bei Kleve (Niederrhein) beobachtetes Ind. rastete am 5.02.2000 bei Holtgaste im Rheiderland. Eine Blässgans hielt sich am 25.01.1997 morgens nahe dem Zuidlaarder Meer SO Groningen auf und wurde am selben Tag nachmittags 42 km entfernt bei Ditzumerwarpen erkannt (H. Kruckenberg briefl). Die Dynamik der Wanderungen wird erst in Ansätzen erkennbar.

Die Subspecies *A. a. flavirostris* aus Grönland wird selten beobachtet, weil sie in den riesigen Scharen schwierig zu entdecken ist. Im Winterhalbjahr 1952/53 wurden mind. 3, evt. sogar 6 Ind. bei Leer geschossen und z.T. in einer Leeraner

Wildhandlung gefunden (F. Klimmek und F. E. Stoll in Goethe 1954). Am 27.03. 1990 entdeckte H.-J. van Loh zusammen mit H. van Göns und Verf. eine ad. grönländische Gans im Dollartheller, die vermutlich durch wochenlangen, stürmischen Westwind verdriftet worden war (anerkannt von der Deutschen Seltenheiten-Kommission). Im Dezember 1999 lag eine geschossene verluderte Gans dieser Rasse im Treibsaum am Dollart (M. Reuter). Obwohl die Blässgänse wie die Weißwangengänse keine Jagdzeit haben, werden beide Arten trotz der gesetzlichen Jagdverschonung in den Wochen vor dem Jagdende Mitte Januar und manchmal auch danach illegal und mitunter massiv bejagt. An der raschen Zunahme der Fluchtdistanz sind diese Vorfälle hinterher leicht erkennbar.

Zwerggans (Dwerggans, *Anser erythropus*) *
Seltener Wintergast aus Skandinavien oder N-Russland, weltweit gefährdet ↓

Einzeltiere wurden nicht alljährlich am Dollart oder in seiner Nähe beobachtet: 20.10.1967 (NL), 12.10.1975 (NL), 23.10.1983 (Kanalpolder-Heller, Verf.), 15.03. 1987 (Punt van Reide, R. Drent). In den 1990er Jahren häuften sich die Nachweise (13) im Rheiderland: Febr. 1990 dreimal (B. Voslamber briefl.), 13.11.1994 2 Ind. im Charlottenpolder, 24.02.1995 (H. Kruckenberg), 19.11.1996 (Petkumer Deichvorland, Rettig 98. Ber.), 28.03.1997 (J. Jaene), 21.01.1998 S Nendorp drei Ind. und 20.03.1999 bzw. 18.04.1999 je ein Ind. am Dollart (H. Kruckenberg, J. Prop, alle Nachweise anerkannt). Am 2.03.2000 entdeckte J. Borbach-Jaene (briefl.) 7 Ind. bei Oldendorp und ein Ind. bei Jemgum, die höchste bisherige Zahl! Diese Übersicht gibt sicherlich nur einen Bruchteil wieder, da die Zwerggans der Blässgans sehr ähnelt und äußerst schwierig in den riesigen Gänsescharen zu entdecken ist.

Ob der schwedische Versuch gelingt, den Zugweg der Art mit Hilfe von Weißwangengänsen als Pateneltern in die Niederlande zu verlagern, ist noch offen. Um die Überlebenschancen der kleinen skandinavischen Brutpopulation zu verbessern, haben J. Mooij u.a. (Vortrag auf der Gänseökologie-Tagung März 2000 in Osnabrück) im Spätsommer 1999 27 auf Menschen geprägte Ind. mit Hilfe eines Ultraleicht-Flugzeuges erfolgreich an den Niederrhein gelotst. Am Dollart sind die Zwerggänse wegen der Möglichkeit der Verwechselung äußerst gefährdet durch Bejagung!

Graugans (Grauwe Gans, *Anser anser*)
Brut- (70 Bp) und häufiger Gastvogel (5000) ↑

Keine andere Gänseart zeigt eine so enge Bindung an den Dollart oder die Ems wie die Graugans. Schon im 19. Jh. waren hier "große Gesellschaften" bezeichnend (Stratingh & Venema 1855, Droste 1869). Infolge Bejagung haben ihre Rastbestände später vermutlich abgenommen. Vom Anfang der 1970er Jahre sind sie am Dollart (NL+D) von einigen 100 auf 6000 Ind. 1983 und maximal 13.500 Ind. 1989 gestiegen (Abb. 14). Diese großen Bestände kommen während des Wegzuges von September bis November bevorzugt auf der niederländischen Seite vor (vgl. Gerdes 1991 und 1994). Am Ostufer stellte sich die Art häufig während des Heimzuges von Januar (nach dem Ende der Jagdzeit) bis Anfang Mai ein mit den Höchstzahlen im März (so z.B. 5273 Ind. am 12.03.1989 von 9296 Ind. im gesamten Dollartbereich, D+NL, Voslamber 1989 b u. briefl.). Diese Verteilung hing z.T. mit der Wattenjagd zusammen, die bis 1995 ausgeübt wurde (Gerdes 1991). Am 22.01.1989 wurden 6760 Gänse im Dollartheller (D) gezählt, eine hier später nicht wieder erreichte Zahl.

Ab 1990 nahmen die Bestände am Dollart (D) ab. Die Graugänse verlagerten ihre Äsungsgebiete in die Emsvorländer und das benachbarte Binnenland zwischen Petkum und Leer. Da sich die Graugänse im größeren Umkreis des Dollart verteilen, werden vollständige Erfassungen zunehmend schwieriger. Möglicherweise sind in den letzten Jahren nicht mehr alle Gänse erfasst worden. Seit 1990 schwanken die Frühjahrsbestände zwischen 4000 und 5000 Ind.

Die Abnahme am Dollart und die Ausbreitung in die weitere Umgebung hingen ursächlich mit dem durch starken Fraß bedingten Rückgang der Strandsimse, ihrer Lieblings-Nahrungspflanze, am Dollart zusammen. Zwischen 1983 und 1991 nahm diese Pflanze um >90 % ab. Ein 10-100 m breiter Streifen aus artreinem Simsenbestand entlang der Hellerkante der mittleren und südlichen Ostseite verschwand fast vollständig (vgl. Luftaufnahmen).

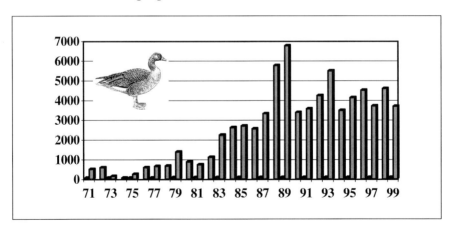

Abb. 14: Jährliche Höchstbestände der Graugans am Dollart (D), an der Ems (ohne Tunxdorfer Schleife) und im Rheiderland (1971-1999)

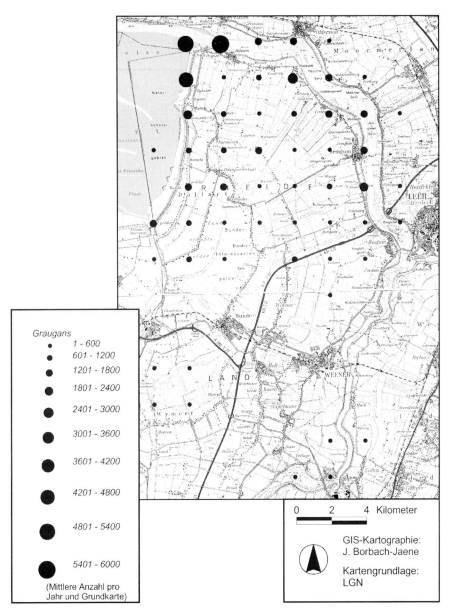

Graugans
● 1 - 600
● 601 - 1200
● 1201 - 1800
● 1801 - 2400
● 2401 - 3000
● 3001 - 3600
● 3601 - 4200
● 4201 - 4800
● 4801 - 5400
● 5401 - 6000
(Mittlere Anzahl pro
Jahr und Grundkarte)

0   2   4   Kilometer

GIS-Kartographie:
J. Borbach-Jaene

Kartengrundlage:
LGN

Abb. 15: Verbreitung der Graugans in den Wintern 1996/97, 1997/98, 1998/99 und 1999 /2000. Häufigkeit gemittelt für eine Saison. Rastersymbole auf der Basis der Grundkarte 1 : 5000, verkleinert. Die Symbole sind stets in der Mitte einer Grundkarte eingetragen. Das Symbol direkt an der Autobahn bezieht sich auf Gänse am Holtgaster See. Deutlich ist die Bevorzugung der Emsmündung im NO des Dollart und und der Vorländer an der Ems zu erkennen.

101

Die oberflächennahen Knollen und diejenigen am Hang der Grüppen wurden vorzugsweise mit dem Schnabel ausgegraben und gefressen. Auch das Schlickgras ging in diesem Zeitraum infolge Beäsung um >60 % zurück (Esselink et al. 1997). Da die Gänse außendeichs auf Andel, Rotschwingel (*Festuca rubra*) und Quecke ausweichen konnten sowie auf Weidelgras (*Lolium perenne*) u.a. im Binnenland, nahm ihre Zahl am Dollart bei weitem nicht so stark ab, wie der Rückgang der Simse und des Schlickgrases dies erwarten ließ.

Außer dem Dollartbereich hat die Graugans an der Tunxdorfer Schleife seit den 1980er Jahren ein wichtiges Refugium. Höchstzahlen: 352 Ind. am 7.11.1989 und 207 Ind. am 28.10.1990 (DGN briefl.). Auch im Zeitraum 1997-1999 hielten sich bei Tunxdorf-Vellage im Herbst und Frühjahr durchweg 220-390 Ind. auf (A. Degen, W. Schott, Saxicola, jeweils H. 1). Am 14.11.1999 registrierte A. Degen 720 Ind. bei Tunxdorf (Saxicola 1999, H. 3). Zu Beginn der 1960er Jahre kamen hier gelegentlich wenige Ind. vor (Hammerschmidt 1965).

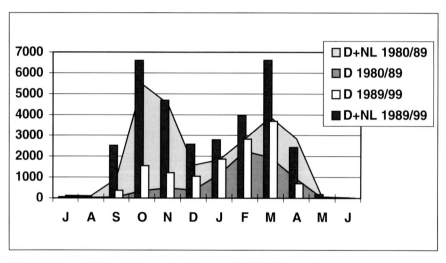

Abb. 16: Jahreszeitliches Auftreten der Graugans (Ind.) in Monatsmitteln von Juli bis Juni am Dollart und in angrenzenden Gebieten in zwei Zeiträumen (1980/81-1988/89, Flächen, n = 214.485 und 1989/90-1998/99, Säulen, n = 318.255). Bei den Flächen ist zu beachten, dass die Linien zwischen den Monatswerten nicht auf realen Daten beruhen, sondern durch die graphische Verbindung der Punkte entstehen. Die dunkleren Flächen bzw. die weißen Säulen beziehen sich stets auf die deutsche Seite, die helleren Flächen bzw. die schwarzen Säulen auf den Gesamtdollart.

Im August treffen die ersten Graugänse aus nördlichen Brutgebieten ein. Die Zahlen steigen rasch bis zum Höhepunkt im Oktober. Dabei wird deutlich, dass sich die Gänse weit überwiegend auf der niederländischen Seite aufhalten. Hier finden sie in den Poldern ein reiches Angebot an Zuckerrübenresten. Durch den vertreibenden Einfluss der Wattenjagd mied die Mehrzahl der Gänse die deutsche Seite (Gerdes 1991). Seit der Einstellung der Wattenjagd (1995) ist die unterschiedliche Verteilung nicht so ausgeprägt. Abweichend von Abb. 16 ist das Oktobermittel in D für 1995-1999 sogar auf 1970 Ind. gestiegen. Ab November oder spätestens Dezember ziehen die meisten Gänse weiter, z.T. nach Südspanien. Doch schon ab Mitte Januar setzt die Rückkehr ein. Die Zahlen steigen bis zum Höhepunkt im März. Von Januar bis März konzentrieren sich mehr Gänse auf der deutschen Seite, als dem Flächenanteil entspricht. Dies gilt für beide Zeiträume. Erst im April wird die niederländische Seite bevorzugt. Noch bis Ende April erstreckt sich der Heimzug.

Von allen Gänsearten ist die Graugans die einzige mit offenen Jagdzeiten. Sie ist im August und vom 1. November bis 15. Januar während einer Jagdsaison bejagbar (Gerdes 1991).

Ablesungen halsbandmarkierter Gänse haben gezeigt, wo sie sich im Jahreslauf aufhalten. Im August treffen zuerst norwegische Gänse ein, denen sich ab Ende September schwedische Gänse zugesellen. Diese bilden im Winter die Mehrheit, während die norwegischen und ein Teil der schwedischen Gänse nach Andalusien weiterziehen (Voslamber et al. 1993). Der Zug zwischen den Niederlanden und der Doñana in Andalusien, wo an zwei Tagen bis zu 30.000 Gänse eintreffen können, findet im Non-Stop-Flug statt, eine ungeheure Leistung für diese großen Vögel (Persson 1994)!

Ab Januar kehren die norwegischen Gänse wieder ein und verweilen z.T. bis Ende April. Die schwedischen ziehen eher in ihre Heimat. Auch bei Gänsen gibt es also Überspringzug, indem die norwegischen Gänse später als die schon heimgekehrten schwedischen Gänse heimziehen. Voslamber et al. (1993) haben berechnet, dass die Gesamtzahl der den Dollart im Herbst besuchenden Gänse etwa doppelt so hoch ist wie das Maximum der Saison.

In 1988 stammten 32 % aller Halsband-Ablesungen von Gänsen aus Norwegen. Die übrigen betrafen Vögel aus Schweden und Ostdeutschland. Die mittlere Verweildauer am Dollart betrug jeweils im Frühjahr bzw. Herbst 1988 27 bzw. 9 Tage für norwegische, 1 bzw. 10 Tage für schwedische und 22 bzw. 6 Tage für deutsche Graugänse (Voslamber 1993, Voslamber et al. 1993). Untersuchungen von Jaene u. Kruckenberg (briefl.) in der Saison 1994/95 ergaben folgendes: Eine am 22.01.1993 in der Doñana (Andalusien) beringte Graugans hielt sich vom 10.03.-2.04.1995 (mind. 24 Tage) im Rheiderland auf. Kontrollzeiten norwegischer Gänse betrugen im Mittel 22 Tage (n = 6, maximal 45 Tage) und diejenigen schwedischer Graugänse 8,6 Tage (n = 8, ein Ehepaar maximal 15 Tage). Die Verweildauer kann länger als die Kontrollzeit der Ablesungen sein.

In den letzten Jahren sind die schwedischen Graugänse immer mehr ausgeblieben. Sie haben die Zuckerrübenfelder in Südschweden entdeckt und nutzen die Ernteeste (L. Nilsson fide H. Kruckenberg). Vier 1988-1991 in Schweden nestjung beringte Gänse sind schon nach 4, 16, 17 oder 19 Monaten am Dollart geschossen worden. An der südlichen Nordseeküste wechseln die Gänse je nach der Witterung zwischen dem ehemaligen Lauwersmeer und dem Dollartbereich hin und her.

Ostfriesland wird von juv. oder bei der Brut nicht erfolgreichen Graugänsen überflogen, die das Feuchtgebiet in Oostvaardersplassen (Flevoland, NL) für die 40 Tage während der Mauser des Großgefieders aufsuchen und wo sich 1992 62.000 Ind. sammelten. Im Dollart sind keine Mausergäste festgestellt worden (Voslamber et al. 1993). Von Anfang Mai bis 10. Juni sind die Flüge der aus östlichen Gebieten stammenden Gänse nach WSW, nach Abschluß der Mauser ab Mitte Juni bis in den August nach O bis NO gerichtet. Manchmal überlappen sich die beiden Zugrichtungen zeitlich. Der in den 1980er Jahren stark ausgeprägte Mauserzug hat in den 1990er Jahren erheblich nachgelassen (Koffijberg et al. 1997).

Windparkgebiete werden von fast allen Gänsen weitgehend gemieden. Dies gilt besonders für Bläss- und Weißwangengänse, die einen Bereich von 400 m um die Windparks meiden und zu 50 % sogar 400-600 m entfernt bleiben (Kruckenberg & Jaene 1999). Lediglich kleine Graugansstrupps nähern sich gelegentlich den Windkraftanlagen, wenn die Rotoren still stehen oder sich langsam drehen.

Seit 1993 ist die Graugans stetiger Brutvogel im festländischen Kreisgebiet. 1993 und 1994 nistete je ein Paar erfolgreich im Altschilf auf dem Hatzumer Sand. 1996 stieg die Zahl auf 4 Bp, 1997 auf 6 Bp, 1998 10 Bp (29 Junge) und 1999 auf 14 Bp (7 Paare erfolglos, 7 Paare führten 26 Junge). Außerdem wurden 1998 an folgenden anderen Stellen Bruten festgestellt, deren Jungvögel (im ganzen 41) wahrscheinlich flügge wurden: Middelsterborg, Terborg, Kiesgrube Veenhusen (2 Bp), Königsmoor, Mitling-Mark und 1999 am Brunseler Meer (J. Prins). An der Tunxdorfer Schleife stellte Grimm 1989 ein Bp und 1993 2 Bp fest (Saxicola 1993, H. 2); 1994 zog ein Paar drei Gössel im Vellager Vorland auf. Diesen Brutnachweisen sind einige nicht bestätigte Meldungen vorausgegangen: Ende Juni bis 20.07.1976 2 Paare mit 11 Küken im Südosten am Dollart (H. Heyen mdl.) und hier zur gleichen Jahreszeit 1981 Brutverdacht.

Auf Borkum brüteten erstmals 1985 2 Paare (Hofmann 1986). Diese Inselpopulation ist stark angewachsen (1999 16 Brutnachweise und für 39 Paare Brutverdacht, NLWK).

Schneegans (Sneeuwgans, *Anser caerulescens*)
Seltener Wintergast

Vermutlich zumeist aus der Gefangenschaft entwichene oder verwilderte Vögel. Vom 28.02. bis 24.03.1974 rasteten 3 ad. und 2 immat. Vögel, die mit den Blässgänsen zwischen dem Grünland am Pallertschloot und dem Dollart hin- und herpendelten. Im folgenden Winter hielten sich 2 Ind. vom 15.12.1974 bis 18.03. 1975 am Dollart auf. Seit 1984 werden einzelne Schneegänse fast alljährlich zwischen Januar und März im Rheiderland beobachtet. Am 6.01.1994 tauchte eine Familie mit zwei Jungvögeln auf, am 12.03.1997 4 weiße und 2 blaue Ind. (Kruckenberg u. Jaene in Degen 1999). Ende Dezember 1997 hielten sich an der Ems bei Gandersum 7 Ind. (darunter eine blaue Morphe) auf.

Zwergschneegans (Ross' Gans, *Anser rossii*)
Sehr seltener Wintergast, Gefangenschaftsflüchtling

Es liegen nur drei Beobachtungen vor: am 6.02.1998 2 Ind. der blauen Morphe, 7.01.1999 eine weiße Morphe und 3.03.1999 eine blaue Morphe (H. Kruckenberg briefl.).

Streifengans (Indische Gans, *Anser indicus*)
Gefangenschaftsflüchtling

Diese exotische Gans kommt fast allwinterlich in wenigen Ind. vor. Erstmals hielt sich ein Ind. vom 2.02. bis 5.04.1974 am Dollart auf, ebenso 1982-1984. Seit 1985 gehört die Art mit meist 1-3 Vögeln im Zeitraum 16.09.(1989) bis 27.04. (1990) zu den regelmäßigen Gästen des Rheiderlandes. Am Anfang der 1990er Jahre wurde sie besonders häufig gesichtet mit maximal 5 Ind. am 20.03.1994.

Kaisergans (Keizergans, *Anser canagicus*)
Sehr seltener Gefangenschaftsflüchtling

Von dieser in Ostsibirien beheimateten Gans wurden zwei Einzelvögel festgestellt: 20.03.1994 im Bunderhammrich (Verf. u. van Loh) und am 16. u. 30.03. 1997 im Rheiderland (Kruckenberg in Degen 1999).

Kanadagans (Canadese Gans, *Branta canadensis*)
Unregelmäßiger Wintergast vorwiegend aus Schweden, neuerdings seltener Brutvogel ↑

In den meisten Jahren kommen wenige Ind. oder kleine Trupps von der Jahreswende an vor. Nur in einigen strengen Wintern finden stärkere Einflüge statt. Am häufigsten ist sie außer im Leda-Jümme-Gebiet, wo sie in den 1960er Jahren öfter gesehen wurde (so um Mitte Februar 1961 bis zu 124 Ind. auf überschwemmten Weiden an der Holtlander Ehe, am 28.01.1962 104 Ind. bei Nortmoor, E. v. Toll 1961, K. Oltmer in Rettig 100. Ber.), vor allem entlang der Ems von Leer bis Papenburg registriert worden. Im Februar 1968 hielten sich bis 50 Ind. vier Wochen lang an der Ems bei Bingum auf (Schramm 1969). Im Schneewinter 1979 rasteten maximal 33 Ind. (18.03., davon 20 bei Vellage), am 14.02. 1982 87 Ind. und 22.02.1987 (44 Frosttage im Januar und Februar) mind. 564 Ind. im nördlichen Emsland und Rheiderland. Von ihnen konzentrierten sich 389 Ind. im Raum Rhede-Tunxdorf (DGN briefl.). Um die Monatswende Januar / Februar 1987 sammelten sich bis zu 200 Gänse im Südosten des Dollart. Die Gänse wechselten oft die Äsungsplätze. Gegen Ende März 1987 zogen die meisten heim.

Seit 1992 halten sich einige Gänse ganzjährig auf, die wahrscheinlich aus der Vogelhaltung entwichen sind. Am 24.06.1998 wies H. Kruckenberg erstmals ein Bp mit 5 Jungen an einem Tümpel in Iheringsfehn und zwei weitere Bp an einem Kolk im Königsmoor nach. 1999 registrierte er erneut einzelne Bp in Iheringsfehn, in Veenhusen (Flachsmeer), Warsingsfehn, bei Meerhausen im Königsmoor (3 Junge) und bei Timmel.

Weißwangengans (Nonnengans) (Brandgans, *Branta leucopsis*) *
Sehr häufiger Wintergast (40.000) aus Skandinavien und N-Russland ↑

Die Weißwangengans hat den Dollart als Rastgebiet sehr allmählich entdeckt. Zu Beginn der 1970er Jahre fanden sich oft nur wenige (2-10) Ind. ein. Zur Hauptzugzeit im März stieg die Zahl auf 100-250 Ind. 1984 wurde erstmals die Marke 300 Ind. erreicht. Danach nahm die Art innerhalb von fünf Jahren rasch auf 6000 und bis März 1993 auf 18.500 Ind. (D+NL) zu. Seit 1995 konzentrierten sich allein auf der deutschen Seite bis zu 35.700 Ind. In den letzten Jahren scheint der maximale Frühjahrsbestand kaum weiter zu steigen. Möglicherweise ist die Kapazität des Rheiderlandes mit 35.000-40.000 Ind. erschöpft (Abb. 17).

Während die Gänse bis etwa 1990 hauptsächlich im Heller ästen, erweiterten sie danach ihre Äsungsgebiete ins Binnenland, wobei vor allem die dollartnahen Grünländereien des nördlichen Rheiderlandes bevorzugt wurden (Abb. 18, Kruckenberg et al. 1996). In den S-Teil des Rheiderlandes wandern meist nur kleine Trupps. Ausnahmsweise hielten sich am 1.02.1992 352 Ind. und am 16.02.1999 81 Ind. in den Tunxdorfer Wiesen auf sowie 60 Ind. am 6.02.1999 im Stapelmoorer Hammrich (A. Degen, N. Fehrmann, W. Schott, Saxicola 1992, 1999, H. 1).

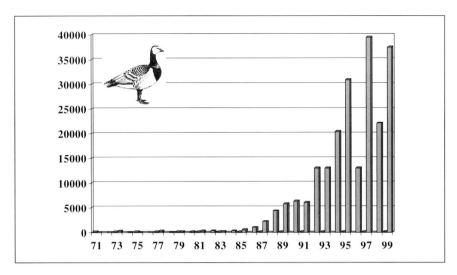

Abb. 17: Entwicklung der maximalen Rastbestände der Weißwangengans im Rheiderland (1971-1999). Die niedrigen Werte von 1996 und 1998 hängen mit ungünstiger Witterung oder zu geringer Beobachtungsintensität zusammen.

Schon ab Mitte Oktober bezieht sie ihr Winterquartier im gesamten Dollartbereich mit neuerdings hohen Zahlen bereits im Herbst: 20.751 Ind. außendeichs am 18.10.1998 (davon 13.925 in NL) und 27.557 Ind. am 22.11.1998 (davon 13.500 im Grünland). Im Januar 1999 hatte sich der Rastbestand auf fast 41.000 Ind. (davon 37.500 in D) erhöht! Gleichzeitig hielten sich im Rheiderland fast 45.000 Blässgänse auf, so dass die Gesamtzahl aller Gänse etwa 90.000 betrug. Je nach Frost- und Schneelage setzen sich alle Gänse oder ein Teil nach SW ab.

Der wellenförmige Verlauf der Bestandszahlen, der besonders auf der deutschen Seite ausgeprägt ist, hängt entweder mit dem Durchzug verschiedener Populationen (aus Schweden und Russland) und/oder dem Platzwechsel zwischen dem Dollart und der Leybucht zusammen (Abb. 19).

Von Dezember bis Februar suchen die meisten Weißwangengänse östlich vom Dollart gelegene Äsungsgebiete auf (Abb. 18). Da sie im März das Grünland binnendeichs länger nutzen als Blässgänse, kommt es hier zu Ertragseinbußen beim ersten Grasschnitt, die im Grünland 14-21 % der Trockenmasse ausmachen können (unveröffentlichtes Gutachten von G. Lauenstein & P. Südbeck 1999). Mooij (1998) hat an Bläss- und Saatgänsen die Auswirkungen der Beäsung im Grünland und auf Getreideflächen untersucht. Danach ist oberhalb einer Beweidungsdichte von 3000 Gänseweidetagen/ha mit einer Verringerung der Ernte von 10-15 % auf Grünland und von 8-14 % auf Getreide zu rechnen. Die Ergebnisse werden stark durch Witterungseinflüsse modifiziert.

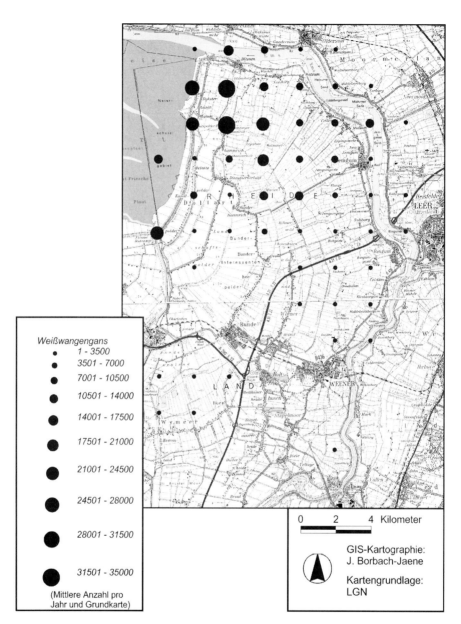

Weißwangengans

- 1 - 3500
- 3501 - 7000
- 7001 - 10500
- 10501 - 14000
- 14001 - 17500
- 17501 - 21000
- 21001 - 24500
- 24501 - 28000
- 28001 - 31500
- 31501 - 35000

(Mittlere Anzahl pro
Jahr und Grundkarte)

0   2   4 Kilometer

GIS-Kartographie:
J. Borbach-Jaene

Kartengrundlage:
LGN

Abb. 18: Verbreitung der Weißwangengans in den Wintern 1996/97, 1997/98, 1998/99 und
1999/2000. Häufigkeit gemittelt für eine Saison. Rastersymbole auf der Basis der Grundkarte,
verkleinert. Hohe Konzentrationen fallen im NW des Rheiderlandes, am Dollart und im Petkumer Vorland auf.

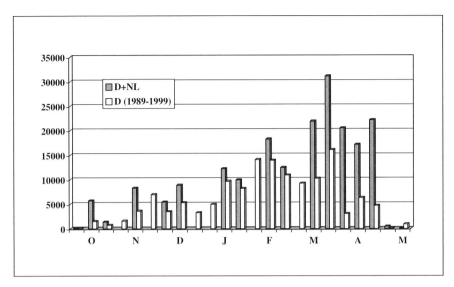

Abb. 19: Jahreszeitliches Auftreten der Weißwangengans (Dekadenmittel der Ind.) am Dollart, an der Ems und im benachbarten Grünland von Oktober bis Mai (Zeitraum 1989/90-1998/99, n = 1.222.580). Gemeinsame Zählungen fanden meist im mittleren Monatsdrittel statt. Aus 6 Dekaden außerhalb dieses Monatsdrittels liegen nicht genügend Daten für eine Mittelwert-Berechnung im gesamten Dollart vor. An diesen Stellen fehlen die dunklen Säulen (D+NL). Der Wert der 3. Aprildekade (D+NL) wird maßgeblich durch 23.263 Ind. am 21.04.1996 beeinflusst und fällt dadurch als Mittelwert zu hoch aus. Aus der 1. Maidekade liegen zu wenige Ergebnisse der letzten 4 Jahre vor. Daher kommt das Verlassen des Dollart auf dem Heimzug nur unvollkommen zum Ausdruck. Während des Sommers halten sich kleine Trupps auf.

Ab März verlagern sich die Weißwangengänse stärker auf die niederländische Seite. Bis zum Ende dieses Monats ist das Binnenland in der Regel verlassen, das im Winter wochenlang stark frequentiert wird. Die Gänse äsen von nun an fast nur im Vorland. Im April ziehen sie die feuchtere niederländische Seite vor, wo der Graswuchs später einsetzt. Im März und April sind die Bestände während des Heimzuges am größten (Abb. 19). Im März 1997 wurden rund um den Dollart 44.000 Weißwangengänse gezählt, davon 17.500 im Rheiderland und an der Ems. Noch am 28.04.1995 rasteten 8000 Ind. im SO des Dollart und am 6.05.2000 sogar 27.500 Ind. im Dollard und in der südlichen Hälfte des deutschen Hellers (B. Koks u. Koffijberg briefl.). Sie hatten die Vegetation so kurz abgebissen, dass Uferschnepfen und Rotschenkel kaum Nistmöglichkeiten fanden. Der genaue Ablauf des Heimzuges lässt sich aus Mangel an Zählergebnissen während der 1. Maidekade nicht graphisch darstellen. Deutlich ist zu erkennen, dass die Weißwangengänse viel länger im Frühjahr verweilen als die Blässgänse. Am 13.05.2000 zogen 11.500 Ind. über Emden nach NO (Rettig 147. Ber.). Einen Tag später starteten etwa 4000 Ind. aus dem Dollart in Richtung Heimat. Sehr plötzlich haben fast alle Weißwangengänse bis Mitte Mai den Dollartbereich verlassen. Das mittlere Maximum des Heimzuges fällt bei der Weißwangengans auf das letzte Märzdrittel, während es bei der Blässgans im letzten Januardrittel oder um Mitte Februar liegt.

Kleine Trupps übersommern im Emsvorland nahe Critzum oder vor Petkum.

Die Weißwangengans äst vorzugsweise auf kurzgrasigen Andelwiesen, wie sie durch Beweidung entstehen (Aerts et al. 1996). Der Verzicht auf diese landwirtschaftliche Nutzung im Dollart hätte zur Folge, dass sich Schilfröhrichte im Heller stark ausbreiten und die Gänse ihre besten Weidegründe verlieren würden. Sie müssten stärker ins Binnenland ausweichen.

Ringfund: Eine am 6.01.1979 bei Utrecht (NL) beringte Gans wurde am 31.12. 1982 im SO des Dollart geschossen. Es liegen viele weitere Fälle widerrechtlich geschossener Gänse vor. Ablesungen der Beinringe von 4 Gänsen ergaben eine mittlere Kontrollzeit von 14,8 Tagen (6-31 Tage). Die Verweilzeit kann länger dauern. Eine bei Ditzumerwarpen beobachtete Gans wurde 17 Tage später in der Leybucht erkannt (H. Kruckenberg briefl.). Dieser Fall beweist, dass die Gänse zwischen dem Dollart und der Leybucht hin- und herwechseln. An der Küste NW vom Dollart haben wir öfter Trupps beobachtet, welche entlang der Küste als Leitlinie fliegen. Da die auf Gotland und Öland (Schweden) brütenden Gänse im Vergleich zu denen aus N-Russland weitgehend beringt sind, beziehen sich die Ringfunde hauptsächlich auf schwedische Weißwangengänse. Kürzlich wurde im Rheiderland eine Weißwangengans der Spitzbergen-Population entdeckt, die in N-Schottland überwintert (H. Kruckenberg mdl.).

Ringelgans (Rotgans, *Branta bernicla*)
Häufiger Wintergast (3000) aus der Arktis Russlands und Sibiriens (Taimyr-Halbinsel)

Im Gegensatz zur Leybucht und Borkum, wo sich diese Art sehr häufig auf den Salzwiesen einstellt, meidet die Ringelgans weitgehend den Dollart. Diese Art ist am stärksten an das marine Wattenmeer gebunden. Droste (1869) erlebte sie "in enormer Menge" im Borkumer Watt, wo im Herbst "die zarten Blätter des Seegrases ihre einzige Narung ausmachen" (Zitat).

Auf dem Wegzug erscheinen die ersten Trupps im September. Der Höhepunkt wird im Oktober erreicht. Zu dieser Zeit sucht sie ihre Nahrung im Watt, wo sie von Seegras (*Zostera spec.*) und Grünalgen lebt. Im Januar verweilen maximal etwa 200 Ind. Schon im Februar kehren viele Ringelgänse aus den Winterquartieren Frankreichs zurück. Im Frühjahr, wenn die Nahrungsquelle im Watt versiegt ist, suchen sie die Salzwiesen oder das Grünland auf (Bergmann et al. 1994). Nach wie vor rastet sie auf den Salzwiesen vor allem im April und Mai (3100 am 19.04.1980, bis 3500 Ind. Mitte Mai 1996, B. Hofmann briefl., Meltofte et al. 1994). Im Juni halten sich kleine Nachzüglertrupps von wenigen 10 Ind. auf (Abb. 20).

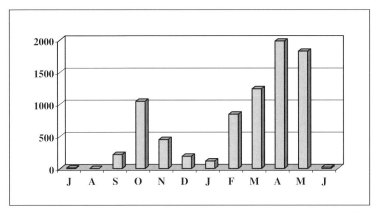

Abb. 20: Jahreszeitliches Auftreten der Ringelgans (Monatsmittel der Ind.) auf Borkum und dem Inselwatt im Zeitraum 1987/88-1997/98 (meist 10 Zähljahre) von Juli bis Juni. n = 70.347 (Quelle: NLWK u. Staatliche Vogelschutzwarte)

Als ausgesprochene Meeresgans meidet sie den Dollart weitgehend. Am 20.02. 1971 sah D. Heß (briefl.) hier erstmals 10 Ind. und am 20.03.1975 14 Ind. Erst seit 1982 wird sie fast allwinterlich meist zwischen Mitte Februar und Anfang Mai in kleinen Stückzahlen unter den vielen Bläss- oder Weißwangengänsen am Dollart beobachtet. Selten kommen größere Trupps vor (z.B. 25 Ind. am 22.03.1979, 45 Ind. am 5.04.1987, 140 Ind. am 22.03.1988, 121 Ind. am 3.05.1992 und 26 Ind. am 28.02.1996, B. Voslamber, "Avifauna Groningen" briefl.).

Wenige Male ist die hellbäuchige Subspecies *B. b. hrota* aus Spitzbergen oder Grönland festgestellt worden, so 2 Ind. am 21.03.1971 auf Borkum (Hofmann 1971), 3 Ind. am 2.02.1985 im Stapelmoorer Hammrich (Verf.), 2 Ind. am 28.12. 1990 im Südosten des Dollart (H. Reepmeyer u. Verf.) und ein Ind. am 17.03.1991 im W des Dollard (R. Drent).

Rothalsgans (Roodhalsgans, *Branta ruficollis*) *
Seltener, regelmäßiger Wintergast von der Taimyr-Halbinsel, weltweit gefährdet

Diese aus N-Sibirien stammende Art wurde erstmals 1977 unter den Blässgänsen im Dollartheller entdeckt. Seitdem wird die Art fast alljährlich mit meist einem (bis selten vier) Ind. zwischen dem 5.11.(1994) und 20.4.(1986) im Rheiderland oder am Dollart beobachtet. Es liegen keine Beobachtungen aus den Jahren 1979, 1982, 1983, 1992 und 1993 vor. Vielleicht sind sie übersehen worden. Ab 1994 ist diese prächtige Gans alljährlich und oft unter den Bläss- oder Weißwangengänsen zu finden gewesen (Abb. 21). Sie gesellt sich der jeweils häufigeren Art zu. Bei starker Beobachtungsintensität registrierten J. Jaene und H. Kruckenberg 1994/95 diese Gans 27 mal (Kruckenberg et al. 1996, s. P. Barthel in Limicola Bd 6, Bd 9 mit Farbfoto aus März 1995, Bd 10, Bd 11, Bd 12 mit Farbfoto vom März 1998, H. Kruckenberg, u. Bd 13).

Auf die Wegzugphase vom 5. November bis Ende Dezember entfallen nur 16 von den 95 Sichtungen. Der Heimzug scheint in mehreren Wellen zu erfolgen mit einer gewissen Häufung im Februar und besonders im März (Abb. 21).

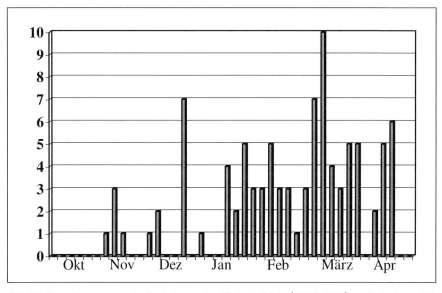

Abb. 21: Pentadensummen der Rothalsgans im Winterhalbjahr (1977–1999) am Dollart, n = 95. Diese Zahl ist nicht identisch mit der Zahl der tatsächlich vorgekommenen Individuen. Zwar wird jede Gans einmal pro Pentade gerechnet, doch wenn die Verweildauer länger als 5 Tage ist, wird dasselbe Individuum mehrmals in der Graphik berücksichtigt.

Nilgans (Nijlgans, *Alopochen aegyptiacus*)
Seltener Brut- (10-15 Bp) und spärlicher Gastvogel ↑

Dieser ehemalige Gefangenschaftsflüchtling und Exot aus Afrika und SO-Europa ist inzwischen als Brutvogel eingebürgert. Am 8.03.1980 sah H. Reepmeyer erstmals einen Altvogel am Dollart. Ab 1991 wurde die Art alljährlich an zahlreichen Stellen vornehmlich entlang der Ems, aber auch entlang anderen größeren Wasserläufen gesichtet, so am 15.03.1992 acht Ind. bei Midlum. Die Nilgans ist außerhalb der Brutzeit vergleichsweise unstet, dagegen sehr heimlich während der Brutzeit.

Erstmals zog ein Paar 1995 auf dem Bingumer Sand vier Küken auf, wo seitdem regelmäßig Bruten stattfinden (Kooiker 1996). Am 25.04.1998 führte ein Paar im Flachsmeer bei Veenhusen 6 kurz zuvor geschlüpfte Küken. Außerdem brütete sie 1998 wieder auf dem Bingumer Sand, bei Middelsterborg, Memgaste und Breinermoor (5 Nachweise). 1999 war die Population im Kreisgebiet auf mind. 12 Bp angewachsen: Wymeerster Sieltief bei Dyksterhusen, Hatzumerfehn, Bingumer Sand (M. Reuter), Altarm Coldam (D. Kolthoff), Charlottenpolder (H. Kruckenberg), NW Nüttermoor (Verf.), S Breinermoorer Mülldeponie mit 7 Jungen (Verf.), Jümme bei Terwisch mit 8 Jungen (G. Reichert), Mitling-Mark, Völlener See (K. Mees in Rettig 136. Ber.), bei Burlage und im Mercedes-Testgelände (J. Prins). Im W des Dollard wies R. Drent am 14.06.1999 ein Bp mit Küken nach. Schon am 19.03.2000 führte ein Paar auf dem Bingumer Sand 8 wenige Tage alte Küken (Verf.).

Borkum: erstmals ein Paar am 9.07.1999 (B. Hofmann in Rettig 137. Ber.).

Nach der Brutzeit schließt sie sich zu Trupps zusammen: größte Ansammlungen mit 38 Ind. am 17.09.1998 bei Petkum, 33 Ind. S der Deponie Breinermoor und 18 im Rheiderland am 1.12.1999 (H. Kruckenberg briefl. u. Verf.) sowie 11 Ind. im SO des Dollard am 14.02.1999 (H. de Boer). Eine große Ansammlung mit 85 Ind. hielt sich am 7.12.1999 bei Tunxdorf auf (A. Degen, Saxicola 1999, H. 3).

Rostgans (Casarca, *Tadorna ferruginea*) *
Seltener Gefangenschaftsflüchtling ↔

Dollart-Wattkante 9.06.1973, 22.06.1975, 16.08.1981, 25.02.1990 und 20.06. 1991 je 1-2 Ind., Hatzumer Sand 19.03.1995 und 29.10.1995 je ein Ind. unter vielen Graugänsen, 4.04.1992 nahe der Jümme bei Groß Terwisch, 29.10.1995 ein Ind. unter 737 Graugänsen im Bunder-Interessentenpolder. Am 12.09.1997 hatte sich ein Ind. den Gänsen im Midlumer Vorland angeschlossen.

Brandente (Bergeend, *Tadorna tadorna*)
Mäßig häufiger Brut- (300 Bp) und häufiger Gastvogel (3000) ↑

Das Habitat-Spektrum dieses prachtvoll gefärbten Entenvogels beschränkt sich nicht nur auf flache Sand- und Wattküsten oder Flussmündungen, wie Bauer & Glutz von Blotzheim (1968) schreiben, sondern inzwischen siedelt sie in allen Feuchtgebieten des Kreises, sogar einschließlich wiedervernässter Hochmoore. Am Dollard nistet sie auch außendeichs. Dort wurden 1976 80 Paare geschätzt, von denen sich 11 Gelege im Simsenröhricht fanden. Davon waren 8 bei Hochwasser aus den Nestern gespült worden (S. Braaksma et al. briefl.). Auf der deutschen Seite sind nur binnendeichs erfolgreiche Bruten nachgewiesen worden. Sie brütet in den Strohdiemen bei den Höfen, in alten Reisighaufen, unter Brücken oder dem Fußboden eines Stalls mit Bienenständen (1985, Kanalpolder) und in einem Fall 1984 bei Pogum in einem 4 m hohen Elsternnest (J. Rüst mdl.). Im Teeksaum am Dollartdeich werden gelegentlich bis zu 3 Gelege gefunden, die aber wegen der Teekentfernung nicht ausgebrütet werden können (H. Heyen mdl.). Von den binnenländischen Brutplätzen werden die Küken zum Dollart geführt. Der Landwirt H. Lauts sah eine Familie mit den Küken ein längeres Stück auf einer Landstraße in Richtung Dollart wandern.

Entlang der Wasserläufe und vor allem entlang der gesamten Ems sowie der Nebengewässer kommt sie als Brutvogel vor (Abb. 22). An der Tunxdorfer Schleife, wo W. Brinkmann (in Hammerschmidt 1965) erstmals 1963 ein ♀ mit 8 juv. Vögeln entdeckte, ist sie seit langem regelmäßig Brutvogel (1980 4 Paare mit 23 Küken, 1985 6 Paare, davon 3 mit Jungen, im Juli 1992 mind. 5 Junge führende Paare). Weiter flussabwärts entlang der Ems sind längst nicht alle Bruten dokumentiert. Bis zu 3 Familien führten 1997 und 1999 Junge im Emswatt des Midlumer Vorlandes, wo eine aufgelassene Ziegelei Nistmöglichkeiten bietet. Weitere Familien mit Jungen sahen wir in diesen Jahren vor Thedingaer Vorwerk, Buschplatz und Rorichum.

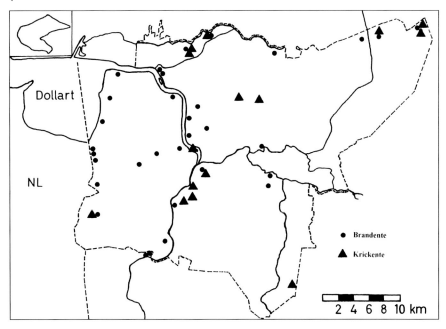

Abb. 22: Brutvorkommen der Brand- und Krickente (1980-1998) auf dem Festland

Außerdem besiedelt sie spärlich andere Fließ- und Stillgewässer wie Bodenent-nahmekolke und Spülflächen, ja sogar Gräben, wie folgende 59 Brutnachweise im Binnenland zeigen: Bunkertrümmer im N Heinitzpolder 1977 3 Paare, zwischen dem Charlottenpolder und dem Schöpfwerk Wymeer 1978 5 Paare, Kanal- und Heinitzpolder 1978 15 Paare (C. Panzke briefl.), 1997 4 Bp an einem Kolk im NW des Wymeerster Hammrichs, Esklum-Driever 3 Paare, Lengener Meer 1981 7 Paare und 1995 mind. 2 Paare, Süderkolk 1983 ein Paar, Erlensee 1984 2 Paare, Bol-linghausen bei Heisfelde 1985 ein Paar, Neudorfer Moor 1985-1996 1-4 Paare, Soltborger Teich 1989 3 Paare, Holtgaster See 1990 ein Paar und 1995 3 Paare, Mentewehrstraße 1991 ein Paar, bei Hilkenborg 2 Paare, Klein Leyße/Leda und Eikehörn/Jümme je ein Paar, Mitling Mark 1993 ein Paar, in einem ehemaligen, ungenutzten Raketengelände bei Neudorf unter verlassenen Baracken 1995 4 Paare und im Gastmer Meer, einem verschilften, von Gräben umgebenen Spülfeld, 1995 ein Paar. Im Stapeler Moor am 5.06.2000 2 Bp. 1980 brütete sie sogar in der Höhle eines Baumstubbens im Stiekelkamper Wald (H. Koppelkamm). Im Ent-decken geeigneter Nisthöhlen ist die Brandente also recht findig.

Auf Borkum findet sie in den Dünen und in anderen Verstecken nicht nur güns-tige Nistmöglichkeiten, sondern wegen der Nähe des Watts auch ergiebige Nah-rungsquellen. Daher ist sie in diesem ursprünglichen Brutgebiet häufiger als auf dem Festland. Die Brutpopulation hat sich auf Borkum erfreulich entwickelt und schwankt folgendermaßen:

1948	1954	1958	1962	1967	1970	1975	1978	1982	1985	1988	1990	1995	1997	1999
85	64	130	150	180	310	350	300	180	125	167	168	344	275	197

Tab. 4: Brutpaare der Brandente auf Borkum in ausgewählten Jahren (Behm-Berkelmann & Heckenroth 1991, Südbeck & Hälterlein 1997, 1999 u. NLWK). Auf Lütje Hörn ist sie nicht Brutvogel.

Nur ein Teil der zur Brutzeit anwesenden Vögel schreitet zur Brut. Als Gastvogel kommt sie häufig im Dollart vor, wo sie ganzjährig rastet, es sei denn, der Dol-lart ist weitgehend vereist (Abb. 23). Da er als Brackgewässer schnell zufriert, ist die Brandente im Januar und Februar verglichen mit dem marinen Watt bei Bor-kum wenig vertreten. Während des Frühjahrszuges im März sammeln sich die Vö-gel, ehe sie in die Brutgebiete weiterziehen. Dadurch sinken die Zahlen im Mai stark ab. Überwiegend bleiben Nichtbrüter zurück. Der Höhepunkt im Juni (Höchstzahl 5762 am 20.06.1982) hängt wahrscheinlich mit dem Sammeln für den Zug in die Mausergebiete im Bereich der Elbmündung (z.B. Trischen) zu-sammen (Meltofte et al. 1994). Hier sammeln sich bis zu 200.000 Brandenten aus großen Teilen Europas während der Monate Juli und August, besonders im Raum Trischen, um das Großgefieder zu wechseln (Nehls 1999). Im August ist daher der Bestand im Dollart am niedrigsten; er nimmt auf <500 Ind. im Mittel ab. Nach der Rückkehr aus den Mauserzentren steigen die Zahlen bis zum dritten Höhepunkt im November oder sogar im Dezember wieder an.

Seit 1988 hat die Brandente im Dollart beträchtlich abgenommen, in manchen Monaten besonders auf der deutschen Seite auf 50 % (Prop 1998). Dies hängt mit dem Rückgang der Hauptnahrung (Wattschnecke und Baltische Plattmuschel) zusammen. Eine Ausnahme bildet der Januar. Häufige Vereisung hat zu den beiden niedrigen Mitteln bis 1987 geführt, während seit 1988 milde Winter vorherrschten. Der Bestandsanteil der deutschen Seite entspricht etwa dem Flächenanteil.

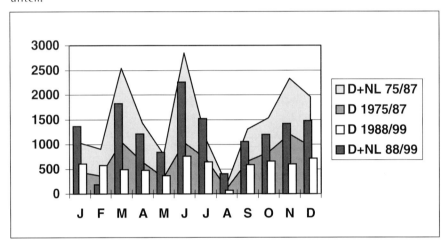

Abb. 23: Jahreszeitliches Auftreten der Brandente als mittlere monatliche Häufigkeit im Dollart in zwei Zeiträumen (1975-1987 als Flächendiagramm und 1988-1999 als Säulendiagramm, n = 353.428).

Im NO des Dollart, wo sich die Brandenten im Bereich der Geise oft konzentrieren, lassen sie sich gut beobachten. Bei der auch nächtlichen Nahrungssuche entstehen durch die Schnabelbewegungen bogenförmige Schleifspuren auf der Wattoberfläche. Im Frühjahr fliegen kleine Trupps bald nach Sonnenaufgang zu den Brutplätzen ins Binnenland. Am Dollart lassen sich am leichtesten Küken führende Paare, oft mit kleinen "Kindergärten", beobachten. Am 6.07.1997 wurden 105 Küken im Gesamtdollart und drei Wochen später 126 allein auf der niederländischen Seite gezählt.

Auch an der Tunxdorfer Schleife leben außerhalb der Brutzeit zeitweise beträchtlich viele Brandenten: am 26.03.1977 93 Ind. (H. Reepmeyer), bis 104 Ind. im April 1992, 75 Ind. am 26.02.1995, ja während der Brutzeit sind am 26.05. 1992 sogar 142 Ind. gezählt worden (W. Brinkschröder, W. Schott, Saxicola 1992, H. 1, 1995 , H. 1).

Brautente (Carolina-eend, *Aix sponsa*)
Gefangenschaftsflüchtling.

H. Kruckenberg (mdl.) sah eine Ente an der Ems vor Buschplatz am 3.06.1996.

Mandarinente (Mandarijneend, *Aix galericulata*)
Gefangenschaftsflüchtling ↑

Am 11.12.1971 angeblich ein Trupp mit 36 Ind. S Borkum (W. Pötter in Ringleben 1985). An der Jümme bei Eikehörn 2 ♂ und ein ♀ am 12.09.1999 (G. Reichert).

Pfeifente (Smient, *Anas penelope*)
Sehr häufiger Gastvogel (bis 14.000) aus borealen und subarktischen Gebieten

Pfeifenten suchen im Winterhalbjahr vorzugsweise auf leicht überschwemmten Wiesen Nahrung, die auf deutscher Seite nicht in dem Maß vorkommen wie im feuchteren, vielgestaltigen niederländischen Kwelder. Daher ist ihr Anteil im deutschen Heller verschwindend klein. Abb. 24 beschreibt das jahreszeitliche Auftreten im Dollart ab Juli. Im August setzt der Wegzug in fast der Hälfte aller Jahre um die Monatsmitte ein. Im September steigen die Zahlen stark an bis zum Maximum im Oktober (1987-1999 Mittel 14.665 Ind., seit 1987 ist dieser Wert um 38 % höher als vorher), nehmen dann aber bis zum Dezember, wenn viele Enten weiterziehen, und bis Mai allmählich ab. Mitte Mai haben fast alle Enten den Dollart verlassen. Der Frühjahrsgipfel im März bleibt im Dollard seit 1985 wie überall im Wattenmeer aus (Prop et al. 1999, Poot et al. 1996).

Der außergewöhnliche Gipfel im Januar des ersten Zeitraumes ist auf die hohe Konzentration von 46.000 Pfeifenten am 14.01.1978 zurückzuführen. Als die Wattenjagd auf deutscher Seite vor allem in den 1970er Jahren bis 1984 sehr intensiv ausgeübt wurde, mieden die Enten diesen Teil fast völlig. (Ähnliche jagdbedingte Vertreibungseffekte beeinflussten die Verteilung anderer Entenvögel, Gerdes 1971.) Seit 1995, als die Wattenjagd eingestellt wurde, kamen hier im Oktober und November Ansammlungen von 1500-3000 Ind. vor, die sich in der Graphik wegen der Mittelwert-Bildung wenig abheben.

Die Vorländer der Ems weisen im Vergleich zum deutschen Dollartheller günstige Nahrungshabitate auf. Von der Mündung bei Pogum flussaufwärts bis Rhede kommen ab Oktober (außer bei strengem Frost) zeitweise große Bestände von >10.000 Ind. am Vorlandrand oder auf den Flusswatten vor. Die Ems besitzt häufig nationale (>2000 Ind.) und gelegentlich internationale Bedeutung (>12.500 Ind., Burdorf et al. 1997). Wegen der Länge des Flusses und mangelhafter Möglichkeiten, die Ufer einzusehen, ist eine quantitative Erfassung bisher nicht gelungen.

Die meisten Daten liegen aus dem Bereich der Tunxdorfer Schleife vor. Hier stellte H. Ringleben (nach Hammerschmidt 1965) am 28.03.1951 9500 Ind. fest. Nachdem die Deiche bis nahe an die Ems vorgeschoben wurden, blieben solch große Scharen aus, doch Ansammlungen von 1500-3500 Ind. kamen in den 1990er Jahren zwischen Oktober und März oft vor (z.B. 3500 am 12.12.1992, 2500 am 2.03.1996, B. Volmer, N. Fehrmann, Saxicola 1992, H. 2, 3, 1996, H. 1). Nur wenige Male gelangen in den 1990er Jahren Teilüberblicke an der Ems, z.B. am 19.02.1995 bei Tunxdorf-Vellage-Erlensee 4510 und von Bingum bis Petkum (also ohne den Abschnitt Halte bei Papenburg bis Bingum) 9795 Ind. Die Gesamtzahl von etwa 14.300 Ind. dürfte also deutlich überschritten worden sein. Am selben Tag hielten sich im Dollart (NL+D) fast 7500 Ind. auf.

An der Unterems konzentrieren sich oft Tausende am Beitelke Sand vor Nendorp, um den Hatzumer Sand, am Midlumer Vorland und am Bingumer Sand (hier 4600 Ind. am 12.12.1993). Zwischen der Ems und emsnahen Gewässern wie dem Soltborger Teich (oft 1000 Ind., 1300 Ind. am 8.11.1998), Holtgaster See (1800 Ind. am 8.11.1998) und dem Erlensee wechseln die Enten tide- oder nahrungsbedingt oft hin und her. Der Windpark bei Holtgaste wird dabei hoch überflogen.

Als das Leda-Jümme-Gebiet früher weithin geflutet war, fanden sich hier riesige Scharen, über die noch weniger bekannt geworden ist als über die Gänse. K. Oltmer (in Rettig 100. Ber.) schätzte im Raum Barge-Potshausen am 7.03.1954 9000 Enten (zum größten Teil Pfeifenten).

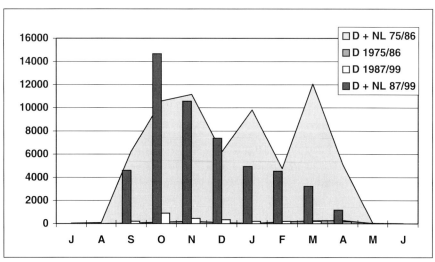

Abb. 24: Monatsmittel der Pfeifente (Ind.) im Dollart aus 25 Jahren von Juli bis Juni in den Zeitabschnitten 1975-1986 (Flächen) und 1987-1999 (Säulen). n = 1.355.678.

In den Salzwiesen Borkums ist sie besonders vor dem Tüskendörsee ein häufiger Wintergast, wie folgende Ergebnisse veranschaulichen: 1379 Ind. am 21.01.1984 und 2079 Ind. am 17.03.1984 (Meltofte et al. 1994). Bereits Droste (1869) erlebte "staunenerregende Massen" und "kollossale Entenhorden", die beim Auffliegen ein "Gepolter vergleichbar dem Geklapper galoppirender Pferde" verursachten.

Die Meldung einer Brut auf Borkum durch W. Pötter um 1963/64 (Ringleben 1975) blieb unbestätigt und ist daher zweifelhaft. Angesichts gelegentlicher Übersommerungen (z.B. 1998 am Hatzumer Sand) ist auf die Möglichkeit des Brütens zu achten.

Schnatterente (Krakeend, *Anas strepera*)
Seltener Brut- (15 Bp, ↑) und spärlicher Gastvogel

Diese Entenart gehört zu unseren jüngsten Brutvögeln unter den Schwimmenten. Am Dollard haben nach Boekema et al. (1983) 1970 und 1971 1-2 Paare gebrütet. Ab Mitte der 1980er Jahre werden Brutnachweise oder Beobachtungen über Brutverdacht regelmäßig gemeldet. Im Petkumer Vorland kamen 1984 und 1987 je ein Paar, 1985 eine Familie an der Ems bei Nüttermoorersiel und 1995-1997 je ein Bp auf dem Bingumer Sand vor. Seit 1992 (ein Paar mit 2 Jungen) ist sie Brutvogel auf dem Soltborger Teich, wo ab 1988 bis zu 3 Paare gesehen wurden. Am 14.04.1996 hielten sich hier bis zu 7 Paare auf, die sich bald darauf vermutlich im Umkreis verteilten. Weitere Brutplätze: Mentewehrstraße W Veenhusen 1993 u. 1995 je ein Bp (Mindrup in Rettig 66. u. 84. Ber.), Neudorfer Moor 1994 u. 1995 je ein Bp und auf dem Kolk am Hessentief (Wymeerster Hammrich) 1997 ein Bp. Am Teich beim Schöpfwerk Diele 1998 ein Bp mit 11 Jungen und 1999 2 Bp mit 10 bzw. 14 Jungen (W. Schott, M. Trozska, Saxicola 1998 bzw. 1999 H. 2). Im Wybelsumer Polder schätzte Rettig 1996 6 Bp und 1998 10 Paare, davon ein ♀ mit 6 Küken (Rettig 93., 116., 119. Ber.).

Borkum: seit 1988 Brutvogel, 1999 Brutverdacht für 6 Paare (Hofmann in Rettig 47. Ber., NLWK).

Größere Ansammlungen: Wybelsumer Polder N vom Dollart 60 Ind. am 26.03. 1998 und 130 Ind. am 20.03.1999 (Rettig 115., 129. Ber.); Soltborger Teich 15 Ind. am 14.04.1996 und vor dem Siel bei Diele 14 Ind. am 6.09.1998 (M. Trozska, Saxicola 1998, H. 3).

Krickente (Wintertaling, *Anas crecca*)
Spärlicher Brutvogel (50 Bp, ↓) auf dem Festland und häufiger Gastvogel

Sie ist charakteristischer Brutvogel in den Hochmooren (Abb. 22): Lengener Meer (1981 2 Bp) und Stapeler Moor (Juni 1995 mind. 2 Bp), am Wolfmeer Gelegefunde 24.06.1995 und 27.04.1999 (H.-J. van Loh u. H. Kruckenberg mdl.), im Königsmoor NNO der Domäne 1987 3 Bp, im Neudorfer Moor 1987 7 Bp, 1988 10 Bp, 1996 6 Bp, Burlager Moor 1973, 1975 und im Klostermoor O Altburlage (Sperrgebiet) 1987 10 Bp, Küken führend (Dirks 1992 u. Verf.), am 13.06.1992 an einem Kolk W davon ein ♀ mit Jungen (J. Prins mdl.). Auch weiter S im Bereich Jammertal / Esterweger Dose 1970-1990 regelmäßig zur Brutzeit (B. Petersen briefl.).

Da sie häufig in der Marsch und am Dollart übersommert, ohne zu brüten, sind Brutnachweise schwierig zu erbringen. Auf einer teilweise bewachsenen Spülfläche NW Sieve O Tergast verhielten sich 1974 und im Juni 1975 3-4 Paare brutverdächtig; jedoch mit zunehmender Verschilfung verschwanden sie hier. An folgenden anderen Stellen der Marsch bestand Brutverdacht: 1983 ein Paar bei Lütjegaste - hier entstand später der Campingplatz Grotegaste -, 1984 am Hessentief im Wymeerster Hammrich, 1985 Bingumer Sand (Gelegefund, C. Panzke briefl.), 1991 bei Sieve N Neermoor und O Kleihusen, 1999 im Flachsmeer bei Veenhusen und 1998 in den NSGs des Fehntjer Tief-Gebiets 4 Paare, davon ein Brutnachweis (H. Pegel). Im Bereich der Gemeinde Westoverledingen wurden 1992 10-12 Paare ermittelt (jedoch kein Brutnachweis, M. Bergmann). Vom Dollart sind nur Beobachtungen zur Brutzeit (Brutzeitfeststellungen, jedenfalls keine zuverlässigen Brutnachweise) bekannt. Auf Borkum, wo bereits Droste (1869) und Leege (1905) einige Paare nachwiesen, schätzte Hofmann (1986) 1980-1985 15-20 Bp. 1999 bestand für 4 Paare Brutverdacht (NLWK).

Der Dollart ist nach wie vor das wichtigste Feuchtgebiet für die Gastvögel geblieben (Abb. 25). In milden Wintern verweilen meist wenige 10 Enten, in strengen Wintern ziehen alle weg. Der schon im Februar beginnende Heimzug kulminiert im April. Noch Anfang Mai halten sich große Scharen im Dollart auf, die Mitte Mai fast ganz weitergezogen sind. Im Juni sammeln sich im Dollart mausernde Enten (zum großen Teil ♂, im Mittel fast 1300, SOVON 1987), die im Juli zum großen Teil verschwinden. Während des August nimmt die Zahl der Rastvögel bis zum Höhepunkt des Wegzuges im September oder Oktober zu. Spitzenwerte: 22.922 Ind. (NL+D) am 13.09.1981 oder fast 10.500 am 13.10.1979 allein auf deutscher Seite. Auch im November hielten sich bis 1989 noch große Scharen im Dollart auf. Seitdem haben die Rastbestände auf 47 % (April) bzw. 25 % (September) abgenommen (nach Prop 1998 und Prop et al. 1999 seit den 1970er Jahren im Mittel aller Monate auf 25 %). Auf deutscher Seite ist die Abnahme sehr ausgeprägt: im April auf 27 % und im Oktober sogar auf 9 %. Da sich Krickenten im Herbst hauptsächlich vegetabilisch ernähren und die Samen der Simsen einen großen Teil der Nahrung ausmachen, liegt ein Zusammenhang mit dem weitgehenden Verschwinden der Simse seit 1990 nahe (Bauer & Glutz von Blotzheim 1968). H. Heyen (mdl.) fand in den 1970er Jahren im Kropf geschossener

Enten viele Simsensamen. Aus dem Rahmen fällt die hohe Zahl von 6540 Ind. am 15.12.1996 auf niederländischer Seite.

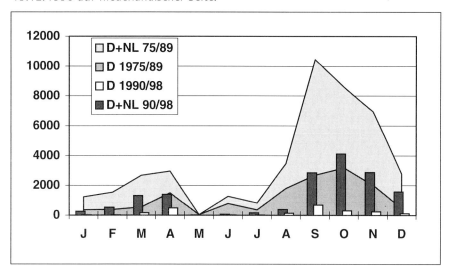

Abb. 25: Monatsmittel der Rastbestände der Krickente im Dollart. Zeitabschnitt 1975-1989 als Flächendiagramm und für 1990-1998 als Säulendiagramm. n = 618.258

Auch die frühere Wasserverschmutzung hat das Nahrungsangebot beeinflusst. Als der Dollart stark eutrophiert war, suchten im Zeitraum 1975-1986 riesige Scharen von August bis April auf dem Watt und wattnahen Vorland im Simsengürtel Nahrung. Am 1.10.1967 waren auf der niederländischen Seite sogar 25.800 Krickenten festgestellt worden (Dantuma & Glas 1968). In den Simsen leben sie oft so versteckt, dass sie dem Zähler leicht entgehen können. Damals war die Krickente während des Septembers die häufigste Entenart. In der Jagdsaison 1975/76 erbeuteten 188 deutsche Wattenjäger 4008 Krickenten, eine höhere Zahl als für die Anerkennung des Dollart als Feuchtgebiet internationaler Bedeutung notwendig war (Dahl & Heckenroth 1978). Die Wattenjagd wurde als Lizenzjagd betrieben und erst 1995 eingestellt.

Außer dem Dollart gehört die Tunxdorfer Emsschleife zu den wichtigen Rastgebieten (meist 200-400 , 750 am 12.10.1991, 460 20.09.1998 und 380 Ind. am 5.04.1999, W. Schott, Saxicola 1991, H. 3; 1998, H. 3; 1999, H. 1). In vielen anderen Feuchtgebieten und auf zahlreichen Seen erscheinen Trupps von wenigen 10 bis wenigen 100 Ind.

Krickenten-Erpel

Löffelenten-Erpel

122

Stockente (Wilde Eend, *Anas platyrhynchos*)
Häufiger Brut- (800-1000 Bp, ↔) und Gastvogel (3000)

In einem gewässer- und grabenreichen Gebiet wie Ostfriesland ist sie fast überall mit Ausnahme weniger trockener Geeststandorte anzutreffen. Nur aus einigen Teilgebieten liegen Bestandsangaben vor: Dollartheller 1985 30 Bp, 1999 28 Bp, Wymeerster Hammrich 1986 12 Bp, Stapelmoorer Hammrich 30 Bp, Grünland des Rheiderlandes 1994 425 Bp (C. Panzke, Flore u. Schreiber briefl., NLWK). Im Emsvorland von Leer bis Petkum wurden 1997 73 Bp gezählt (Gerdes et al. 1998). Borkum: 1999 149 Bp (NLWK). In vielen meliorierten und gedüngten Hammrichen ist sie zum häufigsten Wasser- und Wiesenvogel während der Brutzeit geworden.

Nach dem Verlassen der Junge führenden ♀ sammeln sich viele mausernde ♂ an ungestörten Plätzen wie im Dollart (Juni 1973 >2000 in D, im Gesamtdollart vor 1985 im Mittel 6000 und danach 3000, Prop et al. 1999) und am Hatzumer Sand. In den Herbstmonaten rastet die Art sehr häufig tagsüber im Dollart. Wie viele sich nachts im Binnenland zur Nahrungssuche aufhalten, ist weder von der Pfeif- noch der Stockente bekannt. Die größten Ansammlungen weist der Dollart im Dezember und Januar auf (Mittel aller Jahre 1974-1985 7000 Ind. und fast 6000 Ind. im Zeitraum danach, Prop et al. 1999). Zur Zeit des Minimums im Mai liegen die Mittelwerte um 500-1000 Ind. Ab August nehmen die Bestände zu bis zum winterlichen Maximum.

Auch an der Tunxdorfer Schleife ist sie zahlreicher Wintergast. Höchstzahlen: 2200 Ind. am 16.12.1989, 1800 Ind. am 20.01.1993 und 1600 Ind. am 15.01. 1995 (DGN briefl., N. Fehrmann, Saxicola 1995, H. 1).

Ringfund: ♀ vom 17.02.1967 aus Colchester (GB) erlegt 23.10.1967 bei Dyksterhusen am Dollart (Rettig 16. Ber.).

Spießente (Pijlstaart, *Anas acuta*)
Sehr seltener, unregelmäßiger Brut- und mäßig häufiger Gastvogel aus Skandinavien

Erstmals entdeckte Leege 1905 ein Bp mit Jungen auf Borkum (Leege 1906). Um 1960 gab Peitzmeier (1961) 5-6 Bp an. 1980-1985 schätzte Hofmann (1986) 2-3 Bp. Am Dollard brüteten in den 1960er Jahren jährlich 2-5 Paare inmitten der großen Lachmöwen-Kolonien, auch 1971 und 1974 wurden Nester gefunden (Boekema et al. 1983). 1996 wurde sie hier erneut zur Brutzeit festgestellt (Koks & Hustings 1998). Am Grenzgraben sah Verf. am 3.06.1973 ein brutverdächtiges Paar. Im übrigen ist auf der deutschen Seite keine sichere Brut nachgewiesen worden.

Im Dollart als wichtigem Rastplatz schwanken die Rastbestände stark von Jahr zu Jahr. Im August treffen in 12 von 20 Jahren die ersten Trupps auf dem Wegzug ein. Während des Septembers wachsen die Bestände bis zum Höhepunkt im Oktober mit 200 bzw. 400 Ind. (Abb. 26). Das hohe Mittel im zweiten Zeitraum ist auf die außergewöhnliche Zahl von 3060 Ind. zurückzuführen, die sich am 17.10. 1993 nur im W und S des Dollard sammelten. Im November nehmen die Bestände ab. Das winterliche Minimum fällt auf den Dezember bzw. Januar. Schon im Februar steigen die Zahlen während des Heimzuges bis zum Gipfel im März, der ähnlich hoch ausfällt wie der des Wegzuges. Nur während des Heimzuges konzentrieren sich größere Ansammlungen auf deutscher Seite wie z.B. 649 bzw. 568 Ind. im März 1979 und 1991. Der Heimzug erstreckt sich bis Anfang Mai. Von Mitte Mai bis in den August hinein sind in der Regel kleine Trupps anzutreffen. Über den gesamten Zeitraum lassen sich abgesehen von Schwankungen keine langfristigen Bestandsänderungen erkennen (Prop et al. 1999).

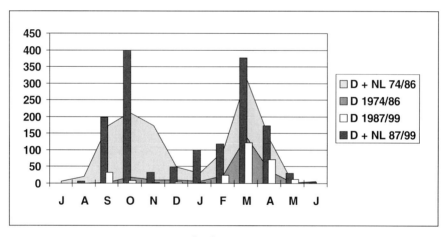

Abb. 26: Monatsmittel der Spießente (Ind.) am Dollart und im unmittelbar benachbarten Binnenland von Juli bis Juni in den Zeitabschnitten 1975-1986 (Flächen) und 1987-1999 (Säulen), n = 32.363

Weitere Rastgebiete sind: Wybelsumer Polder (570 Ind. am 10.03.1995, Rettig 81. Ber.) und Tunxdorfer Schleife (Maxima im März meist einige 10, aber auch 100-200, z.B. 158 Ind. am 6.03.1994, B. Hülsmann, Saxicola 1994, H. 1). Ringfund: ♀ vom 13.09.1971 aus Noord-Brabant (NL) erlegt 30.10.1971 bei Dyksterhusen (Rettig 16. Ber.).

Knäkente (Zomertaling, *Anas querquedula*)
Seltener Brut- (15-20 Bp, ↓) und Gastvogel

Diese stark gefährdete Charakterart nasser und häufig überschwemmter Grünländereien hat erhebliche Einbußen erlitten. In den 1970er und 1980er Jahren wurde sie viel öfter an Tiefs, Gräben und Teichen der Marsch und in Hochmooren registriert als später: Dwarstief im Rheiderland 1978 4 Bp, Spülfläche Gastmer Meer 1975 5 Bp, Boekzeteler Meer 1972 3 Bp, 1977 ein ♂, Lengener Meer 1979 3 Bp und Neudorfer Moor 1985 2 Bp. Auf dem Bingumer Sand brüteten 1970 3 Bp und 1981 ein Bp; danach liegen nur Brutzeitfeststellungen vor. 1994 wurden im gesamten Rheiderland noch 8 Bp festgestellt und 1992 im Bereich der Gemeinde Westoverledingen 1-2 Paare (Flore u. Schreiber briefl., M. Bergmann). Überraschend war die Konzentration von 7 ♂ in den Pütten des Heinitzpolders am 4.06. 1998. In den NSGs des Fehntjer Tief-Gebiets ist die Zahl 1998 dank Vernässungsmaßnahmen auf 8 Bp gestiegen (H. Pegel). Im Bunderhammrich, bei Petkumer Münte und bei Middelsterborg brütete 1999 je ein Paar (H. Kruckenberg). Von der Tunxdorfer Schleife, wo W. Brinkmann im Mai 1955 fünf Bp nachwies, sind keine Brutvorkommen in den letzten Jahren bekannt geworden. Ungewöhnlich war hier eine Ansammlung von 250 (!) Ind. am 18.04.1959 (Hammerschmidt 1965), eine Größenordnung, die sonst nirgends im Kreisgebiet festgestellt wurde und gegenwärtig nicht mehr zu erwarten ist.

   Borkum 1980-1985 1-2 Bp, 1999 ein Brutnachweis und Brutverdacht für 2 Paare (Hofmann 1986, NLWK). Zu Drostes Zeiten (1869) fand man nur einmal ein Gelege.

Löffelente (Slobeend, *Anas clypeata*)
Spärlicher Brut- (50-100 Bp, ↓) und mäßig häufiger Gastvogel

Sie besiedelt vorzugsweise die Gräben feuchterer Hammriche und ehemalige, feucht gebliebene Spülflächen, Bodenentnahmestellen oder Vernässungsgebiete. Bestandsangaben aus Teilgebieten: Dollart 1975 4 Bp, 1985 2 Bp; Rheiderland 1994 17 Bp; Emsvorland 1997 18 Bp, davon 9 auf dem Bingumer Sand (Gerdes et al. 1998); Neudorfer Moor 1986 4 Bp und Lengener Meer 3 Bp (A. Keßler). In den NSGs des Fehntjer Tief-Gebiets stieg der Bestand 1991-1998 von 6 auf 27 Bp (H. Pegel)! Am besten lassen sich Löffelenten auf dem Soltborger Teich beobachten, wo ab 1991 regelmäßig 4-6 ♀ erfolgreich gebrütet haben.

   Borkum: nach Schoennagel (1972) seit 1950 Brutvogel, 1980-1985 15-20 Bp, 1999 29 Bp (Hofmann 1986, NLWK).

Auf dem kleinen Soltborger Teich konzentrieren sich auch Gastvögel, wie z.B. 90 Ind. am 23.04.1990, 80 Ind. am 16.09.1991 oder 110 Ind. am 8.11.1998 auf einer Fläche von 17 ha. Am Lengener Meer sammelten sich nach der Brutzeit am

7.08.1994 mind. 90 Ind. (Rettig 76. Ber.). Auf den Spülfeldern im Wybelsumer Polder zählte Rettig (87. Ber.) mitunter 250 Ind. und sogar 280 Ind. am 29.10. 1995. Doch nur die Ergebnisse der Dollartzählungen erlauben Aussagen über das jahreszeitliche Auftreten (Abb. 27).

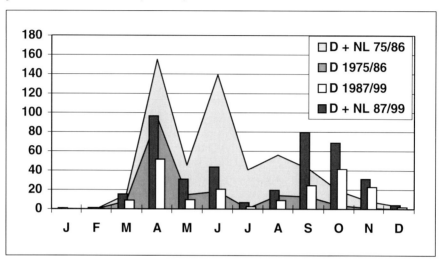

Abb. 27: Monatsmittel der Löffelente (Ind.) im Dollart und dem unmittelbar benachbarten Binnenland im Jahreslauf in den Zeitabschnitten 1975-1986 (Flächen) und 1987-1999 (Säulen), n = 9510

Im Februar waren nur in 2 von 22 Jahren die ersten Ankömmlinge anwesend. Während des März bauen sich die Bestände auf. Der Heimzug gipfelt im April mit knapp 100 Ind. im 2. Zeitraum. Im Mai ist wahrscheinlich hauptsächlich der Brutbestand anwesend. Während des Juni sammeln sich weitgehend mausernde Erpel. Dies Phänomen ist im zweiten Zeitabschnitt kaum ausgeprägt. Nach dem Minimum im Juli erstreckt sich der Wegzug mit dem Maximum im September und Oktober bis in den November hinein. Auf deutscher Seite werden seit 1995 die Pütten im Heinitzpolder bevorzugt. Dadurch erklären sich die hohen Mittel von September bis November. In manchen Jahren ist der Dollart bereits im November verlassen. Im Dezember hielten sich in 10 von 22 Jahren Löffelenten im Dollart auf.

Innerhalb des Dollart haben die Rastbestände ganzjährig gesehen von im Mittel 60-80 um 1980 auf 20-40 Ind. um 1995 abgenommen (Prop et al. 1999). Für den April beträgt die Abnahme 38 %. Höchstwerte im April: 518 (509 in D) am 14.04.1979, 118 Ind. (42 in D) am 23.04.1989. Nach wie vor bedeutsam ist die Tunxdorfer Schleife (meist einige 10, am 8.04.1994 125 Ind., W. Brinkschröder, Saxicola 1994, H. 1).

Kolbenente (Krooneend, *Netta rufina*)
Sehr seltener Gastvogel aus wärmeren Gebieten Europas (oder Gefangenschaftsflüchtlinge?)

Auf dem Festland ist sie siebenmal nachgewiesen worden. H. Reepmeyer (briefl.)
beobachtete ein Paar am 27.3.1960 beim Hatzumer Sand. Nach Hammerschmidt
(1965) soll ein ♀ am 1.04.1962 auf der Ems bei Tunxdorf vorgekommen sein.
Mitte April 1971 sah E. Meyer ein ♂ auf dem Boekzeteler Meer (Rettig 1979/80).
Auf dem Soltborger Teich hielt sich ein ♂ vom 6.-10.12.1992 auf (Verf.). Vielleicht dasselbe ♂ beobachtete Th. Mindrup (Rettig 70. Ber.) am 20.12.1992 auf
einem Kolk bei Kleihusen an der Mentewehrstraße. Auf einer Bodenentnahmestelle am Nordgeorgsfehnkanal soll im Sommer 1994 ein ♂ längere Zeit verweilt
haben (W. Strate in Rettig 78. Ber.). Am 15.05.1995 hielt sich ein Paar kurze Zeit
auf dem Bingumer Sand auf (Verf.). Dollard: ein ♂ im W am 13.12.1981 (R.
Drent).
  Auf Borkum wurden nach Heckenroth (1985) 1976 mehrere Ind. beobachtet.

Tafelente (Tafeleend, *Aythya ferina*)
Seltener Brut- (10 Bp, ↑) und spärlicher Gastvogel (100)

Seit 1975 Brutvogel auf Borkum (Schoennagel 1977), 1980-1985 unregelmäßig
mit einem Paar, 1999 Brutverdacht für 2 Paare (Hofmann 1986, NLWK). Wann sie
auf dem Festland im Kreisgebiet Brutvogel wurde, ist nicht genau bekannt. Nach
ersten Hinweisen auf Brutvorkommen 1982 war sie 1985-1987 brutverdächtig im
Neudorfer Moor, wo der Bestand in den 1990er Jahren zur Brutzeit zwischen
2-6 Paaren schwankte (A. Keßler briefl., Verf.). Im Juli 1991 3 Ind. auf dem
Boekzeteler Meer. Ab 1993 hat sie mit Sicherheit gebrütet: Soltborger Teich im
Juli 1993 mind. zwei Paare mit 7 Jungvögeln, bei Ferstenborgum ein Bp mit
3 Küken und W Veenhusen ein ♀ mit 2 Küken (Mindrup in Rettig 66. Ber.). Bei
Soltborg und W Veenhusen (Kolk an der Mentewehrstraße) haben wenige Paare
ab 1994 Junge aufgezogen. 1998 und 1999 führten einzelne ♀ ihre Küken auf
einer Ausgleichsfläche am Emstunnel (Eingang Ost) und in den Pütten des Heinitzpolders.

Ansammlungen im Winterhalbjahr mit mehreren 10 Ind. sind auf dem Lengener
Meer (40 Ind. 13.05.1974, B. Petersen) und auf Kolken ehemaliger Bodenentnahmestellen oder auf Spülfeldern vorgekommen: Erlensee 49 Ind. am 17.03.
1984, 95 am 16.11.1986 (DGN briefl.), 90 am 18.02.1990, 60 am 23.01.1994
(B. Hülsmann in Saxicola 1994, H. 1), bei Soltborg 32 Ind. am 6.12.1992 und 57
am 4.03.1997 sowie im Spülfeld Wybelsumer Polder 87 Ind. am 2.02.1995 (Rettig
81. Ber.). Auf dem Leda-Altarm beim Sperrwerk, der wegen Wassertrübung seit
1994 gemieden wird, zählte Verf. 105 Ind. am 5.03.1978. Im Sommer bilden sich

Knäkenten-Erpel an der Leda

Reiherenten-Erpel im Emder Hafen

128

Trupps aus Nichtbrütern bzw. ♂ (z.B. 23 am 17.06.1997 auf einem Kolk am Hessentief).

Moorente (Witoogeend, *Aythya nyroca*) *
Sehr seltener Gastvogel, weltweit gefährdet, ↓

Hammerschmidt (1965) will am 14.04.1962 ein ♂ an der Mündung der Tunx-dorfer Emsschleife beobachtet haben (ungeprüfte Beobachtung). Aus dem Kreis-gebiet liegt kein sicherer Nachweis aus jüngerer Zeit vor. NW von Aschendorf sahen E. Meyer und Verf. am 21. u. 23.10.1979 ein ♂ im Prachtkleid auf einem Kolk.

Auf Borkum hielt sich im Juli 1861 ein Schwarm auf, von dem mehrere erlegt wurden (Droste 1869).

Reiherente (Kuifeend, *Aythya fuligula*)
Spärlicher Brut- (50-100 Bp, ↑) und mäßig häufiger Gastvogel

Diese aus dem östlichen Europa stammende Art hat ihr Brutareal stark nach W ausgedehnt und sich inzwischen fast explosionsartig vermehrt. Im westlichen Dollard-Kwelder wurden 1976 5 ♀ gesehen und erstmals zwei Gelege gefunden ("Avifauna Groningen" briefl.). 1977 wurde die erste Brut auf Borkum nachge-wiesen. Hier kamen 1980-1985 3-5 Bp und 1999 3 Bp vor (Hofmann 1986 u. briefl., NLWK). Nach ersten Bruthinweisen beim Nortmoorer Schöpfwerk 1977 fand H. Reepmeyer (briefl.) auf dem Festland im Juli 1979 ein ♀ mit halberwach-senen Jungen am Hessentief SW Bunde und im Juli 1980 drei Familien mit zu-sammen 19 Küken auf dem Wymeerer Sieltief. Am 4.06.1979 entdeckte B. Peter-sen 4 ♂ auf dem Boekzeteler Meer. In der folgenden Zeit besiedelte sie zahlrei-che Tiefs und besonders die Kolke der Bodenentnahmestellen. Im gleichen Maße schien sich eine wichtige Nahrungsquelle, die Wandermuschel *Dreissena poly-morpha*, auszubreiten.

Einige wichtige Brutgewässer seien genannt: Pütten im Heinitzpolder 1999 8-10 ♀ mit Jungen, Holtgaster See 1990 ein Bp und 1996 3 Bp, Erlensee 1996 2 Bp (K.-D. Moormann, Saxicola 1996, H. 2), Neudorfer Moor 1987 7 Paare, 1989 10 Paare und 1996 12 Paare mit Brutverdacht, W Veenhusen an der Mentewehr-straße 1989 ein Bp mit 5 Küken (van Loh in Rettig 38. Ber.), 1993 2 Bp (Mindrup in Rettig 66. Ber.) und 1998 5 Bp, Flachsmeer in Veenhusen 1999 ein Bp, See im Königsmoor NW Meerhausen bei Brinkum 1993 3 ♀ mit 11 Küken, Tief bei Ayenwolde 1994 ein ♀ mit 3 Jungen (Mindrup in Rettig 78. Ber.), Puddemeer 1995 ein Bp (Mindrup in Rettig 84. Ber.), Spülflächen bei der Deponie Breiner-moor 1999 6 ♀ mit Jungen, im Entlastungspolder 3 Bp und Kolk am Hessentief

1997 drei ♀ mit 9 Küken. Auf dem Teich bei Soltborg, wo die erste Brut 1991 stattfand, zogen 1994 6 ♀ mind. 16 Küken auf. Hier hat sich der Bestand bis 1997 auf 7-8 Bp eingependelt (Verf.). Für 1997 wird der Gesamtbestand des Kreises auf mind. 50 Bp geschätzt, doch ist er 1999 kreisweit mit Sicherheit höher. Im Wybelsumer Polder N vom Dollart hielten sich 1999 38 Bp auf, die höchste bisher ermittelte Zahl (Rettig 131. Ber.).

Auch die Ansammlungen mausernder ♂ im Juli sowie außerhalb der Brutzeit haben zugenommen. Einige Höchstzahlen seien genannt: Auf den attraktiven Spülfeldern im Wybelsumer Polder am 22.04.1995 310 (Rettig 86. Ber.), hier schon im Juni (20.06.1998) 215 mausernde Vögel (Rettig 118. Ber.), am 4.07.1997 auf einem Kolk am Hessentief 57 Ind., im Neudorfer Moor 1985 bis 80 (A. Keßler briefl.), Erlensee 3.11.1991 90 Ind., 19.01.1991 143 Ind., 23.01.1994 160 (B. Hülsmann, Saxicola 1994, H. 1), Soltborger Teich am 18.02.1995 52, 23.02.1994 67 und 30.01.1999 85 Ind. (Verf.).

Bergente (Toppereend, *Aythya marila*)
Seltener Wintergast aus Skandinavien

Nach Droste (1869) traf man die Bergente bei Borkum "in ziemlich grossen Scharen". Am ehesten kommt sie im Bereich der Inselküste vor, während sie den Dollart weitgehend meidet. Im W des Dollard sind von 1975 bis 1998 nur fünf Einzelvögel registriert worden (September bis Januar, 1983-1994). Aus dem Binnenland stammen zehn Nachweise von Einzelvögeln: ein Ind. am 29.04.1958 vor Vellage (H. Reepmeyer) und neun Vögel aus dem Zeitraum 1978-1993 (24.11.-4.04.) auf dem Soltborger Teich (H. Reepmeyer, Verf.), Klärteich bei Leer, Leda-Altarm beim Sperrwerk (H.-J. van Loh) und Gandersumer Kolke (Rettig 56. Ber.). An der Tunxdorfer Schleife will Hammerschmidt (1965) am 28.01.1964 2 ♂ u. 1 ♀ gesehen haben (ungeprüfte Beobachtungen).

Früher traf man "diese See-Ente in ziemlich großen Scharen" von Oktober bis März an der Mündung der Osterems nahe Borkum an (Droste 1869).

Eiderente (Eidereend, *Somateria mollissima*)
Mäßig häufiger Brut- (150 Bp,↑) und sehr häufiger Gastvogel

Im Juni 1967 wurde auf Borkum erstmals ein ♀ mit Küken beobachtet (Peitzmeier 1970). Für 1977 ermittelte Schoennagel (1978) 5 Bp. 1990 war der Bestand auf 27 und 1995 auf 282 Bp angewachsen, 1999 137 Bp (Behm-Berkelmann & Heckenroth 1991, Südbeck & Hälterlein 1997, NLWK). Auch auf Lütje Hörn brütet sie neuerdings (1995 2 Bp, 1999 17 belegte Nester, M. Reuter).

Auf dem Randzel-Watt bei Borkum liegt eines der wichtigsten Mausergebiete. Im Juni beginnt der Einflug aus dem Ostseebereich. Die Erpel sind während der vierwöchigen Mauser flugunfähig. Sie lassen sich am besten vom Flugzeug aus zählen (G. Nehls 1999). Jeweils um die Mitte des Monats Juli ergaben sich folgende Werte (Staatliche Vogelschutzwarte):

	1995	1996	1998	1999
Juli		6.220	28.977	13.287
Januar	23.729		3.980	2.049

Tab. 5: Bestände der Eiderenten (Ind.) im Borkumer Watt auf Grund von Zählungen vom Flugzeug aus

Aber auch im Januar halten sich beträchtliche Bestände auf (Tab. 5). Am 19.01. 1985 rasteten 3000 Ind. auf dem Watt bei Borkum (Meltofte et al. 1994). Lütje Hörn war am 28.05.1998 bei HW von etwa 5500 Vögeln umlagert. Früher waren die Verhältnisse völlig anders, denn Droste (1869) berichtet von lediglich zwei unsicheren Nachweisen.

So häufig sie als Gastvogel im Wattenmeer S von Borkum und bei Lütje Hörn vorkommt, so spärlich erscheint sie wegen fehlender Nahrung am Dollart. Hier kommt sie fast nur im NW bei Punt van Reide vor, wo von 1980 (9.11.) bis 1995 (10.12.) Trupps von wenigen bis maximal 23 (14.04.1991) Ind. auftraten. Auf dem nördlich gelegenen Rysumer Nacken hat Rettig (1979/198) am 22.08.1976 etwa 390 meist immat $\male$ gezählt. Ins Binnenland wird sie selten verschlagen: 19.10.1985 ein Ind. auf dem Erlensee (G. Pöppe mdl.) und am 10.06.1990 zwei immat. $\male$ auf dem Holtgaster See (Verf.).

Eisente (IJseend, *Clangula hyemalis*)
Seltener Wintergast aus Skandinavien oder N-Russland

Die meisten Vögel verbleiben außerhalb der Sichtweite auf der Nordsee. In der Nähe der Insel Borkum ist sie früher regelmäßig "bald häufiger, bald weniger" vorgekommen (Droste 1869, Leege 1905). Schoennagel (1980) schätzte den Winterbestand vor Borkum im Dezember 1976 auf 100 Ind. Im Binnenland erscheint sie sehr selten. Die Kältewelle des Januar 1963 soll am 19.01. zwei $\male$ und ein $\female$ an die Tunxdorfer Schleife verschlagen haben (Hammerschmidt 1965). Am 5.02. 1983 beobachteten J. Meyer-Deepen u. O. Onken (mdl.) ein $\male$ auf dem Sieltief im Kanalpolder. Vom 27.10.-1.11.1991 verweilte ein $\female$ auf dem Soltborger Teich (Verf.). H. van Göns u. Th. Mindrup sahen am 6. und 9.11.1993 ein $\female$ auf einem Kolk östlich Kleihusen am Veenhuser Sieltief (Rettig 70. Ber.).

Trauerente (Zwarte Zeeend, *Melanitta nigra*)
Häufiger Gastvogel aus borealen und subarktischen Zonen

Außerhalb der Brutzeit ist sie eine ausgesprochene Meeresente, die N von Borkum in "gewaltigen Schwärmen" vorgekommen ist (Droste 1869, Leege 1905). Wie groß die durchziehenden oder überwinternden Scharen gegenwärtig sind, ist aus Mangel an Beobachtungen nicht bekannt. Wie häufig die Trauerente vor Norderney erscheint, beschreibt Temme (1995). Nicht geprüft ist die Meldung von Hammerschmidt (1965), nach der im strengen Januar 1963 bis zu 37 Ind. auf der Tunxdorfer Schleife vorgekommen sein sollen. In der Regel taucht sie im Binnenland äußerst selten auf. Am 14.11.1971 traf H. Reepmeyer (briefl.) 4 ♀ vor Vellage an. Vom 6.-13.03.1988 verweilte ein ♂ auf dem Erlensee (Verf.). Dollard: 2 Ind. 14.11.1971 (R. Dantuma), am 21.02.1973 und 21.02.1993 je ein Ind.

Samtente (Grote Zeeend, *Melanitta fusca*)
Seltener Gastvogel

Diese Meeresente wird nur selten ins Binnenland verschlagen: 6.03.1965 ein ♂ und am 18.04.1970 2 Ind. vor Vellage auf dem Emsaltarm (H. Reepmeyer), 12.06.1981 ein ♂ (Verf.) und 16.-19.11.1994 5 ♀ auf dem Erlensee (DGN briefl.). Auf dem Meer vor Borkum erscheint sie wahrscheinlich in geringer Zahl, da das Hauptüberwinterungsgebiet vor den Küsten NW-Europas liegt (SOVON 1987).

Schellente (Brilduiker, *Bucephala clangula*)
Meist spärlicher Wintergast (20-100)

Auf der Südseite des Randzel-Watts bei Borkum und in seiner Umgebung "liegen oft mehrere hundert Schellenten in einem Schwarme" (Droste 1869), nach Leege (1905) sogar "Tausende" in strengen Wintern. Solche Mengen sind in jüngerer Zeit ausgeblieben. Auf der Außenems NW von Punt van Reide konzentriert sie sich gelegentlich, z.B. 200 Ind. am 24.02.1974 allein bei Termunterzijl (Boekema et al.1983). Meist kommen nur wenige Ind. auf der Ems flussaufwärts von Pogum von Mitte Oktober bis Anfang Mai vor. Stetiger stellen sich Schellenten einzeln oder in kleinen Trupps (meist bis zu 5 Ind.) auf den Seen und Teichen des Festlandes ein, z.B. auf dem Erlensee (maximal 14 Ind. am 9.03.1998, N. Fehrmann, Saxicola 1998, H. 1) oder dem Holtgaster See und Soltborger Teich. Selten sind Trupps von >30 Ind.: auf der Ems bei Hatzum 30 Ind. am 1.03.1992, 92 am 26.01.1992 und 48 Ind. bei Wybelsum (Rettig 86. Ber.). Neuerdings zeigen sich regelmäßig einzelne Gastvögel im Sommer: 2 ♀ auf einem Kolk am Hessentief 12.07.1997, 1 ♀ im Wybelsumer Polder am 1.07.1998 (Rettig 118. Ber.) und ein ♀ in den Pütten des Heinitzpolders am 11.07.1999 (Verf.).

Zwergsäger (Nonnetje, *Mergus albellus*) *
Spärlicher Wintergast (20) aus der borealen Taiga

Nach Leege (1905) hielten sich die meisten Zwergsäger im Winter vor der Emsmündung auf. Nirgends in W-und Mittel-Europa sammelten sich in den 1980er Jahren so viele wie im Ijsselmeer (regelmäßig 5000-12.000 Ind., Platteeuw et al. 1997). Nur ein winziger Bruchteil solcher Scharen sucht unser Gebiet auf. Von Mitte November bis in den April stellen sich meist wenige Ind. am Dollart (maximal 10 Ind. am 13.02.1977), auf den Seen (u. a. Erlensee, Soltborger Teich), den Tiefs und der Ems ein. Trupps von >5 Ind. sind auf dem Festland schon etwas Besonderes. Nur im Januar bis Mitte Februar 1995 konzentrierten sich diese hübschen Säger auf dem Holtgaster See, wo am 30.01. maximal 32 Vögel (davon 6 ♂) zusammen mit Gänsesägern nach Nahrung tauchten. Am 29.01.1995 zählte W. Schott (Saxicola 1995, H. 1) 15 Ind. auf dem Erlensee. Noch am 20.06.1997 hielt sich ein ♀ auf dem Kolk am Hessentief auf.

Mittelsäger (Middelste Zaagbek, *Mergus serrator*)
Seltener Wintergast aus Dänemark oder Skandinavien

Im Gegensatz zur Mitteilung von Leege (1905), der ihn als "weitaus häufigste" Sägerart bezeichnet, erscheint er sowohl im Dollart wie auf der Ems und Leda außergewöhnlich selten. Bei insgesamt 41 Sichtungen in 25 Jahren handelt es sich oft um Einzelvögel vom Dollart, der Ems (17.01.1978, Rettig 41. Ber.), am Leda-Altwasser beim Sperrwerk (18.02.1979, 20.02.1993) und vom Erlensee (19.12.1993, DGN briefl.). Im W des Dollard erschienen maximal 17 am 13.12. 1992, 8 Ind. am 16.04.1979 und vor Nieuwe Statenzijl 4 Ind. am 12.04.1998 (H. de Boer). Bei Borkum sollen bis zu 28 Vögel (wann?) vorgekommen sein. Die Angabe von 31 Ind. (wann?) im Dollart von E. von Toll klingt wenig wahrscheinlich (s. Meier-Peithmann 1985). An der Tunxdorfer Schleife hat H. Ringleben (nach Hammerschmidt 1965) am 28.03.1951 ein ♀ entdeckt.

Gänsesäger (Grote Zaagbek, *Mergus merganser*)
Mäßig häufiger Wintergast (200) aus Skandinavien

Früher war er eine häufige Erscheinung auf dem Unterlauf der Ems. Beim Hatzumer Sand konzentrierten sich in den 1970er und 1980er Jahren oft 80-100 Vögel (am 24.02.1974 230 Ind.). Bei strengem Winterwetter am 11.01.1970 zählten H. Reepmeyer und Verf. zwischen Pogum und der Ledamündung bei Leer mind. 900 Ind., die sich auf eisfreien Flächen der stark mit Treibeis angefüllten Ems aufhielten. Die Gesamtzahl an der Ems lag viel höher, denn auf der Tunxdorfer Schleife, einem bedeutenden Vorzugsgebiet, rasteten am 14.03.1971 mind.

300 Vögel. Auf dem Leda-Altarm beim Sperrwerk sah H. van Göns (mdl.) bei strengem Winterwetter 43 Ind. am 18.02.1979.

Um 1990 begannen die Zahlen stark abzunehmen. Die 1984 einsetzenden, immer mehr verstärkten Baggerungen auf der Ems ließen das Wasser so trübe werden, dass die Nahrungssuche vermutlich erschwert war. Außerdem nahmen die Fischbestände ab. 1994 (13.03.) war eine Ansammlung von 38 Ind. beim Hatzumer Sand etwas Außergewöhnliches. Meist sind die Trupps viel kleiner. Auch an der Tunxdorfer Schleife scheint sich die Abnahme auszuwirken, wie W. Schott (mdl.) bestätigt und wie folgende Zahlen zeigen: 309 Ind. am 6.03.1993, 245 am 12.03.1994 und 120 Ind. am 8.03.1999 (N. Fehrmann, B.-U. Hilkmann, W. Schott, Saxicola 1993, 1994 und 1999, jeweils H. 1). Spätes Datum: 28.04.1983 ein Paar auf der Ems bei Coldam (B. Petersen briefl.).

Einen kleinen Ausgleich haben die neu entstandenen Seen geschaffen. Auf dem Erlensee rasteten am 23.02.1992 52 und am 6.03.1994 120 dieser Säger (W. Schott, Saxicola 1994, H. 1). Bedeutsam ist auch der Soltborger Badesee, wo oft Trupps von 20-40 Ind. vorkommen (48 am 12.01.1995, Verf.). Viele Vögel konzentrierten sich im Januar 1995 auf dem Holtgaster See (Höchstzahl 274 Ind. am 22.01., Verf.). Sie führten Gesellschaftstauchen aus. Fast alle tauchten in einer breit ausgezogenen Front gleichzeitig ab und wieder auf. In diagonalen Richtungen durchzogen sie den See. Beim Auftauchen der Säger hatten nahrungsschmarotzende Sturmmöwen das Nachsehen, denn sie schauten verwirrt hierhin und dorthin und waren nicht in der Lage, einem Säger die Beute abzujagen. Die Gänsesäger, die im Grote Gat des Dollard Nahrung suchen, lassen sich vom Ufer aus nicht erfassen, es sei denn, sie fliegen von dort ins Binnenland.

Auf Borkum traf Droste (1869) ihn auf "Deichkolken, doch vorzugsweise nur nach stattgehabten Stürmen".

Schwarzkopfruderente (Rosse Stekelstaart, *Oxyura jamaicensis*)
Gefangenschaftsflüchtling?

Ob die vier Nachweise von der in Großbritannien eingebürgerten Population stammen oder aus einer Züchterhaltung, ist unklar: 3.-23.04.1994 ein ad. ♂ auf dem Soltborger Teich (H.-J. van Loh u. a., anerkannter Nachweis), 10.05.-13.07.1998 ein prächtig ausgefärbtes ♂ auf den Pütten im Heinitzpolder (H.-J. van Loh, Verf.), 18.03.2000 ein ad. ♂ auf einem Spülfeld im Wybelsumer Polder und 25.05.-16.07.2000 erneut ein Ind. im Heinitzpolder (Rettig 144., 146., F. Rieken in Rettig 147. Ber., H. van Göns u. Th. Munk).

Wespenbussard (Wespendief, *Pernis apivorus*) *
Äußerst sporadischer Brutvogel (↔?) und wahrscheinlich regelmäßiger Durchzügler

Leege (1936) kannte ihn als vereinzelten Brutvogel. Blaszyk (in Sartorius 1955 a)
entdeckte ein balzendes Paar am 4.06.1948 im Logabirumer Wald und A. Keßler
(mdl.) 1979, 1980 und wahrscheinlich 1981 je ein Paar im Heseler Wald. Dieser
heimliche Bussard ist sicherlich oft als Brutvogel übersehen worden. Aus der benachbarten, ähnlich waldarmen Provinz Groningen liegen nur 2 Brutnachweise
vor, während die sich südlich anschließende Provinz Drenthe recht dicht besiedelt
ist (R.G. Bijlsma 1994).

Im Mai gelegentlicher Durchzügler (so am 13.05.1979 am Dollard; 2 Ind. am
12.05.1994 und ein Ind. 27.05.1995 Holter Hammrich, Th. Munk briefl.). Während des Wegzuges (14.08.1980 bis 19.09.1993) ist er 12 mal am Dollard gesichtet worden, davon 4 Ind. am 19.09.1993 (P. Esselink). Wahrscheinlich werden die
meisten Durchzügler übersehen.

Schwarzmilan (Zwarte Wouw, *Milvus migrans*) *
Seltener Durchzügler, 9 Nachweise ↔

Es liegen vier Frühjahrsbeobachtungen (16.3.1980 bis 20.5.1982) vom Heimzug
vor. Über dem Neudorfer Moor hielt sich ein Ind. am 20.07.1985 auf (A. Keßler
briefl.). Am 13.8.1989 zog ein Ind. bei Leer von NW nach SO (H.-J. van Loh in
Rettig 38. Ber.). Drei Ind. zogen jeweils im August 1990 und 1992 bei Punt van
Reide durch (R. Drent, briefl.).

Rotmilan (Rode Wouw, *Milvus milvus*) *
Seltener Durchzügler ↑

Der Landkreis liegt NW des geschlossenen Brutverbreitungsgebietes, das sich O
der Weser und S vom Küstenkanal erstreckt. Bisher ist kein gesicherter Bruthin-
weis bekannt geworden. Die Angabe einer Brut NW der Tunxdorfer Schleife im
Brutvogelatlas von Heckenroth & Laske (1997) ließ sich trotz aller Nachfor-
schungen nicht bestätigen. Gelegentlicher Durchzügler auf dem Heimzug nach
NO zwischen dem 18.2.(1984) und 4.06.(1995) im Zeitraum 1979-1996. Die 12
Einzelnachweise verteilen sich auf den Dollart (6mal), die Leda bei Esklum, Gandersum (Rettig 36. Ber.), Hatshausen und Jammertal. Hier zog noch am 4.06.
1995, einem späten Datum, ein Milan durch (Rettig 83. Ber.). Vom Wegzug
(11.08. bis 10.11.1991) liegen 8 Sichtungen vor (nur 1 am Dollart, 7 in NL).

Seeadler (Zeearend, *Haliaëtus albicilla*) *
Seltener, unregelmäßiger Wintergast ↑

Es ist eine traurige Geschichte, wie Jäger früher mit dem größten Greifvogel Deutschlands umgingen. Als Brutvogel ist er heute hauptsächlich östlich der Elbe verbreitet. Droste (1869) hat ihn auf Borkum als regelmäßigen Wintergast gekannt, der Mitte Oktober ankomme und im April wegziehe. Noch um 1900 war er hier regelmäßiger Wintergast, der oft abgeschossen wurde (Leege 1905). Über die Zeit bis 1952 ist nichts bekannt. Am 30.12.1953 sah K. Oltmer (in Rettig 100. Ber.) zwei Ind. nahe der Jümme, von denen ein Adler geschossen wurde. Ende 1954 ”gab ein Adler eine kurze Gastrolle” bei Vellage (Brinkmann 1956). Vom 23.11.1975 an hielt sich ein immat. Adler 22 Tage lang am Dollart auf. Am 26.02.1979 trieb ein Vogel auf einer Eisscholle im N des Dollart (Rettig, Ostfriesl. 1979/4, 17-21). In jüngerer Zeit zeigt sich dieser Greifvogel öfter, wenn auch nach wie vor selten. Aus den 1990er Jahren liegen 7 Nachweise vor: ein Ind. am 3.03. und 17.03.1991 (dasselbe?) vor Nieuwe Statenzijl (K. Wilson mdl.), 10.03. 1996 2 Jungadler im nördlichen Rheiderland nach O ziehend (H. van Göns & Th. Munk briefl.), 27.11.1996 ein immat. Ind. über Stickhausen nach SW fliegend (Th. Munk briefl.). Am Dollard hielt sich am 18.10. und 22.11.1998 je ein Jungvogel auf. Einer von ihnen kröpfte einen entengroßen Vogel.

Vom 21.03.-7.04.1998 und am 1.06.1999 rastete ein Jungvogel auf Borkum (B. Hofmann in Rettig 117. u. 132. Ber.).

Schlangenadler (Slangearend, *Circaëtus gallicus*) *
Irrgast

Am 18.10.1867 wurde ein Adler in den Dünen Borkums erlegt, der ins Braunschweiger Museum gelangte (Droste 1869).

Gaukler (Bateleur, *Therathopius ecaudatus*)
Gefangenschaftsflüchtling oder Irrgast

Vom 15.08.-14.09.1969 hielt sich ein ad. ♂ und im Frühjahr 1970 ein ad. ♀ auf Borkum auf (Hofmann 1969, Ringleben 1989). Die Art ist in Afrika heimisch. Nach Glutz von Blotzheim et al. (1971) kommen gelegentliche Vorstöße nach N vor.

Rohrweihe (Bruine Kiekendief, *Circus aeruginosus*) *
Spärlicher Brutvogel (30-40 Bp, ↑)

Wie der Name sagt, nisten die meisten Paare im Schilfröhricht entlang den Wasserläufen, vor allem an der Ems, wo 1992 von Mitling-Mark bis Coldam 5 und

1997 zwischen dem Emstunnel und Nendorp 7 Paare brüteten (M. Bergmann briefl., Gerdes et al. 1998). Langjähriger Brutplatz ist der Hatzumer Sand (1959 3 Bp, alljährlich mind. ein Paar). Weitere meist regelmäßig aufgesuchte Brutplätze befinden sich am Ostufer des Dollart (1999 2 Paare, M. Reuter, NLWK), im Dollard-Kwelder 1996 13 Bp (Koks & Hustings 1998), im Fehntjer Tief-Gebiet bei Gandersum, im Gastmer Meer O Tergast, im Hammeer, Boekzeteler Meer, Marienchorer Meer (bis 1988), Süderkolk, im Entlastungspolder bei Leer und im Tunxdorfer Hagen. J. Prins (briefl.) hat diese Weihe außerdem bei Kirchborgum, Grotegaste, Holte, Potshausen und Detern als Brutvogel nachgewiesen.

Wann die Rohrweihe Borkum besiedelt hat, ist nicht bekannt. Nach Peitzmeier (1961) ist sie "jetzt regelmäßiger Brutvogel" mit 1-2 Paaren. Jedoch um 1965 erlosch das Brutvorkommen wegen Verfolgung. Jäger schossen mehrere Weihen ab. In den 1970er Jahren hat sie nicht alljährlich und ab 1980 offensichtlich regelmäßig gebrütet. Der Bestand betrug um 1995 4-5 Paare und nahm bis 1999 auf 17 Paare zu, die höchste Konzentration im Landkreis (1988 5 Paare und 1992 6 Paare, Schoennagel 1972, 1980, Hofmann 1986 u. briefl., Erchinger & Mennebäck 1990, NLWK).

Als die Botulismus-Epidemie im Sommer 1982 Tausende von Wasservögeln im Dollart dahinraffte, lebten Rohrweihen von den Opfern. 27 Rohrweihen kamen am 15.08. vor, die zeitweise in Holunderbüschen auf einem Damm am Grenzgraben rasteten. Als Höchstzahl geben Prop et al. (1999) am Dollard 50 Ind. für August im Zeitraum 1974-1996 an. Das Frühjahrsmaximum fällt auf den März (25 Ind.).

Eine außergewöhnliche Winterbeobachtung liegt vor: am 16.01.1983 eine Weihe bei Nieuwe Statenzijl (J. Koolhaas briefl.).

Kornweihe (Blauwe Kiekendief, *Circus cyaneus*) *
Sehr seltener Brutvogel (5-10 Bp, ↔) und spärlicher Wintergast

Diese Weihe besitzt auf den Ostfriesischen Inseln die wichtigste Domäne in Deutschland (einschließlich Mellum in 1997 55 Bp, Südbeck & Hälterlein 1999). Auf Borkum verlief die Entwicklung wie folgt (Tab. 6).

1968	1969	1970	1979	1980/85	1988	1992	1997	1999
1	2	3	3	3	6	2?	11	9

Tab. 6: Entwicklung der Population der Kornweihe (Bp) auf Borkum

Erstmalig zog ein Paar 1968 vier Junge auf. Von den 3 Paaren in den folgenden Jahren kamen 1979 zwei Altvögel um. Das ♂ stammte 6 Jahre zuvor von Schiermonnikoog, das ♀ 4 Jahre zuvor von Flevoland. Ein weiteres ♀, beringt 1985 auf Ameland, wurde im März 1986 tot auf Borkum gefunden. 1999 wurden 5 Bp nachgewiesen, für 4 weitere Paare bestand Brutverdacht (Schoennagel 1969 a, er gibt nach Hofmann fälschlich 1969 statt 1968 als erstes Brutjahr an, Hofmann 1975, 1986 u. briefl., in Rettig 59. Ber., Erchinger & Mennebäck 1990, NLWK).

Auf dem Festland ist sie gegenwärtig äußerst selten. 1993 und 1995 hat Brutverdacht eines Paares am Puddemeer bestanden (Mindrup in Rettig 66., 84. u. 86. Ber.). Im Juni 1996 zeigte ein Paar auf dem Hatzumer Sand Revierverhalten, doch konnte eine Brut nicht nachgewiesen werden (Verf.). Früher scheint sie häufiger gewesen zu sein, denn nach Leege (1930) war sie im Rheiderland "keineswegs selten".

Im Winterhalbjahr jagt sie regelmäßig von Mitte Oktober bis Anfang April in den Grünländereien und auf Brachflächen der Dollartpolder. Als Höchstzahl wurden am Dollard im Februar 23 Ind. notiert (Prop et al. 1999). In mäusereichen Wintern werden im nördlichen Rheiderland 5-15 meist ♀-farbige Weihen beobachtet. Am 24.11.1974 zählten wir bei Hatzumerfehn 9 Ind. und im Dezember 1990 mind. 16 (davon 4 ♂) im Fehntjer Tief-Gebiet.

Gelegentlich fliegt sie sehr niedrig die Deichkrone am Dollart ab, wobei sie zickzackartig wenige Meter nach links und rechts auf die Deichböschung abgleitet und so leichter Mäuse überraschen kann. Am 15.03.1978 überflog eine Weihe die äsenden Gänse im Dollartheller in wenigen m Höhe, wobei sie sich ab und zu fallen ließ. Die Gänse schreckten lediglich laufend zur Seite. Einmal schlug ein schlichtfarbener Vogel einen Fasan.

Schlafplätze: Am 7.01.1989 entdeckte Th. Munk einen Schlafplatz mit 31 Ind. (davon 4 ♂) am Barßeler Tief (LK Cloppenburg, am 25.11.1995 7 Ind.). Die Vögel flogen zum größten Teil aus dem Leda-Jümme-Gebiet ein (Th. Munk briefl.). Im Kreisgebiet sind nur kleine Schlafplätze bekannt geworden: im SO des Dollart bis 4 am 27.02.1977 und im Schilf des Marienchorer Meeres bis 3 Ind. im März 1976.

Steppenweihe (Steppekiekendief, *Circus macrourus*) *
Irrgast aus SO-Europa

Auf Borkum wurde 1858 ein ♀ nachgewiesen (Brinkmann 1933).

Wiesenweihe (Grauwe Kiekendief, *Circus pygargus*) *
Sehr seltener Brutvogel (1-2 Bp, ↓)

Als "zerstreut" vorkommenden und "besonders erwähnenswerten" Brutvogel bezeichnete Bielefeld (1906) diese Weihe. Verlust an Lebensraum hat zur Folge gehabt, dass der W-paläarktische Greifvogel fast an den Rand der Ausrottung getrieben wurde. Wie groß der Brutbestand vor 30-40 Jahren war, lässt sich nur schätzen. Er betrug vermutlich etwa 15 Paare. Im Mai 1959 sah H. Reepmeyer ein Paar bei Weener und am 7.06.1963 2 Paare über dem Hatzumer Sand. Im NSG Lengener Meer stellt F. Goethe (briefl.) am 7.06.1964 2 ♂ fest. Im Zeitraum 1965-1977 wurden etwa 10 Bp an folgenden Plätzen nachgewiesen: Sieve-Tergast, Hamm- und Puddemeer 1975 ein Bp, 1976 und 1977 bis 3 Paare, 1981 noch ein Bp, Boekzeteler Meer 1977 2 Paare, Juni 1979 ein Ind., Lengener Meer 1965 ein Horst mit 2 Jungen (E. von Toll briefl.), Jümmiger Hammrich Brutverdacht, Marienchorer Meer 1975 2 Paare und 1976 bis zum 18.06. ein Bp, danach verschwunden, und im Jammertal 1974 ein Paar.

Etwa ab 1980 nahm der Bestand ab. Die meisten Gebiete sind inzwischen verwaist. 1987 vermutete Dirks (1992) ein Bp im Sperrgebiet O Altburlage. 1995 wurden jagende ♂ am Südrand des Fehntjer Tief-Gebietes (Mindrup in Rettig 84. Ber.) und im Dollartvorland beobachtet. Da die Jagdreviere sehr groß sind, ist eine Lokalisierung der Brutplätze sehr schwierig. Im Juni 1994 brütete ein Paar im Dollard-Kwelder, jedoch sind die Jungen bei Hochwasser ertrunken. 1997 haben wahrscheinlich zwei Paare gebrütet, davon ein Paar im Kanalpolder (H. van Göns & Th. Munk mdl.). Im August kamen am Dollard bis zu 7 Ind. vor (Prop et al. 1999). Im Gegensatz zu den wenigen Restvorkommen im Kreisgebiet sind in den Poldern des Oldambt, die den Dollard im S und W umgeben, im Frühsommer 2000 27 Bp ermittelt worden (Vogels, H. 4, S. 16)!

Auf Borkum ist sie seit 1910 als Brutvogel nachgewiesen, um 1960 3-5 Bp (Peitzmeier 1961), zuletzt zog ein Bp 1985 drei Jungvögel auf (B. Hofmann briefl.). Seitdem ist das Brutvorkommen erloschen. Gründe sind nicht bekannt.

Habicht (Havik, *Accipiter gentilis*)
Spärlicher Brutvogel (30-35 Bp, ↑) und Durchzügler

Auch im LK Leer hat der Bestand früher und noch in den 1950-1960er Jahren durch menschliche Verfolgung, Aushorsten und Pestizid-Einwirkung sehr gelitten. Seit 1970 ist der Habicht wie andere Greifvögel ganzjährig von der Bejagung zu verschonen. Sein Bestand hat sich seitdem erholt. Das Vorhandensein geeigneter Habitate, Revierverhalten und das Nahrungsangebot regeln die Dichte. Der Mensch ist als Regulator nicht erforderlich. Zur Gesunderhaltung und Regulation der Populationen der Beutetiere, insbesondere der Tauben, Drosseln, Stare und Rabenvögel, die 80 % seines Beutespektrums ausmachen, spielt der Habicht eine wichtige Rolle. Manche Probleme, die der Mensch selbst geschaffen hat (z.B. Taubenhaltung), dürfen nicht auf Kosten des Habichts gelöst werden (Zang 1989). Diesem Greifvogel wird immer noch zu oft vom Menschen (auch von Jägern) nachgestellt. Von 99 Bp brüteten im Laufe mehrerer Jahre 61 erfolgreich. 1984 wurden 8 Gelege von im ganzen 17 zerstört oder entfernt (Prins 1987 u. briefl.).

Infolge der Waldarmut ist der Bestand geringer als in anderen Gebieten. Der flächendeckend erfasste Brutbestand schwankte im Zeitraum 1981-1989 zwischen 5 und 20 Paaren (Mittel 14,8 Paare), von denen 3-14 Paare (Mittel 10,5 Paare) erfolgreich brüteten. 1981-1987 zogen 10,4 Bp pro Jahr im Mittel 26,3 Junghabichte auf (pro erfolgreiches Paar 2,5 Junge). Die Bruthabitate liegen hauptsächlich in den Wäldern und Gehölzen der Geest sowie ehemaliger Hochmoore. Die Reviergröße schwankt nach J. Prins zwischen 11 und 21 km². In den letzten Jahren hat der Habicht zugenommen. In den Gemeinden Rhauderfehn, Ostrhauderfehn und Westoverledingen (zusammen 266 km²) hat J. Prins (briefl.) 1998 18 Bp festgestellt, fast doppelt so viele wie 1981. Er schätzt den Gesamt-bestand des Kreisgebietes ab 1996 auf 30-35 Bp. Neuerdings nistet er auch in Baumreihen der Wallhecken. Die Brutverbreitung ähnelt der des Mäusebussards.

Im Januar und Februar oder während der Zugzeiten ist er seit 1980 öfter jagend am Dollart beobachtet worden, im September (z.B. am 15.09.1996 3 Ind. auf der niederländischen Seite), November, Januar und Februar bis zu 3 Ind. pro Tag (Prop et al. 1999). Ein Habicht schlug am 5.05.1991 einen Austernfischer am Dollart, den ihm zwei Rabenkrähen streitig zu machen versuchten (A. Haken).

Sperber (Sperver, *Accipiter nisus*)
Spärlicher Brutvogel (50 Bp), auf Borkum nur Durchzügler

Die "kleinere Ausgabe" des Habichts hatte von 1950-1970 stark abgenommen. Erst ab 1980 erholten sich seine Bestände landesweit (Zang 1989). Im Zeitraum 1982-1989 registrierte J. Prins (1987 u. briefl.) 15-30 Bp, doch lag die Gesamtzahl bei dieser versteckt nistenden Art weit höher. 1998 stellte Prins 13 Bp im S-Teil des Kreises auf 312 km² fest (0,4 Bp/10 km², ein Wert, der die von Glutz von Blotzheim et al. (1971) angegebene Dichte von 1 Bp/10 km² nicht erreicht). Dichte Nadelholzbestände wie z.B. im Julianenpark in Leer bieten ihm günstige Nisthabitate. Die Brutzeit erstreckt sich über einen langen Zeitraum. So hatte ein ♀ schon am 9.04.1980 das erste Ei gelegt. Andererseits wurden noch Mitte Dezember 1978 drei Junge bei Hatshausen flügge (H. Akkermann mdl.).
Borkum: 1999 ein Bp (NLWK).

Nach der Brutzeit ist er in sehr verschiedenen Habitaten auf der Jagd nach Beute anzutreffen. Am leichtesten ist er als Wintergast in den Hammrichen zu beobachten, wo er niedrig oberhalb der Gräben entlangjagt und so leichter seine Beute als Kleinvogeljäger überraschen kann (z.B. Lerchen, Pieper, Wacholderdrosseln oder am Dollart Alpenstrandläufer). Dollard: bis zu 6 Ind. im November (Prop et al. 1999). Gern sucht er Singvogel-Futterplätze der Stadtgärten auf, die ihm leichte Beute bieten. Auf dieser Jagd verunglückt er manchmal an Glasscheiben. Nach wie vor missgönnen zu viele Menschen dem Sperber seine Beute an den Futterplätzen.

Mäusebussard (Buizerd, *Buteo buteo*)
Mäßig häufiger Brut- (150-170 Bp, ↑) und Gastvogel

Der häufigste Greifvogel ist charakteristisch für die Ränder von Wäldern und Gehölzen sowie der Wallhecken. Mit Ausnahme des nördlichen Rheiderlandes, von Teilen des Fehntjer Tief-Gebietes und des Leda-Jümme-Gebietes ist er als Brutvogel weit verbreitet. Aber auch diese baumarmen Gebiete nutzt er als Jagdreviere. Abb. 28 zeigt deutlich die Abhängigkeit von baumreichen Landschaften, insbesondere der Geest. Die Verteilung der Horste spiegelt die Struktur der Geestrücken wider.

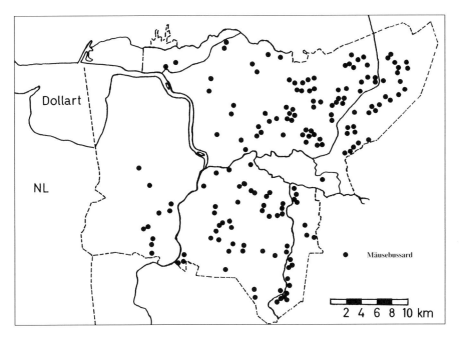

Abb. 28: Verteilung der 164 besetzten Horste des Mäusebussards in 1986 nach Angaben von J. Prins (1987). Die Standorte sind auf Grund der Reviere der Jäger bzw. der Ortschaften eingetragen.

Die Untersuchungen von Prins (1987 u. briefl.) im gesamten Kreisgebiet ergaben im Zeitraum 1981-1989 Schwankungen zwischen 62 und 170 Bp (Mittel 128,6 Paare). Von im Mittel 126,3 Paaren der Jahre 1981-1987 zogen 80 Bp (63 %) ihre

Jungen erfolgreich auf (Mittel 1,9 Junge/Bp). In den Gemeinden Rhauderfehn und Ostrhauderfehn (zusammen 153,9 km²) schwankte der Bestand 1990-1994 zwischen 36 und 62 Bp (Mittel: 49 Bp, Dichte 3,2 Bp/10 km²). Die Zahl der von den erfolgreichen Paaren aufgezogenen Jungen schwankte stark (32-114 pro Jahr, im Mittel 2,0 pro Bp). Der Aufzuchterfolg entspricht den von Zang (1989) aus anderen Gebieten genannten Werten. 1987 betrug der Bestand im selben Gebiet nur 30 Bp. 1998 stellte J. Prins (briefl.) im Raum Rhauderfehn auf 3000 ha 24 Bp fest, eine Siedlungsdichte, die wahrscheinlich nicht alle Nahrungsreviere einbezieht. An den Gandersumer Kolken nistete ein Paar 1993 erstaunlich niedrig in nur 5,5 m Höhe in einem Weidenbusch (Rettig 64. Ber.).

Auf Borkum wies B. Hofmann (briefl.) die erste Brut 1998 nach. 1999: 7 Paare (3 Brutnachweise, NLWK).

Hohe Zahlen sind nur in Jahren mit hohen Mäuse- oder Maulwurfdichten zu erwarten. Dann können die Brutvögel ihren Nachwuchs erfolgreich aufziehen. Der Maulwurf-Anteil der Nahrung beträgt oft 30-70 % und erreicht manchmal tagelang 100 %. Ein Paar kann bis zu 27 Maulwürfe (*Talpa europaea*) pro Tag fangen. Hauptsächlich lebt der Mäusebussard von Feldmäusen. Fasanenküken und Hasenjunge werden am ehesten verfüttert, wenn sie bei der Mahd getötet wurden. Aber in Jahren mit magerem Nahrungsangebot verhungern viele Junge. Auch bei nasser Witterung im Frühjahr, wenn sich die Mahd verzögert und hohes Gras den Beutefang erschwert, leiden die Altvögel Not und es kommen Junge um (J. Prins briefl).

Ein hoher Bestand kann sich seit 1970 dank der Verschonung von der Bejagung halten, die aber manchmal nicht eingehalten wird. In Jahren mit höheren Brutpaarzahlen und höherem Bruterfolg sind nach Prins in der darauf folgenden Jagdsaison auch die Jagdstrecken der Feldhasen und Fasanen hoch. Trotz dieser Befunde und trotz der vielfachen Informationsveranstaltungen von J. Prins in der Jägerschaft des LK Leer, in denen er auf Schonung des Mäusebussards und Habichts drang, werden die beiden Arten als angebliche "Räuber" gelegentlich verfolgt und getötet. Entweder werden die Horste durchschossen, selbst wenn in einem Nest ein Turmfalke brütet, oder man schießt den Bussard direkt ab. Im LK Leer ging man großzügig mit Abschussgenehmigungen um, ohne Rücksicht darauf, ob es sich um Brutvögel oder nordische Wintergäste handelte (mdl. Mitteilungen des Kreisjägermeisters J. Wandschneider).

Nur ein kleinerer Teil unserer Bussarde bleibt im Winter in Niedersachsen; die meisten ziehen nach SW. Während der Hauptzugzeit im September wurden am Dollard bis zu 90 Ind. (1974-1996) gezählt, meist um 20 Ind. (Prop et al. 1999). Die überwinternden Bussarde kommen zum größten Teil aus Skandinavien. In mäusereichen Jahren konzentrieren sich von November bis März viele Bussarde in den Hammrichen wie z.B. im Rheiderland oder im Jümmiger Hammrich. In diesem Hammrich zählte Th. Munk am 29.12.1996 145 Ind. Dabei leiden sie mit-

unter große Not. Ein geschwächter Bussard versuchte am 10.02.1985, einen ge-
frorenen Mistbrocken auf der Suche nach Fressbarem langsam auseinanderzu-
nehmen. Nach Droste (1869) "liebt er es" auf Borkum, sich von "schroffabfallen-
den Dünen ... auf unvorsichtige Kaninchen zu stürzen".

Ein am 27.09.1984 bei Jemgum (Herkunft?) beringter Vogel lag schwach verwest am 11.02.1985 bei Nüttermoor am Emsdeich. Ein am 19.06.1993 in Grim-
mared (Västergötland, Schweden) nestjung beringter Bussard wurde am 17.03.
1994 frischtot in einem Logaer Garten gefunden.

Rauhfußbussard (Ruigpootbuizerd, *Buteo lagopus*)
Neuerdings seltener Wintergast aus Skandinavien

In den 1970er und 1980er Jahren wurde dieser oft mit dem Mäusebussard ver-
wechselte Bussard von Mitte Oktober bis Ende März regelmäßig in einzelnen Ind.
und z.T. gehäuft in den Hammrichen beobachtet. Ende Januar 1970 registrierte
H. Reepmeyer im Jümmiger, Breinermoorer und Ihrhover Hammrich bei flächendeckender Erfassung maximal 30 Ind., davon allein W Ihrhove 16 Ind. Solche
Häufungen sind später nicht beobachtet worden. Im Niederheiderland gehörten
am 3.01.1982 von 25 Bussarden vier dieser Art an. Als ab Anfang der 1980er
Jahre große Ackerflächen S vom Dollard brach lagen, stellte sich dieser Bussard
oft von Januar bis März ein (maximal 16 im November, 12 am 17.02.1991 und
5 Ind. am 17.03.1991, Prop et al. 1999). Seit 1990 erscheint er deutlich spärlicher.

Im April 1988 unternahm ein Paar einen vergeblichen Brutversuch auf Borkum
(Hofmann 1989).

Steinadler (Steenarend, *Aquila chrysaëtos*) *
Sehr seltener Gast

Durch seine majestätische Größe und seine Kühnheit ist dieser Adler schon früh
zum Urbild des Wappentieres für politische Hoheit geworden. Dies hat die Menschen nicht davon abgehalten, ihn stark zu verfolgen und vielerorts auszurotten.
Alle Greifvögel wurden früher und von manchen Jägern noch heute als "Raubzeug" betrachtet und rücksichtslos verfolgt. 1740 wurden unter Georg Albrecht,
dem "weidgerechtesten" Fürsten Ostfrieslands, 37 Paare Adlerfänge mit 38 Reichs-
talern belohnt (Leege 1926). Vermutlich bezieht sich diese Mitteilung auf den
Steinadler, der vielleicht früher Brutvogel in Ostfriesland war.

Er ist nur einmal im Kreis sicher nachgewiesen worden. Am 6.03.1976 entdeckte H. Reepmeyer im Wymeerster Hammrich einen Jungadler, vermutlich aus
Skandinavien, der sich mind. eine Woche dort aufhielt und eine einzeln stehende Erle als Rastbaum benutzte. So mancher Ornithologe hat sich an diesem schö-

nen Adler erfreut. Bis zu 10 Nebelkrähen griffen ihn an. Ein Steinadler soll laut Zeitungsmeldung vom 27.11.1881 bei Bollinghausen N von Leer geschossen worden sein.

Fischadler (Visarend, *Pandion haliaëtus*) *
Seltener Durchzügler

Wegen des Mangels an geeigneten Gewässern und Nistbäumen ist dieser Adler bei uns vermutlich nicht Brutvogel gewesen. Droste (1869) nannte ihn für Borkum "äusserst selten". Auf dem Heimzug erscheint er von Mitte April bis Mitte Mai und auf dem Wegzug von Mitte August bis Ende September (16 Sichtungen). Aus diesem Zeitrahmen fallen zwei weitere Beobachtungen: 24.03.1991 an einer Kieskuhle W Heisfelde (G. Staats in Rettig, 49. Ber.) und am 4.07.1993 ein nach NO ziehender Adler über dem Lengener Meer (Keßler in Rettig, 66. Bericht). Rast wird selten beobachtet; nur zweimal wurden Adler mit gefangenen Fischen gesehen. An der Tunxdorfer Schleife rastete nach Brinkmann (1956) je ein Adler am 27.04. und am 6.09.1954. Die 16 Sichtungen (seit 1975, davon 7 am Dollart) verteilen sich folgendermaßen:

Monat	April			Mai			August			September		
Dekade	1	2	3	1	2	3	1	2	3	1	3	3
Anzahl	0	2	1	2	3	0	0	1	0	1	4	1

Tab. 7: Summen der Fischadler von April bis September 1975-1999

Turmfalke (Torenvalk, *Falco tinnunculus*)
Spärlicher Brutvogel (30-160 Bp, ↓)

Der oft am Rütteln erkennbare Falke besiedelt nicht nur Waldränder oder Wallhecken, sondern auch Türme und Hochspannungsmasten. In einem Nistkasten am Richtfunkturm Nüttermoor brütete er öfter in 108 m Höhe (1986 6 Junge). Die Siedlungsdichte schwankt stark in Abhängigkeit von der Mäusedichte. So ermittelte J. Prins (briefl.) im Kreisgebiet 1986 14 Bp, 1988 26 Bp und 1989 100 Bp als Mindestzahlen. 1990 brüteten 51 Bp im S-Teil des Kreises auf 312 km², wogegen hier 1994 nur 6 Bp vorkamen. In mäusereichen Jahren "dürften bis zu 150 Paare im Landkreis Leer vorkommen" (ohne Borkum, J. Prins briefl.). Für den Bereich der Gemeinde Westoverledingen schätzte M. Bergmann 1992 15-20 Paare.

Außer vom Nahrungsangebot hängt die Siedlungsdichte stark von frei werdenden Nestern der Rabenkrähe und Elster ab. Unter der Verfolgung dieser Arten hat auch der Turmfalke zu leiden. Auf Borkum, wo früher nur Gäste auf dem Herbst-

Turmfalke (27.07.1994)

zug (bis zu 12 Ind.) über den Dünen vorkamen, ist er spätestens 1956 als Brutvogel eingewandert (Droste 1869, Peitzmeier 1961). Voraussetzung für die Ansiedlung auf Borkum waren die Eindeichung des Grünlandes ab 1934 mit einem Sommerdeich und die Viehhaltung. Dadurch vermehrten sich Habitate für Feldmäuse (*Microtus arvalis*), von denen der Turmfalke abhängig ist (Zang 1989). Nach B. Hofmann (briefl.) nisten alljährlich 4-5 Bp, im mäusereichen Jahr 1973 wie auch 1999 15 Bp (NLWK). Nistplatzmangel hat ihn auf Borkum sogar zu Bodenbruten gezwungen (Schoennagel 1974).

In mäusereichen Wintern wie 1989 und 1990 wurden im Niederrheiderland auf etwa 40 km² bis 22 und im Fehntjer Tief-Gebiet bis 50 Ind. gezählt. Im Dollard-Bereich machten im August 1974-1996 jeweils bis zu 75 Ind. an einem Tag Jagd auf Mäuse. In mäusearmen Jahren leidet er große Not; dann fehlt er fast völlig als Wintergast. Ein am 15.06.1990 bei Groesbek (Gelderland, NL) beringter Nestling fand sich am 17.12.1991 frischtot und stark abgemagert im Heinitzpolder (W. de Boer mdl.).

Rotfußfalke (Roodpootvalk, *Falco vespertinus*)
Spärlicher Gast, Invasionsvogel aus O-Europa

Acht Nachweise mit zehn Falken sind bekannt geworden: auf Borkum 19.07. 1975 ein ♀ (Schoennagel 1977), auf dem Festland am SW-Rand des Dollard 15.09.1968 2 Ind. (Boekema et al. 1983), 15.05.1988 ein ♀ im Neudorfer Moor (R. Baum, Rettig 32. Ber.), 7.05.1989 ein ♀ auf Punt van Reide (Dollard, B. Voslamber, briefl.), 8.05.1990 ein ♀ am Hammeer (H. Henschel in Rettig 41. Ber.) und 1.06.1992 ein Paar sowie am 9.05.1997 ein immat. ♀ am Lengener Meer (A. Keßler in Rettig 57. Ber. u. briefl.).
  B. Hofmann sah ein ad. ♂ im Sommer 1997 auf Borkum.

Merlin (Smelleken, *Falco columbarius*) *
Seltener Wintergast

Oft übersehener Durchzügler und Gast von Mitte September bis Mitte Mai. Am häufigsten wird dieser Falke besonders auf der niederländischen Seite des Dollart von November bis Februar durchziehend und als Kleinvogeljäger beobachtet. Hier hat sich die Häufigkeit im Zeitraum 1975-1998 nicht nachweisbar geändert (Prop et al. 1999). Er streift oft auf der Jagd nach Alpenstrandläufern, Feldlerchen oder Rohrammern an Deichlinien oder Schilfsäumen entlang. Im Binnenland wird er nicht so oft bemerkt.

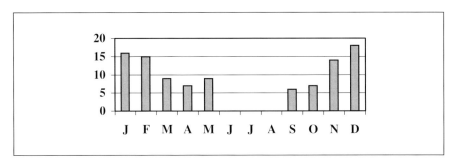

Abb. 29: Monatssummen des Merlins (n = 101) am Dollart (NL+D) in 24 Jahren (1975-1998).
Auf deutscher Seite sind nur 17 Vögel beobachtet worden. Maxima im November und Februar
bis zu 5 Ind. pro Tag (Prop et al. 1999).

Baumfalke (Boomvalk, *Falco subbuteo*)
Seltener Brutvogel (↓) und Durchzügler

Überwiegend bewohnt er die Wälder und Gehölze der Geest sowie kultivierte
Hochmoore. Er nistet oft in Habitaten, deren Umgebung reich an Libellen ist, wie
z.B. in der Nähe von Hochmooren. Die Aussage von P. Blaszyk (in Sartorius 1955
b), der ihn um 1950 als nicht seltenen Brutvogel Ostfrieslands außerhalb der
Marsch bezeichnete, gilt wahrscheinlich heute nicht mehr. J. Prins (briefl.) stellte
1982 7 Bp fest. Im Zeitraum 1987 bis 1997 sind folgende 10 wahrscheinlich nicht
alljährlich besetzte Brutplätze bekannt geworden: Rorichmoor, Neudorfer Moor,
Lengener Meer, NO Altburlage (7.07.1995), Jammertal, Dieler Schanze, Holthuser
Wald im Rheiderland, Wüsteney N Leer, Julianenpark in Leer und Logabirumer
Wald. Andererseits mag mancher Brutplatz unbekannt geblieben sein. Nach Leege
(1930) sollen früher im Holthuser Wald sogar 10 Bp vorgekommen sein! In Overledingen hat J. Prins (briefl.) den letzten besetzten Horst 1996 bei Ihrhove festgestellt.

Vom 11. April an bis Anfang Mai und von Ende August bis September zieht er
regelmäßig durch. Er fällt leicht auf, wenn er den östlichen Dollartdeich als Leitlinie benutzt. Die 28 Sichtungen am Dollart (1975-1998, davon 10 in D) verteilen sich wie folgt:

Monat	J	F	M	A	M	J	J	A	S	O	N	D
Anzahl	0	0	0	4	5	2	1	12	1	1	0	0

Tab. 8: Anzahl der Baumfalken am Dollart im Jahreslauf

Da während der Sommermonate nicht in allen Jahren gezählt worden ist, dürfte vor allem im August die Zahl deutlich höher als 12 sein. In diesem Hauptzugmonat konzentriert sich der Durchzug zu 2/3 auf die mittlere Dekade. Die letzte Beobachtung vom 11.10.1992 liegt auffallend spät. Aus dem Binnenland liegen 9 Sichtungen ziehender Falken mit ähnlicher Verteilung vor.

Gerfalke (Giervalk, *Falco rusticolus*) *
Irrgast

Der größte Falke der Welt erscheint äußerst selten im Nordsee-Küstenbereich fern seiner zirkumpolaren Brutgebiete. Der Entdecker des Gauklers auf Borkum (van Jindelt) berichtete B. Hofmann (briefl.), dass er im außergewöhnlich strengen Winter 1962/63 einen fast weißen Falken beobachtet habe, der größer gewesen sei als ein Wanderfalke. Ein genaues Datum ist nicht bekannt. Auch wenn van Jindelt "ein absolut sicherer Kenner der Vogelwelt" war, sei die Beobachtung mit allem Vorbehalt wiedergegeben, da kein zweiter Beobachter Zeuge gewesen ist. In extrem seltenen Fällen ist mit dem Einflug dieses Falken zu rechnen. Bei z.T. strengem Winterwetter hielt sich ein Gerfalke von Januar bis April 1987 im Eemshaven 17 km SO Borkum auf (de Bruin & van Dijk 1993). In dem kaum genutzten Hafengebiet stellen Ornithologen bei intensiver Beobachtungstätigkeit manche außergewöhnliche Vogelart fest.

Herquet (1883) schildert die Falkenjagd und den Falkenfang in Ostfriesland. Nach ihm ist die Falkenbeize, d.h. die Jagd mit abgerichteten Falken, für den Zeitraum 1627-1744 belegt. Am "Ostfriesischen Hofe war die Falkenbeize noch im 17. Jahrhundert ein beliebtes Vergnügen". Es wurden um 1700 von dem Fürsten Christian Eberhard Jagdfalken gehalten, die auf Reiher, Rebhühner, Elstern und Hasen abgerichtet waren. Zwei von dem dänischen König dem Fürsten zugesandte Gerfalken stammten wahrscheinlich von Island, denn die dänischen Könige ließen sich jährlich Hunderte (!) von Gerfalken aus Island kommen (Trommer 1974). Auch in Ostfriesland wurden damals im Herbst durchziehende Falken gefangen. Es ist nicht bekannt geworden, wie weit Ger- bzw. Wanderfalken betroffen waren.

Wanderfalke (Slechtvalk, *Falco peregrinus*) *
Regelmäßiger und zunehmender Gastvogel ↑

Als "Edelfalke" lässt er das Herz jedes Beobachters höher schlagen. Ob er jemals früher Brutvogel im Kreisgebiet gewesen ist, bleibt offen. Meist leben Wanderfalken von September bis in den Mai hinein am Dollart, wo sie häufig auf niederländischer Seite jagen oder rasten (vgl. Abb. 30). Dies ist wahrscheinlich auf den im Vergleich zur deutschen Seite größeren Vogelreichtum zurückzuführen. Sie erbeuten z.B. Pfeif-, Krickenten, Lach-, Sturmmöwen, Alpenstrandläufer und vereinzelt Gänse. Im Oktober und November ist dieser Falke fast regelmäßig zu sehen; am 13.10.1996 wurden 7 Falken gezählt (davon 2 in D). Sie rasten gern auf Lahnungen, Pfählen oder auf aufgetürmten Eisschollen. Auch an der Ems und in den benachbarten Grünländereien wird dieser Falke jagend beobachtet.

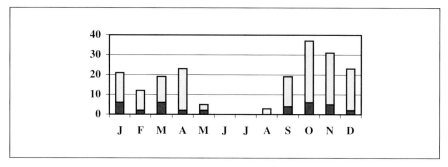

Abb. 30: Monatssummen des Wanderfalken am Dollart (NL+D) aus 24 Jahren. Von den 193 Sichtungen entfallen nur 30 = 15,5 % auf die deutsche Seite. Der untere Teil der Säulen bezieht sich auf den Zeitraum 1975-1986 (n = 35), der obere auf den Abschnitt 1987-1998 (n = 158). Die Bestände dieses Falken haben sich seit Ende der 1980er Jahre erholt, denn bei gleicher Beobachtungsintensität sind im zweiten Zeitabschnitt 4,5 mal so viele Falken wie im ersten registriert worden. Im Oktober findet der Hauptzug statt.

Birkhuhn (Korhoen, *Tetrao tetrix*) *
Ehemaliger Brutvogel †

Früher müssen Birkhühner in den Mooren Ostfrieslands ungemein häufig gewesen sein. Nach Herquet (1883), der ihre Bedeutung für die Jagd geschildert hat, beanspruchte die Hofküche des Fürsten Georg Christian in Aurich 1664 u.a. 200 ''Moorhahnen''. Bei einer Jagd am 11.01.1729 im Amt Esens ''seien wol an 400 Moorhühner vor ihnen (den Jagdtreibern) aufgestanden''. Die Gelege ließen sich leicht auffinden. Die Moorbauern verarbeiteten sie zu Eierkuchen. Herquet macht außer der direkten Nachstellung das Heidebrennen für den Rückgang des Birkwildes seit 1830 verantwortlich.

Leege (1905) berichtet von einer Abnahme ab 1900. 1936 sprach er von einem starken Rückgang. Der letzte Hahn wurde 1984 beobachtet. Der Rückgang erfolgte demnach schleichend über mehrere Jahrzehnte. Sechs ehemalige Verbreitungsgebiete sind bekannt geworden: Moore des Rheiderlandes, Jümmiger Hammrich, Fehntjer Tief-Gebiet, Neudorfer Moor, Lengener Meer und das Jammertal im Klostermoor. Rheiderland: Vereinzelt kam das Birkhuhn nach Leege (1930) noch bei Boen und Holthusen vor, dagegen zahlreich im Wymeerster

Hochmoor. Er befürchtete ein baldiges Verschwinden. 1965 waren diese Bestände längst erloschen.

Jümmiger Hammrich: In diesem ehemaligen Niedermoor hat H. Reepmeyer (briefl.) den Rückgang ausführlich festgehalten. Am 8.03.1965 kamen noch 10 ♂ (wie auch im April 1966) und 17 ♀ vor. Im März 1967 balzten hier 7 Hähne, im Dezember 1969 noch 2 ♂ und 3 ♀. Am 6.02.1970 sah er den letzten Hahn. Etwas länger hielt sich das Birkhuhn am Fehntjer Tief. In den 1960er Jahren sah H. Sweers (mdl.) N von Neermoor auf etwa vier km² 30 und 1972 noch 16 Hähne. Allein N Ayenwolde balzten im Februar 1972 12 ♂. Bis 1976 sank die Zahl zwischen Sieve und Puddemeer auf 13 und bis 1979 auf sechs ♂. Im letzten Nachweisjahr 1980 wurden 3-4 ♂ und im September zwei ♀ sowie drei fast ausgewachsene Junge gesehen (H. Sweers mdl.). 1981 war das Fehntjer Tief-Gebiet geräumt. Schon um 1975 war der Bestand im Jammertal erloschen, wo am 1.06. 1968 mehrere ♂ balzten (B. Petersen briefl.).

Für das Lengener Meer und Stapeler Moor schätzte der Jäger J. Gerdes (mdl.) den Bestand 1970-1975 wahrscheinlich viel zu hoch auf etwa 60 Hähne. Damals sollen jährlich mind. sechs Hähne geschossen worden sein. Nach Aussage des Revierförsters Hey sind im Frühjahr 1966 jedoch nur 11 ♂ gezählt worden (F. Goethe briefl.). Vom Weg N vom Lengener Meer aus zählte A. Keßler am 13.12.1970 9 ♂ und 7 ♀, am 14.10.1974 11-12 Ind. und am 14.03.1976 2 ♂ und 3 ♀. Der Balzplatz auf den Wiesen N vom Lengener Meer war allzu bekannt. Schon am frühen Morgen sammelten sich Beobachtergruppen auf dem Weg, um das Schauspiel balzender Hähne zu erleben. Die rasche Abnahme soll eingesetzt haben, nachdem das Stapeler Moor großflächig abgefräst wurde, doch könnte der Bestand auch durch den strengen und schneereichen Winter 1978/79 weiter dezimiert worden sein. Die letzten balzenden Hähne sah A. Keßler (briefl.) N vom Lengener Meer am 4.04.1983 und 21.04.1984. Seit 1985 liegt kein Nachweis vor. Für 1980 war das Birkhuhn vom Deutschen Bund für Vogelschutz zum "Vogel des Jahres" erklärt worden. Es hatte nichts genützt! Welcher Wandel ist eingetreten, wenn in den Jagdrevieren des Fürsten Georg Albrecht, die etwa 1/3 seines Landes ausmachten, 1722 noch 113 "Stück Birkwild" abgeschossen wurden (Herquet 1883).

Rebhuhn (Patrijs, *Perdix perdix*)
Sehr seltener Brutvogel (5 Bp, ↓)

Auch das Rebhuhn war früher sehr häufig, wie aus Streckenberichten hervorgeht. So wurden allein bei Hesel 1729 423 Rebhühner geschossen (Herquet 1883). Vor 100 Jahren war das Rebhuhn nach Bielefeld (1906) noch ein häufiger Brutvogel auf der Geest. Leege (1926, 1930) berichtete, dass die Zahl der Rebhühner im Rheiderland in günstigen Jahren beträchtlich sei. Der Rückgang des früher auf der Geest, in trockeneren Hochmooren und der Marsch regelmäßig vertretenen Rebhuhns setzte schon vor 1960 ein. Blaszyk (1966) führte als Gründe eine frühere Mahd von Feldfutter wie Klee und Luzerne, Biozid-Einsatz, Mangel an Insekten für die Aufzucht der Küken und engere Abstände zwischen den Getreidehalmen an, zwischen denen die Altvögel nicht mehr den Küken folgen konnten. In den 1970er Jahren traf man das Rebhuhn noch öfter z.B. am Dollart an, wo Verf. am 22.12.1970 20 Ind. im Kanalpolder sah. 20 Jahre später wurde es zur ausgesprochenen Rarität. Im Fehntjer Tief-Gebiet lebten 1984 "hin und wieder einzelne Paare" (ALAND-Gutachten), während die Art in den 1990er Jahren kaum noch registriert wurde. Am 24.07.1993 führte eine Henne 10 knapp flügge Junge in Mooräcker N von Leer (Verf.). 1997 wurden nur 3 Bp bei Nüttermoor, Nortmoor und am Puddeweg gemeldet (vgl. Rettig 104., 106. u. 113. Ber., zum Rückgang des Rebhuhns s. die Beiträge von Rettig u.a. in 135., 140., 142. u. 144. Ber.). März 1998 3 Ind. bei Nüttermoorersiel am Deich (B. Petersen).

Auf den Ostfriesischen Inseln war das Rebhuhn ursprünglich nicht beheimatet. Nach Leege (1905) ist es in den 1890er Jahren ausgesetzt worden. Auf Borkum kamen in den 1950er Jahren "starke Völker" vor, die aber später verschwanden (Peitzmeier 1961, B. Hofmann briefl.). Wiederholte Aussetzungen blieben erfolglos.

Wachtel (Kwartel, *Coturnix coturnix*)
Seltener Brutvogel ↓

Die Zahl der Nachweise variiert stark von Jahr zu Jahr. 1981 und 1997 riefen 1-3 ♂ im Breinermoorer Hammrich und ein ♂ S der Breinermoorer Mülldeponie, 1985 auf der Geest S Wymeer, 1986 im Kanalpolder und Jammertal, 1993 nahe den Gandersumer Kolken (U. Schramm in Rettig 65. Ber., Verf.), 1994 2 schlagende Wachteln am Hammeer (Rettig 73. Ber.), 1995 bei Rorichum und am Leidseweg, 1996 bei Middelsterborg (Mindrup in Rettig 84. u. 93. Ber.); NW vom Hochmoor Wymeer hat G. Pöppe (mdl.) ihre Rufe im Mai und Juni 1989, 1990, 1991 und 1996 gehört (bei Wymeer auch am 18.07.1999 ein Ind., D. Kolthoff in Rettig 136. Ber.). Als der Wachtelkönig 1997 gehäuft auftrat, wurde an verschiedenen Stellen auch das "pickwerwick" der Wachtel gehört, mind. 11 Nachweise: z.B. 4 ♂ im Kanalpolder, ein ♂ auf einer Ausgleichsfläche am Oll Diek beim Schöpfwerk Wymeer, ein ♂ bei Nüttermoorersiel, 4 ♂ im Fehntjer Tief-Gebiet (1998 fünf, H. Pegel) und ein ♂ am Lengener Meer (A. Keßler briefl., auch 1998). Ebenfalls 1998 riefen Wachteln an 11 Stellen im nördlichen Niederrheiderland (U. de Bruyn, F. Sinning u. K.-D. Moormann).

Von Borkum sind lediglich wenige Totfunde bekannt (B. Hofmann briefl.).

Wie häufig die Wachtel früher war, geht aus Streckenberichten hervor, die Herquet (1883) zusammengestellt hat. (Leege, 1943, nennt diese Quelle nicht.)

Danach wurden 1722 162 Wachteln in den Jagdrevieren des Fürsten geschossen. 1716 wurden bei Hesel 44 und bei Remels 63 Ind. erlegt.

Fasan (Fazant, *Phasianus colchicus*)
Mäßig häufiger Brutvogel

Nach Kumerloeve & Knolle (1985) ist der aus dem Raum Kaukasus bis China stammende Fasan in Ostfriesland seit 1645 in Volieren festzustellen. Graf Ulrich II. hielt sich 1645 einen Fasanenwärter, der "auf die Fasanen acht geben soll" (Herquet 1883). Der Forstmeister von Jonquières (Aurich) setzte in den 1860er Jahren Fasanen im Freien aus, "die sich aber (wol wegen der Füchse) nicht halten konnten" (Herquet 1883). Wahrscheinlich wurde dieser Exot um die Wende des 19./20. Jh. im Leeraner Raum heimisch. Da der Fasan als beliebtes Jagdwild gilt und Aussetzungen wiederholt werden, haben sich die Bestände trotz gelegentlicher, z.B. kriegsbedingter Einbrüche gehalten. Er kommt als Brutvogel in allen offenen Landschaften mit genügender Deckung vor, auch außendeichs am Dollart und an der Ems.
   Auf Borkum wurde er nach 1890 ausgesetzt; sein Bestand hat sich hier infolge wiederholter Ausbürgerungen gut entwickelt (1999 112 Paare, NLWK).

Wasserralle (Waterral, *Rallus aquaticus*)
Spärlicher Brutvogel ↓

Die Nachweise hängen stark von der Erfassung zu günstiger Dämmerungszeit ab. Im SO des Dollard, wo man sie von der Kiekkaaste oder vom Marcelluspad aus beobachten kann, kommen regelmäßig wenige Bp seit 1972 vor. Auf deutscher Seite bestand 1999 Brutverdacht (NLWK). Rufende Rallen sind im Juni und Juli von 1980-1999 im Wybelsumer Polder (Rettig 87. Ber.), in den Pütten im Heinitzpolder am 11.07.1999 (Verf.), an den Gandersumer Kolken, am Puddemeer (Rettig 41., 74., 119. Ber.), an der Ems im Rauhen Land vor Spittland (Gerdes et al. 1998), im Neudorfer Moor (am 2.07.1985 ein Rufer und am 9.08.1992 zwei rufende Jungvögel, A. Keßler briefl. u. in Rettig 61. Ber.) und an der Tunxdorfer Schleife (K.-D. Moormann, Saxicola 1996, H. 2) verhört worden. Hier stellte Hammerschmidt (1965) am 15.06.1961 neun Rufer fest. Bei einer gründlichen Zählung entlang der Ems von Vellage bis Petkum 1999 wies M. Reuter 57 und am Dollart einen Rufer nach. Hohe Konzentrationen fand er vor Vellage und Diele (21 Paare) und auf dem Hatzumer Sand (9 Paare).
   Borkum: erstmals 1921 Brutvogel, um 1970 5 Bp (Peitzmeier 1961, Schoennagel 1972), 1980-1985 2-3 Bp geschätzt, 1999 15 Bp (Hofmann 1986, NLWK). Am 28.04.2000 hörte B. Petersen (briefl.) sie an mind. 7 Stellen der Insel, davon 5 Rufer in der Greunen Stee.

Tüpfelsumpfhuhn (Porseleinhoen, *Porzana porzana*) *
Seltener Brutvogel (10 Bp, ↓)

Nach Leege (1905) kam es in den sumpfigen Niederungen Ostfrieslands "ziemlich häufig brütend" vor. An der Tunxdorfer Schleife verhörten W. Brinkmann (1956) am 27.06.1955 und Verf. am 14.05.1982 je ein ♂. Hammerschmidt (1965) berichtet von einem Brutnachweis im Juli 1962. Von 1969 (2-3 Ind. rufend) an ist es öfter im Petkumer Vorland nachgewiesen worden, wo E. Voß am 10.08. 1972 einen Altvogel mit zwei Jungen sah. B. Petersen wies diese Ralle 1976-1989 an 6 Stellen an der Ems nach: Mai 1976 an der Emsbrücke bei Leer, April 1980 an drei Stellen an der Ems (Hatzumer Sand, Rauhes Land, Coldam), Mai 1988 S Oldersum und Ende April 1989 bei Nüttermoorersiel. Auf Grund rufender ♂ wurden im Dollard-Kwelder (Boekema et al. 1983) während der 1970er Jahre jährlich 5-10 Paare geschätzt, z.T. unmittelbar W der Staatsgrenze. Im Fehntjer Tief-Gebiet rief nach einigen Jahren ohne Nachweise (Mangel an Kontrollen!) 1998 ein Vogel (H. Pegel). An der Tunxdorfer Schleife hörte A. Degen (Saxicola 1998, H. 2) am 26.05.1998 einen Rufer. Bei flächendeckender Erfassung entdeckte M. Reuter 1999 7 ♂ im Emsvorland zwischen dem Emstunnel und Weekeborg sowie an der Leda bei Esklum.
   Im Mai 1992 verunglückte ein Ind. im Verkehr auf Borkum (B. Hofmann briefl.).

Kleines Sumpfhuhn (Klein Waterhoen, *Porzana parva*) *
Status nicht bekannt

Im Dollard wurde am 3.11.1969 und 29.06.1972 (rufendes ♂) je eine Ralle wahrgenommen (Boekema et al. 1983).

Wachtelkönig (Kwartelkoning, *Crex crex*) *
Vermutlich unregelmäßiger Brutvogel, weltweit gefährdet, neuerdings ↑

H. Reepmeyer (briefl.) fand ihn an der Ems im Juni 1954 bei Soltborg, im Mai 1959 bei Vellage und 5 Rufer bei Weener, davon ein Ind. binnendeichs am Bahndamm. Von 1966-1976 rief er oft an der Ems zur Brutzeit (zwischen Terborg und Weener 1969 17-18 Rufer, Gerdes 1969) und am Dollart (1972 und 1974). Bis 1983 fehlen Nachweise. Voslamber (1989 a) entdeckte 1984-1987 bis zu 171 Reviere S und SW vom Dollard in Weizen-, Gerste-, Raps- und Erbsenfeldern, während auf deutscher Seite nur wenige ♂ riefen (2 ♂ am 15.07.1984 im Kanalpolder). Nachweise 1993-1995 (B. Petersen): Emsvorland NW Nüttermoorersiel je ein ♂ Mai bzw. Juni 1994 und 1995 und regelmäßig bis 2 Ind. an der Tunxdorfer Schleife.

Im Frühsommer 1997 erfolgte ein stärkerer Einflug. Danach ermittelten die Zähler des Naturschutzbundes Leer ab 20. Juni 31 Rufer vom Kanalpolder bis zum Oll Diek (Bunderneuland). Die Emsvorländer wurden wieder von 15 ♂ besiedelt (Gerdes et al. 1998). A. Degen zählte am 7.06.1998 sogar 47 Wachtelkönige an der Ems von Vellage bis Rhede (Saxicola 1998, H. 2)! Zwischen Vellage und Hatzum wies M. Reuter 1999 16 Rufer nach, davon bei Vellage 9 und auf dem Bingumer Sand 3 Ind. Auch aus dem inneren Binnenland wurden 1998 Wachtelkönige von zahlreichen Stellen gemeldet (mind. 13 Rufer, z.B. Rhauderfehn-Rajen, Rhauderfehn an der 2. Südwieke, Fehntjer Tief-Gebiet, Groß Oldendorf, Neufirrel, S Detern 3 ♂; K.-D. Moormann briefl. u.a., Rettig 118. Ber.). Wie viele davon zur Brut schritten, blieb unbekannt. Im Fehntjer Tief-Gebiet zählte H. Pegel 1998 6 Rufer. Brutnachweise wurden nicht erbracht.

Leege (1905): auf Borkum "neuerdings wieder brütend beobachtet". Jedoch habe die Zahl später abgenommen und seit Anfang der 1920er Jahre habe er auf Borkum nicht mehr gebrütet (Peitzmeier 1961). Aber in den 1980er Jahren hat Hofmann (briefl.) ihn wieder verhört.

Teichhuhn (Waterhoen, *Gallinula chloropus*)
Mäßig häufiger Brutvogel ↓

Diese Ralle ist weit verbreitet entlang Gräben und Tiefs und an kleineren Gewässern aller Landschaftstypen, z.B. am Wymeerster Sieltief O vom Dollart 1975 etwa 10 Bp. Der Gesamtbestand lässt sich aus Mangel an flächendeckenden Erfassungen und wegen der zurückgezogenen Lebensweise nicht genau einschätzen. An vielen Gewässern aufgestellte Bisamfallen können für diese Art tödlich sein. Im Südwesten des Dollard wurden 1976 16 Bp nachgewiesen (S. Braaksma briefl.).
Borkum: seit 1929 einzelne Bp, 1990er Jahre 10-15 Bp (Peitzmeier 1961, B. Hofmann briefl., NLWK).

Blässhuhn (Meerkoet, *Fulica atra*)
Mäßig häufiger Brut- und Gastvogel ↔

Die am meisten auffallende Ralle bevorzugt eher größere Gewässer als das Teichhuhn. Sie nistet häufig in der grabenreichen Marsch oder in wiedervernässten Hochmooren, aber auch bis in die 1980er Jahre außendeichs am Wattrand des Dollart vor allem im Südosten, wo Verf. am 9.06.1973 ein 40 cm hoch gebautes Nest im Simsengürtel fand. Im Südwesten des Dollard 1976 42 Bp (S. Braaksma briefl.). Wichtig sind Röhrichtgürtel oder Weidendickichte. Der Soltborger Teich (17 ha), eine ehemalige Spülfläche, hat sich seit 1991 zu einem günstigen Bruthabitat entwickelt. Hier stieg die Zahl der Bp von 10 in 1991 auf 30-35 in 1994 an. Ab 1997 nahm der Brutbestand auf 12-14 Bp ab.

Borkum: Es hat sich wahrscheinlich nach dem Zweiten Weltkrieg als regelmäßiger Brutvogel angesiedelt. Seit der Entstehung des Tüskendörsees hat diese Ralle hier zugenommen: 1999 14 Bp (B. Hofmann briefl. u. NLWK). Wahrscheinlich ist die Zahl der Bp erheblich höher.

Im Winterhalbjahr sammelt sie sich an größeren Gewässern in Trupps von mehreren 100. Nach der Brutzeit konzentrierten sich bei Soltborg in den 1990er Jahren 400-650 Ind. Weitere Sammelplätze befanden sich insbesondere an der Ems, die als Fließgewässer auch bei längerem Frost offene Wasserstellen bietet. Am 13.03.1984 hielten sich zwischen Nendorp und Jemgum mind. 1200 Ind. auf. Solch große Ansammlungen wurden später nicht mehr festgestellt. Vor Vellage hatten sich am 10.02.1996 180 Ind. gesammelt (W. Schott, Saxicola 1996, H. 1).

Kranich (Kraanvogel, *Grus grus*) *
Seltener bis spärlicher Durchzügler und Gast ↑

Ubbius (1530) berichtet in der ältesten ornithologischen Mitteilung aus Ostfriesland: "Es werden auch Kraniche, Schwäne, Enten, Gänse und Taucher, jede Art auf ihre Weise, überlistet und gefangen". Als Brutvogel kam der Kranich im 18. und 19. Jh in den riesigen Hochmooren vor, wie spärliche Hinweise und Flurnamen andeuten. Vielleicht hat der Kranich noch im späten 19. Jh. bei Oltmannsfehn gebrütet (vgl. von der Heyde & Zang 1985). "Noch um 1900 nistete mitten im wilden Moor zwischen Hopels und Oltmannsfehn" (NW vom Lengener Meer) alljährlich ein Kranichpaar (Bielefeld 1924).

Da das Kreisgebiet weit westlich der Schmalfronten ihres Zuges liegt, wird es meist nur von kleinen Trupps gestreift und oft überflogen. Gelegentlich rasten sie wie z.B. 18 Kraniche im Barger Hammrich am 14.11.1976 (v. Toll 1977). Große Ansammlungen sind außergewöhnlich. Etwas außerhalb des Kreises, 5 km SW Rhede, ästen am 13.03.1976 167 Kraniche auf einem Kartoffelfeld bei Hebrecht (NL, 1 km W der Staatsgrenze, Verf.). Vereinzelt fanden Tänze statt. Am 14.03. waren noch 5 Kraniche zurückgeblieben. Im Februar 1988 sollen 164 Vögel im Oberledinger Moor genächtigt haben (W. Trind mdl.). Kleinere Trupps von 11-42 Ind. verweilen gelegentlich mehrere Tage. Vom 26.03.-10.04.1974 wechselten 11 immat. Kraniche zwischen dem Kanalpolder und Dollart (H. Heyen mdl., Verf.). Vom 12.-18.11.1987 suchten 42 Ind. auf Zuckerrübenfeldern im Polder bei Bunde Nahrung. Zusammen mit Graugänsen suchten sie abends das Dollartwatt als Schlafplatz auf. Am Dollard halten sich oft Einzelvögel während des Frühjahrs und im September auf. Ein Kranich verweilte hier von Ende März bis 19.09.1993. 149 Sichtungen (Ind. in meist kleinen Trupps) entfallen auf den Heimzug im März bis Anfang April, dagegen nur 32 auf den Wegzug. Vom 6.-17.02.1988 rastete ein einzelner Jungkranich im Esklumer Hammrich. Selten findet Übersommerung statt.

Auf Borkum hielt sich ein Kranich vom 14.-20.04.1996 auf (B. Hofmann briefl.).

Zwergtrappe (Kleine Trap, *Tetrax tetrax*) *
Irrgast

Ein Ind. wurde Anfang Januar 1907 am Dollard nachgewiesen (Boekema et al. 1983). Im November 1959 wurde ein Ind. 6 km SW Papenburg bei Aschendorf erlegt (R. Neitzel in Hummel & Ringleben 1985).

Großtrappe (Grote Trap, *Otis tarda*) *
Schneeflüchtling aus Ostdeutschland ↓

Im Februar 1979, dem schneereichsten Winter aller Beobachtungsjahre, flüchteten viele Trappen nach W. Sie stammten vermutlich aus Brandenburg, dem nächstgelegenen Brutgebiet. Im Kreisgebiet oder dessen Nähe wurden acht Trappen nachgewiesen: am 18.02.1979 je ein ♂ und ein ♀ am Dollartdeich, die in nördlicher Richtung abflogen (H. Heyen mdl.), ein erschöpfter Jungvogel am 23.02. auf dem Ledadeich bei Esklum, am 20.02. 4 ♂ bei Loga und am 11.03. ein ♂ bei Aschendorf (Hummel 1983, 1985 mit Verbreitungskarte der Nachweise).

Austernfischer (Scholekster, *Haematopus ostralegus*)
Sehr häufiger Brut- und Gastvogel ↑

Das marine Wattenmeer, das hohe Siedlungsdichten an Pierwürmern (*Arenicola marina*) und Herzmuscheln (*Cerastoderma edulis*), seiner wichtigen Beutetiere, aufweist, ist für den Austernfischer von größerer Bedeutung als das Festland. Auf Borkum war er in den 1860er Jahren sehr häufig. "Dichter als in den Binnenwiesen und dem Ackerlande Ostlands können sie kaum nisten" (Droste 1869). Wahrscheinlich hat er eher zugenommen. 1990 wurden 855 Bp, 1996 sogar 1634 Bp und 1999 1343 Bp und auf Lütje Hörn 1996 17 Bp (1999 21 Bp) gezählt (Behm-Berkelmann 1991, Hälterlein & Südbeck 1998, NLWK, M. Reuter).

Am Dollart (nur D) kommen dagegen meist etwa 40 Bp vor (1999 52 Bp, NLWK). 1997 wurden in den fast dreimal so großen Emsvorländern zwischen Petkum und Leer 78 Bp erfasst (Gerdes et al. 1998). Das Binnenland besiedelt er in noch geringerer Dichte.

Die Eroberung des Binnenlandes durch den Austernfischer ist ein Musterbeispiel für die Anpassungsfähigkeit dieses Watvogels. Schon 1920 hatte er den Ems-Jade-Kanal und 1927 den Küstenkanal erreicht (Schlotter 1927, Zang 1995). Spätestens bis 1980 hat er das ganze Kreisgebiet locker besiedelt. Die Modernisierung der Grünlandwirtschaft mit intensiv gedüngten Flächen hat dem Austernfischer den notwendigen Nahrungsreichtum (z.B. Regenwürmer) verschafft (Blaszyk 1953). Auch auf der meist ackerbaulich genutzten Geest ist er an Kiesgruben und vielen anderen Gewässern anzutreffen. Sogar in Hochmooren wie dem Neudorfer Moor und in Abtorfungsgebieten (Stapeler Moor in 2000 ein Paar, Klostermoor) ist er vereinzelt zu finden.

Im dollartnahen Niederrheiderland ergab die Zählung 1994 237 Bp auf 9730 ha (2,4 Bp/100 ha, Flore u. Schreiber), im Fehntjer Tief-Gebiet auf 1258 ha 1984 10 und 1994-1998 7-14 Bp, H. Pegel), im Bunderhammrich 1986 21 Bp auf 490 ha (4,3 Bp/100 ha), im Stapelmoorer Hammrich 1987 auf etwa 1000 ha 6 Bp (Verf.) und im Bereich der Gemeinde Westoverledingen 40-45 Bp (M. Bergmann). Für Uplengen veranschlagt B. Petersen (briefl.) in 2000 mind. 7 Paare. In Weideland eingestreute Äcker zieht er zum Nisten vor. Sogar bekieste Flachdächer wie die einer Schule in Weener, der Berufsbildenden Schulen in Leer (seit 1985), Betriebsgebäuden an der Groninger Straße und Ringstraße in Leer sowie Dächer Borkumer Häuser dienen ihm als Brutplatz (G. Pöppe, I. Tilsner mdl.). Die Eigenart, seinen Jungen das Futter zuzutragen, hat diese Entwicklung ermöglicht.

Nach der Brutzeit räumt er ab Juli/August rasch die festländischen Brutgebiete. Selbst am Ostufer des Dollart kommt er im Oktober kaum vor. Ab Dezember steigen die Zahlen im Dollart wieder bis zum Maximum im März an (Abb. 31). Ehe sich die Paare im Grünland verteilen, sammeln sich große Trupps von Mitte oder Ende Februar bis April im Schafland am Dollart, im Petkumer, Nendorper Vorland und weiter oberhalb an der Ems (23.02.1992 80 Ind. im Dollart und 550 Ind. vor Petkum; im Stapelmoorer Hammrich am 25.03.1995 116 Ind. und bei Vellage am 5.04.1996 34 Ind., N. Fehrmann, Saxicola 1996, H. 1).

Ganzjährig gesehen kommen am Dollart (D) im Mittel <100 Ind. mit Minima von September bis Dezember und im Juni vor. Im Vergleich zur niederländischen Seite ist der deutsche Bestandsanteil viel kleiner als dem Flächenanteil entspricht (Abb. 31). Im stärker marinen niederländischen Dollard, vor allem auf Punt van Reide, sammeln sich mehr Vögel (maximal 1563 Ind. am 6.02.1977, 736 Ind. am 21.02. 1993 und 739 Ind. am 16.01.1994). Seit Anfang der 1980er Jahre haben die Rastbestände im Dollard stark abgenommen (vgl. Prop et al. 1999). Insgesamt hat der Dollart für den Austernfischer eine geringe Bedeutung.

Dagegen sind die Wattflächen um Borkum und Lütje Hörn das Hauptnahrungsgebiet für Austernfischer als Gastvögel des marinen Watts und ganzjährig viel wichtiger. Wenn im Dollart die Rastbestände von September bis November sehr klein sind, nehmen sie bei Borkum gleichzeitig stark zu (Abb. 32). Bis Februar halten sich im Borkumer Watt 8000-10.000 Ind. auf (Mittelwerte). Wenige Höchstzahlen unterstreichen dies: 21.400 am 8.11.1980 und 20.700 Ind. am 20.01.1984 (Meltofte et al. 1994). Die Januar-Zählung von 1994 ergab 4621 Ind. für Borkum (Poot et al. 1996) und nur 307 für den Dollart (D).

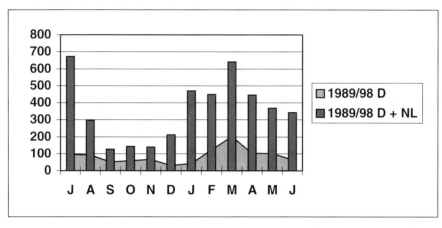

Abb. 31: Jahreszeitliches Auftreten des Austernfischers im Dollart (Monatsmittel der Ind.) von Juli bis Juni im Zeitraum 1989-1998. Während dieses Zeitraumes hatte die Art im Vergleich zum Zeitraum 1975-1985 stark abgenommen (Prop et al. 1999).

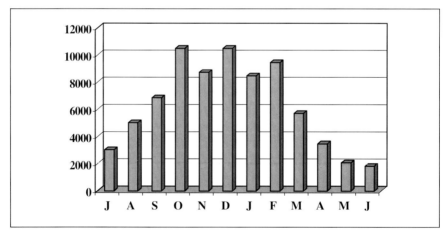

Abb. 32: Jahreszeitliches Auftreten des Austernfischers (Monatsmittel der Ind.) auf Borkum von Juli bis Juni im Zeitraum 1987/88 bis 1997/98 (Quelle: Staatliche Vogelschutzwarte). Man beachte die großen Unterschiede im jahreszeitlichen Auftreten zwischen Borkum und dem Dollart.

Flügelstreckender Austernfischer (3.05.1988)

Aufmerkender Säbelschnäbler am Dollart

Stelzenläufer (Steltkluut, *Himantopus himantopus*) *
Neuerdings unregelmäßiger Brut- und Gastvogel ↔

Selten erfolgten Einflüge der u.a. in S-Europa heimischen Art. Der früheste Nachweis datiert vom August 1905, als nach H. Löns 2 Vögel bei Detern erlegt wurden (Zang 1995). Auf Borkum stellten sich am 27.05.1950 2 Ind. ein (A. Schweigman, Orn. Mitt. 2, 1950, S. 121).

Im Mai und Juni 1986 zog ein Bp 3 Junge im Neudorfer Moor auf (A. Keßler in Rettig 40. Ber., Zang 1995). Im Mai 1994 fand Rettig ein Gelege im Wybelsumer Polder N vom Dollart, nachdem hier im Sommer 1992 bis zu 5 ad. Vögel vorgekommen waren (Rettig 57., 73. u. 74. Ber.). Am 20.05.1999 stellte Rettig (131. Ber.) hier wieder ein Paar fest. An der Ems bei Nüttermoorersiel erschien am 25.05.1990 ein umherstreifender Vogel (Verf.).

Säbelschnäbler (Kluut, *Avosetta recurvirostra*) *
Mäßig häufiger Brut- (↔) und sehr häufiger Gastvogel (↓)

Dieser schmucke Watvogel ist ein Charaktervogel der Wattenmeerküste und insbesondere des Dollart. Mit seinem Säbelschnabel ist er gut an die Nahrungssuche auf extrem weichen Böden im Schlickwatt oder auf frischen Spülflächen angepasst. Auf deutscher Seite am Dollart erschweren ufernahe Röhrichte seine Brutansiedlung, so dass hier meist nur wenige 10 Paare zur Brut schreiten (ein Bestand von 53 Bp in 1999 ist vergleichsweise groß, NLWK). Günstiger sind die Pütten im Heinitzpolder, ein neuer beliebter Brutplatz: Mai 1998 132 Bp, Mai 2000 mind. 63 Bp (H.-J. van Loh, Verf.). N vom Dollart im Wybelsumer Polder schätzte Rettig (131. Ber.) den Brutbestand in 1999 auf 200 Bp. Auf niederländischer Seite kommen dagegen Kolonien mit einigen 100 Paaren vor: 1976 860, 1985 469, 1995 >360 und 1997 370 Bp (van Belkum & Esselink 1986, Koks & Hustings 1998, Koffijberg 2000). Im Mai 2000 hatte sich die Zahl auf >1400 Bp erhöht (K. Koffijberg u. J. Prop briefl.)!

Die früheste aus dem Dollartbereich bekannt gewordene Ansiedlung erfolgte um 1926 W von Emden, wo O. Leege auf einer Spülfläche bei Wybelsum 1939 30 Gelege fand und Blaszyk 1953 (1955 a) 40 Bp feststellte. Über die Entwicklung bis 1965 ist nichts bekannt.

An der Ems werden mehrere kurzrasige Flächen für Koloniegründungen bevorzugt, darunter in erster Linie das Petkumer Vorland, wo die Kolonie von 86 Bp in 1989 auf fast 500 Bp in 1997 anwuchs (Gerdes et al. 1998). 1998 hat allerdings die Ausbreitung eines Schilfröhrichts und der Lachmöwen zu einer Abnahme geführt. Weitere kleinere Brutplätze mit 10-60 Bp liegen im Nendorper, im Midlumer Vorland und auf dem Bingumer Sand (hier 1999 42 Paare, M. Reuter). An der Bucht, die aus der vorherigen Baudockgrube des Emstunnels (rechte Emsseite) hervorging, entstand im Mai 1991 vorübergehend eine Kolonie mit 80 Bp, deren Gelege z.T. von weidenden Schafen trotz intensiven Verleitens unmittelbar vor ihren Köpfen zertreten wurden. Am 2.06. waren noch 13 Paare übriggeblieben. Später entwickelte sich ein Röhricht, das die Ansiedlung verhinderte.

Sehr rasch werden Spülflächen angenommen, gleichgültig, wo sie im Kreisgebiet liegen (Abb. 33). So nisteten 1973 im Gastmer Meer bei Tergast-Sieve 12 Bp, bei Bollinghausen am Rande von Leer 1985 8 Bp, 1989 je ein Bp im Leeraner Hafen und bei Weekeborg (Haken u. van Loh mdl.) und 1999 3 Bp bei der Mülldeponie Breinermoor. In Westoverledingen kamen 1992 30-35 Paare an der Ems und auf Spülflächen vor (M. Bergmann). Sogar in dem wiedervernässten Neudorfer Moor brüteten 1985-1987 1-2 Paare (1987 erfolglos, A. Keßler u. Verf.).

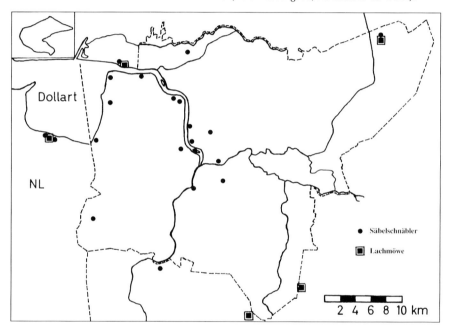

Abb. 33: Brutkolonien oder Einzelpaare des Säbelschnäblers und Brutkolonien der Lachmöwe (1985-1999). Die Karte zeigt u.a. die Häufung der Kolonien entlang der Ems.

Auf den Spülflächen kann der Bruterfolg erheblich höher sein als in überflutungsgefährdeten Vorländern, falls genügend ausgedehnte Flachwasserzonen für die Nahrungssuche vorhanden sind und eine Vegetation vorkommt, die den Küken Deckung vor Feinden bietet. Auf einer Spülfläche bei Soltborg (späterer Soltborger Teich) wurden 1989 von 36 Bp 75 Jungvögel flügge; 1997 zogen 19 Bp mind. 28 Jungvögel 5 km SW Bunde im Wymeerster Hammrich auf. Schon ein

Jahr später kann die Ufervegetation so dicht und hoch sein, dass solche Plätze verlassen werden.

Borkum: 1864 nisteten 9-11 Bp und Anfang der 1890er Jahre noch 6 Bp (Droste 1869, Leege 1905). Nachdem die Art von 1890 bis 1925 an der Küste fast verschwunden war, begann sich der Bestand hier wie anderswo ab 1950 erfreulich zu entwickeln. Die Entwicklung zeigt die Tab. 9:

Jahr	1950	1953	1957	1960	1964	1970	1972	1975	1981	1985	1990	1995	1999
Bor-kum	1	11	50	48	50	76	140	120	140	175	48	70	132

Tab. 9: Brutpaare des Säbelschnäblers auf Borkum in ausgewählten Jahren, die die Entwicklung widerspiegeln und die Schwankungen aufzeigen. Ergänzende Daten: 1954 4 Bp, 1974 170 Bp, 1984 146 Bp, 1996 110 und 1997 141 Bp. Quellen: Blaszyk 1955 a, Behm-Berkelmann & Heckenroth 1991, Hälterlein & Südbeck 1998, Mennebäck & Zang 1995, Südbeck & Hälterlein 1997, 1999, NLWK).

Das Wattenmeer beherbergt den größten Teil der NW- und mitteleuropäischen Population. Im Bereich des deutschen Wattenmeeres konzentrieren sich Säbler während der Zugzeiten in zwei Buchten, nämlich dem Jadebusen und dem Dollart (Meltofte et al. 1994). Erst ab 1965 wurde bekannt, dass sich im Dollart auf dem Wegzug 10.000 bis 15.000 Vögel sammelten (Dantuma & Glas 1968, Drost 1967, Verf.).

In Abb. 34 ist zu beachten, dass die Mittelwerte im ersten Zeitabschnitt von Juli bis November etwa doppelt bis dreimal so hoch sind wie im zweiten Zeitabschnitt (Abnahme auf 45 % im August, 29 % im September und 45 % im Oktober). In den 1970er Jahren flogen an manchen Tagen im Oktober etwa 15.000 Säbler in einem wogenden Schwarm über der Geise hin und her, ein imposantes, unvergessliches Erlebnis. Der Säbelschnäbler hat ab etwa 1987 stark abgenommen. Außerdem fällt auf, dass sich die Vögel überdurchschnittlich häufig im kleineren deutschen Dollartanteil konzentrieren, vor allem in Zeiten großer Massierungen. Die Abnahme steht im Gegensatz zur Zunahme der Art im Wattenmeer; sie ist auf den Rückgang seiner wichtigen Beutetiere im Dollart zurückzuführen (s.o., Prop 1998). Der Rückgang würde sich im Diagramm nicht so stark niederschlagen, wenn die großen Trupps, die zeitweise auf den Spülfeldern im Wybelsumer Polder rasteten, an den gemeinsamen Zähltagen miterfasst worden wären. Dort hat Rettig (87. Ber.) am 26.08.1995 3450 Ind. festgestellt.

Im Jahreslauf ergibt sich folgendes Bild (Abb. 34): In milden Wintern wie 1975, 1976, 1983 oder um 1990 haben einige 100 Ind. (bis 990 Ind.) überwintert. Im Zeitraum von 25 Jahren (1975-1999) sind 8 mal im Januar und 16 mal im Februar Säbler registriert worden. Im März kulminiert der Heimzug, wie die Mittel (2801 bzw. 1757,8 Ind.) anzeigen. Im April klingt der Zug aus. Die Werte im Mai und Juni beziehen sich auf Brüter wie Nichtbrüter. Schon im Juli setzt Zuzug ein, der im Oktober kulminiert. Zweimal (8.10.1972 und 13.10.1979) sind Werte von etwa 20.000 Ind. erreicht worden. In den 1990er Jahren schwankten die Höchstzahlen zwischen 1582 und 8943 Ind. Die Bedeutung des Dollart als herbstlicher Sammelplatz hat abgenommen, während sich der Jadebusen mit Ansammlungen von >20.000 als das wichtigste Mauserzentrum Deutschlands erwiesen hat (Dietrich & Hötker 1991). Auch aus dem Dollartbereich wird der Jadebusen angeflogen (z.B. abends am 23.08.1990 35 Ind.). Ein Ringfund zeigt auf, dass der Dollart sogar von Ost-Flevoland angesteuert wird (Jungvogel beringt 22.05.1974, tot angespült 21.12.1974 bei Dyksterhusen). Nach der Mauser liegen die Mittelwerte im September niedriger als im August und Oktober. Im Vergleich zu anderen Rastgebieten Niedersachsens verweilen im Dollart sogar während des Novembers bis in den Dezember hinein im Mittel >4400 Vögel (6,4 % des europäischen Bestandes, am 14.11.1993 noch 8943 Ind.). Je nach der Strenge der Witterung nehmen die Bestände im Dezember stark ab. Der 1 %-Wert für die internationale Bedeutung (670 Vögel, Burdorf et al. 1997) wird sogar im Dezember mit 835,1 Ind. übertroffen.

Auf den meist sandigeren Wattflächen Borkums kommen vergleichsweise kleine Ansammlungen außerhalb der Brutzeit vor, so maximal 342 Ind. am 26.09.1981 und 465 Ind. am 7.10.1989 (Meltofte et al. 1994).

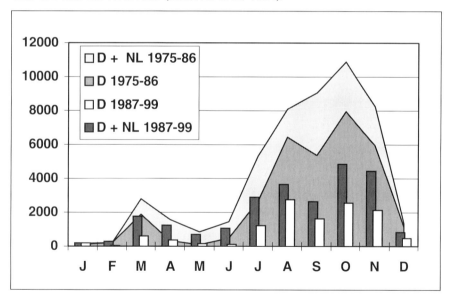

Abb. 34: Monatsmittel der Säbelschnäbler (Ind.) am Dollart, aufgeteilt in zwei Zeitabschnitte (1975-1986 als Flächen-, n = 480.461; 1987-1999 als Säulen-Diagramm, n = 308.210).

Triel (Griel, *Burhinus oedicnemus*) *
Irrgast ↓

Über mögliche Brutvorkommen vor 1900 ist nichts bekannt. Auf einer Viehweide der Insel Borkum sah Hofmann (briefl.) je ein Ind. am 31.08.1974 und am 18.06. 1998 (Schoennagel 1977).

Flussregenpfeifer (Kleine Plevier, *Charadrius dubius*)
Seltener Brut- (10 Bp, ↔) und Gastvogel

Sein natürliches Habitat, nämlich Kiesbänke der Flüsse, findet er bei uns nicht. Er ist auf Eingriffe des Menschen angewiesen, durch die vegetationsfreie Flächen oder Sandablagerungen entstehen, die sofort besiedelt werden (14 Stellen): Spülfelder bei Sieve-Tergast 1973-1976 (Juni 1973 3 Bp mit Jungen), im Stadtgebiet von Leer 1976 und 1980-1985, im Emsvorland 1984-1991 vor Hohegaste und NW Nüttermoorersiel, am Dollard 1991 bei Nieuwe Statenzijl auf einer Spülfläche, 1987 2 Bp mit Jungen im vernässten Hochmoor des Marine-Sperrgebietes O Altburlage, im Neudorfer Moor Juli 1985 ein Paar stark brutverdächtig, 1991 1-2 Bp (A. Keßler in Rettig 52. Ber.), Juni 2000 ein Ind. im Stapeler Moor (B. Petersen), auf spärlich bewachsenen Sandflächen bei Soltborg 1989 4 Bp, 1993 am See Windelkampsweg bei Leer (H. Kruckenberg), 1992 5 Bp in Westoverledingen (davon vier am inzwischen zugespülten Esklumer Kolk, M. Bergmann) und 1999 2 Bp bei Eikehörn an der Jümme und ein Bp auf dem Bingumer Sand (G. Reichert u. M. Reuter).
   Auf Borkum ist er nach Hofmann (briefl.) sehr seltener Gast.

Sandregenpfeifer (Bontbekplevier, *Charadrius hiaticula*)
Spärlicher Brut- (↓) und mäßig häufiger Gastvogel

Dieser stark an die Küste, vor allem die Inseln gebundene Regenpfeifer tritt gelegentlich im küstennahen Binnenland als Brutvogel auf. Auf dem Festland verschaffen ihm Spülfelder oder Sedimentablagerungen vorübergehend Brutplätze: ein Bp mit einem halb erwachsenen Jungen am 23.06.1985 auf einem abgetrockneten Sandspülfeld an der Ems bei Leer-Nord (hier 1986 Brutverdacht), Juli 1990 ein Bp mit 2 Küken binnendeichs an der Grenze bei Nieuwe Statenzijl und im Mai 1991 ein Bp in der ehemaligen Baudockgrube des Emstunnels. 1996 kamen im Wybelsumer Polder 4 Bp vor (Rettig 94. Ber.). An der Bohrinsel im Dollart führte ein Paar 3 Küken am 30.06.1974, ein Fall, der in unserer Zeit des dort lebhaften Tourismus unmöglich erscheint. Heute können nur Schutzmaßnahmen ein Überleben sichern. Auf niederländischer Dollard-Seite kamen dagegen 8 Paare 1998 vor (Koffijberg 2000).

	1948	1952	1957	1960	1964	1970	1975	1982	1988	1995	1997	1999
Borkum	7	8	25	23	30	10	40	35	17	14	27	16
Lütje Hörn	?	1	?	?	?	?	?	?	0	0	0	1

Tab. 10: Brutpaare des Sandregenpfeifers auf Borkum und Lütje Hörn in ausgewählten Jahren. (Quellen: Behm-Berkelmann & Heckenroth 1991, Goethe 1962, Südbeck & Hälterlein 1997, 1999, NLWK).

Auf Borkum, wo schon Droste (1869) ihn nachwies, brüteten im Zeitraum 1957-1982 wenige 10 Bp mit der Höchstzahl von 40 Bp in 1975 (1969 nur 5 Bp). In den 1990er Jahren nahm er etwas ab. Auf Lütje Hörn nistete er selten (1953 2 Bp, Goethe 1962).

Während er als Gastvogel am Ostufer des Dollart meist nur in wenigen bis 20 Ind. erscheint, tritt er viel zahlreicher während der Zugzeiten am Westufer auf (besonders im September, meist 50-100 Ind., maximal >1000 Ind. am 16.09.1979, 794 Ind. am 17.05.1981). Die Augustmittel haben im Dollard von 450 Ind. auf etwa 1/3 seit 1980 abgenommen. Außergewöhnlich war ein Schwarm von 250 Ind. am 28.08.1966 im NO bei Pogum und von 1020 Ind. am 24.08.1995 auf den Spülfeldern im Wybelsumer Polder, wo er im Rahmen der Dollartzählungen nicht erfasst wird (Rettig 85. Ber.). Weiter im Binnenland in der Nähe von Leer sind Trupps mit 4-6 Ind. schon etwas Besonderes.
  Borkum: 181 Ind. am 26.09.1981 als bisherige Höchstzahl (Meltofte et al.1994).

Seeregenpfeifer (Strandplevier, *Charadrius alexandrinus*)
Seltener Brut- (↓) und spärlicher Gastvogel

Die Zeiten, als Droste (1869) und Leege (1905) ihn als "sehr gemein" oder "noch häufig" bezeichnen konnten, sind vorüber. Auf Lütje Hörn brüteten in den 1950er Jahren wenige Paare und ab 1961 blieb er als Brutvogel aus (1952 2 Bp, 1953 5 Bp, Goethe 1962, Behm-Berkelmann & Heckenroth 1991). Dagegen kamen außerhalb des Kreises auf dem großen Sandspülgelände des Rysumer Nackens W Emden 1971 mind. 100 Paare vor! Im selben Jahr brüteten auf Borkum 45 Paare, jedoch bis um 1990 nahm der Bestand auf 3-5 Paare ab. Achtlos umherlaufende Strandbesucher stören ihn oder zertreten seine Gelege. Dank Schutzmaßnahmen (Ruhezone im Nationalpark Wattenmeer) konnten 1995 14 Bp und 1999 10 Bp registriert werden (Südbeck & Hälterlein 1997, NLWK). Im Petkumer Vorland wies Rettig (1979/1980) 1978 bis zu 10 Bp auf Spülfeldern, 1984 7 Bp, 1991 und 1992 je ein Paar sowie E. Voß (in Gerdes et al. 1998) 1997 3 Paare, Rettig im Wybelsumer Polder 1996-1998 1-3 und Th. Mindrup (in Rettig 83. Ber.) am Emsdeich bei Nüttermoor ein Paar nach (Rettig 16., 50., 56., 93. 104. u. 116. Ber.).

Als Durchzügler erscheint er nur in wenigen Ind.

Mornellregenpfeifer (Morinelplevier, *Eudromias morinellus*) *
Sehr seltener Gastvogel aus arktischen Gebirgen

Die Begegnung mit diesem hübschen Regenpfeifer ist jedes Mal ein Genuß. Er trat nur in einem Frühjahr in größerer Zahl auf. Vom 30.04. bis 8.05.1978 rastete ein Trupp, dessen Größe täglich zwischen 23 und maximal 48 (3.05.) Ind. schwankte, auf einem schütter bewachsenen Acker im Oldersumer Neuland (3 km NNO Oldersum, Fehntjer Tief-Gebiet). Von ihrem Nahrungsplatz führten sie mehrmals Rundflüge mit einem Radius von 500-700 m aus. Während eines Rundfluges am 5. Mai zogen 12 Vögel nach NO ab. Vermutlich fand während der neun Tage gleichzeitig Zuzug und fortgesetzter Heimzug statt (H. Reepmeyer mdl., Gerdes 1978).

Auf Borkum erschienen vom 12.-26.05.1974 drei Trupps von je 5-6 Ind., die sich auf sandigen und trockenen Grasflächen aufhielten (B. Hofmann briefl. und Schoennagel 1974). Auch Einzelvögel werden selten gesehen. Hammerschmidt (1965) sah ein Ind. am 2.10.1954 vor Diele. Am 10.05.1975 wurde ein Vogel auf einem Acker SW vom Dollard und am 9.09.1979 ein Jungvogel auf Punt van Reide entdeckt (Boekema et al. 1983). Zuletzt sahen H.-J. van Loh und Verf. am 29.08.1987 ein Ind. bei Ditzumerwarpen. Früher scheint er häufiger gerastet zu haben, denn Leege (1905) sah ihn alljährlich "einzeln und auch zu kleinen Trupps" vereinigt.

Goldregenpfeifer (Goudplevier, *Pluvialis apricaria*) *
Ehemaliger Brutvogel im LK Leer und sehr häufiger Gastvogel

Zu Beginn des 20. Jh. kam er "in allen Mooren häufig vor". Am Lengener Meer führten Altvögel 1931 und 1932 Junge (tom Diek 1933); Leege (1936) berichtet von zwei Paaren. Nach Bruns (1948 b) hat hier noch 1948 ein Altvogel einen juv. Vogel betreut. Wie lange er hier und im Stapeler Moor als Brutvogel vorkam, ist nicht bekannt (Zang & Heckenroth 1995). Im Rheder Moor (N-Teil des Bourtanger Moores, 3 km S der Kreisgrenze) hat Schlotter (zit. nach Hammerschmidt 1971) bis 1928 Brutnachweise (zwei Gelegefunde 1928) erbracht.

S vom Kreisgebiet hat sich O von Bockhorst in der Esterweger Dose ein kleiner Brutbestand länger gehalten. Wie die Entwicklung in diesem ehemals sehr schönen Hochmoor verlief, zeigt folgende Tabelle.

1931	1951	1953	1955	1957	1961	1963	1964	1968	1969	1989	1997
12	6	11	4	7	2	4	2	1	1 Ind.	2	8

Tab. 11: Brutpaarzahlen des Goldregenpfeifers in der Esterweger Dose. Verwendet wurden alle verfügbaren Daten, die außer den Angaben von Hammerschmidt (1971) und Heckenroth & Zang (1995) auf Zählungen von M. u. W. Brinkmann (fide Hammerschmidt 1971) und B. Petersen (briefl.) beruhen. Die Zahlen von 1955 und 1968 sind Mindestangaben. Nach einer Nachweislücke 1970-1985 liegen ab 1986 bis 1989 erneut Nachweise vor, so im Mai 1989 mind. 2 Bp. 1997 stellte Th. Kiffmeyer, der für den Schutz der letzten Brutvögel sorgt, 8 Bp fest (Staatliche Vogelschutzwarte Hannover). Es ist zu hoffen, dass dies Kleinod der Hochmoore erhalten werden kann.

Die ausgedehnten Grünländereien des Einzugsbereichs der Ems beherbergen vor allem in Dollartnähe während der Zugzeiten riesige Gastvogelscharen der nordischen Unterart. Die Dollartzählungen (D+NL) ergaben im Zeitraum 1974-1997 Monatsmittel von 2000-3000 Ind. mit Ausnahme von Januar, Februar, Mai und Juni (Prop et al. 1999). Gelegentlich rasten rund um den Dollart >26.000 Vögel. Nur an wenigen Tagen konnte in weiter entfernten Gebieten ein wahrscheinlich nicht vollständiger Überblick gewonnen werden. Während der Überwinterung im extrem milden Winter 1974/1975 schätzten die Gänsezähler mind. 10.000 Ind. im Rheiderland, z.B. am 15.01.1975. Am 26.11.1978 ergab der Versuch einer quantitativen Zählung auf 40 km² Grünland 12.579 Goldregenpfeifer. Bei einer Wiederholung am 25.11.1979 zählten wir 4433 Ind. und auf dem Heimzug am 31.02. 1979 nur 2289 Vögel. Bei einer deutsch-dänischen Synchronzählung am 31.10. 1993 registrierten wir im Rheiderland 6655 Ind. und rechtsemsisch 1177 Ind., also 7832 Ind. (= 7,8 % der Bestände Niedersachsens und Bremens, vgl. Flore et al. 1994). 89 % der Vögel nutzten Grünländereien für die Nahrungssuche, ein Wert, der ihre Bedeutung aufzeigt. Am 4.03.1997 zählten J. Jaene u. H. Kruckenberg sogar 22.664 Ind. im Rheiderland ohne die Vorländer!

Der Tag, an dem die Hauptwelle durchzieht und rastet, ist schwierig zu ermitteln. Für vollständige Erfassungen stehen nicht genug versierte Kenner zur Verfügung. Fest steht, dass insbesondere das Rheiderland wochenlang nationale (mind. 2000 Ind.) und öfter internationale Bedeutung (mind. 18.000 Ind., Burdorf et al. 1997) besitzt. Auch in den anderen Grünländereien des Kreises halten sich maximal einige 1000 Ind. auf. Oft wogen die Wolken der Goldregenpfeifer neben denen der Kiebitze über den Hammrichen hin und her. Manchmal konzentrieren sich große Schwärme in kleinen Gebieten, z.B. am 9.04.1997 6600 Ind. im Petkumer Vorland, einem wichtigen Schlafplatz (Rettig 104. Ber.). Auch in anderen Emsvorländern (Midlumer Vorland bis 1500 Ind. im April) und im Dollartheller liegen Schlafplätze. Wenn ab April oder Anfang Mai das Grünland vergleichsweise trocken ist, suchen diese Regenpfeifer bevorzugt Nahrung im Dollartwatt.

Goldregenpfeifer im Prachtkleid

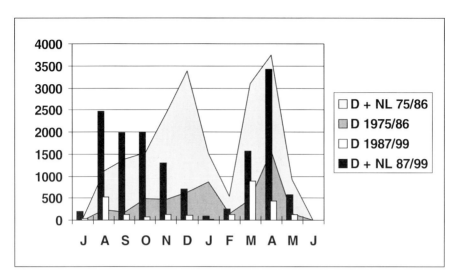

Abb. 35: Jahreszeitliches Auftreten des Goldregenpfeifers am Dollart von Juli bis Juni, Monatsmittel der Ind. (Flächen: 1975-1986; Säulen: 1987-1999, nach Daten von J. Prop, briefl.)

Während des Wegzuges bauen sich die Rastbestände im ersten Zeitabschnitt bis zum Maximum im Dezember auf (Abb. 35). Im zweiten Zeitabschnitt nehmen die Bestände nach dem Höhepunkt im August allmählich bis zum Minimum im Januar ab. Bereits am 9.08.1998 waren am Dollart 2122 Ind. eingetroffen und am 18.08.1996 war die Zahl auf 6129 Ind. gestiegen. Diese zeitliche Verteilung der Abb. 35 gilt nicht für das Binnenland. Während des Heimzuges liegt das Maximum im April. Meist klingt der Zug bis zum 20. Mai aus. Am 3.05.1992 hielten sich 1920 Ind. (davon 335 in D) und am 19.05.1996 noch 297 Ind. (davon 273 in D) am Dollart auf. Das frühe Eintreffen im August und das lange Verweilen im Mai weichen ab vom zeitlichen Auftreten am Elisabeth-Außengroden W Schillig und an der Elbmündung (Heckenroth & Zang 1995). Die Graphik ist von begrenzter Aussagekraft, da die sich in den weiten Grünländereien des Rheiderlandes vor allem im Oktober und November aufhaltenden Goldregenpfeifer nicht einbezogen werden konnten.

Der Goldregenpfeifer ist ähnlich wie der Kiebitz ein ausgesprochener Wettervogel. Wann er aus den Winterquartieren zurückkehrt, hängt vom Verlauf des Winters ab (meist etwas später als der Kiebitz). In normalen Wintern tauchen die ersten Ind. Ende Januar oder Anfang Februar auf. Nach einem strengen Winter wie 1985/1986 erschienen die ersten 4 Ind. am 16.03.1986. Nach der Brutzeit kehren sie schon Anfang Juli zurück, so am 7.07.1973 5 Ind. bei Böhmerwold.

Aus Mangel an ausgedehntem Grünland ist die Art auf Borkum nicht so zahlreich, wie wenige Höchstzahlen andeuten: 440 Ind. am 19.04.1989 und 684 Ind. am 8.05.1982 (Meltofte et al. 1994).

Kiebitzregenpfeifer (Zilverplevier, *Pluvialis squatarola*)
Sehr häufiger Gastvogel

Dieser hochnordische, während der vergleichsweise kurzen Durchzugzeiten streng an das Wattenmeer gebundene Regenpfeifer findet im Dollart vor allem im Mai und August eine lebenswichtige "Auftankstation" zum Aufbau der Fettreserven auf dem Zug zwischen der W-Küste Afrikas und den Brutgebieten in der arktischen Tundra (Abb. 36). Als im Dollart am 7.05.1988 4400 Ind. vorkamen, wurden bei Borkum gleichzeitig 230 Ind. gezählt.

Der Heimzug macht sich zögernd im Februar bemerkbar; nur in 1/3 der Jahre waren einige 10 Ind. eingetroffen. Im März, April und vor allem im 1. Maidrittel steigen die Zahlen rasch bis zum Höhepunkt im 2. Maidrittel an (im Mittel der Jahre 1987-1999 4600 Ind., Höchstwert 7531 Ind. am 19.05.1996). Da im letzten Maidrittel keine quantitativen Zählungen stattfanden, fehlen aus dieser Zeit genaue Angaben. Wenige Hinweise zeigen auf, dass sich dann noch viele (>1400) Kiebitzregenpfeifer im Dollart aufhalten. Im Juni verweilen nur wenige 10 Ind. Im Juli setzt der Wegzug ein, der seinen Höhepunkt im August (Mittel 1987-1999 2127 Ind.) erreicht. Schon im September ziehen viele weiter und im Oktober und November klingt der Wegzug allmählich aus.

Beim Vergleich der beiden Zeitabschnitte fällt die Zunahme im Mai während des letzten Jahrzehnts auf (16 %). Andererseits hat dieser Regenpfeifer trotz der erheblichen Zunahme der Ostatlantischen Zugweg-Population (Meltofte et al. 1994) während der Wegzugphase z.B. im August um 37 % abgenommen. Im Frühjahr sind die Zahlen auf der Ostseite des Dollart vergleichsweise hoch, wenn auch nicht so ausgeprägt wie beim Dunklen Wasserläufer. Zeitweise kommen auch bei Borkum große Ansammlungen vor: 2485 Ind. am 7.10.1989 und 1028 Ind. am 4.05.1991 (Meltofte et al. 1994).

Er ist viel weniger gesellig als die anderen Watvögel. Einzeln sucht er pickend Nahrung auf dem Wattboden. Werden die Wattflächen geflutet, stehen die Vögel oft leicht zählbar auf den Pfählen der Buschlahnungen. Nur wenn sie bei Hochwasser im Heller zusammengedrängt werden, vergesellschaften sie sich zu Trupps. Ins Binnenland fliegen die Vögel in der Regel nur bei Sturm- oder Springflut, wenn alle Vorländer geflutet sind. Im Grünland S von Ditzum zählten wir am 29.08.1987 510 Ind. Das fernere Binnenland meidet er weitgehend. Im Emsland (36 km landeinwärts) kamen am 12.10.1991 2 Ind. vor (W. Schott, Saxicola 1991, H. 3).

Kiebitzregenpfeifer im Prachtkleid am Dollart

Kiebitz- ♀ an der Ems

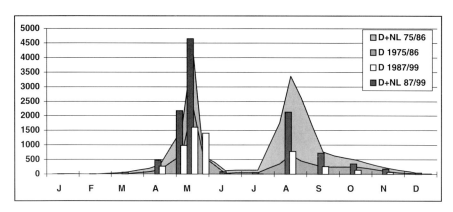

Abb. 36: Monatsmittel der Rastbestände des Kiebitzregenpfeifers im Dollart in zwei Zeiträumen (1975-1986 als Flächen- und 1987-1999 als Säulen-Diagramm). Der Mai ist in drei Dekaden unterteilt. Die Werte der Flächen außerhalb des Monats Mai sind interpoliert. Für die 3. Maidekade liegen nur Teilzählungen von der deutschen Seite vor. n = 190.249 Ind.

Kiebitz (Kievit, *Vanellus vanellus*)
Noch häufiger Brutvogel (1986 3200 Bp, ↓) und sehr häufiger Gastvogel

Dieser Charaktervogel der Marschen ist in neuerer Zeit gebietsweise infolge intensiverer Landnutzung stark zurückgegangen. Im Grünland der Geest ist er nach wie vor sehr spärlich vertreten. Er ist auf Flächen mit kurzer Vegetation und hoher Bodenfeuchtigkeit angewiesen, die für die moderne Landwirtschaft einen geringen Wert haben. Hochgrasige und völlig ebene Wiesen ohne Wasserstellen muss er aufgeben. So sind manche Gebiete wie z.B. der Logaer und Logabirumer Hammrich verwaist oder die Bestände in anderen Gebieten stark ausgedünnt. Künftig wird er aus weiteren Grünländereien verschwinden (s. Kapitel "Niedergang der Wiesenvögel").

Bis etwa 1990 waren die Bestände noch recht beachtlich. Die Tabelle 12 fasst im wesentlichen große oder bedeutende Gebiete zusammen. Sehr wertvolle Gebiete sind die Emsvorländer, das Grünland im Rheiderland und die rechtsemsischen Marschen. Im Fehntjer Tief-Gebiet, wo der Bestand in den Schutzgebieten seit 1997 ein wenig abgenommen hat, ist der Auricher Anteil enthalten. Andererseits sind viele kleine Gebiete unberücksichtigt geblieben. Die große Bedeutung unseres Gebietes ist daran zu ermessen, dass der Anteil an der Gesamtzahl Niedersachsens (im Mittel 26.500 Bp nach Onnen & Zang 1995) etwa 10 % beträgt, obwohl das Kreisgebiet nur 2,3 % der Fläche Niedersachsens ausmacht.

Wenig ist über den Bestand im O-Teil des Kreises bekannt. Im SO um Detern vom Barßeler Tief bis an den Nordgeorgsfehn-Kanal kartierte K.-D.Moormann 1999 67 Bp auf 871 ha (Dichte 0,8 Bp/10 ha). Niedriger ist die Dichte in der geestreichen Gemeinde Uplengen im NO-Teil des Kreises. Hier zählte B. Petersen im April 2000 52 Bp und schätzte den Bestand auf etwa 80 Bp. Sehr gut hat sich die Art in einigen naturnah bewirtschafteten Gebieten wie z.B. dem Bingumer Sand (Dichte mitunter 10 Bp/10 ha) gehalten. Die Erschließung neuer Bruthabitate wie z.B. Maisäcker mit oft unsicherem Aufzuchterfolg kann jedoch den allgemeinen Rückgang nicht aufhalten.

Gebiet	Größe (ha)	1977	1985-1987	1994	1996
Dollart	364	47 (Z)	37 (Z)	68 (Z 1993)	58 (1999)
Ems (Pogum-Leer)	943				265 (Z)
Bunderhammrich	490		132(Z)	38 (Z)	
Rheiderland	9.730		800 (S)	627 (Z)	
Oldersum-Leer	3.700		250 (S)		90
Fehntjer Tief-Gebiet	8.200		900 (S)		91 (Z)
Timmel-Bagband	2.200		100 (S)		35
Holtlander Ehe	660		25(S)		35 (1995)
Leda-Jümme-Geb.	5.500		300 (S)	272 (Z 1991)	
Holter Hammrich	1.150		35 (S)	80 (S 1991)	
Leer-Völlen	4.900		250 (S)	130	
Wymeer	1.930		43 (Z)	55	
Stapelmoor	1.250		63 (Z 1987)		55 (1997)
Summe	41.017		3200		
LK Leer	ca. 65.400		2330 (Z)		

Tab. 12: Hauptbrutgebiete des Kiebitzes auf dem Festland (Quelle: Arbeitskreis Feuchtwiesenschutz Westniedersachsen e.V. 1998 mit Ergänzungen aus Gerdes et al. 1998, Panzke u. Lobinger briefl.; die Summe von 2330 Bp um 1987 geht auf Erfassungen von Mitarbeitern der Unteren Naturschutzbehörde zurück. S = Schätzung, Z = Zählung.

Die Werte der Tab. 12 zeigen das Dilemma der Auswertung von Zahlen aus verschiedenen Quellen und Jahren. Die Gesamtzahl von 2330 Bp auf 65.400 ha Grünland des Kreises ist wahrscheinlich viel zu niedrig im Vergleich zur Summe von 3200 Bp, die 265 Bp aus dem Emsvorland enthält. Andererseits enthält die Summe 3200 vermutlich überhöhte geschätzte Zahlen. Die Zahl von 900 Bp im

Fehntjer Tief-Gebiet ist vielleicht zu hoch, auch wenn das damals erfasste Gebiet viel größer ist. Die Zahlen von 1996 (91 Bp) und 1998 (63 Bp) beziehen sich nämlich nur auf die Schutzgebiete (1258 ha, H. Pegel). Da in der Tabelle viele kleine Gebiete nicht enthalten sind (vgl. die Differenz der Grünland-Größen von 41.017 ha und 65.400 ha), ist davon auszugehen, dass der Kreis um 1986 mind. 3200 Bp beherbergt hat. Bis zum Ende des 20. Jh. dürfte der Gesamtbestand erheblich kleiner geworden sein.

Auf Borkum war 1861 "die Menge noch sehr beträchtlich", später hat er im Westland auf 20 Bp abgenommen, weil Inselbesucher schonungslos die Altvögel von den Nestern bzw. den Jungvögeln wegschossen. Nur im Ostland sei seine Zahl "auch jetzt noch recht ansehnlich" (Droste 1869). Schoennagel (1972) schätzte 1971 80 Paare. Zählungen in 1995, 1996 und 1999 ergaben höhere Werte: 187, 202 bzw. 132 Bp (Südbeck & Hälterlein 1997, Hälterlein & Südbeck 1998, NLWK).

Als ausgesprochener Wettervogel kehrt er nur wenige Tage nach dem Ende von Frostperioden aus den Winterquartieren in W-Europa und den Niederlanden zurück (besonders SW-Frankreich und Iberische Halbinsel, Onnen & Zang 1995). Falls er Frost und Schnee im November oder Dezember ausgewichen ist, kann er schon Anfang Januar wie 1974 (6.01.) wieder eintreffen. Nach strengen Wintern wie 1987 erschienen die ersten Kiebitze am 12. März. Zwischenzeitlicher Frost führt sogar noch im März zu erneuter Flucht nach SW. In einem strengen Nachwinter wie 1969 verunglückten viele Kiebitze um den 20. März (Rettig 1979/80). In der Regel treffen die Kiebitze im Februar ein und beginnen bald mit ihren Balzflügen, selbst wenn die Reviere z.T. verschneit sind.

Eine mögliche Abnahme der Gastvögel ist wegen der schwierigen Erfassung nicht sicher nachweisbar; ein schwerwiegender Rückgang ist bisher nicht festzustellen. Außerhalb der Brutzeit und in milden Wintern bevölkern große, oft einige 1000 Ind. umfassende Scharen die Hammriche. Folgende Zahlen verdeutlichen dies: 15.01.1975 5000 Ind. N Wymeer, 22.06.1984 10.000 Ind. N-Rheiderland, hier im Februar 1989 ebenfalls ca. 10.000 Ind.. Auch in den Dollartpoldern kommen gelegentlich viele Kiebitze vor.

Während der Wegzugphase gehört er im binnenländischen Grünland nach wie vor zu den zahlreichsten Watvögeln von September bis November oder Dezember. Im Niederrheiderland konzentrieren sich oft einige 10.000 Ind., die bisher noch nicht flächendeckend quantitativ erfasst werden konnten. Auch in den Poldern sammeln sich zeitweise viele (z.B. 4000 Ind. im Bunder-Interessentenpolder am 13.12.1992). Bei Stickhausen und Barge sah K. Oltmer (in Rettig 100. Ber.) 19.500 Ind. am 22.11.1953. Am 10.12.1967 flüchteten im NW des Dollard etwa 3000 Kiebitze nach SW, davon 1100 in einer Stunde. Einige Trupps bildeten lockere Keilformationen, ein Verhalten, das für den Kiebitz ungewöhnlich ist. Ebenfalls während einer Frostflucht rasteten am 22.12.1970 mind. 5000 Ind. im SO des Dollart auf dem Watt, wo die Art sonst nicht häufig zu finden ist.

Knutt (Kanoetstrandloper, *Calidris canutus*)
Sehr häufiger Gastvogel bei Borkum

Das marine Wattenmeer ist für diesen Strandläufer, dessen Brutheimat in N-Sibirien liegt, eine äußerst wichtige "Auftank"-Station für seine Fettdepots auf dem Zug zwischen der Tundra und dem Winterquartier vor W-Afrika. Er rastet sehr häufig bei Borkum und meist spärlich im brackwassergeprägten Dollart. Nach Südbeck (1999) macht der Bestand auf Borkum 10 % der Gesamtsumme Niedersachsens im Zeitraum 1992-1995 aus. Die Darstellung des jahreszeitlichen Auftretens in einer Graphik ist problematisch, da bei den Erhebungen auf Borkum sehr voneinander abweichende Zahlen zustandekamen, die durch unterschiedlichen Leistungsstand der Erfasser bedingt sind. Dies gilt für alle Strandläuferarten einschließlich des Sanderlings. Daher wird von einer graphischen Darstellung abgesehen.

Höchstzahlen von Borkum: Schoennagel (1980) schätzte im September 1977 reichlich hoch 20.000 Ind., nach Meltofte et al. (1994) 6300 Ind. am 26.09.1981 und 1600 Ind. am 16.10.1982. Diese Werte liegen außerhalb der Hauptzugmonate Mai und August oder September (Großkopf 1995). Um ein Vielfaches überhöht und völlig unrealistisch sind die Zahlen von angeblich 360.000 Knutts und 600.000 Alpenstrandläufern am 26.09.1964 auf dem Sandwatt von Borkum (Schweigman 1965).

Am Dollart erscheint er auf deutscher Seite nicht alljährlich, am stetigsten am Westufer, wo er sich vor allem auf dem Wegzug von Juli bis September einstellt (Julimittel 130 Ind., 360 Ind. am 15.05.1983, maximal 750 Ind. am 18.07.1993, Prop et al. 1999).

Sanderling (Drieteenstrandloper, *Calidris alba*)
Mäßig häufiger Gastvogel auf Borkum

Diese hoch-arktische, zirkumpolare Art erscheint hauptsächlich auf den Inseln als ausgeprägter Strandvogel, der zwischen auflaufenden Wellen hin und her huscht. Wegen der Weitläufigkeit der Strände sind vollständige Erfassungen sehr aufwendig und schwierig. Manche Angaben in der Literatur scheinen auf Schätzungen zu beruhen. Die Zahlen rastender Vögel sind am höchsten jeweils um die Monatswende Mai/Juni und August/September. Schoennagel (1977) gibt 600 Ind. für Borkum am 18.01.1976 an. Im Januar 1994 wurden hier 280 Ind. gezählt (Poot et al. 1996) und am 13.10.1984 227 Ind. (Meltofte et al. 1994). Am 28.05.1998 hielten sich mind. 92 Ind. auf dem Watt bei Lütje Hörn auf (Verf.).

Wie streng sich der Sanderling an die Inselküste hält, zeigen die niedrigen Zahlen am Dollart, wo er sehr sporadisch in wenigen Ind. vorkommt. Am ehesten ist er im NW bei Punt van Reide anzutreffen, wo sich am 7.05.1988 10 Vögel einfanden. An der Ostseite des Dollart ist er in 24 Jahren nur zweimal (17.11.1985 und 19.05.1996, außerdem ein Ind. bei Petkum am 2.10.1966, Rettig 1979/1980) festgestellt worden.

Zwergstrandläufer (Kleine Strandloper, *Calidris minuta*)
Spärlicher Gastvogel aus der Eismeer-Tundra

An der N- und O-Seite des Dollart erscheint er hauptsächlich auf dem Wegzug im September und Oktober in kleinen Trupps von 20-30 Ind., so 25 Ind. am 13.10. 1973 im SO und 30 Ind. am 6.10.1998 in Spülfeldern bei Wybelsum (hier 90 am 10.09.1998, 70 Ind. am 13.05.1999, Rettig 122., 123., 131. Ber). Auch auf Schlammbänken an der Ems sucht er zur Zugzeit im Mai und von Mitte Juli bis Oktober Nahrung, so 16 Ind. am 14.05.1994 beim Emstunnel. Im Binnenland sah Th. Munk (briefl.) ein Ind. am 23.08.1995 nahe der Jümme bei Groß Terwisch. Außergewöhnlich viele Strandläufer (275 Ind., Verf.) waren am 17.09.1967 auf dem Rysumer Nacken W Emden konzentriert.

Auf Borkum stellte B. Hofmann (briefl.) um 1990 Trupps bis zu 30 Ind. fest.
` ,

Temminckstrandläufer (Temmincks Strandloper, *Calidris temminckii*)
Seltener Gastvogel aus der Tundra und borealen Zone

Er findet am Dollart kaum geeignete Habitate. Daher wird er Anfang Mai (selten) und von Mitte Juli bis zum 21. Oktober (1990) fast nur einzeln festgestellt. Wo im Binnenland niedrige Vegetation nahe Schlammbänken vorkommt, ist er eher anzutreffen. An solchen Stellen sah Verf. beim Emstunnel am 26.07.1989 4 Ind. bei Soltborg und am 12.05.1994 im Rauhen Land beim Emstunnel 13 Ind., die mit 4 Zwergstrandläufern, 7 Bruchwasserläufern und 18 Kampfläufern vergesellschaftet waren.

Graubruststrandläufer (Gestreepte Strandloper, *Calidris melanotos*)
Irrgast aus der sibirischen Tundra

Am 3.08.1964 soll nach Schoennagel (1964 b) ein Vogel auf Borkum vorgekommen sein, doch wird diese Mitteilung von Zang (1995) bezweifelt. Rettig (39. Ber.) wies am 2.10.1966 ein Ind. im Petkumer Deichvorland nach.

Sichelstrandläufer (Krombekstrandloper, *Calidris ferruginea*)
Meist spärlicher Gastvogel aus der arktischen Tundra Mittel- und Ostsibiriens

Im Vergleich zum großen Mauserzentrum auf den Watten zwischen Elbe und Eider, wo sich Anfang August etwa 20.000 Vögel einfinden (Meltofte et al. 1994), wird der Dollart trotz der Vorliebe dieser Art für das Schlickwatt nur von kleineren Ansammlungen aufgesucht. Während des Wegzuges ab Juli rastet er viel häufiger als auf dem Heimzug, weil er auf dem Wegzug dem Ostatlantischen Zugweg folgt (Wymenga et al. 1990, Glutz von Blotzheim et al. 1975). Oft sind seine Rufe aus den riesigen Alpenstrandläufer-Schwärmen zu hören. Erst wenn die Schwärme genügend nahe rasten, können die Sichelstrandläufer gezählt werden. Selbst dann wird er leicht übersehen. Daher wird sein Anteil wahrscheinlich unterschätzt.

Im Juli werden meist 10-20 Ind. gezählt; am 16.07.1995 rasteten 229 Ind. (Höchstzahl im Juli) im W des Dollard. Im August beträgt das Mittel 69,5 Ind. (1980-1999). Bei 17 gemeinsamen Zählungen aus diesem Zeitraum entfielen im Mittel nur 4,6 Ind. auf die deutsche Seite. Berücksichtigt man jedoch alle August-Zählungen nur der deutschen Seite, erhält man für den Zeitraum 1974-1995 ein Mittel von 25,6 Ind. Daran ist zu erkennen, wie Teilzählungen und unterschiedliche Zeiträume die Zahlen verändern können.

Die Höchstzahlen für den Dollart aus dem August, dem Höhepunkt des Wegzuges, fügen sich in das Bild der Werte, die aus anderen Gebieten Niedersachsens (Großkopf 1995) bekannt geworden sind: am 16.08.1980 180 Ind. und am 9.08.1998 283 Ind. jeweils auf niederländischer Seite, am 12.08.1975 175 Ind. am Ostufer, im gesamten Dollart am 17.08.1986 150 Ind. und am 16.08.1992 60 Ind. (vgl. Prop et al. 1999). In den meisten Jahren ist der Wegzug im September weitgehend abgeschlossen, denn in 19 von 23 Jahren kamen meist nur 1-5 Ind. vor. Lediglich am 9.09.1979 rasteten noch 130 Ind. (R. Drent, E. Koopman).

Die Schwankungen der Zahlen von Jahr zu Jahr hängen eher mit der zu geringen Erfassungsintensität als mit dem tatsächlichen Ablauf des Zuges zusammen. Ab 1996 sind am Ostufer keine Sichelstrandläufer gesehen worden. Das Ausweichen in benachbarte Gebiete erschwert die Erfassung.

Wahrscheinlich finden sie in jüngster Zeit ein günstigeres Habitat auf den Spülfeldern des Wybelsumer Polders N vom Dollart: 19.08.1995 55 Ind., 18.09.1998 38 Ind., 21.09.1999 215 Ind., 26.09.1999 sogar noch 350 Ind. während der Hochwasserzeit und am 6.10.1999 25 Ind. (Rettig 87., 137 Ber., H. Kruckenberg in Rettig 122. Ber.). Am 31.08.1969 hatte Rettig (1970) die Höchstzahl von 750 Ind. auf einem Spülfeld binnendeichs nahe der NO-Ecke des Dollart ermittelt. Mit den Alpenstrandläufern fliegt er tidebedingt zeitweise zwischen dem Dollart und dem Grünland bei Ditzumerwarpen hin und her, wo am 29.08.1987 mind. 20 Ind. rasteten.

Auf Borkum scheint er an den meisten Zähltagen der 1980er Jahre nicht vorzukommen, doch tritt er auch hier spärlich vergesellschaftet mit dem Alpenstrandläufer auf (Meltofte et al. 1994 u. Hofmann briefl.).

Während des Heimzuges aus den Winterquartieren an der westafrikanischen Küste (z.B. Banc d'Arguin) erscheinen im Mai meist nur wenige Ind. in 6 von 21

Jahren im Dollart (Zeitraum 1975-1999). Nach Wymenga et al. (1990) zieht er dann hauptsächlich über das Mittelmeer und durch die Region des Schwarzen Meeres in die Brutgebiete. Außergewöhnlich waren folgende Ansammlungen: am 31.05.1975 mind. 20 Ind. im NO des Dollart (H. Reepmeyer), am 19.05.1996 63 Ind. im gesamten Dollart (davon 52 am W-Ufer des Dollard, J. Prop).

Meerstrandläufer (Paarse Strandloper, *Calidris maritima*)
Spärlicher Gastvogel aus alpin-arktischen Gebieten

Für diesen streng an die Inseln und die gegenüberliegende Festlandsküste gebundenen Watvogel liegen nur von Borkum Nachweise vor, wo er bei der Nahrungssuche hauptsächlich von (September) Oktober bis März (Mai) Buhnenanlagen bevorzugt und allwinterlich truppweise erscheint (meist 15-20 Ind., März 1977 bis 60 Ind., Schoennagel 1980, B. Hofmann briefl.). Am besten lässt er sich um die Niedrigwasserzeit auf flachen Buhnen beobachten, wo er zwischen kleineren Steinblöcken im Seepocken-und Blasentangbereich (*Balanus et Fucus*) zusammen mit Steinwälzern Nahrung sucht. Die neuartigen Buhnen aus sehr großen und glattwandigen Betonquadern bieten ihm keine Nahrungsmöglichkeiten. Am 8.11. 1999 8 Ind. am Südstrand und am 19.01.2000 nur 12 Ind. auf einer Buhne am NW-Strand von Borkum (B. Petersen, Verf.). In die Ems dringt er trotz vieler Buhnen nicht vor. Lediglich am Mahlbusen des Rysumer Nackens sah Rettig (1979 / 1980) ein Ind. am 15.11.1970.

Alpenstrandläufer (Bonte Strandloper, *Calidris alpina*)
Ehemaliger Brutvogel (†), sehr häufiger Gastvogel meist aus arktischen Breiten

Auf den Außenweiden Borkums haben früher vereinzelt Paare der südlichen Rasse *C. a. schinzii* gebrütet, aber schon 1929 war er als Brutvogel verschwunden (Droste 1869, Leege 1905, Peitzmeier 1961). Auch im Dollartbereich war er früher Brutvogel. Sichere Brutnachweise sind nur von der niederländischen Seite bekannt. Auf Punt van Reide wurden 1949 ein Gelege und am 5.06.1959 ein Küken gefunden. Vermutlich hat er hier bis 1962 in wenigen Paaren gebrütet. Am 13.05. 1955 wurden sogar 10 balzende Paare festgestellt (Boekema et al. 1983). Im Petkumer Vorland stellte Rettig (1979/1980) 1970 und 1972 brutverdächtige Einzelpaare fest. Auf den kurzgrasigen Salzwiesen im Südosten des Dollart fand am 14.06.1987 anhaltende Balz mit intensivem Fluggesang von drei Altvögeln statt, jedoch ist es unwahrscheinlich, dass es wegen der häufigen Überflutungen zu einer erfolgreichen Brut gekommen ist. Auch am 20.06.1993 und 12.06.1994 balzte ein Altvogel anhaltend am selben Platz (Verf.). Nach Koks & Hustings (1998) verhielten sich im Dollard-Kwelder 1995 ein Paar und 1996 2 Paare brutverdächtig.

Im Dollart, wo er schlick- und nahrungsreiche Wattflächen vorfindet, gehört dieser Strandläufer zu den häufigsten Watvögeln. Da er je nach Tide und Witterung die Hochwasserrastplätze wechselt, ist seine Zählung sehr schwierig. Bei Überflutung der Vorländer müssen die Vögel ins Binnenland ausweichen, wo sie nicht mehr vollständig erfasst werden können. Sie sind nur dann in Abb. 37 berücksichtigt, wenn sie während der Zählzeit wieder in den Dollart zurückgeflogen sind. Vögel, die im Petkumer Vorland (öfter 2000 Ind.) gerastet haben oder sich bei sehr nasser Witterung auch tideunabhängig in großen Scharen im Binnenland verteilen, bleiben bei dieser Auswertung unberücksichtigt. Man erkennt, dass die Bestände während der Hauptzugzeiten im zweiten Abschnitt gegenüber dem ersten deutlich, nämlich im April und Oktober jeweils um 35 % abgenommen haben (Prop 1998), jedoch ist der Rückgang nicht so ausgeprägt wie beim Säbelschnäbler. Möglicherweise ist der ältere Mittelwert (1975-1986) für August zufallsbedingt zu niedrig, da in diesem Monat und Zeitabschnitt nur fünf gemeinsame Zählungen stattfanden.

Außer im Juni sowie bei Vereisung im Januar und Februar ist er ganzjährig anzutreffen. Der Heimzug erstreckt sich hauptsächlich von März bis Mitte Mai und der länger dauernde Wegzug von Mitte Juli bis weit in den Dezember hinein. Beide Zugphasen sind fast gleich stark ausgebildet. Die zeitliche Aufeinanderfolge von Alt- und später von Jungvögeln lässt sich aus der Abb. 37 nicht ablesen.
  Auf die deutsche Seite entfällt durchweg ein kleinerer Teil. Ab 1987 wird hier eine Zahl von 10.000 Ind. wenige Male (z.B. 12.030 Ind. am 15.12.1992, 12.200 Ind. am 13.10.1996 und 17.680 Ind. am 23.03.1997) überschritten. Um 1980 wogten bei Hochwasser Wolken von etwa 15.000 Vögeln über der Geise hin und her, am 12.10.1980 sogar 30.000 Ind. In den 1990er Jahren wurde die vielgestaltige niederländische Seite stärker bevorzugt.

Große Bedeutung haben die Grünländereien des Rheiderlandes. Während der Zeit hoher Tiden oder bei sehr nasser Witterung sammeln sich zur Rast und Nahrungssuche um Ditzumerwarpen bis zum Oldendorper Hammrich, dem auf Grund der Dollartnähe wichtigsten binnenländischen Gebiet, oft 3000-5000 Vögel (z.B. am 14.09.1986, 14.10.1984, 10.11.1991 und 10.11.1996). Am 12.11.1989 wurden hier sogar >20.000, am 17.03.1991 10.000 und am 15.03.1998 17.826 Ind. registriert, die bei ablaufendem Wasser zum Watt zurückkehrten. Auch der weiter entfernte Bunderhammrich wird gelegentlich von großen Scharen angeflogen, z.B. 4000 Ind. am 19.10.1986. Im Kanalpolder rasten zeitweise 1500-2300 Ind.
  Ein kleinerer Teil der Vögel verteilt sich emsaufwärts und sucht Nahrung vor Nendorp, Buschplatz, Midlum und bis Bingum (bis 30 Ind.) in zahlenmäßig abnehmenden Trupps. Ob die bei der Tunxdorfer Schleife sich aufhaltenden Vögel zwischen hier und dem Dollart wechseln, ist nicht bekannt (z.B. 40 Ind. am 9.11. 1991, B. Hülsmann, Saxicola 1991, H. 3).

Startende Alpenstrandläufer auf einer Betonlahnung am Dollart

Alpenstrandläufer im Prachtkleid am Dollart

Ringfund: Ein am 11.08.1989 bei Falsterbo (Schweden) beringter Jungvogel wurde Anfang April 1990 tot am Dollart gefunden.

Höchstzahlen von Borkum: 9500 Ind. am 19.04.1980 und 17.900 Ind. am 26.09.1981 (Meltofte et al. 1994).

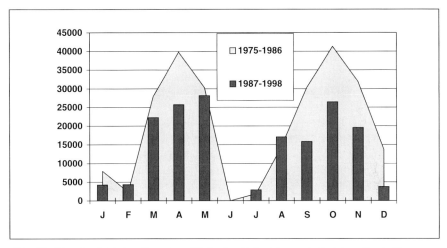

Abb. 37: Monatsmittel der Alpenstrandläufer im Dollart in zwei 12-Jahre-Abschnitten, n = 3.600.442. Nur die Ergebnisse deutsch-niederländischer Zählungen sind zugrundegelegt.

Sumpfläufer (Breedbekstrandloper, *Limicola falcinellus*)
Irrgast aus der borealen Subarktis

Da diese Art aus den Brutgebieten nach SO wegzieht, erscheint sie bei uns sehr selten. Am 18.09.1977 rastete ein Jungvogel im südöstlichen Dollartheller. Er hielt sich abseits von anderen Limikolen auf und konnte aus 10 m Entfernung mit einem 25x80 Binokular beobachtet werden (anerkannter Nachweis, Verf. in Limicola 5, 1991).

Kampfläufer (Kemphaan, *Philomachus pugnax*) *
Verschwundener Brut- (†) und mäßig häufiger Gastvogel

Wie drastisch der Landschaftswandel der Hammriche gewesen ist, zeigt das allmähliche Erlöschen der Brutpopulation des Kampfläufers auf, das bruchstückhaft dokumentiert ist. In den 1950er Jahren muss er noch recht häufig gewesen sein. Brinkmann (1956) schätzte etwa 50 Bruten "in den umliegenden Wiesen" bei Vellage. An günstigen Maitagen balzten hier damals an der Ems etwa 100 Vögel. Nach Hammerschmidt (1965) war der Kampfläufer "der häufigste Brutvogel in

181

unmittelbarer Nähe der Schleife". Für den Zeitraum 1955-1963 zählte er 30-40 "Paare", aber 1964 nur noch acht "Paare". Gemeint sind offensichtlich ♀, denn Kampfläufer bilden keine Paare. Einen ähnlich großen Bestand (120 Ind., 40 % ♂) fand B. Petersen (briefl.) am 17.05.1959 auf dem Tunxdorfer Hagen. Am 30.05.1982 balzten hier die vielleicht letzten Brutvögel (4 ♂ und 3 ♀, Verf.).

Über die frühere Häufigkeit in den zahlreichen Hammrichen ist so gut wie nichts bekannt. Noch 1966 existierten nach Aussage von E. Weiss (in: Diplomarbeit von J.-B. Beecken, Hannover) im Stapelmoorer Hammrich zwei Balzplätze mit 10 Hähnen. Ein Gelege wurde gefunden. H. Reepmeyer stellte im Hammrich beim Ledasperrwerk im Frühjahr 1959 16 Ind. und im Jümmiger Hammrich 1966 30 balzende ♂ von wahrscheinlichen Brutvögeln fest. Nach E. von Toll (in Glutz von Blotzheim et al. 1975) sollen 1968 200 ♀ im Leda-Jümme-Gebiet gebrütet haben. Ein ♀ verhielt sich im Püttenboller Moor W Weener am 22.05.1966 brutverdächtig (Verf.). In den heute verwaisten Emswiesen bei Driever sollen nach Aussage von Jägern um 1960 mehrere Turnierplätze existiert haben.

In den 1970er Jahren fand Verf. folgende Restbestände: Im Marienchorer Meer verhielten sich am 27.05.1973 2 ♀ (ein ♂) und im Midlumer Vorland nahe dem Emsufer neben 6 ♂ 5 ♀ (1977 noch ein ♀) und auf dem Bingumer Sand 1969 5 ♀ stark brutverdächtig (Gerdes 1969). 1973 bestand für etwa 10 ♀ im deutschen Dollart Brutverdacht. Auf niederländischer Seite wurden 1968 45 Bruten von Punt van Reide bis Nieuwe Statenzijl, 1976 30 balzende Hähne und 15 ♀ (auch warnende ♀, ein Gelegefund) gezählt. 1982 und 1983 wurden 10-15 Nester veranschlagt (Braaksma & Timmerman 1969, E. L. van Tongeren, Stichting Het Groninger Landschap 1985).

Im Petkumer Vorland nahm die Zahl der ♀ von 5 in 1970 auf 2 in 1993 ab (Gerdes et al. 1998). SW vom Puddemeer benahm sich ein ♀ am 24.06.1979 sehr stark brutverdächtig. Ein ♂ hielt sich in der Nähe auf (H. Reepmeyer). Im Marine-Sperrgebiet O Altburlage verhielten sich im Juni 1987 2-3 ♀ und 2 ♂ brutverdächtig (Dirks 1992). Die letzte Brut hat 1996 nahe dem Holtgaster See stattgefunden, wo V. Moritz (briefl.) Anfang Juni ein ♀ mit zwei nicht flüggen Jungen entdeckte. Sonst haben in den 1990er Jahren kleine Trupps durchziehender ♂ im Mai Turnierplätze im Emsvorland aufgesucht (z.B. 17 ♂ am 3.05.1996 bei Nüttermoorersiel).

Borkum: Schneider (1900) bezeichnete ihn als "nicht selten". Nach Leege (1905) nisteten "noch ziemlich viele Paare", jedoch soll er schon damals abgenommen haben. 1958 sollen noch 14 ♀ am Tüskendörsee und im Ostland gebrütet haben (Peitzmeier 1961). Von 1980-1985 sank der Bestand von 8 auf 2 ♀ (Hofmann 1986).

Auch als Gastvogel hat er abgenommen. Wie bedeutend der Bereich der Unterems gewesen ist, zeigte sich bei einer landesweiten Zählung, als am 7.05.1989 936 Ind. zwischen dem Rysumer Nacken und Leer (etwa 50 % der Gesamtzahl in

Kampfläufer- ♂ im Prachtkleid bei Oldersum (Mai 1970)

Regenbrachvogel an der Ems

Niedersachsen, OAG Münster 1990) gezählt wurden. Nach Melter (1995) rasten die meisten Vögel während beider Zugzeiten in küstennahen Grünlandgebieten und auf den Spülfeldern im Raum Emden. Im Zeitraum 1960-1980 kamen im August >1000 Ind. im niederländischen Dollard vor, am 14.11.1966 noch 1000 Ind. (Dantuma & Glas 1968, Boekema et al. 1983). Am 22.04.1967 balzten im Vellager Vorland 350 ♂ (zum größten Teil Durchzügler, Verf.). Auf noch nassen Spülfeldern suchen Kampfläufer gern Nahrung. Einige hohe Rastzahlen verdeutlichen dies: bei Soltborg am 30.07.1989 112 Ind., an der Leda bei Gr. Terwisch am 5.04.1992 165 Ind. (Th. Munk) und bei Wybelsum ermittelte Rettig am 22.08. 1995 610 Ind. sowie am 13.08.1998 340 Ind. (85. u. 120. Ber.). Manche harren im Herbst lange aus: am 8.12.1991 noch 10 Ind. am Dollard (P. Esselink). Zu außergewöhnlicher Jahreszeit hielten sich am 7.02.1988 100 Ind. auf einer nassen Weide im Rheiderland zusammen mit 400 Goldregenpfeifern und 450 Kiebitzen auf (H.-J. van Loh u. Verf.).

Zwergschnepfe (Bokje, *Lymnocryptes minimus*)
Spärlicher Gastvogel aus nordischen Mooren und Feuchtwiesen

Diese in feuchten, bultenreichen Vorländern, Feuchtwiesen oder Niedermooren versteckt lebende Schnepfe wird bei Zählungen noch eher übersehen als die Bekassine. Sie ist am Boden kaum zu entdecken und fliegt erst auf, wenn man zufällig wenige Meter vor ihr steht. Falls die Zählungen nur vom Deich aus erfolgen, um andere Vogelarten nicht zu stören, entgehen Zwergschnepfen und Bekassinen dem Beobachter völlig. So geben die am Dollart ermittelten Zahlen wahrscheinlich nur einen Bruchteil der tatsächlichen Bestände wieder.

Monat	J	F	M	A	M	J	J	A	S	O	N	D
Anzahl	0	1	2	1	1	0	0	3	8	12	4	0

Tab. 13: 32 Sichtungen am gesamten Dollart im Zeitraum 1974-1998, davon 7 Ind. in D. Der Oktober ist der Hauptzugmonat. Am 18.09.1983 wurden als Höchstzahl 7 Ind. in NL erfasst.

Außerdem wurden im Petkumer Vorland an zwei Tagen drei Vögel gesehen (davon am 23.04.1984 2 Ind., Rettig 16. Ber.) sowie zwei weitere flussaufwärts bei Rorichum-Terborg (Th. Mindrup in Rettig 64. u. 79. Ber.). Im Binnenland wurde sie seit 1971 nur fünfmal bemerkt: am 18.04.1981 an den Gandersumer Kolken (Rettig 1981, 2. Jber.), 30.09.1982, 24.12.1982 je ein Ind. im Marienchorer Meer (H. Reepmeyer), 8.04.1996 im Holter Hammrich und 25.10.1996 bei Stickhausen nahe der Jümme (Th. Munk briefl.). Von 1955-1963 ist sie vereinzelt ab Oktober bei Vellage vorgekommen (Hammerschmidt 1965). Früheste Beobachtung: 15.02. 1998, späteste Beobachtung 20.11.1994.

Auf Borkum war sie früher im Herbst so häufig, dass "ich einmal von einem Stande aus vor dem stöbernden Hunde acht Stück erlegte" (Leege 1905).

Bekassine (Watersnip, *Gallinago gallinago*)
Weithin stark abnehmender Brut- (100-150 Bp, ↓) und mäßig häufiger Gastvogel

Die Brutbestände hatten bereits stark abgenommen, ehe Bestandsaufnahmen durchgeführt wurden. Leege (1930), der das Rheiderland nur wenig gekannt hat, erwähnt lediglich die Art. Menken (1932) meint, es tummle sich das "Heer" der Bekassinen. E. Weiss (s. unter Kampfläufer) hielt die Bekassine in den 1960er Jahren im Stapelmoorer Hammrich für die häufigste Limikolenart neben dem Kiebitz. Hier ermittelten Verf. 1987 und Beecken 1988 je 7 Bp. Diese Zahl dürfte nur ein Bruchteil der früheren Bestände sein. Um 1970 konnte man in fast allen Grünländereien ihre Instrumentallaute hören. Heute ist das Erlebnis des "Meckerns" der "Himmelsziege" eine große Besonderheit. Im Marienchorer Meer balzten 1975 etwa 8 ♂ und 1986 noch 3 ♂. 1984 kamen im Fehntjer Tief-Gebiet 21 Paare vor (ALAND-Gutachten).

Wie positiv sich hier die Extensivierung der Landwirtschaft und die Vernässung ausgewirkt haben, zeigt die Tatsache, dass der Bestand in den NSGs des Fehntjer Tief-Gebiets auf 1258 ha 1994-1998 zwischen 46 und 60 Bp schwankte, also deutlich angestiegen ist (H. Pegel)! Im Grünland des gesamten Rheiderlandes ermittelten Flore u. Schreiber (briefl.) 1994 6 Bp, ein vielleicht zu niedriger Wert, und in Westoverledingen M. Bergmann 1992 8-10 Bp. Im Emsvorland (943 ha) zwischen Petkum und Leer waren 1997 noch 11 Paare übriggeblieben. Hier war der Bestand in einem Teilgebiet innerhalb von 9 Jahren auf 43 % zurückgegangen (Gerdes et al. 1998). In Teilen des Barger Hammrichs und dem Grünland rund um Detern hörte K.-D. Moormann 1999 noch 4 Ind.

Borkum: Droste (1869) kannte sie nur als "äusserst gemein auf dem Zuge". Etwa seit 1900 brüteten einige Paare (Leege 1905). 1995 wurden 20 Bp und 1999 13 Bp ermittelt (Südbeck & Hälterlein 1997, NLWK).

Auch die Zahlen auf dem Durchzug rastender Vögel haben stark abgenommen. Wegen ihrer versteckten Lebensweise werden nur Bruchteile der rastenden Vögel bei den Zählungen erfasst.

Als die Bekassine in den 1960er Jahren im Dollard-Kwelder sehr häufig rastete, wurde der Herbstbestand auf maximal 8200 Ind. am 2.10.1966 geschätzt (Dantuma & Glas 1968, Werkgroep Dollard 1974). Bei einer Untersuchung mit mehreren Heller-Durchquerungen wurden am 15.10.1978 etwa 1100 Ind. gezählt, davon 850 Ind. im deutschen Anteil. Am 9.09.1979 rasteten sogar 1405 Ind. im Dollard. Im Petkumer Vorland zählte E. Voß am 11.01.1975 526 Ind. und Rettig (1979/1980 u. 86. Ber.) am 18.09.1995 530 Ind., eine heute beachtlich große Anzahl. Im weitläufigen Grünland des Rheiderlandes fand H. Kruckenberg 539 Ind. am 23.09.1998.

Wegen der Schwierigkeiten bei der quantitativen Erfassung wird auf eine Graphik zum jahreszeitlichen Auftreten verzichtet. Auch eine genaue Trendberechnung ist nicht möglich. Die Dollartzählungen der letzten Jahre haben niedrige Bestände mit Mittelwerten um 200 Ind. im Oktober erbracht (Prop et al. 1999).

Doppelschnepfe (Poelsnip, *Gallinago media*) *
Verschwundener Durchzügler

Im vorigen Jahrhundert kam sie auf Borkum im September und Oktober vereinzelt und regelmäßig vor und wurde einige Male erlegt (Droste 1869, Leege 1905). Ob die Art im Kreisgebiet gebrütet hat, ist unbekannt, aber nicht auszuschließen. Das ehemals große Bourtanger Moor reichte bei Wymeer ins Kreisgebiet. Schlotter (1956, nach M. Brinkmann 1933, Zang 1995) wies sie 1925-1929 in diesem Moor bei Borsum als Brutvogel nach.

Waldschnepfe (Houtsnip, *Scolopax rusticola*)
Seltener Brutvogel und spärlicher Durchzügler ↓

Sichere Brutnachweise sind aus unseren Wäldern nicht bekannt geworden. Auch Stoll gelang um 1950 kein Brutnachweis. Es liegen nur schwache Hinweise auf mögliche Bruten vom Festland vor. Am 15.05.1974 flog ein Ind. am Kortemoor 10 km OSO Papenburg (LK Leer) in ein Bruchwaldgebiet (B. Petersen). Rettig (19. Ber.) hat am 23.03.1985 im Heseler Wald zwei Vögel beim Fluggesang beobachtet, dennoch blieben Kontrollen auch in späteren Jahren erfolglos. Es ist nicht ausgeschlossen, dass sie im Heseler Wald und in Oldehave als Brutvogel vorkommt.

Auf Borkum brütet sie wahrscheinlich seit Beginn der 1980er Jahre unregelmäßig in den feuchten Wäldchen aus Birken (*Betula*) und Erlen in den Dünentälern, z.B. der Greunen Stee, mit 1-2 Bp (Hofmann 1986). Hier haben 1999 bis zu 18 ♂ gebalzt (ein Brutnachweis, NLWK). Ende April und im Mai 2000 balzten mehrere ♂ über der Greunen Stee (B. Petersen briefl.). Auf Langeoog entdeckten Plaisier & Focke (1990) im Mai 1990 ein ♀ mit einem Küken (erster Brutnachweis von den Ostfriesischen Inseln).

Auf dem Zug rasten einzelne oder wenige Vögel von Mitte Oktober bis Mitte Dezember oder im März bis Anfang April außer in Wäldern und Parks oder Friedhöfen auch mitten in der Stadt oder am Deichfuß des Dollart. Auf Borkum rastete sie früher während der Zugzeiten sehr häufig (Droste 1869).

186

Uferschnepfe (Grutto, niederdeutsch Greta, *Limosa limosa*)
Stark gefährdeter, abnehmender Brutvogel (500-800 Bp, ↓)　　→ Foto S. 243

Ehe der Mensch aus den Feuchtgebieten Grünland schuf, bildeten Niedermoore mit Seggenbeständen das natürliche Habitat. Später wurde die "Greta" ein Charaktervogel der überschlickten ehemaligen Niedermoore und den Randgebieten der Hochmoore. Im 19. und 20. Jh. besiedelte die Uferschnepfe hauptsächlich feuchtgründige Marschen, Brackwasserwiesen und Grünland, das aus kultivierten Hochmooren entstanden war.

Europaweit hat die Subspecies *L. l. limosa* ihren größten Bestand in den Niederlanden. Im Einzugsbereich der Unterems erstreckten sich früher Niedermoore und kommen heute Grasländer vor, die denen in den Niederlanden (z.B. Friesland) ähneln. Im Kreisgebiet war die "Greta" sehr verbreitet vom Dollart bis zur Ems und von dort bis ins Fehntjer Tief- und Leda-Jümme-Gebiet hinein. Leege (1930) erlebte: "Überall hört man den Gretaruf der Limose". Dies galt auch noch bis zu den 1950er Jahren. Wie mangelhaft und ungenau die Kenntnisse über die Häufigkeit und Verbreitung damals waren, geht aus der Arbeit von Sartorius (1954) hervor. Er nennt lediglich zwei wichtige Brutgebiete aus dem Kreisgebiet ohne Zahlenangaben, nämlich die Leda-Jümme-Niederung und das Fehntjer Tief-Gebiet.

Erst P. Blaszyk (briefl.) bemühte sich um Bestandsangaben. Im Mai 1947 schätzte er auf Weiden bei Logabirum mit Seggen (*Carex*) und Wollgräsern (*Eriophorum*) 100 Paare auf zwei Flächen. Schon in den 1980er Jahren war dies Gebiet verwaist. Im Raum Filsum-Stickhausen kam die Art im Mai 1952 "in nicht mehr zu überschauender Dichte" vor. Im Mai 1967 schätzte er vorsichtig "wahrscheinlich >500 Paare im Leda-Jümme-Gebiet", doch 1972 "sehr viel weniger". In diesem Gebiet kamen 1973 schätzungsweise mind. 270 Paare (Verf.) und 1987 noch 180 Paare vor (Abnahme 1967-1987 vielleicht 65 %).

Aus den 1970er Jahren liegen Schätzungen vor, welche die Bestände meist zu niedrig angeben. Andererseits ist die Schätzung des Bestandes im Fehntjer Tief-Gebiet in 1987 (380 Paare, Reinke 1990, Arbeitskreis Feuchtwiesenschutz Westniedersachsen e.V. 1998) wahrscheinlich zu hoch gewesen und deswegen nicht in der Tabelle erwähnt. In emsnahen Gebieten und Teilen des Niederrheiderlandes haben sich die Bestände am besten gehalten (s. Kapitel 3.1.3). Die Tabelle 14 und Abb. 38 können nur eine grobe Vorstellung der Verhältnisse gegen Ende der 1980er Jahre geben.

Auch in oder am Rande von Hochmooren sieht die Entwicklung düster aus. Im NSG Lengener Meer und N davon verlief die Bestandsentwicklung folgendermaßen: 28.05.1963 etwa 14 Paare im Moor (F. Goethe briefl.), 1973 10 Paare, 1983 4 u. 1993 ein Paar, Mai 1994 3 ad. Vögel, 1995 noch ein ♂ mit Fluggesang, 1996-1998 keine Nachweise (A. Keßler briefl.). Im Königsmoor kamen 1987 5 Paare und im Klostermoor O Burlage an der Jammertalstraße 1982 3 Paare vor.

Erst um 1987, als die Art schon merklich abgenommen hatte, gelangen Zählungen in größeren Gebieten. Mitarbeiter des LK Leer (H. W. Linders briefl.) ermittelten 1985-1987 mind. 1212 Paare im Kreisgebiet ohne die Vorländer und einige kleinere Gebiete. Damit ergibt sich für diesen Zeitraum ein Gesamtbestand von etwa 1500 Paaren im Kreisgebiet einschließlich des gesamten Fehntjer Tief-Gebietes, eine Zahl, die auch von Reinke (1990) bzw. der OAG Münster (M. Speckmann briefl.) veranschlagt wurde. Wie bedeutsam zu dieser Zeit der Anteil am Bestand in Niedersachsen war, zeigt die Tatsache, dass er landesweit gesehen 25 % ausmachte (Gerdes 1995, Mädlow & Mayr 1996)! Am Ende des 20. Jh. waren viele Gebiete verlassen oder deren Bestände stark ausgedünnt, so dass die Zahl auf einen geschätzten Wert zwischen 500 und 800 Bp gesunken war. Der Logaer Westerhammrich, Logabirumer (1973 >20 Paare) und Esklumer Hammrich sind seit mehreren Jahren verlassen. Im Nettelburger Hammrich S von Leer wurde 1999 kein Bp festgestellt und N Breinermoor, wo im Mai 1973 mind. 50 Paare brüteten, am 21.04.2000 nur 6 Bp. Der aufmerksame Beobachter hatte im Logaer und Nettelburger Hammrich fast den Eindruck eines "stummen Frühlings", denn andere singende Vogelarten waren ebenfalls kaum vertreten. S vom Lüdeweg bei Ihrhove kamen 1990 18 Paare (A. Haken mdl.) und 1999 ein Paar vor. Nur wenige Feuchtgebiete wiesen 1999 noch beachtliche Brutbestände auf. Außer einigen Dichtezentren im Rheiderland ist die Umgebung von Detern mit 25 Bp in 1999 zu erwähnen (K.-D. Moormann briefl.). Wertvoll sind die Vorländer an der Ems geblieben. Insbesondere ist der 33 ha große Bingumer Sand hervorzuheben, wo in den 1990er Jahren um 40 Bp und 1999 sogar 66 Paare (Dichte bis 20 Bp/10 ha) gebrütet haben (Gerdes et al. 1998, NLWK, M. Reuter). Brutgebiete mit derart hoher Dichte sind einzigartig in Niedersachsen. Auf dieser Insel spielen Bodenprädatoren keine Rolle. Auch in den Schutzgebieten des Fehntjer Tief-Gebietes (1258 ha) haben sich die Bestände dank schonender Bewirtschaftung und Vernässung gehalten. Wo dagegen moderne Landwirtschaft stattfindet, bleibt der Aufzuchterfolg aus oder ist so gering, dass die Art ihren Bestand nicht halten kann (H. Pegel briefl.).

So günstig sich die Umwandlung der Niedermoore in extensiv bewirtschaftetes Grünland auf die Zunahme der Gretas von den 1940er Jahren an auswirkte, so nachteilig war etwa von 1970 an die Intensivierung der Landwirtschaft. Durch die Absenkung des Grundwassers und die Schaffung ebener, mit schweren Fahrzeugen befahrbarer Ländereien wurden die Böden so verdichtet, dass die Stochermöglichkeit abnahm und das Risiko zunahm, Gelege bzw. nicht flugfähige Jungvögel durch Bodenprädatoren zu verlieren. Die Vorverlegung der Mahd von Juni in die erste Maiwoche (Silagegewinnung), wenn die Küken schlüpfen, oder in die zweite Maidekade für die Heugewinnung hatte neben dem Zertritt der Gelege durch zu hohe Viehdichten katastrophale Auswirkungen auf den Aufzuchterfolg. Im Midlumer Vorland an der Ems fand die Mahd schon ab 10. Mai 2000 statt mit verheerenden Folgen für die Wiesenbrüter. Im Dollartheller hat sich dagegen der Bestand nach einem Tiefpunkt mit 11 Paaren 1990 auf 35 Paare 1999 erholt (C. Panzke, NLWK). In den 1990er Jahren wurde hier der Jungrinderbesatz verringert und die Mahd auf Anfang Juli verschoben. Neuerdings bereitet der Kahlfraß durch die Weißwangengans bis Anfang Mai Probleme. Uferschnepfen und Rotschenkel finden auf dem kurzgefressenen Heller kaum noch Möglichkeiten für die Nestanlage.

Gebiet	1980	1985-1987	1994	1997	1998	1999
Dollart	100	42 (Z)				35
Emsvorland				234		
Bunderhammrich		65 (Z)	33 (Z)			
N-Rheiderland		380	318 (Z)			
Wymeer		4 (Z)	2 (Z)			
Stapelmoorer H.		39 (Z)		26		
Oldersum-Leer		90		25 (1996)	33	
Fehntjer Tief-Gebiet		84 (1984)	83	89	90	
Timmel-Bagband		65		35 (1996)		
Leda-Jümme-Gebiet		180				
Holtlander Ehe		12	22 (1995)			
Leer-Völlen		120 (S)	40			

Tab. 14: Brutbestände der Uferschnepfe der wichtigsten Gebiete (in Paaren, S = Schätzung, Z = Zählung). Unter Emsvorland ist der Flussabschnitt von Petkum bis Leer zu verstehen, unter Fehntjer Tief-Gebiet die NSGs (1258 ha).

Borkum: 1948 besiedelte das erste Bp die Insel (Peitzmeier 1961); bis 1951 stieg die Zahl auf 12 Bp in den Salzwiesen des Ostlandes (Harrison 1954). Im Gegensatz zum Festland hat sich der Bestand dank extensiver Bewirtschaftung erfreulich entwickelt: 1990 72 Paare, 1995 89 und 1999 100 Paare (Behm-Berkelmann 1991, Südbeck & Hälterlein 1997, NLWK).

Ankunft um die Monatswende Februar / März (1972-1992) aus den Winterquartieren in W-Afrika und SW-Europa; bei günstiger Witterung ab Mitte Februar. Die Ankunft hat sich im Laufe der Zeit verfrüht. Sartorius (1954) gibt "Mitte oder Ende März" an. Bereits am 15.02.1998 waren am Dollart 71 Ind. eingetroffen. Nach der Ankunft leben die Gretas in Gesellschaften, die für die Nacht den Dollart oder nahe gelegene Flüsse aufsuchen. Im Dollart steigen die Zahlen im März stark an (Abb. 39). Von Mitte März bis Anfang April werden die Reviere besetzt. Das Brutgeschäft beginnt frühestens Anfang April. Mitte Mai, wenn nur die im Dollart brütenden oder Junge führenden Vögel anwesend sind, wird erfahrungsgemäß etwa die Hälfte des Brutvögel erfasst. Auch bei den Dollart-Brutvögeln ist die Abnahme beim Vergleich der Zeiträume 1974-1989 und 1990-1999 auffällig: um 60 % im Mai.

Große Ansammlungen kamen in den 1970er Jahren nicht nur am Dollart vor. Bedeutend war der Schlafplatz auf den Wiesen im Vellager Vorland: am 26.03. 1977 abends 650 und am 7.04.1979 morgens 1000 Ind. (Verf., H. Reepmeyer). Zu Beginn der 1990er Jahre waren die Ansammlungen hier kleiner: am 29.03. 1991 543 und am 29.03.1992 212 Ind. (W. Schott briefl.). Nach der Umwandlung in ein Flusswatt gaben die Uferschnepfen diesen Rastplatz auf. Wichtig ist das Midlumer Vorland geblieben: 1275 Ind. am 22.03.1992.

Wenn ab Anfang Juni die ersten Jungen flügge werden, beginnen sich die "Gretas" erneut zu vergesellschaften. Die Zeit der Schlafplatzflüge setzt bei Nichtbrütern oder solchen, die erfolglos bei der Aufzucht blieben, schon ab Ende Mai ein. Der Anteil solcher Vögel ist gestiegen. Bereits am 13.06.1999 sammelten sich im SO des Dollart 413 Ind. mind. z.T. erfolgloser Brutvögel, zu einer Zeit, wenn ein Teil der Paare noch Junge führen müsste.

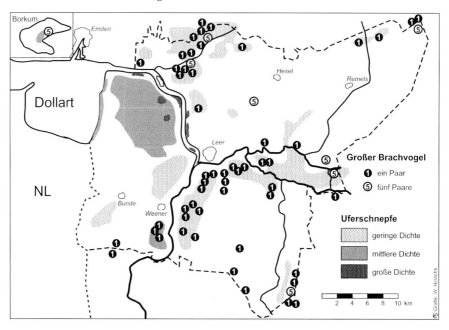

Abb. 38: Brutverbreitung der Uferschnepfe und des Großen Brachvogels (1984-1999). Die Verbreitung und Dichte der Uferschnepfe beziehen sich auf die Zeit um 1990, am Dollart und

an der Ems auf 1997. Geringe Dichte: 0,4 Bp/10 ha oder weniger; mittlere Dichte: 0,8-1 Bp/10 ha; große Dichte 5 Bp/10 ha, auf dem Bingumer Sand bis 20 Bp/10 ha. Beim Großen Brachvogel auf Borkum ist nur ein Bruchteil der Bp eingetragen.

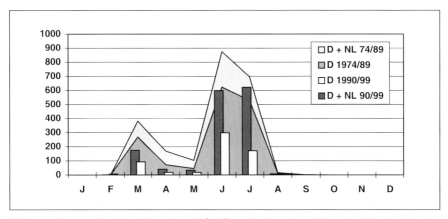

Abb. 39: Monatsmittel der Uferschnepfe (Ind.) am Dollart ohne Binnenland in den Zeitabschnitten 1974-1989 (Flächen) und 1990-1999 (Säulen), n = 37.717. Da die Vögel im Binnenland nicht mit der gleichen Stetigkeit wie diejenigen am Dollart gezählt werden konnten, sind sie in der Graphik nicht berücksichtigt.

Im Juni und Juli ist der Dollartraum ein wichtiges Mausergebiet (s. Schlafplatzflüge). Dann konzentrieren sich auch tagsüber sehr viele Uferschnepfen im Dollart: Junimittel 874,1 bzw. 597,6 Ind., Julimittel 697,1 bzw. 621,6 Ind. Im Juli 1994 stellten Flore u. Schreiber eine außergewöhnlich große Ansammlung von 3000 Ind. im nördlichen Rheiderland fest. Ab Mitte Juli beginnt der rasch ablaufende Wegzug. Nur Einzelvögel oder kleine Trupps (bis 40 Ind.) verweilen bis Mitte August. In fast der Hälfte aller Jahre werden bei den September-Zählungen keine Vögel im Dollart festgestellt. Die späteste "Greta" hielt sich am 13.11.1977 am Dollart auf.

Abb. 39 zeigt deutlich das Ausmaß der Abnahme beim Vergleich der beiden Zeiträume. Auf der deutschen Seite haben die Bestände im März auf 34,9 %, im Juni auf 47,7 % und im Juli auf 32 % abgenommen. Seit 1994 sind im Juli auf der niederländischen Seite große Ansammlungen von bis zu 1100 Ind. vorgekommen, so dass das Julimittel dort ab 1990 bedeutend höher ist als vorher und die Abnahme im Gesamtdollart infolgedessen nicht drastisch ausfällt. Vielleicht finden die Uferschnepfen dort günstigere Nahrungshabitate.

Erstmals wurde die Subspecies *L. l. islandica* am 28.02.1998 im Rheiderland nachgewiesen (Vogel am 15.08.1997 in The Wash, England, markiert, H. Kruckenberg mdl.).

Pfuhlschnepfe (Rosse Grutto, *Limosa lapponica*) *
Sehr häufiger Gastvogel aus arktischen und subarktischen Tundren

Das Emsästuar zwischen Borkum und Pogum ist von großer Bedeutung zum
"Auftanken" der Fettreserven auf dem Heimzug von W-Afrika in die nordischen
Brutgebiete. Die Mehrzahl verlässt das Winterquartier an der Küste Mauretaniens
(Banc d'Arguin) um den 25. April und zieht sehr schnell ins Wattenmeer, vielleicht im Non-Stop-Flug (Piersma & Jukema 1990). Im Dollard erscheinen die
ersten plötzlich im März und April (Abb. 40). Erst Ende April erscheinen viele am
Ostufer. Der Höhepunkt im 2. Maidrittel liegt ähnlich spät wie beim Kiebitzregenpfeifer. Er ist viel deutlicher ausgeprägt als der Wegzug. Am 19.05.1996 hatte sich
die Höchstzahl von 29.538 Ind. (davon 6853 Ind. am Ostufer) im Dollart konzentriert. Über den Zugverlauf im 3. Maidrittel liegen nur wenige Teilergebnisse
vom Ostufer vor. Im Juni kommen meist wenige 10 oder einige 100 Ind. vor. In
der 2. Julihälfte setzt der Wegzug ein mit dem Höhepunkt im August, der erheblich niedriger ausfällt als der des Heimzuges. Im Vergleich zu den Inselwatten
Schleswig-Holsteins und der Niederlande ist der Dollart während des Wegzuges
von geringer Bedeutung. Bereits im September haben die meisten Vögel den
Dollart verlassen.

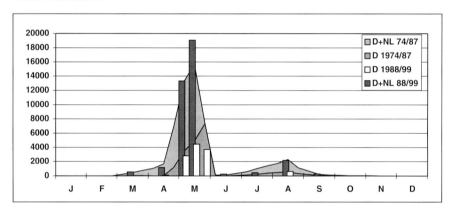

Abb. 40: Monatsmittel der Rastbestände der Pfuhlschnepfe im Dollart in zwei Zeiträumen
(1974-1987 als Flächen und 1988-1999 als Säulen). Der Mai ist in drei Dekaden unterteilt. Aus
dem letzten Maidrittel liegen nur Teilzählungen von der deutschen Seite vor. n = 774.587 Ind.

Zwischen den Zeitabschnitten 1974/87 und 1988/99 bestehen keine wesentlichen Häufigkeitsunterschiede. Anscheinend ist die Pfuhlschnepfe im Frühjahr seit
1988 zahlreicher geworden. Die deutsche Seite wird im Gegensatz zum August
am ehesten im Mai und besonders im NO aufgesucht. Zur Hochwasserzeit sammeln sich viele Pfuhlschnepfen auf der Geise oder im Schafland bei Dyksterhusen. Wegen häufiger Störungen durch Spaziergänger weichen sie mitunter zur

Nahrungssuche ins Grünland S von Ditzum oder an den Pallertschloot aus (z.B. 900 Ind. am 14.08.1988, 600 Ind. am 21.08.1993).

Manchmal entfernen sie sich einige Kilometer oder weiter vom Dollart: 1.08.1985 101 Ind. und am 29.08.1987 111 Ind. auf Wiesen im Niederrheiderland. Am 17.09. 1991 sah N. Fehrmann 3 Ind. auf einem Spülfeld bei Rhede (Saxicola 1991, H.2).

Im marinen Watt bei Borkum, wo die Verweilzeiten ganzjährig länger andauern, kann sie auch im Winter häufig sein: 2490 Ind. am 17.01.1981, als der Dollart wegen Vereisung geräumt war (Meltofte et al. 1994).

Regenbrachvogel (Regenwulp, *Numenius phaeopus*)
Häufiger Gastvogel aus borealen und arktischen Feuchtgebieten

Da sich der Regenbrachvogel nur nachts auf den Schlafplätzen an der Ems und im Dollart sammelt, während er tagsüber weit verteilt in östlich und südöstlich gelegenen Grünländereien Nahrung sucht, wird er bei den Watvogelzählungen kaum erfasst. Einige Schlafplatzzählungen haben ergeben, dass der Einzugsbereich der Ems die höchsten Bestände Niedersachsens aufweist (s. Schlafplatzflüge). Für die Nahrungssuche scheint er die nicht überschlickten, ehemaligen Niedermoore des Fehntjer Tief-Gebietes und emsnahe Hammriche zu bevorzugen. Es ist noch nicht gelungen, im gesamten Einzugsbereich alle Regenbrachvögel zur gleichen Zeit zu erfassen. Daher ist eine repräsentative Graphik nicht möglich.

Heimzug: Im März ist noch keiner dieser Fernzieher von den Küsten Guinea-Bissaus und Mauretaniens (Banc d'Arguin) eingetroffen. Diese Überwinterungsgebiete verlassen 60 % der Brachvögel zwischen dem 23. und 26. April und ziehen in kürzester Zeit 4000 km weit hauptsächlich in die Niederlande (Zwarts 1990). Die ersten treffen im Dollartbereich unvermittelt im April ein (ab 10. April in 18 von 25 Jahren). Schon um die Monatswende April/Mai wird der Höhepunkt mit 500-1000 Ind. erreicht. Exakte Zählergebnisse waren nicht erreichbar. Anfang Mai 1986 flogen nach B. Voslamber (briefl.) 300-400 Ind. abends im SO des Dollart ein. Vielleicht handelt es sich um die Vögel, welche tagsüber bei Stapelmoor (am 26.04.1997 82 Ind., J. Melter in Rettig 105. Ber.) und in den Brualer Wiesen (5.05.1997 24 Ind., A. Degen, Saxicola 1997, H. 2) angetroffen wurden. Die meisten suchen aber offensichtlich im Fehntjer Tief-Gebiet tagsüber Nahrung (z.B. mind. 143 Ind. am 3.05.1985, Verf., und 148 Ind. am 17.04.1992 bei einer Teilzählung in Moormerland, Mindrup in Rettig 56. Ber.).

Wann der Wegzug im Juni einsetzt, ist nicht genau bekannt. Im Rheiderland (Bereich Pallertschloot) zählte H. Kruckenberg am 12.07.1998 436 rastende Regenbrachvögel und Th. Mindrup in Moormerland 185 Ind. am 14.07.1996 (in Rettig 96. Ber.). Auch bei Tunxdorf erscheint er dann wieder (11.07.1993 81 Ind., W. Schott, Saxicola 1993, H. 2).

Nach den bisherigen, sehr unvollständigen Kenntnissen werden die Schlafplätze im Dollart während der Wegzugphase bevorzugt. Auch im niederländischen Wattenmeer sammeln sich im Juli und August mehr Regenbrachvögel als auf dem Heimzug (SOVON 1978). Ein viel größererer Schlafplatz mit maximal 3000 Vögeln befindet sich in der ehemaligen Bucht Lauwersmeer, 63 km W Emden (Boekema et al. 1983).

Tagsüber verbleiben am Dollart im Mai oft nur wenige bis 10 oder 30 Ind. und während des Juli und August 20-40 Ind. (Höchstzahlen: 500 Ind. am 12.08.1984 (D+NL), 265 Ind. (NL) am 14.07.1991 und 142 Ind. (davon 12 in D) am 17.08. 1980). Die spätesten Einzelvögel wurden am 11.10.1987 und 9.10.1994 gesehen. Beobachtungen vor der Monatswende März/April und nach dem 11. Oktober scheinen auf Verwechslungen mit dem Großen Brachvogel zu beruhen.

Großer Brachvogel (Wulp, *Numenius arquata*)
Mäßig häufiger Brutvogel (250 Bp, ↓?) und häufiger Gastvogel

Sein melodischer Fluggesang gehört zu unseren Hoch- und Niedermooren. Als Brutvogel der Niedermoore ist er regelmäßig im Fehntjer Tief-Gebiet, in den Emsmarschen S von Leer, im Stapeler Moor und den (ehemaligen) Hochmooren des südlichen Kreisgebietes anzutreffen (Abb. 38). Unvollständige ältere Erfassungen ergaben: Memgaste-Sieve-Fehntjer Tief 1972 15 Bp, Lengener Meer 1973 5 Bp, Königsmoor 6 Bp, Hamm- und Puddemeer 3 Bp, Driever Hammrich 7 Bp, Klostermoor 1974 6 Bp, Holter Hammrich 1980 4 Bp (J. Prins) und Burlage-Jammertal 1982 8 Bp. Die Tabelle 15 gibt die Ergebnisse der nahezu vollständigen späteren Zählungen wieder (Daten aus Arbeitskreis Feuchtwiesenschutz Westniedersachsen e.V. 1998 mit Ergänzungen des Verf.). Die Bestände im Fehntjer Tief-Gebiet (85 Bp, Reinke 1990) und bei Timmel (28 Bp) sind wahrscheinlich zu hoch angesetzt. N, O und S von Detern (teilweise Barger Hammrich) zählte K.-D. Moormann (briefl.) 1999 11 Bp. In Uplengen ermittelte B. Petersen (briefl.) im Frühsommer 2000 13 Paare einschließlich des Lengener Meeres und Stapeler Moores. Die Abb. 38 enthält nicht alle Brutvorkommen aus dem unvollständig untersuchten Ostteil des Kreises und auf Borkum. Aus dem Niederrheiderland sind bisher keine sicheren Brutnachweise bekannt geworden. Obwohl es in einigen Gebieten zu Bestandseinbrüchen gekommen ist, hat sich der Gesamtbestand im Gegensatz zu den Beständen der ausgeprägten Wiesenbrüter gehalten. Der überproportional große Anteil am niedersächsischen Bestand beträgt etwa 10 % (Mädlow & Mayr 1996).

Besonders erfreulich hat sich der Bestand in den NSGs des Fehntjer Tief-Gebietes entwickelt, wo er von 15 Bp in 1984 auf 22 Bp bis 1994 und 31 Bp bis 1998 gestiegen ist (H. Pegel, die Tabelle nennt den Bestand des gesamten Fehntjer Tief-

Gebiets). Er gilt als die am wenigsten empfindliche Indikatorart für Feuchtwiesen. Im Emsvorland Hohegaste / Thedingaer Vorwerk bzw. im Petkumer Vorland verhielt sich 1998 bzw. 1999 je ein stark warnendes Paar brutverdächtig und 1995 wurde ein Paar im Dollard nachgewiesen (H. Kruckenberg, M. Reuter; Rasmussen et al., in Vorb.).

Borkum: Erstmals hörte Peitzmeier (1961) 1948 von mehreren Vögeln den Balztriller. Diese Beobachtung darf nicht als Brutverdacht gewertet werden. Später hat sich der Bestand in den Tälern der Grauen Dünen, auf den Weiden und in den Salzwiesen erfreulich entwickelt: 1958 15-18 Bp, 1995 u. 1997 je 26 Bp und 1999 34 Bp (Peitzmeier 1961, Südbeck & Hälterlein 1997, 1999, NLWK).

Fehntj. Tiefgebiet	1987	85	1992	90
Timmel-Bagband	1987	28	1996	35
Oldersum-Leer	1987	15	1992	30
Leer-Völlen	1987	40	1992	25
Stapelmoorer H.	1988	9	1997	9
Holtlander Ehe	1987	?	1995	6
Leda-Jümme-Geb.	1987	10	1991	14
Barger H.			1991	8
Holter H.	1987	10	1991	4
Lengener Meer	1983	6	1993	2
Klostermoor	1987	10	1992	10
Summe		213		233

Tab. 15: Brutpaare des Großen Brachvogels in wichtigen Brutgebieten. Obwohl die Zahlen aus verschiedenen Jahren stammen, sind sie addiert worden. Dies ist vertretbar, da sich die Größenordnungen nicht wesentlich verschoben haben.

Die Nahrungssuche der Gastvögel (Jahresvogel) beschränkt sich nicht allein auf den Dollart. Er ist außerhalb der Brutzeit auf fast allen Grünländereien der Marsch zu finden. Im dollartnahen Rheiderland wurden in den 1980er und 1990er Jahren 1000-1500 Ind. im Winterhalbjahr festgestellt. Von hier, aber auch aus weit entfernten Grünländereien wie dem Leda-Jümme-Gebiet wird in der Dämmerung oder schon am Nachmittag der Dollart als Schlafplatz aufgesucht. Je schwieriger bei Sturmfluten oder Eisgang die Nahrungssuche im Dollart wird, desto wichtiger wird das Binnenland. Da sich die Anteile der tagsüber im Dollart verbleibenden Vögel und der das Binnenland aufsuchenden Vögel witterungsbedingt ständig ändern, sind quantitative Erfassungen praktisch unmöglich.

Sowohl auf den Wattflächen bei Borkum wie im Dollart kommt er häufig vor, z.B. bei Borkum 3270 Ind. und im Dollart 2115 Ind. am 17./18.01.1981. Da das Brackwasserwatt des Dollart eher vereist, müssen sich die Vögel dann stärker ins marine Watt zurückziehen. Mit Ausnahme sehr strengen Frostes und weitgehender Vereisung des Dollart hält er sich hier zu jeder Jahreszeit auf. Von allen Limikolen ist er am winterhärtesten. Der Heimzug erreicht seinen Höhepunkt im März oder schon im Februar (Abb. 41, Höchstwert 6137 Ind. am 12.03.1978). Im April sinken die Zahlen bis zum Minimum im Mai, wenn sich nur wenige 10 oder einige 100 Ind. aufhalten. Schon im Juni nimmt der Bestand zu. Der Wegzug kulminiert meist im August (19.08.1978 7179 Ind. auf der niederländischen Seite) oder im September; er erstreckt sich weit in den Herbst. In der letzten Zeit überwintern durchweg >1000 Vögel.

Im Zeitabschnitt 1974-1986 ist der Anteil der Vögel auf der deutschen Seite des Dollart erheblich kleiner als auf Grund des Wattflächenanteils zu erwarten wäre. Dies gilt nicht für den zweiten Zeitabschnitt. Am stärksten fällt die nahrungsbedingte Abnahme seit 1987 auf, die für den August 55 % beträgt (vergl. Prop et al. 1999).

Landeinwärts sind die Ansammlungen bedeutend kleiner: im Raum Stapelmoorer Hammrich-Tunxdorfer Schleife waren 154 Ind. am 22.04.1995 außergewöhnlich. Am 15.03.1998 hielten sich 80 Ind. in der Schleife auf (W. Schott, A. Degen, Saxicola 1995, H. 1. u. 1998 H. 1). Meist sind die Trupps kleiner.

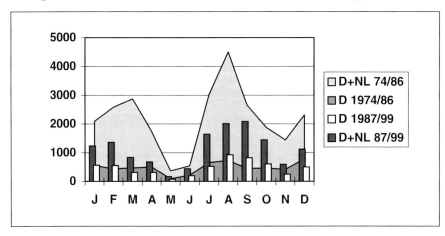

Abb. 41: Monatsmittel der Rastbestände des Großen Brachvogels (Ind.) im Dollart in den Zeitabschnitten 1974-1986 (Flächen, n = 257.785) und 1987-1999 (Säulen, n = 157.651)

Dunkler Wasserläufer im Prachtkleid während der Mauser (Juli)

Grünschenkel im Dollart

Dunkler Wasserläufer (Zwarte Ruiter, *Tringa erythropus*)
Sehr häufiger Gastvogel aus den Mooren der nördlichen Taiga

Die Aussage von Glutz von Blotzheim et al. (1977): "im allgemeinen auf dem Weg-zug überall häufiger als im Frühjahr" trifft auf unseren Raum nicht zu. Der Dollart stellt für diesen Wasserläufer auf seinem Zug zwischen den afrikanischen Winter-quartieren und seinen nordeuropäischen Brutgebieten einen äußerst wichtigen "Trittstein" dar. Aus der Heimzugphase sind bisher nur zwei Gebiete bekannt ge-worden, wo gleichzeitig maximal >5000 Vögel ihre Fettreserven für den Weiter-zug "auftanken", nämlich das Watt N der Elbmündung und der Dollart. Nach normalen Wintern kommen im Dollart die ersten ab Mitte Februar, meist aber ab März an. Im letzten Aprildrittel verstärkt sich der Zuzug, bis die Rastbestände im ersten Maidrittel für mehrere Tage auf 4500 Ind. im Mittel anwachsen (davon 2363 Ind. am Ostufer, Zeitraum 1987-1998, Höchstwert: 6680 Ind. im gesamten Dollart am 8.05.1994). Schon im mittleren Maidrittel nehmen die Bestände auf etwa die Hälfte ab (Abb. 42).

Schwärme von einigen 100 bis zu 1500 Vögeln bieten mit ihren schwarz leuch-tenden Prachtkleidern herrliche Schauspiele. Häufig sind aus den fliegenden Trupps die Balzrufe wie im Chor zu hören. Entlang dem gesamten Ostufer konzentrieren sie sich oft überproportional. Bei auflaufender Flut stehen sie girlandenartig brusttief im Wasser, wobei sie ihre bevorzugte Nahrung, nämlich Garnelen (*Cran-gon crangon*, 56-81 % der Gesamtnahrung) fangen, die sich im Mai vor allem im N-Teil des Dollart aufhalten. Die Bucht ist ein wichtiges Aufwuchsgebiet für Garnelen. Bei ihrem Erbeuten arbeiten die Vögel mitunter koordiniert, indem sie einen Garnelenschwarm fast einkreisen. Wenn die Wattflächen um die Hoch-wasserzeit geflutet sind, sammeln sie sich auf kurzgrasigen Flächen im Heller, wo sie sich gelegentlich mit Pfuhlschnepfen und Rotschenkeln vergesellschaften. Mitte Mai sind die meisten in der Regel weitergezogen. Um die Monatswende Mai/Juni ist der Dunkle Wasserläufer kaum vertreten (am 21.05.2000 noch ein Ind.). Im Gegensatz zu allen anderen wattabhängigen Arten hat er vor allem auf dem Heimzug auffällig zugenommen.

Doch schon im ersten Junidrittel treffen die ♀ nach der Eiablage im hohen Norden wahrscheinlich im Non-Stop-Flug am frühen Morgen wieder im Dollart ein. Sie überlassen den ♂ die Aufzucht der Küken. Der Dollart hat als Mauserzentrum überregionale Bedeutung. Allmählich bauen sich die Rastbestände bis zu Maxima von 2000-3000 Ind. im Juli auf (Höchstwert: 3674 Ind. am 6.07.1997). Dieser Höhepunkt liegt im Gegensatz zu fast allen anderen Gebieten auffallend niedri-ger als der des Heimzuges. Wahrscheinlich verteilen sich die Dunklen Wasserläufer auf dem Wegzug stärker als auf dem Heimzug.

In den Sommermonaten halten sich die meisten dieser Wasserläufer auf der nie-derländischen Seite auf (4389 Ind. am 14.08.1994, Gerdes 1995 a). Während der

198

Zeit des Wegzuges, der sich je nach Witterung bis in den Dezember hinzieht, gehören außer Garnelen (17 %) Wattringelwürmer (19-43 %) und kleine Strandkrabben (Carcinus maenas) zu ihrem Nahrungsspektrum (Holthuyzen 1979).

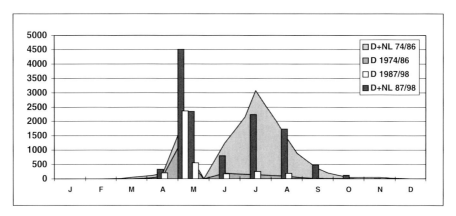

Abb. 42: Monatsmittel der Rastbestände des Dunklen Wasserläufers im Dollart in zwei Zeiträumen (1975-1986 als Flächen und 1987-1998 als Säulen). Der Mai ist in drei Dekaden unterteilt. Im 1. Maidrittel des Zeitraums 1974-1986 beträgt das (nicht ablesbare) Mittel 1397 Ind. Aus der 3. Mai-Dekade liegen keine Zahlen vor, die sich für eine Mittelwert-Berechnung eignen. Das Minimum Ende Mai ist in Wirklichkeit nicht so ausgeprägt, wie es die Graphik erscheinen lässt. n = 290.120 Ind.

Rotschenkel (Tureluur, *Tringa totanus*)
Mäßig häufiger Brut- (700-800 Bp, im Binnenland ↓) und häufiger Gastvogel

Kein anderer Watvogel ist mit seinem melodischen Fluggesang so charakteristisch für Salzwiesen wie der Rotschenkel. Er kommt "am häufigsten in geschützten, küstennahen Festlandsgebieten wie zum Beispiel dem Dollart" vor (Fleet et al. 1996). So besiedelt er Brackwasserwiesen und die Vorländer der Ems in großen Dichten, während er in den Feuchtgebieten des Binnenlandes nur spärlich vertreten und aus manchen Gebieten (z.B. Logaer, Logabirumer Hammrich) verschwunden ist. Genaue Bestandserfassungen in größeren Gebieten sind sehr schwierig und oft mit Fehlern behaftet. Die Vergleichbarkeit der Zahlen wird durch unterschiedliche Methoden und Erfahrungen der Zähler erschwert. Die Angaben verschiedener Quellen weichen mitunter voneinander ab. Dies muss beim Vergleich der Zahlen bedacht werden.

Borkum: Wahrscheinlich war er hier seit eh und je Brutvogel. Droste (1869) rechnete ihn zu den "gemeinsten Brutvögeln". Seit 1950 über Jahrzehnte hin 65-160 Bp, 1995 180 Bp und 1999 186 Bp (Behm-Berkelmann 1991, Südbeck & Hälterlein 1997, NLWK).

Die Salzwiesen sowie Brackwasser-Vorländer des Festlandes beherbergen die größten Bestände: Dollard-Kwelder (Boekema et al. 1983): 250-450 Bp in den 1970er Jahren, später Abnahme nach geringerer Beweidungsdichte (zu hoher Graswuchs, Ausdehnung der Strandastern). Die Brutbestände wichtiger Gebiete zeigt die Tabelle 16.

	ha	1975	1985	1994	1997	1999
Dollartheller (D)	336	250	260	277		150
Emsvorland	755				266	
Bunderhammrich	490		36	11		

Tab. 16: Brutbestände des Rotschenkel in ausgewählten Gebieten. Quellen: C. Panzke briefl., NLWK; Gerdes et al. 1998, Flore u. Schreiber briefl., Verf.

Daraus ergeben sich folgende Dichtewerte: Dollart 1977 8,2 Bp/10 ha, Emsvorland 1997 3,5/10 ha, Bunderhammrich 1985 0,7 Bp/10 ha und für das Rheiderland auf 9730 ha 1994 115 Bp (0,1 Bp/10 ha, Flore u. Schreiber). Für Westoverledingen ermittelten M. Bergmann u.a. 1992 15-20 Bp. In anderen, oft trockneren Hammrichen ist die Dichte noch geringer: Wymeerster Hammrich 1986 4 Bp (0,02 Bp/10 ha). In den gründlich untersuchten NSGs des Fehntjer Tief-Gebiets hat sich der Rotschenkel während der 1990er Jahre auf einem niedrigen Niveau mit 6-9 Bp gehalten (0,07 Bp/10 ha, H. Pegel). Aus dem NSG bei Vellage ist er seit 1990 völlig verschwunden. Auf dem Tunxdorfer Hagen schätzten B. Petersen (briefl.) 1959 und Hammerschmidt (1965) für den Zeitraum 1955-1965 jeweils 15 Paare. Im Vergleich zum niedersächsischen Bestand, der 1994 auf >6000 Bp veranschlagt wurde, beträgt der Leeraner Anteil etwa 12 % (Mädlow & Mayr 1996).

Nach der Brutzeit sammeln sich die Rotschenkel mit ihren flüggen Jungvögeln aus dem Binnenland und Durchzügler während des Wegzuges im Dollart in großen Scharen (Abb. 43). Im Juli ist die Luft erfüllt von ihren melodischen Rufen! Die Zählung von Rotschenkeln ist mit großen Schwierigkeiten verbunden. Sie halten sich oft schwer entdeckbar im Bereich der Lahnungen, zwischen den Uferpflanzen oder vor bzw. zwischen hohen Uferpflanzen auf, so dass sie dem Zähler leicht entgehen. Oft waren nur Mindestzahlen zu erreichen.

Da die Zählungen nicht oft genug stattfinden, hängt die Dokumentation der Höchstzahl vom Zufall ab. So wurden im Dollard am 20.07.1980 7967 Ind. und eine Woche vorher auf deutscher Seite 1780 Ind. gezählt. Werden die Mittel für die D- und NL-Seite getrennt berechnet und addiert, so ergeben sich für die Juli-mittel beider Zeiträume 5541,5 bzw. 2998,5 Ind. (Abb. 43). Allerdings beruht das erste Mittel auf nur 5 (D) bzw. 4 (NL) Zählergebnissen (nur eine Synchronzählung). Dieses Mittel ist daher besonders mit Unsicherheiten behaftet. Dagegen fanden im zweiten Zeitraum 10 gemeinsame Zählungen statt.

Schon im August beginnen die Rotschenkel den Dollart zu verlassen und ziehen sich ins marine Watt zurück (vgl. Boere & Smit 1980). Auf niederländischer Seite sind sie dann entsprechend dem Flächenanteil fast 3 mal so häufig wie auf der deutschen Seite. Von Oktober bis Anfang März haben sie sich bis auf Einzelvögel völlig in den W des Dollard zurückgezogen. Ein Teil der Rotschenkel zieht nach den Ringfunden bis an die W-afrikanische Küste S von Marokko (Großkopf 1995). Erst um Mitte März treffen auf der deutschen Seite die Brutvögel und vermutlich auch auf dem Heimzug befindliche Durchzügler wieder ein, die für den Höhepunkt im April verantwortlich sind. (Abb. 43).

Beim Vergleich der beiden Zeiträume fällt in allen Monaten eine Abnahme auf. Sie beträgt im April 21,6 % (in D 33,4 %) und ist im Juli mit 46 % für den Gesamtdollart besonders drastisch (18,5 % auf deutscher Seite) beim Vergleich der beiden Mittel 1974-1986 und 1987-1999.

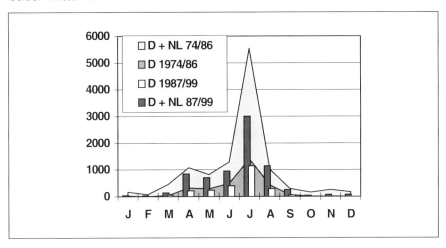

Abb. 43: Monatsmittel des Rotschenkels (Ind.) im Dollart in den Zeiträumen 1974-1986 (Flächen) und 1987-1999 (Säulen), n = 167.269

Teichwasserläufer (Poelruiter, *Tringa stagnatilis*)
Irrgast (ein Nachweis)

Rettig (131. Ber.) hat ein Ind. der in O-Europa heimischen Art auf einem Spülfeld im Wybelsumer Polder am 20.05.1999 beobachtet. Die Anerkennung durch die Deutsche Seltenheitskommission steht noch aus.

Grünschenkel (Groenpootruiter, *Tringa nebularia*)
Mäßig häufiger Durchzügler (>500) aus der borealen Taiga

Im Wattenmeer S der Ostfriesischen Inseln findet er eher zusagende Habitate als im Dollart. So kommt er auch bei Borkum in größerer Zahl vor: 931 Ind. am 26.09. 1981, einem späten Termin (Boere & Smit 1980, Meltofte et al. 1994). Da der Hauptdurchzug im Juli und August stattfindet und auf Borkum im Sommer kaum gezählt worden ist, kennt man das Ausmaß der Häufigkeit während der Zugzeiten erst in Ansätzen. Der Zugablauf scheint vor 140 Jahren ähnlich gewesen zu sein, denn Droste (1869) erlebte vom 8.-11. August >2000 Grünschenkel auf Borkum, eine heute allerdings unvorstellbare Menge für eine einzige Insel!

Am Dollart macht sich der Heimzug mit den ersten Ind. meist um Mitte April bemerkbar (frühestes Datum: 22.03.1992, 6 Ind.). Er erreicht seinen Höhepunkt im ersten Maidrittel mit 62 Ind. im Mittel (Höchstwert 201 Ind. 1993) wie beim Dunklen Wasserläufer, klingt aber nicht so rasch aus wie bei jenem Wasserläufer. Aus noch nicht erkannten Gründen wird zu dieser Zeit die NO-Ecke der Bucht bevorzugt. Im Juni halten sich nur wenige Grünschenkel auf. Erst im Juli setzt der Wegzug ein, dessen Gipfel auf Ende Juli oder in den August fällt (Abb. 44). Hauptsächlich am W-Ufer des Dollard rasteten am 27.07.1997 459 Vögel, die bisherige Höchstzahl. Die Gesamtzahl blieb unbekannt, denn am N- und Ostufer wurde an diesem Termin nicht gezählt. Am 17.08.1997 stellte Rettig (108. Ber.) in den Spülfeldern des Wybelsumer Polders N vom Dollart 170 Ind. fest. Das Zeitraster der bisherigen Zählungen ist zu grob für das Erkennen des genauen phänologischen Ablaufs. Der Wegzug erstreckt sich bis weit in den Oktober. Noch am 9.12.1984 wurden die letzten 6 Ind. gesehen.

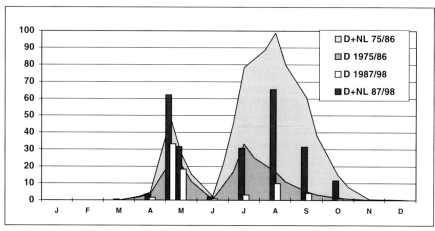

Abb. 44: Monatsmittel der Rastbestände des Grünschenkels im Dollart in zwei Zeiträumen (1974-1986 als Flächen und 1987-1998 als Säulen). Der Mai ist in drei Dekaden unterteilt. Aus

dem letzten Maidrittel liegen keine Werte vor. n = 5519 Ind. Etwas abweichend vom Dunklen Wasserläufer fällt beim Vergleich der beiden Zeitabschnitte während des Heimzuges im ersten Maidrittel eine Zunahme um 29 % und auf dem Wegzug eine beträchtliche Abnahme der Bestände um 34 % auf.

Dieser Wasserläufer bevorzugt bei der Nahrungssuche Vorlandufer, Priele im Heller und Grüppen. Da er solche Strukturen am Dollart zwischen der Bohrinsel und Pogum findet, stellen sich hier durchschnittlich 20-50 Ind. von Ende April bis Mitte Mai und im Juli ein. Gelegentlich werden höhere Zahlen notiert: 130 Ind. am 26.04.1975 und 133 Ind. am 22.07.1978.

Im Neudorfer Moor sah Verf. am 9.05.1987 mind. 22 Ind., die gegen 18 Uhr MEZ nach NO heimzogen, wobei Fluggesang zu hören war.

Waldwasserläufer (Witgatje, *Tringa ochropus*)
Spärlicher Durchzügler meist aus borealen Wäldern

Die meisten Vögel werden einzeln oder zu zweit überhinziehend beobachtet, nur gelegentlich fallen sie zu kurzer Rast ein. Dies gilt auch für den Dollart. Dieser Wasserläufer zieht kleinere Gewässer vor. Einzelvögel am 7.05.1989 und 18.05. 1991 bei Breinermoor bzw. am Emstunnel befanden sich vermutlich auf dem Heimzug (B. Petersen). Der Wegzug ist schon ab Ende Juni bemerkbar: 8 Ind. am 25.06.1997 an einem Kolk am Hessentief. Im August, wenn die meisten durchziehen, werden öfter 10-20 Ind. registriert (Höchstzahl: 44 Ind. am 16.08.1981 am Südrand des Dollard). Bei 3 Ind. am 19.11.1998 an der Leda bei Leer handelte es sich vielleicht um Überwinterer.

Auf Brutvorkommen ist künftig zu achten. B. Petersen (briefl.) stellte am 5.06. 2000 2 Ind. an einem Tümpel im Stapeler Moor fest.

Bruchwasserläufer (Bosruiter, *Tringa glareola*) *
Spärlicher Durchzügler aus borealen und subarktischen Zonen

Wahrscheinlich hat er im 19. Jh. am Rande der riesigen, damals fast ungestörten Hochmoore (Stapelermoor und Klostermoor) gebrütet, jedoch hat niemand in den Mooren geforscht. Ob drei Vögel, die am 9.07.1950 O vom Lengener Meer aufflogen, Brutvögel waren, blieb offen, zumal um diese Zeit schon Wegzug stattfindet (Verf.). Blaszyk erlebte hier am 15.05.1965 ein ♂ bei der Balz und notierte Brutverdacht.

Auf Borkum war er stets nur Gastvogel. Droste (1869) sah am 23.06.1864 einen Schwarm mit 40 Ind.; er bezeichnete ihn als "ziemlich häufig auf dem Zuge".

Nur wenige fallen am Dollart zur Rast ein. Einige Male wurden hier mehr als 5 Ind. gezählt.

Im Binnenland rastet er auf dem Zug etwas häufiger. Tunxdorfer Schleife: 35 Ind. am 17.05.1959 (B. Petersen briefl.), 22 Ind. am 1.05.1992 (W. Schott in Saxicola 1992, H. 2), Neudorfer Moor: 5 Ind. am 9.05.1987 mit kurzem Fluggesang am Abend. Auch im Sperrgebiet O Altburlage war am 14.05.1988 Fluggesang heimziehender Wasserläufer zu hören. Noch am 8.12.1991 zog ein Ind. am Dollart nach SW.

Terekwasserläufer (Terekruiter, *Xenus cinereus*) *
Irrgast aus NO-Europa

Nahe dem Dollart wurde am 3.07.1997 ein Ind. an den Pütten im Heinitzpolder festgestellt (F. Hopf et al. in Limicola Bd 11, 1997). Die Anerkennung der Beobachtung durch die Deutsche Seltenheitenkommission steht noch aus.

Flussuferläufer (Oeverloper, *Actitis hypoleucos*)
Spärlicher Gastvogel an fast allen Gewässern

Brutnachweise sind aus dem Kreisgebiet nicht bekannt. H. Schlotter (in: Zang 1995) bezeichnete ihn im Zeitraum 1924-1929 als nicht seltenen Brutvogel S von Rhede, ohne Brutnachweise zu erwähnen. Hammerschmidt (1965) beobachtete am 31.07.1964 an der Ems bei Tunxdorf einen Altvogel mit 2 flüggen Jungen, die nicht unbedingt dort erbrütet sein müssen. Auch nach dem Heimzug halten sich Flussuferläufer vereinzelt bei uns auf. 2 Ind. zeigten am 13.05.2000 Balzverhalten an der Leda 15 km OSO Leer (B. Petersen briefl.).

Dieser wenig gesellige Watvogel sucht am Dollart auf dem Heimzug meist nur vereinzelt Nahrung (NL: bis 25 Ind. am 7.05.1989). Deutlich häufiger erscheint er auf dem Wegzug ab Juli (50-70 Ind.) und besonders im August (40-100 Ind.). Höchstzahlen: 110 Ind. am 17.08.1980 und 224 Ind. (nur NL) am 27.07.1997. Als von 1985 bis 1992 bei Deichbauarbeiten vor dem Kanalpolder ein Sand-Wasser-Gemisch aus der Ems in den aufgeschlitzten Deich gespült wurde, suchten hier etwa 20 Ind. auf dem Wegzug Nahrung. In vielen anderen Feuchtgebieten rastet er auf dem Zug. Auf einer Spülfläche bei Soltborg suchten bis zu 24 Ind. vom 16.07. bis 17.09.1989 Nahrung. Noch am 12.11.1995 hielten sich 2 Wegzügler am Dollard auf.

Borkum: Droste (1869) sah einen Schwarm aus 30 Uferläufern. Sogar diese kleinen Vögel wurden früher für Speisezwecke geschossen.

Getarnter Steinwälzer im verschneiten Watt bei Norddeich

Flussuferläufer an der Ems

Steinwälzer (Steenloper, *Arenaria interpres*)
Mäßig häufiger Durchzügler auf den Inseln und Wintergast aus der marinen Tundra

Dieser Felsstrandbewohner beschränkt sich fast ausschließlich auf Borkum, wo er mit Blasentang (*Fucus vesiculosus*) bewachsene Buhnenanlagen zur Nahrungssuche bevorzugt. Als das West- und Ostland noch stärker getrennt waren, suchte er mit Vorliebe an der Wasserrille Nahrung, die sich in das Tüskendörgebiet erstreckt (Droste 1869). Nach Schoennagel (1980) kamen im September 1977 bis zu 300 Vögel und Mitte Januar 1994 55 Ind. vor (Poot et al. 1996), doch rasten auf Borkum im Winter auch >100 Ind. (Zang 1995). Als Höchstwert wurden im Oktober 1994 534 Ind. gezählt (NLWK).

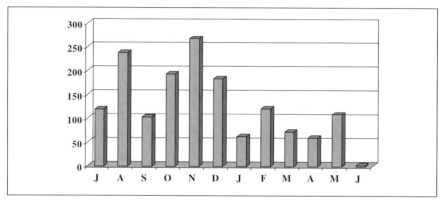

Abb. 45: Jahreszeitliches Auftreten des Steinwälzers (Monatsmittel der Ind., n = 8748) auf Borkum von Juli bis Juni (1992/93-1997/98, Daten des NLWK, Staatliche Vogelschutzwarte).

An dem Durchzug auf Borkum sind Populationen aus NO-Kanada, Grönland, Fennoskandien und N-Russland beteiligt, die auf dem Wegzug schon im Juli eintreffen (Glutz von Blotzheim et al. 1977). Welche Populationen an dem hohen Wert im August beteiligt sind, bleibt offen. Merkwürdig ist das Minimum im September, das aus anderen Gebieten nicht bekannt ist. Die hohen Zahlen von Oktober bis Dezember stimmen mit den Angaben in der Literatur überein (Zang 1995). Der Frühjahrszug verläuft wie der Wegzug wellenartig, wie der Februar und Mai zeigen (Abb. 45).

Im Dollartbereich rastet er viel spärlicher als an der äußeren Küste. Bei Punt van Reide erscheint er öfter einzeln oder in kleinen Trupps von 10-15 Ind. Ansammlungen von 41 Ind. am 13.05.1984 oder 26 Ind. am 3.05.1987 (B. Voslamber) sind außergewöhnlich. Auf der deutschen Dollartseite wird er noch seltener Ende April/Anfang Mai oder im Herbst in 1-4 Ind. festgestellt. Am 3.05.1981 suchte ein Vogel in einem alten Kuhfladen im Heller nach Nahrung. Nach Hammerschmidt (1965) hat W. Brinkmann im Frühjahr 1955 und 1963 2 bzw. 5 Ind. an der Tunxdorfer Schleife beobachtet.

Odinshühnchen (Grauwe Franjepoot, *Phalaropus lobatus*) *
Seltener Gastvogel aus der Tundra

Da dieser Wassertreter aus der Tundra hauptsächlich nach SO wegzieht, wird unser Gebiet nur gestreift. Die meisten Beobachtungen scheinen sich an der marinen Küste vor den Buchten zu häufen. So wird die Art von Borkum öfter als vom Dollart gemeldet, vermutlich infolge größerer Beobachtungsintensität. Auf Borkum wurde es "einige Male im Herbst und Früjare erlegt und beobachtet" (Zitat Droste 1869). Ein Trupp von 17 Vögeln begegnete ihm "in der Nähe der Dollart-Mündung", wahrscheinlich auf der Außenems. Im August 1968 beobachtete Schoennagel (1969 b) 2 Ind. auf Borkum in dem Priel Hopp.

Am Dollartufer sind im Zeitraum 1974-1998 von diesem zierlichen Wassertreter nur zweimal Einzelvögel festgestellt worden (14.06.1987 im Südwesten, A. v. d. Hoever, und 19.05.1996 ein ♀ vor Dyksterhusen, A. Haken). A. Keßler (briefl.) entdeckte 3 Ind. am 24.08.1977 auf dem Lengener Meer. Auf dem Erlensee hielt sich ein Ind. an einem späten Datum auf (2.10.1982, DGN briefl.). Nach Hammerschmidt (1969) ist am 8.09.1963 ein Ind. auf der Tunxdorfer Schleife vorgekommen.

Thorshühnchen (Rosse Franjepoot, *Phalaropus fulicarius*)
Seltener Gast

Droste (1869) berichtet von "einer kleinen Gesellschaft" Ende Oktober 1868, deren "auffallendes Benehmen" auf den "ungeberdigen Wogen" am Weststrand von Borkum ihn an diese Wassertreter erinnern ließ. Weigold (nach Schoennagel 1974) sah am 18.08.1910 ein Thorshühnchen auf Borkum. Hier suchten vom 27.11.-17.12.1972 2-8 Ind., die vielleicht durch Stürme verdriftet worden waren, in der schäumenden See zwischen den Buhnen Nahrung (Schoennagel 1964 a). Am 13.11.1977 sah W. Pötter (in Schoennagel 1978) ein Ind. bei heftigem Sturm auf den Wellen tanzen.

Im Dollart ist die Art noch nicht nachgewiesen worden. NW des Dollartmundes am Rysumer Nacken schwammen 2 Vögel am 9. und 10.11.1969 in der bewegten See (Verf.). Nur kurz danach (19.-23.11.1969) bemerkte Rettig (1970) ein Ind. auf einem Spülfeld am NO-Rand des Dollart bei Borssum. Auf dem Rysumer Nacken kam am 12.05.1973 ein Ind. im Brutkleid vor (Rettig 1979/1980).

Spatelraubmöwe (Middelste Jager, *Stercorarius pomarinus*)
Sehr seltener Gastvogel

Diese Raubmöwe ist sehr schwierig von der folgenden Art zu unterscheiden. Ob alle Artbestimmungen zutreffen, bleibt offen. Borkum: 25.10.1963, 10.07.1971 und 3.10.1974 je ein Ind. (Schoennagel 1977). Am 27.11.1977 ein Ind. (dunkle Phase) auf Punt van Reide (B. Voslamber in Boekema et al. 1983). 1985 erfolgte der stärkste Einflug, bei dem an der Küste 42 Vögel erfasst wurden (Großkopf 1991). Eine Raubmöwe, die wahrscheinlich dieser Art zugehörte, sah Verf. am 17.11.1985 am SO-Ufer des Dollart.

Schmarotzerraubmöwe (Kleine Jager, *Stercorarius parasiticus*)
Spärlicher Gastvogel

Auf Borkum ist alljährlich im September und Oktober mit dem Erscheinen zu rechnen (Schoennagel 1977). Von allen Raubmöwen wird sie am häufigsten nach Stürmen an die Inselküste verdriftet.
Rettig (1979/1980) ermittelte 11-12 Ind. am 18.09.1978 im Gebiet der Emsmündung. Im Dollart ist sie nur wenige Male nachgewiesen (ein Ind. 4.05.1975, Boekema et al. 1983, ein Ind. am 19.10.1978, 2 Ind. 24.09.1988, F.-D. Busch in Rettig 32. Ber., und je ein Ind. am 11.12.1988 und 8.09.1991, H.-J. van Loh).

Skua (Grote Jager, *Stercorarius skua*)
Sehr seltener Gastvogel (4 Nachweise)

Am 28.09.1978 fraß eine Skua an einer toten Silbermöwe auf Punt van Reide (Boekema et al. 1983). Eine erschöpft wirkende Skua fiel am 16.07.1989, also zu ungewöhnlicher Jahreszeit, bei NW-Wind 6-7 im SO des Dollart zur Rast ein. Auf ihrem Flug entlang der Hellerkante flogen alle Limikolen auf. Vermutlich haben starke, in Böen stürmische NW-Winde an zwei vorangegangenen Tagen sie in den Dollart verschlagen (H.-J. van Loh u. Verf.). Ende Oktober 1991 wurde eine Skua nach Stürmen verletzt bei Völlenerfehn gefunden und in der Pflegestation von Keudel in Jemgum betreut.
Auf Borkum sah Schoennagel am 14.08.1974 einen Vogel, der Silbermöwen "bedrängte".

Falkenraubmöwe (Kleinste Jager, *Stercorarius longicaudus*)
Sehr seltener Irrgast (4 Nachweise)

Droste (1869) berichtet von nur einem Ind. Altum (1866) erlegte 1865 zwei Vögel auf Borkum. Am 19.10.1975 fand Schoennagel (1977) hier einen frischtoten Jungvogel.

Schwarzkopfmöwe (Zwartkopmeeuw, *Larus melanocephalus*) *
Sehr seltener Sommergast und bisher einmaliger Brutvogel ↑

Seit den 1950er Jahren breitet sich die Art in Mitteleuropa aus. Im Juni 1995 gelang E. Voß der einzige Nachweis eines Bp in der Lachmöwenkolonie bei Petkum (Gerdes et al. 1998).

Zwergmöwe (Dwergmeeuw, *Larus minutus*)
Spärlicher Durchzügler

Die hauptsächlich Ende April / Anfang Mai ins östliche Ostseegebiet ziehenden Möwen werden meist in wenigen Ind. am Dollart, an der Ems, am Soltborger Teich und im Neudorfer Moor beobachtet. Nur gelegentlich werden größere Trupps registriert, wie 28 am 7.05.1989 oder 58 Ind. an der W-Seite des Dollard und 2 auf deutscher Seite am 19.05.1996. Zwei Tage später sah Rettig auf den Spülfeldern bei Wybelsum 45 Ind. Die meisten Beobachtungen entfallen auf den Zeitraum von Ende April bis Anfang Juni. Im Südosten des Dollard erschienen am 20.06.1988 2 ad. Vögel und ein Jungvogel vermutlich auf frühem Wegzug.

Lachmöwe (Kokmeeuw, *Larus ridibundus*)
Häufiger Brut- (↓) und sehr häufiger Gastvogel

Die früher auf das Binnenland beschränkte Lachmöwe hat in den 1930er Jahren die Küste erobert. Borkum: 1949 erstmals 30 Paare auf Andelwiesen. Die weitere Entwicklung gibt die Tab. 17 wieder.

1949	1959	1964	1967	1969	1972	1981	1983	1985	1988	1990	1995	1997	1999
30	70	55	90	280	500	800	620	2252	3218	4231	1204	938	884

Tab. 17: Brutpaare der Lachmöwe auf Borkum von 1949 bis 1999 in ausgewählten Jahren.

Nach einem allmählichen Wachstum der Borkumer Brutkolonie vermehrte sie sich stark von 1985 bis 1990 auf 4231 Bp, nahm jedoch in den 1990er Jahren auf 884 Bp in 1999 ab (Behm-Berkelmann & Heckenroth 1991, Südbeck & Hälterlein 1997, 1999, Zang 1991, NLWK). Auf Punt van Reide erfolgte 1955 mit 20 Bp die Erstansiedlung. Im gesamten niederländischen Dollard brüteten 1976 7000 Bp ("Avifauna Groningen"). In den 1980er und 1990er Jahren nahm sie stark ab:

1988 240, 1997 421 und 1998 nur 101 Bp (Koffijberg & van Dijk 1989, Koffijberg 2000). Auf deutscher Seite unternahmen etwa 8 Paare 1986 und 1987 vergebliche Brutversuche. Im Petkumer Vorland gründete sie 1987 mit 20 Bp eine Kolonie, die bis 1997 auf 2271 Bp anwuchs (Gerdes et al. 1998).

Droste (1869) bezeichnete sie für das Festland als nicht seltenen Brutvogel: "Sie nistet an den großen Teichen und auf sumpfigen Wiesen in der Nähe der Ems." Wann in neuerer Zeit die Kolonien tiefer im Binnenland entstanden (Abb. 33), ist nur teilweise bekannt. Im Neudorfer Moor brüteten 1985 50-60 Bp, 1987 230 Bp und 1998 400 Bp (A. Keßler briefl., Verf.). Im Sperrgebiet O Altburlage nisteten 1987 360 Bp (Dirks 1992). 1998 entstand nach Wiedervernässung eine neue Kolonie knapp außerhalb des Landkreises im Kortemoor SW Neuburlage am Rande der Mercedes-Teststrecke, wo J. Prins (briefl.) 1999 92 Bp und im benachbarten Wilden Moor 20 Bp zählte. Vielleicht entsteht im wiedervernässten Stapeler Moor eine Kolonie, wo B. Petersen am 5.06.2000 3-5 brutverdächtige Paare sah. Nach Hammerschmidt (1965) haben 1961 an der Tunxdorfer Schleife 17 Paare genistet.

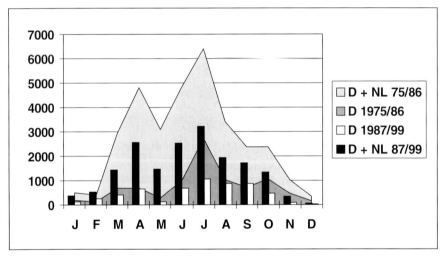

Abb. 46: Jahreszeitliches Auftreten der Lachmöwe (Monatsmittel der Ind.) von Januar bis Dezember am Dollart (Flächen: 1975-1986, Säulen: 1987-1999). Daten nach J. Prop, briefl.

Während der Zugzeiten im April und Juli halten sich die meisten Lachmöwen im Dollart auf (Abb. 46). Tagsüber verbleiben im Dollart von April bis September im Mittel oft 2000-3000 Möwen (zweiter Zeitabschnitt), von Dezember bis Februar wenige 10 Ind. oder wenige 100 Ind. Nachts hält sich ein Mehrfaches dieser Mengen im Dollart auf, doch liegen darüber keine genauen Zählergebnisse vor. Bei den Wasservogelzählungen wird infolgedessen nur ein Bruchteil erfasst. Im ganzen hat die Art seit 1980 stark abgenommen (im Juli um 50 %, Prop et al. 1999).

Einjährige Lachmöwe beim Drohen und Recken

Auf den Schlafplatzflügen z.B. Anfang Mai bildet die Ems nahe der Mündung eine bevorzugte Leitlinie.

An windstillen und warmen Sommertagen fallen hoch in der Luft Möwen auf, die hauptsächlich fliegende Ameisen über den Siedlungen und anderenorts fangen. Ihr gaukelnder Flug verrät, wo sich die Ameisenschwärme aufhalten.

Wiederfunde: Eine am 2.01.1979 bei Muelebeke (Westflandern, Belgien) beringte ad. Möwe lag frischtot am 10.10.1987 im Emder Außenhafen. Ebenfalls aus Belgien (Rekkern, Westflandern, beringt 21.01.1996) stammte ein Totfund vom 7.05.1996 am Soltborger Teich (weitere Ringfunde s. Rettig 26., 51. Ber.). Unter den Botulismus-Opfern am Dollart im August 1982 befanden sich zwei fünf- bzw. siebenjährige belgische Möwen. Ein am 9.06.1989 in Žuvintas (Litauen) beringter Nestling wurde am 12.08.1993 stark verwest unter der Hochspannungsleitung bei Sautelersiel (Entfernung 1525 km) gefunden. Drei weitere Nestlinge aus Estland der Jahre 1977, 1979 und 1981 wurden später bei Hollen (in einem Fall schon nach 25 Tagen, Entfernung 1166 km) erlegt oder in Iheringsfehn tot gefunden.

Sturmmöwe (Stormmeeuw, *Larus canus*)
Mäßig häufiger Brutvogel (↑) und häufiger Wintergast

Borkum: Erstbesiedlung 1948 mit 5 Paaren, 1960 75 Bp, 1975 50 Bp und 1988 35 Bp. 1996 nahm der Bestand auf 251 Bp zu (1999 172 Bp, Behm-Berkelmann & Heckenroth 1991, Hälterlein & Südbeck 1998 u. NLWK).

Punt van Reide: 1965, 1967 und 1980 jeweils 1-3 Bp, 1995 kleine Kolonien (Boekema et al. 1983, Koks & Hustings 1998). 1996-1998 nisteten im Dollard-Kwelder jährlich 4 Bp (Koffijberg 1998, 2000). Im Dollartheller bei Dyksterhusen unternahm ein Paar Ende Juni 1974 einen erfolglosen Brutversuch. Im Mai 1991 haben vermutlich zwei Paare im Neudorfer Moor gebrütet.

Während des Winterhalbjahres sucht sie besonders bei nasser Witterung locker verteilt in den Grünländereien Nahrung. Hier kann man sie oft beim Trampeln beobachten, wodurch Bodenorganismen an die Oberfläche gelangen. Wo Stallmist oder Gülle ausgebracht worden ist, suchen Möwen zusammen mit Krähen Nahrung. Quantitative Zählungen haben im Rheiderland nicht stattgefunden. Am Dollard (D+NL) wurden um 1980 von Juli bis Februar im Mittel 100-300 Ind. gezählt (Prop et al. 1999). Die größte Ansammlung von 2200 Ind. kam im Januar 1993 bei Tunxdorf vor (B.-U. Hilkmann, B. Volmer, Saxicola 1993, H. 1).

Heringsmöwe (Kleine Mantelmeeuw, *Larus fuscus*)
Mäßig häufiger Brutvogel auf Borkum (↑)

Die britische Subspecies *L. f. graellsii* hat ihr Verbreitungsgebiet seit 1927 entlang der ostfriesischen Inselkette ausgedehnt (vor allem auf dem Memmert, Leege 1935). Auf Lütje Hörn sollen schon vor 1952 2 Paare vorgekommen sein. Goethe (1962) traf 1961 ein Bp an. Ab 1962 nahm der Bestand zu, schwankte aber erheblich.

	1952	1953	1961	1962	1970	1975	1982	1985	1988	1990	1996	1997	1999
Bor-kum	0	1	0	0	0	0	1	5	0	9	146	111	225
Lütje Hörn	2	1	1	24	102	120	20	20	25	37	11	47	61

Tab. 18: Brutpaare der Heringsmöwe auf Borkum und Lütje Hörn. Die Jahre sind so ausgewählt, dass die Besiedlung und Entwicklung deutlich wird. (Quellen: Behm-Berkelmann & Heckenroth 1991, Goethe 1962, Hälterlein & Südbeck 1998, Südbeck & Hälterlein 1999, NLWK).

Auf Borkum hat sie nur vereinzelt gebrütet. Aber in den 1990er Jahren breitete sie sich auch hier stärker aus. Auf dem Festland siedelte sich das erste Paar 1994 bei Petkum an, wo 1995, 1997 und 2000 je zwei Paare brüteten (E. Voß in Gerdes et al. 1998, Rettig 151. Ber.). 1997 hat erstmals ein Bp am Dollard genistet (Koffijberg 2000).

Seit den 1980er Jahren erscheint sie regelmäßig am Dollart, auf der Breinermoorer Mülldeponie S Leer und stellenweise im Grünland (z.B. bei Veenhusen 61 Ind. am 17.06.1994, Mindrup in Rettig 76. Ber.; auf Wiesen bei Tunxdorf im Juni und Juli 1995 und 1996 bis 133 Ind., W. Schott, Saxicola 1995, H. 2 u. 1996, H. 2).

Weißkopfmöwe (Geelpootmeeuw, *Larus cachinnans*)
Genauer Status unbekannt

Diese aus dem Mittelmeerraum oder auch von Finnland sich ausbreitende Großmöwe kommt wahrscheinlich im Kreisgebiet vor, ist aber noch nicht sicher nachgewiesen. A. Degen sah eine juv. Möwe in den Wiesen S Rhede am 29.10.1998 (Saxicola 1998, H. 3).

Silbermöwe (Zilvermeeuw, *Larus argentatus*)
Häufiger Brut- (starke Schwankungen, ↑) und sehr häufiger Jahresvogel

Für den Charaktervogel der Nordseeinseln sind die Inseln eine wichtige Domäne. Droste (1869) berichtete von einer kleinen Kolonie mit 25 Paaren auf dem Ostland von Borkum. Jedoch hatten sie keinen Bruterfolg, da die Borkumer Jugend alle Eier raubte. Leege (1931) nennt für die Zeit ab 1870 die unwahrscheinlich hohe Zahl von etwa 20.000 Paaren auf Borkum und ergänzt: "jetzt kein Paar mehr". Gegen Ende des 19. Jh. zählte die Kolonie auf dem Ostland "hunderte von Paaren" (Schneider 1900). Auch in der ersten Hälfte des 20. Jh. hat die Silbermöwe sehr unter menschlicher Verfolgung gelitten (Eierraub, Bau von Küstenbatterien). Dies gilt ebenfalls für Lütje Hörn. Infolgedessen schwankten die Zahlen der Brutbestände erheblich.

	1905	1939	1949	1955	1960	1964	1968	1971	1979	1985	1990	1996	1999
Borkum	2000	125	20	30	43	20	0	4	60	58	457	2789	1323
Lütje Hörn	?	?	?	25	450	1200	2200	1200	4500	1100	810	427	181

Tab. 19: Brutbestände der Silbermöwe (Paare) auf Borkum und Lütje Hörn in ausgewählten Jahren (Quellen: Behm-Berkelmann & Heckenroth 1991, Goethe 1962, Hälterlein & Südbeck 1998, NLWK, Schulz 1947).

Im Zeitraum 1949-1964 kamen auf Borkum 20-40 Bp, ab 1967 meist <10 Bp vor, jedoch ab 1976 erfolgte eine allmähliche Zunahme, die sich ab 1990 steigerte; 1999 fiel der Bestand auf 1323 Bp. Auf Lütje Hörn vermehrte sie sich zunächst viel stärker: 1952 20, 1957 100 und 1961 800 Bp. Flächen- und Dünenverluste der Insel führten ab 1981 zu einer Abnahme. Wenige Paare schritten im Dollartbereich zur Brut, so 1958, 1975, 1976 und 1980 auf Punt van Reide, 1997 ein Paar am Dollard sowie je ein Paar 1995 und 1996 unter Lachmöwen im Petkumer Vorland (Boekema et al. 1983, E. Voß in Gerdes et al. 1998, Koffijberg 2000).

Die Interpretation der Abb. 47 ist schwierig, zumal sich die Zahlen aus den verschiedenen Jahren stark voneinander unterscheiden. Doch wird erkennbar, dass die Silbermöwe auf Borkum ganzjährig sehr häufig ist. Nach der Brutzeit sammeln sich viele Möwen im Wattenmeer (Maximum im August). Der hohe Wert im Oktober ist durch das Zählergebnis von 8617 Ind. in 1992 zustandegekommen. Die niedrigeren Zahlen von November und Dezember hängen damit zusammen, dass sich viele Möwen zu dieser Zeit an den Mülldeponien im Binnenland aufhalten. Die Rückkehr zu den Brutstätten ab Mitte Januar ist im Diagramm nur schwach erkennbar.

Auf der deutschen Dollartseite erscheint sie als Gastvogel meist nur in einigen oder wenigen 10 Ind. Am zahlreichsten ist sie im Gesamtdollart während des Juli und August tagsüber mit 80-100 Ind. (D+NL, Prop et al. 1999). Im ganzen hat die Art seit 1980 abgenommen. Die meisten Möwen halten sich im Winter tagsüber auf der Breinermoorer Mülldeponie auf (bis zu 1400 Ind. wie am 15.12. 1999 in allen Altersklassen, überwiegend ad. Möwen), von wo sie den Dollart als

Schlafplatz aufsuchen. Wenn die Vorländer überflutet werden, beteiligen sich viele an der Jagd auf Mäuse. Wie vielseitig und lernfähig Silbermöwen sind, zeigen sie auf Borkum, wenn sie bei Niedrigwasser dem Miesmuschelfang nachgehen. Mit dem Schnabel an Buhnen losgerissene Miesmuscheln (*Mytilus edulis*) lassen sie aus 5-10 m Höhe auf den nassen, harten Sandstrand fallen, bis die Schalen hörbar knacken. Ob es sich dabei um angeborenes oder erlerntes Verhalten handelt, ist nicht geklärt (F. Goethe briefl.). Hauptsächlich werden im Watt Herzmuscheln (*Cerastoderma edulis*) erbeutet.

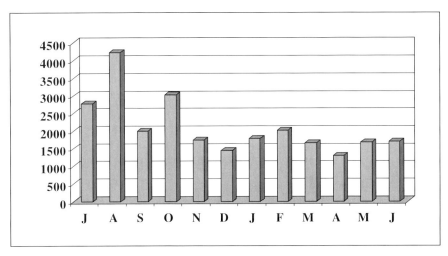

Abb. 47: Jahreszeitliches Auftreten der Silbermöwe von Juli bis Juni (Monatsmittel der Ind., n = 150.665) auf Borkum im Zeitraum 1991/92-1997/98 (Daten des NLWK, Staatliche Vogelschutzwarte). Im Mai und Juni sind erheblich weniger Ind. gezählt worden, als auf Grund der Brutpaarzählung zu erwarten wäre.

Polarmöwe (Kleine Burgemeester, *Larus glaucoides*)
Sehr seltener Gastvogel

Der einzige Nachweis bezieht sich auf einen Totfund einer ad. Möwe auf Borkum am 15.11.1975 (Schoennagel 1977).

Eismöwe (Grote Burgemeester, *Larus hyperboreus*)
Sehr seltener Gast

Nach Droste (1969) erscheint sie auf Borkum vor allem in strengen Wintern. Hier ist sie eher als auf dem Festland zu erwarten: 10 Ind. 27.09.1970, 1971 bis 1973 jeweils von Mitte Mai bis Anfang September je ein Ind. (Goethe 1991, Schoennagel 1974).

Bei der Seeschleuse Leer entdeckte H.-J. van Loh ein immat. Ind. am 17.03. 1986.

Mantelmöwe (Grote Mantelmeeuw, *Larus marinus*)
Spärlicher Gastvogel

Vom Dollart her dringt sie entlang der Ems weit ins Binnenland vor. Am Dollart, an der Ems und auf der Breinermoorer Mülldeponie ist sie ganzjährig jeweils in wenigen oder einigen 10 Ind. (am Dollart im Mittel 10-60 Ind., D+NL) anzutreffen. Die meisten sammeln sich bei der Deponie Breinermoor (etwa 50 Ind., überwiegend immat. Möwen am 15.12.1999). Die Zahlen nehmen im Lauf der Zeit etwas zu. Bei Sturmfluten kommen größere Ansammlungen vor (z.B. 85 Ind. am 7.11.1996 im Petkumer Vorland, Rettig 98. Ber.).

Dreizehenmöwe (Drieteenmeeuw, *Rissa tridactyla*)
Sehr seltener Gastvogel der Vogelfelsen der Nordsee

Sie erscheint an der Strandseite Borkums "in kleinen Zügen, manchmal auch vereinzelt" (Leege 1905). Müller (1971) sah auf Borkum einen Jungvogel am 29.08. 1970. Am 3.06.1976 und am 21.02.1993 flog ein Ind. im SW des Dollard (L. Oudman).

Lachseeschwalbe (Lachstern, *Gelochelidon nilotica*) *
Seltener Durchzügler aus Dänemark, Schleswig-Holstein oder Nordkehdingen ↓

Nur wenige Vögel sind auf kurzer Rast oder durchziehend beobachtet worden: ein ad. u. 2 juv. Vögel 23.07.1949 am Lengener Meer (Petersen 1950 u. Verf.), ein juv. Ind. am 8.08.1964 nahe Schöpfwerk Stapelmoor (Blaszyk), ein Ind. 7.05. 1972 über dem Petkumer Vorland (Rettig 1979/1980), 8.08.1990 eine ad. Seeschwalbe bei Soltborg an der Ems und am 16.06.1991 ein ad. Ind. am Dollart nach SW ziehend (Verf.).

Völlig aus dem Rahmen fällt zahlenmäßig und von der Jahreszeit her die unwahrscheinliche Beobachtung von Schoennagel, der um den 10. Oktober 1967 angeblich 26 Ind. am Strand von Borkum beobachtet haben will (vgl. Großkopf 1991). Im Juli 1971 sollen nach ihm 2 ad. u. ein juv. Ind. vorgekommen sein (Schoennagel 1972).

Raubseeschwalbe (Reuzenstern, *Sterna caspia*) *
Sehr seltener Gast aus dem Bottnischen Meerbusen (6 Nachweise)

Am Lengener Meer zogen 2 Ind. am 28.05.1963 nach NNO (Goethe 1991). Ein Vogel rastete am 25.04.1986 am Geisedamm gegenüber der Emder Seeschleuse (Verf.), am 21.08.1991 ein Ind. an der Ems bei Jemgum (E. Brune in Saxicola 1991, H. 2). Am 10.09.1995 sahen wir ein ad. Tier am Ostufer des Dollart (H.-J. van Loh u.a.).
   Auf Borkum erschien ein Ind. am 9.10.1994 (B. Hofmann briefl.).

Brandseeschwalbe (Grote Stern, *Sterna sandvicensis*) *
Unregelmäßiger Brut- und spärlicher Gastvogel

Sie ist streng an die Inselküste gebunden, als Brutvogel sehr unstet. Auf Borkum, wo "größere, enggeschlossene Niederlassungen" existierten (Leege 1905), war dieses Kleinod der Inseln in den 1880er Jahren bis etwa 1893 Brutvogel. Lange Zeit nistete sie auch auf Lütje Hörn (Leege 1905). 1950 verhielten sich mehrere Paare auf Borkum brutverdächtig, die vermutlich von Lütje Hörn herübergekommen waren (Peitzmeier 1961). Nach Dircksen (1973) haben 1971 8 Paare auf Borkum gebrütet, die Behm-Berkelmann & Heckenroth 1991 nicht angeben.
   Auf Lütje Hörn existierten nicht alljährlich in den 1930er Jahren, als Fischer öfter die Gelege plünderten, und von 1949 bis 1960 Kolonien (1949 127 Bp, 1956 >600 Bp, 1957 2000 Bp und 1960 800 Bp, Schulz 1947, Behm-Berkelmann & Heckenroth 1991).
   Vom Festland fehlen im LK Leer Nachweise. Am N-Rand des Dollart zog ein Ind. am 31.03.2000 nach NO (Rettig 144. Ber.).

Flussseeschwalbe (Visdief, *Sterna hirundo*) *
Spärlicher Brut- (↑) und Gastvogel

Auf Borkum hatte sie wie auch die anderen Möwenvögel im 19. Jh. und besonders im Ersten Weltkrieg sowie danach schlimm unter Eierraub zu leiden (Droste 1869, Leege 1936). Tausende Seeschwalben verschwanden bis auf "kümmerliche Reste". Der Name "Steernklippdünen" weist auf eine früher an den östlichen Dünen des Ostlandes befindliche Kolonie hin. Im Zeitraum 1954-1984, als Seeschwalben sehr unter Biozid-Belastungen litten, war die Flussseeschwalbe mit 20-70 Bp vertreten.

Ab 1985 hielten sich die Bestände zunächst auf einem niedrigen Niveau. Doch 1999 hatte sich der Bestand auf 114 Bp erhöht. Auf Lütje Hörn brüteten 1995 und 1999 keine Paare (s. Tab. 20), doch sind hier zeitweise stattliche Kolonien vorgekommen (1957 300 Bp). Ab 1961 kam sie unregelmäßig vor und nahm wahrscheinlich infolge Konkurrenz durch andere Arten stark ab.

Im für die Nahrungssuche günstig gelegenen Brutgebiet auf Punt van Reide bestand 1950 eine Kolonie mit maximal 400 Bp, die später immer kleiner wurde und schließlich verschwand (Boekema et al.1983). 1988 kam sie wieder mit 146 Bp vor, doch bis 1998 nahm die Zahl auf 41 Bp ab (Koffijberg 2000). An der Ems ist sie bisher nur bei Petkum in Einzelpaaren nachgewiesen worden (1970 und 1984 je ein Bp, Rettig 104. Ber.). Öfter sieht man Einzelvögel oder Paare auf Nahrungssuche auch bei Leer entlang der Ems fliegen. Im Juni und Anfang Juli 1997 brütete ein Paar auf der Insel eines Kolkes am Hessentief im Wymeerster Hammrich, jedoch misslang die Brut vermutlich wegen Prädation. An der Tunxdorfer Schleife sind außendeichs keine Bruten bekannt geworden (Hammerschmidt 1965).

	1939	1953	1955	1960	1961	1965	1970	1980	1985	1988	1995	1996	1999
Bor-kum	35	?	50	25	33	60	38	60	13	20	18	6	114
Lütje Hörn	?	12	80	400	100	?	10	12	14	12	0	17	0

Tab. 20: Brutpaare der Flussseeschwalbe auf Borkum und Lütje Hörn in ausgewählten Jahren. (Quellen: Behm-Berkelmann & Heckenroth 1991, Goethe 1962, Hälterlein & Südbeck 1998 Südbeck & Hälterlein 1997, Südbeck et al. 1998, NLWK).

Küstenseeschwalbe (Noordse Stern, *Sterna paradisaea*) *
Spärlicher Brutvogel (↓)

Diese Seeschwalbe wird nicht immer sorgfältig von der Flussseeschwalbe unterschieden, so dass manche Zahlen mit Fehlern behaftet sind (Großkopf 1991). Zahlenmäßig tritt sie gegenüber der vorigen Art als Brutvogel zurück. Auf Borkum brüteten von 1954-1987 10-60 Bp, 1995 39 Bp und 1999 40 Bp, auf Lütje Hörn 1953, 1968 und 1982 5-18 Bp, 1999 sogar 23 Bp (Behm-Berkelmann & Heckenroth 1991, NLWK, M. Reuter, Südbeck & Hälterlein 1997, Südbeck et al. 1998). Punt van Reide: einige Bp 1949-1974 (Boekema et al.1983). 1998 wies Koffijberg (2000) 3 Bp nach.

Obwohl diese Seeschwalbe häufig durch das Binnenland zieht (Großkopf 1991), gibt es nur einen Nachweis aus dem Binnenland: 2 Ind. am 3.05.1970 über dem Lengener Meer (F. Goethe briefl.).

Zwergseeschwalbe (Dwergstern, *Sterna albifrons*) *
Seltener oder spärlicher Brutvogel ↓

Diese meist auf Muschelschillflächen angewiesene, zierliche und behende See-schwalbe leidet besonders unter achtlos laufenden Touristen, die ihre Gelege oder Küken zertreten. Auf Borkum zählte Droste (1869) 1867 vier Kolonien mit je 12 Paaren. Ab 1948 sah es ähnlich aus, als der Bestand zwischen 15 und 90 Bp schwankte: 1969 55 Bp, 1996 35 Bp und 1999 73 Bp (B. Hofmann briefl., Häl-terlein & Südbeck 1998, NLWK). Leege (1905) fand sie in geringer Zahl auf Lütje Hörn, wo 1955, 1956 und 1967 nur 3-5 Bp nachgewiesen wurden. Ab 1968 blieb sie aus (Behm-Berkelmann 1991, Hälterlein & Südbeck 1998). 1969 nistete ein Paar auf einer Spülfläche an der Ems bei Widdelswehr nahe Emden (Rettig 1979/80). Auf Punt van Reide hat sie 1975 und 1976 gebrütet (1-2 Bp, Boekema et al. 1983).

Auch als Gastvogel findet sie auf deutscher Dollartseite keine günstigen Nah-rungsgründe. Wenige Male erschienen 1-4 Ind. im Sommer (20.06.1982, 12.07. 1987) auf der niederländischen Seite. Vor Norderney hat Temme (1995) im Au-gust und September 1988 Massendurchzug festgestellt. Über solche Wanderun-gen der Zwergseeschwalbe vor Borkum ist nichts bekannt.

Trauerseeschwalbe (Zwarte Stern, *Chlidonias niger*) *
Ehemaliger Brut- (†) und spärlicher Durchzügler

In Ostfriesland war diese Seeschwalbe an Meeren, deren Ränder "in Sümpfe aus-laufen" "überall häufig" (Droste 1869). Der Niedergang setzte schon vor 1930 ein (M. Brinkmann 1933). Folgende fünf Plätze waren besetzt: Am Wolfmeer (Moor-merland) hatte eine kleine Kolonie bestanden, wo jeweils im Juni 1954, 1958, 1959, 1961 und 1964 10-12 Bp nisteten (H. Reepmeyer briefl., E. von Toll mdl.). Schließlich brüteten am Anfang der 1970er Jahre noch wenige Paare (A. Haken). Auf dem Boekzeteler Meer am 30.05.1955 26 Ind. (vermutlich 13 Bp), im Mai 1977 2 Bp (B. Petersen). Am Lengener Meer stellte F. Goethe (briefl., s. auch Bran-des 1965) am 28.05.1963 etwa 10 Paare fest. Hier sah B. Petersen am 23.05.1974 noch 3 brutverdächtige Paare. An der Leda und Jümme fand E. von Toll 1976-1980 einzelne Paare (Heckenroth & Schröder 1991).

Nach einer Nachweislücke bis 1984 entstand eine kleine Kolonie von 3-10 Bp im wiedervernässten Neudorfer Moor im Zeitraum 1985-1989 (A. Keßler u. Verf.). Ab 1990 sah man sie hier nur noch als Durchzügler. Nicht bestätigt war die an-gebliche Brut eines einzelnen Paares, die Hammerschmidt (1965) Anfang Juli 1961 am Ostrand des Tunxdorfer Hagens nachgewiesen haben will.

Auf dem Durchzug ist sie spärlich besonders Anfang Mai im Dollart, am Soltborger Teich und zahlreicher in den Hochmooren festgestellt worden (Lengener Meer 11.05.1974 60 Ind., B. Petersen; Neudorfer Moor 30 Ind.am 27.04.1987, 60 Ind. am 12.05.1988, 10 Ind. am 9.05.1993, Verf.). Eine Ansammlung mit 48 rastenden Ind. über dem Holtgaster See am 4.05.1997 ist in jüngster Zeit außergewöhnlich (Verf.). Auf dem Wegzug erscheint sie nicht so oft, 25 Ind. wie Mitte September 1992 am Dollart sind bemerkenswert.

Weißflügelseeschwalbe (Witvleugelstern, *Chlidonias leucopterus*)
Sehr seltener Durchzügler aus Osteuropa

Borkum: Einzelvögel am 23.05.1971 und 5.08.1975 (Schoennagel 1977).
   Am 11.05.1970 flog ein Ind. an der Ems NW Leer (Verf.) und am 15.05.1997 sahen H. Kruckenberg u. B. Steinborn (mdl.) während eines Masseneinfluges in NW-Deutschland 6 Ind. unter Trauerseeschwalben an der Ems N vom Tunnel (Degen 1999).

Trottellumme (Zeekoet, *Uria aalge*)
Sehr seltener Sturmgast

Da sie größere Wassertiefen bevorzugt, hält sie sich weit vor den Inseln auf. An den Strand oder die Küste werden die Vögel durch Sturm oder Ölpest verschlagen. Auf dem Flugplatz Nüttermoor bei Leer wurde eine geschwächte Lumme am 31.01.1981 gefangen.

Tordalk (Alk, *Alca torda*)
Sturmgast

Winternachweise bzw. Totfunde werden fast nur von Borkum gemeldet. Am 23.02.1983 wurden 74 tote oder verölte Alken von Borkum bis Cuxhaven gesammelt (Zang 1991).

Gryllteiste (Zwarte Zeekoet, *Cepphus grylle*)
Sehr seltener Sturmgast

Der von Leege (1905) für Borkum genannte Totfund vom Dezember 1885 stammt von Juist (Zang 1991). Im Sommer 1981 sah B. Hofmann (briefl.) einen Vogel auf dem Leitdamm S von Borkum. Vom 27.-31.12.1992 hielt sich ein Ind. bei Borkum auf (W. Hausmann in Limicola 8, 1994, S. 186).

Krabbentaucher (Kleine Alk, *Alle alle*)
Sturmgast

Borkum: von Stürmen verschlagene Einzelvögel, oft erschöpft, am 20.11.1910 mind. 3 Ind., 24.10.1971, 5.10.1974, 10.01.1976 und 4.12.1999 je ein Ind. (Schoennagel 1977, Hofmann in Rettig 139. Ber., Zang 1991). Stoll wurde am 29.10.1955 in Hesel ein abgemagertes Ind. zugetragen, ein weiteres Ind. fing man drei Tage später in Leer. Durch NW-Stürme wurde ein Ind. bis Neudorf verdriftet, wo L. Fecht (mdl.) es am 19.10.1991 in einem Garten beim Neudorfer Moor geschwächt fand.

Papageitaucher (Papegaaiduiker, *Fratercula arctica*)
Sturmgast

Er hält sich weit von der Küste entfernt auf und gelangt daher fast nie in deren Nähe. Nach Droste (1869) wurde ein Ind. "von den Wogen an den Strand gefürt" sowie andere "im Dollart ans Land gespült". Weitere verbürgte Angaben liegen nicht vor.

Steppenflughuhn (Steppenhoen, *Syrrhaptes paradoxus*)
Irrgast im 19. Jh.

Droste (1869) beschreibt eindrucksvoll den Einflug aus dem Osten 1863. Auf Borkum erschienen sie vom 21. Mai an. Sie hielten sich meist paarweise in kleinen Trupps auf, die sich gelegentlich zu einem großen Schwarm von 150 Ind. vereinigten. Brut wurde nicht ausgeschlossen. Während der zweiten großen Invasion 1888 meldete das "Leerer Anzeigeblatt" vom 5. Juli, dass bei Holtland im Hammrich ein Nest mit acht Eiern gefunden sei. Die Jungen seien vor einigen Tagen geschlüpft. Diese Meldung wurde nicht nachgeprüft und kann nicht als verbürgt gelten.

Straßentaube (Tamme Duif, *Columba livia f. domestica*)
Mäßig häufiger Brutvogel (↔)

Seit wann die verwilderte Brieftaube bei uns heimisch ist, lässt sich nicht ermitteln. Sie hat wahrscheinlich nach 1960 stark zugenommen (Zang 1986). Sie nistet an größeren Brückenbauwerken wie z.B. bei Hilkenborg (5 Paare 1991), unter der Jann-Berghaus-Brücke und dem Ledasperrwerk (1999) sowie an einigen Gebäuden im Leeraner Hafen, besonders bei der Ölmühle Connemann und vor allem in der Innenstadt von Leer. In Westoverledingen schätzte man 1992 >50 Paare (M. Bergmann).

Hohltaube (Hole Duif, *Columba oenas*)
Spärlicher Brutvogel (20-30 Bp, ↓)

Im Zeitraum 1966-1998 ist sie als Brutvogel in einigen Wäldern, Parks oder Alleen mit altem Baumbestand nachgewiesen worden: im Stadtgebiet von Leer (etwa 5 Bp: Evenburgpark, Julianenpark, Philippsburger Park und Bollinghauser Wäldchen), Heseler Wald (1981 mind. 4 Bp), Oldehave, Holthuser Wald, Gehölz Ödenfeld, Zollhaus Dünebroek, Hochmoor Wymeer, Neudorfer Moor, bei Steenfelde und Ihrhove. Auch in der baumarmen Marsch kommt sie an Höfen mit altem Baumbestand vor, wie z.B. im Juni 1980 im Heinitzpolder W Ditzumerverlaat, 1997 beim Buschplatz NW Terborg und auf dem Friedhof Neermoor im Mai 1995 rufend (Th. Mindrup in Rettig 83. Ber.). P. Blaszyk (Tagebuch) wies sie bis um 1955 regelmäßig in den parkähnlichen Gärten der Einzelhöfe des Rheiderlandes als Brutvogel nach.

Auf Borkum hat sie sich "seit Anfang der 1950er Jahre eingebürgert" (Peitzmeier 1961). Dort nistet sie in gesprengten Bunkern, Kaninchenhöhlen und seit den 1970er Jahren auch als Bodenbrüter im Schutz von Lachmöwen-Kolonien (Zang 1986). 1988 wurden 15 Bp geschätzt und 1999 35 Bp gezählt (Erchinger & Mennebäck 1990, NLWK).

Gelegentlich rastet sie im Dollartheller (z.B. 2 Ind. am 19.09.1992). Auf niederländischer Seite wird sie öfter in größerer Zahl bemerkt: 17.01.1988 sogar 290 Ind., 19.01.1992 25 Ind. und 8.12.1992 20 Ind. (J. Hulscher u.a.).

Ringeltaube (Houtduif, *Columba palumbus*)
Häufiger Brutvogel (>2000 Bp, ↔)

Sie bevorzugt eine offene Kulturlandschaft mit Äckern und Wiesen, in die Bäume und kleine Gehölze eingesprengt sind. Wahrscheinlich ist sie seit der Mitte des 19. Jh. in die Ortschaften vorgedrungen (Blaszyk 1986). Flächendeckende Bestandsaufnahmen fehlen. In Westoverledingen wurde der Bestand in 1992 auf etwa 500 Bp geschätzt (M. Bergmann). Philippsburger Park 1970: 5-10 Bp. Auf Borkum nistete sie bereits zu Beginn des 20. Jh. regelmäßig, wo sie bald recht häufig wurde (Leege 1906). Hofmann (1986) schätzte den Bestand auf 60-80 Bp. 1999 ergab eine Zählung 224 Bp (NLWK).

Für die Ostfriesischen Inseln sind Bodenbruten charakteristisch. Wie weit sie auf dem baumreichen Borkum vorkommen, ist nicht bekannt. Späte Bruten: am 22.09.1985 schlüpften Küken, am 9.10.1992 wurden Junge flügge (H. Janssen in Rettig 61. Ber.) und noch am 3.11.1995 bemerkte H.-J. van Loh eben flügge Jungvögel am Julianenpark in Leer.

Außer Haustauben suchen Ringeltauben oft Getreide- und Erbsenfelder zur Reifezeit auf. Im Juli und August finden sie sich bevorzugt auf Feldern der Dollartpolder mit reifem Raps ein. Am 17.07.1988 hielten sich mind. 200 Ind. im Kanalpolder auf. Ob und wieweit Bestandsminderungen durch Abschuss eingetreten sind, ist im Kreisgebiet nicht untersucht worden und angesichts der hohen Bestände nicht sehr wahrscheinlich (Blaszyk 1986).

Türkentaube (Turkse tortel, *Streptopelia decaocto*)
Mäßig häufiger Brutvogel

Diese aus dem SO eingewanderte Taube hat Ostfriesland ab 1950 besiedelt (Ringleben 1959). Bei der Ausbreitung wurden offensichtlich große Räume übersprungen, denn in Detern bemerkte E. von Toll (in Knolle & Höppner 1986) sie erst 1965, in Remels 1966 und in Holtland die erste Brut 1966, während auf Borkum erstmals 1960 2 Paare brüteten (Peitzmeier 1961, schon 1958 nach B. Hofmann briefl.). Später besiedelte sie alle Dörfer und Städte. Gern sucht sie die Ölmühle Connemann im Leeraner Hafen auf, in deren Umgebung sie leicht Futter findet. Ab 1992 hat sie hier stark abgenommen. Sie ist in allen Siedlungen des Kreisgebietes vertreten. In Westoverledingen schätzte man 1992 >50 Paare (M. Bergmann).

Borkum: 1961 4 Paare in der Stadt, 1972 etwa 25 Paare, 1980-1985 4-5 Bp und 1999 7 Bp (Peitzmeier 1961, Schoennagel 1972, Hofmann 1986 u. NLWK).

Turteltaube (Zomertortel, *Streptopelia turtur*)
Spärlicher Brutvogel (>30 Bp, ↔)

Sie ist in den wenigen Wäldern und zahlreichen Gehölzen auf der Geest anzutreffen. H. Reepmeyer hörte sie im Mai 1954 im Bollinghauser Wäldchen am N-Rand von Leer, wo sie später nicht mehr vorkam. Im Mai und Juni waren ihre Rufe im Zeitraum 1980-1996 häufig aus kleinen dichten Fichten- und aus Birkenwäldern auf ehemaligen Hochmooren zu hören (Hochmoor Wymeer, Brunseler Meer bei Burlage, Königsmoor bei Meerhausen, Neudorfer Moor und Lengener Meer). Die Marsch scheint sie kaum als Brutvogel zu besiedeln (Heckenroth & Laske 1997). Nur nahe der Ems bei Diele, Vellage und am Erlensee hat Verf. ihre Rufe im Mai 1982 und 1988 gehört. Zur Reifezeit des Rapses sucht sie die Felder der Poldermarsch auf (z.B. am 22.07.1978 80 Ind. im Kanalpolder) und wird öfter bei den August-Zählungen am Dollart bemerkt.

Borkum: Die Angaben von Droste (1869) sind recht vage. 1955, 1957 und 1958 wurde je ein Paar zur Brutzeit beobachtet, doch wurde kein Brutnachweis erbracht. Hofmann erwähnt sie nicht mehr (Peitzmeier 1961, Hofmann 1986, 1999 ebenfalls kein Nachweis, NLWK).

Kuckuck (Koekoek, *Cuculus canorus*)
Weit verbreiteter Brutvogel ↓

Sein Ruf ist häufig in Hochmooren zu hören, besonders wenn die Moore abgetorft, aber nicht abgefräst werden. Hier lässt er sich seine Jungen häufig von den
zahlreich vertretenen Wiesenpiepern aufziehen. Innerhalb des Marine-Sperrgebietes bei Burlage und im Hochmoor seiner Umgebung kann man oft gleichzeitig
mehrere Kuckucke beobachten (so am 27.05.1981 3 ♂ und 2 ♀). Am Lengener
Meer sah F. Goethe (briefl.) am 28.05.1963 mind. 10 Ind. B. Petersen (briefl.) wies
am 5.06.2000 5 Reviere im Stapeler Moor nach.

Borkum: Droste (1869) schildert ihn als einen häufigen "Brutvogel" in den Dünen. Nach Peitzmeier (1961) war sein Bestand "größer als in manchen Gegenden
des Festlands". 1999 ergab eine Zählung 27 ♂ (NLWK, zum Vergleich auf Ameland 1986-1988 65-80 Reviere, Versluys et al. 1997).

In Idafehn wurden am 21.06.1993 zwei Starenkästen entdeckt, die mit je einem Jungkuckuck besetzt waren. Sie wurden mit Kirschen gefüttert, deren Kerne
die Jungvögel ausspuckten (K. Bartels mdl.). Zu den häufigen Wirtsvögeln gehören aber in erster Linie Teichrohrsänger an der Ems und Wiesenpieper in den
Hochmooren.- Der Kuckuck trifft um die Monatswende April/Mai bei uns ein und
zieht von Juli bis September weg. Noch am 22.08.1987 bemerkte Verf. einen
Kuckuck auf Pappeln bei Aaltukerei (Dyksterhusen).

Schleiereule (Kerkuil, *Tyto alba*)
Spärlicher Brutvogel (>30 Bp, ↓)

Bielefeld (1906) berichtet, dass die Schleiereule "nicht selten" alte Kirchen und
Glockentürme bewohnt. Von der zweithäufigsten Eulenart wurden im Zeitraum
1981-1998 an folgenden Orten Brutnachweise meist einzelner Paare erbracht: im
Rheiderland in Landschaftspolder (2 Paare), Hatzumerfehn, Marienchor (2 Paare),
Weenermoor, Jemgum; rechts der Ems in Oldersum, Rorichmoor, Hatshausen,
Iheringsfehn, Nüttermoor, Kirche Leer-Heisfelde, Logabirum, Esklum, Collinghorst, Reithkamperweg im Jümmiger Hammrich (1984 mit 10 Jungen), Rhauderfehn, Brinkum, Hesel, Firrel (1998 3 Paare), Jübberde und Detern (J. Prins, Rettig
38. 85., 89., 93., 120. Ber.). Diese Aufzählung von mind. 25 Bp ist sicherlich unvollständig.

Borkum: erstmals ein Bp 1992, im Sommer 1999 wurden 2 Bp nachgewiesen
(B. Hofmann briefl. u. NLWK).

Der Bestand hatte im strengen Winter 1978/1979 sehr gelitten. Bei einem Präparator in Bad Zwischenahn wurden 70 verhungerte Tiere abgegeben. Später hat
sich der Bestand allmählich erholt. Beim Fegen eines Schornsteins in Weenermoor am 28.08.1981 wurden sechs stark verrußte Jungen entdeckt, die in einer

Pflegestation weiterversorgt wurden. Da die Schleiereule oft unter Nitzplatzmangel leidet, sind künstliche Nisthilfen sehr wertvoll.

Wie schlimm sich der Straßenverkehr auf Mäuse jagende Eulen auswirkt, zeigen folgende Beispiele. Entlang der Autobahn von Bunde bis Riepe (etwa 30 km) und bei Filsum fand M. Reuter (briefl.) in einem Jahr 60 tote Schleiereulen. Drei der nahe den Abfahrten Jemgum, Leer-Nord und Filsum gefundenen Verkehrsopfer waren als Nestlinge in den Niederlanden beringt worden: 1. beringt 28.06. 1999 in Taarlo, Drenthe (59 km entfernt), gefunden 12.09.1999 nach 137 Tagen; 2. 15.06.1999 beringt in Plassen, Gelderland (167 km), gefunden 6.11. 1999; 3. 13.06.1998 in Vasse, Overijssel (94 km), gefunden 7.03.1999 (267 Tage später). Dieser Aderlass dürfte nur die Spitze eines Eisberges sein. Die Eulen können den schnell fahrenden Autos nicht rasch genug ausweichen.

Schneeeule (Sneeuwuil, *Nyctea scandiaca*) *
Sehr seltener Gast aus der Tundra

Auf Borkum wurde eine Eule am 24.03.1894 gefangen (Leege 1905).

Steinkauz (Steenuil, *Athene noctua*)
Fast verschwundener Brutvogel ↓

In den Städten und Dörfern kam der Steinkauz früher "vielfach" vor (Bielefeld 1906). Die Zeit, da dieser Kauz "in Ostfriesland gemein" war (Leege 1905), ist endgültig vorüber. 1930 nennt Leege mehrere Paare für das Rheiderland. Auch Menken (1932) führt ihn als Brutvogel auf. Im Juni 1955 wies Blaszyk ein Ind. mit Beute im Heinitzpolder nach.

Am 10.05.1974 sah B. Petersen 2 Ind. bei Halte. Nur wenige Brutnachweise sind aus dem Zeitraum 1975-1985 bekannt geworden: Hatshausen 1977, Kanal-/ Heinitzpolder 1978 und 1983, Poghausen/Spols Februar 1983 3 Ind. (J. Prins mdl.). 3 km SO Steenfelde wurden 1979 zwei und 1980 drei Junge im Schornstein aufgezogen, hier danach verschwunden. Außerdem Potshausen 1983, Rhauderfehn 1985, Groß Oldendorf beim Holle Sand 1984 und Flachsmeer bei Steenfelde 1984. J. Prins (mdl.) schätzte den Gesamtbestand 1985 auf 7-8 Bp. Danach hat er stark abgenommen und ist fast verschwunden: 1991 je ein Ind. im Bunderhammrich und in Bunderneuland, 1993 eine Brut bei Boen. Am 26.02.1994 hörte Th. Munk den Balzruf an der 2. Südwieke Rhauderfehns. M. Meyer sah am 8.11.1995 einen Kauz zwischen Klein Oldendorf und Remels (Rettig 88. Ber.). Den letzten Brutnachweis eines Paares erbrachte D. Kolthoff am 19.07.1998 in Wymeer.

Waldkauz (Bosuil, *Strix aluco*)
Sehr seltener Brutvogel ↔

Leege (1930) erwähnt mehrere Paare aus dem Holthuser Wald. Im Julianenpark entdeckte Stoll am 30.03.1948 ein Bp. Seit 1966 wird er sehr selten beobachtet: jeweils im Mai 1966, 1972, 1974, 1979 im Philippsburger Park und im Evenburgpark, 1976, 1990, 1996 und im Winter 1999/2000 in der Großen Allee in Loga (B. Petersen) sowie im Heseler Wald wahrscheinlich alljährlich (1999 2 Bp, G. Dählmann mdl.).

Waldohreule (Ransuil, *Asio otus*)
Spärlicher Brutvogel (100-150 Bp, ↓)

Unsere häufigste Eulenart kommt wahrscheinlich in jedem Messtischblattquadranten vor und besiedelt alle Landschaftstypen. Rabenkrähen verschaffen ihr in Wallhecken, Wäldern, Bauerngärten und auch in innerstädtischen Gärten Nistmöglichkeiten (im Julianenpark 1987 und 1996 je ein Paar mit 2 Jungen und 1994 am Friedhof in Loga ein Paar mit 3 Jungen). In Westoverledingen wurden 1992 7-10 Bp ermittelt (M. Bergmann). Mindrup (in Rettig 98. Ber.) hörte noch am 15.09.1996 Bettelrufe junger Eulen.

Auf Borkum stellten B. Hofmann u. W. Pötter erstmalig 1969 ein Bp mit 4 Jungen fest (Peitzmeier 1970). 1972 und 1973 brüteten 5-6 Paare (W. Pötter in Mannes 1986). Im Zeitraum 1980-1985 schätzte Hofmann (1986) 3-5 Bp; 1999 zählte man 11 Bp (NLWK).

Im Winter suchen sie an vielen Stellen in Parks oder sogar Straßenbäumen Schlafplätze auf, wo sich 10-20 Eulen sammeln. Eine große Gruppe mit 50 Ind. fanden G. u. J. Frieling (Rettig 40. Ber.) im Dezember 1989 in Oldehave. Entlang der Autobahn sammelte M. Reuter (mdl., s. Schleiereule) in einem Jahr 40 Verkehrsopfer!

Ringfund: Eine am 7.06.1977 in Kristtinakaup (Finnland) als Nestling beringte Eule fand J. Prins am 23.01.1991 tot als Verkehrsopfer in Rhauderfehn (Entfernung 1299 km).

Sumpfohreule (Velduil, *Asio flammeus*) *
Unregelmäßiger Brutvogel und Wintergast auf dem Festland, auf Borkum regelmäßig ↓

Bei dieser Eule fällt die Abhängigkeit von Mäusegradationen besonders auf. Die Bestände schwanken stark von Jahr zu Jahr. In großen Abständen sind an >11 Stellen auf dem Festland Brutnachweise oder Brutverdacht bekannt geworden (in zeitlicher Reihenfolge): Jammertal Juni 1968, Puddemeer 5.06.1973 und im Mai

Sumpfohreule frisch verunglückt im Stacheldraht (16.11.1974)

1980, in dessen Umgebung (Fehntjer Tief-Gebiet) fand die ALAND-Gruppe 1984 3 Bp, wahrscheinlich ebenfalls 1990, Holter Hammrich 21.05.1976, Marienchorer Meer 1980, Coldam Juni 1981 ein Bp (B. Petersen), Neermoorer Hammrich Juni 1983 ein Nest mit 6 Jungen (H. Janssen in Rettig 15. Ber.), 1993 hier wieder und bei Veenhusen je ein Brutnachweis (Mindrup in Rettig 66. Ber.), Halte/Ems Mai 1985 ein Ind., Klostermoor Mai 1989 (Rettig 36. Ber.), bei Ditzumerwarpen Mai 1990 ein Gelege mit 7 Eiern, die im Brutkasten einer Pflegestation ausgebrütet wurden, und im Fehntjer Tief-Gebiet 1991 7 Bp und 1996 2 Bp, während sie hier 1995 und 1997 ausblieb (H. Pegel). Im Holter Hammrich zog ein Paar im Juni 1993 einen Jungvogel auf und Juli 1996 2 juv. (Th. Munk briefl.).

In keiner Gegend hat sich diese gefährdete Art so gut gehalten wie auf Borkum. Droste (1869) kannte sie noch nicht als Brutvogel. 1898 brüteten 4 Paare in den Dünen des Westlandes und mehrere Paare im Ostland (Schneider 1898). Für die 1950er Jahre schätzte Peitzmeier (1961) den Bestand in der Greunen Stee und im Ostland auf 15-20 Paare. Günstig war die Eindeichung der Wiesen um den Tüskendörsee, da sich der Feldmausbestand unbeeinflusst von Überflutungen entwickeln konnte. Schoennagel (1974) schätzte den Bestand der Insel 1972 auf 40-50 Bp, eine Größenordnung, die nirgends auf dem Festland festgestellt wurde. Als Ende 1973 fast alle Feldmäuse ertrunken waren, sank die Zahl der Bp 1974 und 1975 auf 10 bzw. 15 Bp. Ab 1988 liegen folgende Angaben vor: 1988 5 Bp, 1990 10-15 Bp, 1995 3 Bp, 1997 9 und 1999 10 Bp (Hofmann briefl., Mannes 1986, Erchinger & Mennebäck 1990, NLWK, Südbeck & Hälterlein 1997 u. 1999).

Große Ansammlungen im Winter bieten seltene Schauspiele, wie z.B. das Gaukeln der Eulen über der verschneiten Landschaft bei Marienchor. Hier erlebten wir einen großen Trupp im Februar/März 1981, als die Zahl von 35 Ind. am 15.02. auf 60 Ind. am 1.03 stieg und bis zum 8.03. auf 10 Ind. sank. Die Eulen ruhten im dichten Geäst von Obstbäumen, auf Pfählen oder am Boden; zeitweise konnte der Beobachter 7-10 Eulen gleichzeitig im Gesichtsfeld seines Fernglases betrachten. Am Dollart vergesellschafteten sich von Oktober 1974 bis April 1975 zahlreiche Eulen; am 8.01. und 1.02.1975 hielten sich 50-60 Ind. im Heller auf (D. Heß u. E. Meyer mdl.). Am 22.02.1981 suchten 10 Ind. am Dollart Nahrung. Am Soltborger Teich nächtigten zeitweise Sumpfohreulen, so am 1.01.1990 30 Ind. und am 4.03.1990 20 Ind. (F.-D. Busch in Rettig 41. Ber.), am 13.01.1991 mind. 10 Ind.

Ziegenmelker (Nachtzwaluw, *Caprimulgus europaeus*) *
Ehemaliger Brutvogel †

Menken (1932) berichtet sehr allgemein, dass der Ziegenmelker auf der Heide am Heseler Wald vorkomme. Am 4.08.1947 wies Blaszyk je ein Paar bei Hesel und

Oldendorf nach sowie Balz im Heseler Wald am 12.06.1959. Hier hörte Stoll ihn im Mai 1950 an drei Stellen und wies ihn auch 1955 dort sowie im Holle Sand nach. In den 1960er Jahren hat hier Brutverdacht bestanden (E. von Toll in Zang & Schumann 1986). Am 3.06.1966 balzten nicht weit vom Lengener Meer W der Schweinebrücker Fuhrenkämpe auf einer unkultivierten Heide (Kreis Friesland) mehrere ♂ (F. Goethe briefl.). Weitere Nachweise wurden nicht bekannt. Mit dem Verschwinden ausgedehnter Heiden und schütterer Kiefernwälder hat die Nacht- schwalbe ihren Lebensraum verloren.

Mauersegler (Gierzwaluw, *Apus apus*)
Spärlicher Brutvogel ↔

In den Innenstädten von Leer und Weener (G. Pöppe mdl.) sieht man im Mai und Juni wenige kleine Trupps mit bis zu 30 Ind. umherfliegen. In Bunde schätzt Mees (1999) die Brutpopulation auf 25 Ind., die 6 Mauersegler-Nistkästen bezo- gen hatten. Auch an der Kirche in Remels kommen einige Bp vor (H. Geerdes mdl.). Moderne oder gut in Stand gehaltene Häuser bieten den Seglern kaum Nist- möglichkeiten. In Westoverledingen wurde er 1992 nur als Nahrungsgast nachge- wiesen (M. Bergmann). Ankunft zwischen dem 23. April und 6. Mai, Wegzug während der ersten drei Augustwochen.

Beim Einbruch kühler Witterung suchen sie insektenreiche Gewässer auf. Über dem Soltborger Teich und den Wasserflächen im Neudorfer Moor sammeln sich dann 100-130 Ind. (z.B. am 15.06.1991, A. Keßler), über dem Lengener Meer am 27.05.1979 40 Ind. (B. Petersen).

Borkum: Am Leuchtturm soll früher ein Paar genistet haben (Droste 1869), doch später hat er die Insel als Brutvogel gemieden. Nach Hofmann (briefl.) zieht er auf Borkum lediglich durch.

Eisvogel (IJsvogel, *Alcedo atthis*) *
Seltener Durchzügler ↓

Aus früherer Zeit liegen keine Beobachtungen vor. Der einzige Brutnachweis ge- lang H. Reepmeyer (briefl.), als ein Paar am 2.06.1959 WSW vom Tunxdorfer Ha- gen in der Uferwand eines Tiefs (knapp außerhalb des Kreisgebietes) Junge fütter- te (Altvögel erstmals beobachtet am 12. April). Sonst gibt es nur mündliche Hin- weise auf mögliche Bruten, die weder dokumentiert noch verbürgt sind. H. Kop- pelkamm (mdl.) sah öfter 1-2 Vögel im Juni und Juli 1972-1978 beim Gut Stie- kelkamp.

Von Ende September bis Ende Januar erschienen im Zeitraum 1975-1984 spär- lich umherstreifende Einzelvögel (16 Nachweise) an Tiefs, Kanälen und im Evenburgpark in Loga. Dreimal ist er jeweils im Oktober am Deichfußgraben im Dollart vorgekommen. Aus der Zeit nach 1985 liegen nur fünf Nachweise vor. Strenge Winter haben wahrscheinlich den Rückgang verursacht. Außerdem mangelt es den Gewässern an ausreichender Sichttiefe für den Fischfang.

Bienenfresser (Bijeneter, *Merops apiaster*)
Sehr seltener Gast aus S- und SO-Europa

Bisher wurde er nur auf Borkum an der Aussichtsdüne im Ostland nachgewiesen: am 9.06.1989 2 und 10.06.1989 ein Ind. (F. Mader & V. H. Schönfeld in Limicola 5, 1991, S. 208).

Blauracke (Scharrelaar, *Coracias garrulus*) *
Sehr seltener Gast

Beim Hochmoor S Wymeer sahen G. Pöppe und J. Wandschneider (mdl.) am 8.06. 1976 eine Racke. Im Stapelmoorer Hammrich entdeckten B. Hülsmann u. W. Schott ein Ind. am 11.07.1982 (DGN briefl., Fotobeleg liegt vor).

Wiedehopf (Hop, *Upupa epops*)
Irrgast

Früher scheint er nicht selten gewesen zu sein, denn Ubbius (1530) führt ihn unter den vielen für Speisezwecke gefangenen Vogelarten an wie Falken (ohne Zuordnung zu Arten), Sperber, Rebhuhn, Wachtel, Kiebitz, Schnepfe, Nachtigall, Zaunkönig u.a. Aus den letzten 40 Jahren liegen vom Festland drei Nachweise vor: ein Ind. am 14.05.1960 beim Ledasperrwerk (H. Reepmeyer briefl.) und ein Ind. am 15.07.1961 bei Vellage (Hammerschmidt 1965). Nahe der südlichen Kreisgrenze entdeckte G. Pöppe (mdl.) ein Ind. am 8.05.1985 beim Schöpfwerk Brual.
    Droste (1869) nannte ihn für Borkum selten im "Mai und Anfang Juni in der Umgebung des Dorfes". Am Flugplatz dieser Insel sah B. Hofmann nach dem ersten Nachweis 1965 ein Ind. am 30.05.1999 (Rettig 132. Ber.).

Wendehals (Draaihals, *Jynx torquilla*)
Seltener Durchzügler

Als wärmeliebender Vogel meidet er Ostfriesland zur Brutzeit weitgehend im Gegensatz zu O-Niedersachsen. J. Prins (mdl.) entdeckte 1985 ein brutverdächtiges Paar an einer Nisthöhle im Stiekelkamper Wald. Am O-Rand des NSG Lengener

Meer zeigte ein Sänger am 23.05.1998 Balzverhalten (A. Keßler briefl.). Brutnachweise fehlen bisher.

Da er sich auf dem Zug heimlich verhält und tarnfarben aussieht, wird er selten erkannt. Es liegen neun Nachweise von durchziehenden Einzelvögeln vor: 3.05. 1966 Leer, von einer Katze getötet, Ende April 1977 und 1979 Loga, 21.-28.04. 1983 Veenhusen (Busker briefl. mit Fotobeleg), Mitte April 1986 in Flachsmeer, 28.04.1987 bei Diele rastend auf dem Zug (Verf.) und 8.05.1991 in einem Garten in Weener (G. Pöppe mdl.). G. Pöppe erbrachte auch den einzigen Wegzugnachweis am 5.09.1982 in Weener.

Auf Borkum wird er selten gesehen (einmal 1982, Hofmann briefl.).

Grünspecht (Groene Specht, *Picus viridis*)
Sehr seltener Brutvogel (1-2 Bp, ↓)

Nach Bielefeld (1906) kam er "in jedem Walde" vor. Menken (1932) gibt vermutlich übertreibend an, dass er "überall im Kreise Leer" zu finden sei. Stoll: 22.04. 1948 je ein Ind. im Julianen- und Evenburgpark. E. v. Toll (briefl.) fand um 1965 im Holle Sand 2 Paare. Schelper (1986) gibt dagegen nach von Toll die außergewöhnlich hohe Dichte von 5 Paaren/100 ha für den Holle Sand an. Solch ein Wert ist niemals in Ostfriesland vorgekommen. Die Mitteilung Schelpers beruht auf einem Irrtum. Am 1.05.1977 hörte B. Petersen ein Ind. im Logabirumer Wald (hier auch 1957, 1962 und 1964 jeweils im Mai von Blaszyk gefunden).

In neuerer Zeit ist er nur aus dem Heseler Wald als Brutvogel nachgewiesen. 1982 stellte A. Keßler hier ein Bp mit 3-4 Jungen fest (Rettig 40. Ber.). Im Zeitraum 1980-1985 wurde er alljährlich gehört, 1998 und 1999 an zwei Stellen des Waldes. Auch in einem Altkiefernbestand hat er 1999 gebrütet (G. Dählmann u. H.-J. van Loh mdl.). Außerdem fand Verf. ihn am 20.04.1975 in Oldehave sowie 1980 und 1983 im Stiekelkamper Wald, wo er evt. gebrütet hat. Wahrscheinlich als Gast wurde er am 23.09.1990 im Julianenpark in Leer (H.-J. van Loh in Rettig 47. Ber.) und am 15.06.1991 im Neudorfer Moor beobachtet (A. Keßler in Rettig 52. Ber.).

Schwarzspecht (Zwarte Specht, *Dryocopus martius*) *
Seltener Brutvogel (5 Bp, ↑?)

Der Schwarzspecht ist wahrscheinlich in der ersten Hälfte des 19. Jh. aus dem Osten in die Wälder des Festlandes eingewandert (Zang 1986), eine Ansicht, die auch Leege (1936) vertritt. Im Zeitraum 1984-1999 kam er stetig als Brutvogel mit etwa 2 Paaren im Heseler Wald vor (G. Dählmann mdl. u. Verf.). Im Stiekelkamper Wald brütete er 1980 und 1983. Öfter wurden seine Rufe in Oldehave

(1967, 1971-1972, 1975, 1981-1982, 1988-1989) und im Logabirumer Wald (1980 und 1981) gehört. Im Holle Sand hörte B. Petersen ihn am 23.03.2000. Nach Leege (1930) sind Ende der 1920er Jahre 2 Bp im Holthuser Wald festgestellt worden.

Buntspecht (Grote Bonte Specht, *Dendrocopus major*)
Spärlicher Brutvogel (100 Bp, ↔)

Unser häufigster Specht ist in allen Wäldern, Wallhecken, Parks und in zahlreichen größeren Gärten als Brutvogel anzutreffen: Parks in Leer 8-10 Bp, Holthuser Wald 2 Bp (G. Pöppe mdl.), Stiekelkamper Wald 1983 3 Bp, Heseler Wald 1999 >5 Bp. In Westoverledingen kamen 1992 2-5 Bp vor (M. Bergmann). Auf einem belebten Schulhof Leers zog ein Bp die Jungen in einer Weide in 3 m Höhe auf.
Auf Borkum hat ein Paar 1958 einen Brutversuch unternommen, doch sind die Spechte verscheucht worden (Hofmann briefl.). Eine Zählung ergab hier 1999 6 Bp (NLWK). Nach der Brutzeit durchstreifen sie die Gehölze und Gärten sogar der waldlosen Marsch.

Mittelspecht (Middelste Bonte Specht, *Dendrocopus medius*) *
Sehr seltener Gast

Sein extrem seltenes Auftreten mag mit der Randlage, dem Fehlen alter Eichenwälder und der geringen Beobachterdichte zusammenhängen. Am 11.03.1998 sang ein Specht im Heseler Wald W vom Forsthaus (Erstnachweis, A. Keßler briefl.). Im September 1998 hörte H.-J. Kelm (mdl.) ihn dort an zwei Stellen rufen.
Droste (1869) führt eine Beobachtung auf Borkum ohne nähere Angaben an.

Kleinspecht (Kleine Bonte Specht, *Dendrocopus minor*)
Seltener Brutvogel und Gast ↓

So oft er in der Umgebung von Leer an seinem charakteristischen Ruf erkannt worden ist, so selten sind Brutnachweise. Im Juni 1986 zog ein Bp in Collinghorst seine Jungen auf (Höhle 3 m hoch in einer Birke einer Wohnstraße). Im Mai 1984 hörte A. Haken ihn öfter im Logabirumer Wald (hier auch 1958, 1974 und 1977). Im Julianenpark in Leer hat ein Paar 1993 und 1994 genistet. Im März 1996 und 2000 hörten H.-J. van Loh u. Verf. je ein umherstreifendes Ind. im Heseler Wald.

Buntspecht beim Füttern an der Nisthöhle in Heisfelde

Haubenlerche (Kuifleeuwerik, *Galerida cristata*)
Ehemaliger Brutvogel †

Sie bewohnt trockenwarme Plätze oft in anthropogenen Habitaten wie Ruderal- oder Trümmerflächen. Gegenden mit höherem Grünlandanteil als 20 % meidet sie (Scherner 1996). Auf der Geest war sie nach Bielefeld (1906) allgemein verbreitet. Nach Leege (1930) kam sie im Rheiderland "unweit der Straße" vor. Noch um 1950 war sie auf der Nesse in Leer eine "gewöhnliche Erscheinung" (R. van Ophuysen briefl.). Bei Hesel sah Stoll ein Paar am 12.07.1950 an einem Hof. Im Juni 1961 brütete ein Paar am Altenheim Hesel (Stoll). Wann sie als Brutvogel verschwand, ist nicht bekannt. Das letzte Ind. sah H.-J. van Loh am S-Rand von Leer im Juli 1987.
 Auf Borkum nistete unregelmäßig je ein Paar 1861 und 1864 (Droste 1869). 1896 fand Schneider (1900) zwei Nester. Peitzmeier (1961) entdeckte 1956 ein Paar und vermutete Brut. 1-2 Bp brüteten von 1964-1967 (wahrscheinlich auch schon vorher) auf einer Kiesablagerung an den Bantjedünen und unregelmäßig 1980-1985 (Hofmann 1986 und briefl.). Aus späterer Zeit liegt kein Nachweis vor.

Heidelerche (Boomleeuwerik, *Lullula arborea*) *
Verschwundener Brutvogel †

Über die frühere Verbreitung und den genauen Zeitpunkt des Verschwindens ist fast nichts bekannt. Menken (1932) bezeichnete sie sehr allgemein als Brutvogel auf der Geest. Stoll fand ein Bp 1948 auf einer Viehweide bei Hesel und hörte dort ihren Gesang 1950 und 1951. H. Reepmeyer (briefl.) vernahm sie von Ende März bis Anfang Mai 1956 bei Hesel und im Raum Logabirum-Holtland. Um 1960 fand E. von Toll singende ♂ bei Hesel und beim Holle Sand. Nach Droste (1869) hat sie selten in den Dünen auf Borkum genistet. Gegen Ende des 19. Jh. soll noch ein Gelege gefunden worden sein, doch fehlt sie hier seitdem (Schneider 1898, Peitzmeier 1961).

Feldlerche (Veldleeuwerik, *Alauda arvensis*)
Häufiger Brutvogel (2000 Bp?, ↓) und spärlicher Wintergast

"Borkum würde in der Tat viel verlieren, wenn es seine Lerchen nicht hätte" (Droste 1869). Ihr Gesang, der schon in den ersten Februartagen auch bei Nachtfrost ertönt, beeindruckt jedermann durch seinen Wohlklang.
 Als ursprünglicher Bewohner der Grassteppen Osteuropas bevorzugt sie offene Landschaften mit wenig Baumwuchs. Sie ist weit verbreitet im Grünland, wo sie höhere Siedlungsdichten erreicht als in der Ackermarsch. Im Dollartheller fand C. Panzke (briefl.) 1985 60 Bp (etwa 2 Bp/10 ha); 1999 wurden 107 Bp ermittelt

(3,2 Bp/10 ha, NLWK). Diese Zahl erscheint im Vergleich zum Wert von Panzke recht hoch, doch beträgt sie nur etwa 1/3 der Werte, die Glutz von Blotzheim & Bauer (1985) für extensiv genutzte Vorländer angeben. Im benachbarten Kanalpolder auf Ackerland 1986 12 Bp (0,4 Bp/10 ha, C. Panzke). Sie meidet die Emsvorländer nahe Leer und beschränkt sich auf die baumfreien Vorländer von Midlum an abwärts (27 Bp auf etwa 380 ha, 0,7 Bp/10 ha). Grünland des Niederrheiderlandes: 1994 500 Bp (5,1 Bp/100 ha, Flore u. Schreiber), Bunderhammrich 1986: 50 Bp auf 490 ha, Wymeerster Hammrich: 1986 18 Bp auf 1000 ha (C. Panzke). Für Westoverledingen schätzte M. Bergmann >250 Paare. Auf der Geest ist sie in landwirtschaftlich genutzten Gebieten an mehreren Stellen gehört worden. Hier fehlen genaue Bestandserhebungen. Auf Borkum wurde 1999 ein Bestand von 100 Bp geschätzt (NLWK). Die Bestände nehmen wie in anderen Gebieten Mitteleuropas ab (Bauer & Berthold 1996).

Im Oktober kommen Tage vor, an denen Hunderte nach SW ziehen. In Kälte- und Frostperioden harren kleine Trupps auch im Januar aus. So ermittelten die Dollartzähler (D+NL, 14.02.1999) bei einer nicht ganz geschlossenen Schneedecke und Dauerfrost 480 Lerchen. Herrscht Anfang März aber erneut strenges Winterwetter, vergesellschaften sich die Lerchen zu Trupps von einigen 10 Ind. Nach einem Eisregen Anfang März 1987 flüchteten viele nach Südwesten. - Ihr Gesang ist ab 30. Januar, meist aber während der ersten Februartage zu hören.

Ohrenlerche (Strandleeuwerik, *Eremophila alpestris*)
Spärlicher Wintergast

Diese hübsche, nordische Lerche hat im Herbst und Winter eine Vorliebe für die Samen des Quellers. Im Vergleich zur nordfriesischen Küste, wo sie besonders häufig durchzieht und überwintert, wird der Dollart spärlich aufgesucht (bei 198 Zählungen von September bis April in 24-26 Jahren 62 mal, vgl. Dierschke 1997). Am ehesten ist sie bei kalter Witterung vor allem von November bis Januar auf der Westseite zu erwarten (Abb. 48, Höchstzahlen im Dezember). Dort findet sie ausgedehnte Quellerwiesen, die an der Ostseite fehlen. Daher kommen hier nur gelegentlich kleine Trupps bei wenigen Zählungen vor. Sie durchsuchen meist den Teeksaum auf der äußeren Deichberme nach Nahrung. Im Zeitraum 1974-1999 entfallen von der Gesamtsumme von 1761 Ind. nur 203 Ind. (11,5 %) auf die deutsche Seite. In den Jahren 1997-1999 erschien sie erheblich häufiger (1175 Ind. = 67 % der Summen aller Jahre). Höchstzahlen: 16.11.1997 236 Ind., 14.12. 1997 172 Ind.

Ins Binnenland weicht sie noch seltener aus (so 25 Ind. bei Hatzumerfehn am 8.02.1987, 37 bzw. 12 Ind. im Polder am Heerenweg NW Bunde am 18.01.1987 bzw. 13.12.1992).

Sollte sie in den 1860er Jahren wirklich unregelmäßig auf Borkum vorgekommen sein (nach Droste 1869)? Nach 1970 überwinterten auf der Insel meist 50-100 Ind. (Hofmann briefl., Schoennagel 1980). Sie erscheint viel häufiger als am Dollart (Dierschke 1997).

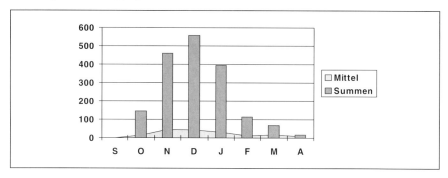

Abb.48: Häufigkeit der Ohrenlerche am Dollart (NL+D). Die Mittel beziehen sich auf die Jahre, in denen Ohrenlerchen anwesend waren, die Monatssummen auf den Zeitraum 1974-1999 (24-26 Zählungen pro Monat).

Uferschwalbe (Oeverzwaluw, *Riparia riparia*)
Mäßig häufiger Brutvogel (200 Bp, ↓)

Natürliche Brutplätze an Prallhängen der Flüsse findet sie bei uns nicht. Sie ist auf Steilkanten angewiesen, die an Sandentnahme-Kolken oder an Sandablagerungen entstehen. Solche Plätze sind beim Sandabbau im Raum Veenhusen-Neermoor oder an der Ems beim Anleger Leer-Nord entstanden. Durch menschliche Aktivitäten sind ihre Kolonien sehr gefährdet. Manche verschwinden nach kurzer Zeit. Neu entstandene Nistmöglichkeiten findet sie erstaunlich rasch. Sogar ein Sandhügel auf der Trasse der im Bau befindlichen Autobahn 28/31 wurde 1993 für ein Jahr von 43 Bp besiedelt (H. Janssen in Rettig 70. Ber.). Außerdem wurden folgende neun Kolonien mit >10 Bp bekannt: Emsdeichbaustelle Gandersum 1982 25 Röhren (Rettig 11. Ber.); Anleger Leer-Nord (Ems) 1993 19 Bp, bis 1999 auf 122 Bp anwachsend (H. van Göns); vorübergehend am Baudock des Emstunnels 1992 30 Bp; bei Weener am Geiseweg Juli 1982 >50 Brutröhren; Coldemüntje 1992 20 Bp, 1996 25 Bp, 1997 80 Bp und am 14.08.1999 etwa 50 Brutröhren (K. Mees in Rettig 136. Ber.); Steenfelde-Bullerbarg 1980 106 Nisthöhlen, 1983 noch 15 Bp, danach bald verschwunden; Siebenbergen 1981 12 Bp, 1992 36 Bp; Veenhusen-Uthusen 1986 13 Bp und W Boekzeteler Meer Juli 1991 20 Bruthöhlen (B. Petersen). Kleinere Kolonien mit <10 Bp existierten 1981 bei Sieve und NO Kloster Thedinga, 1983 Kolk bei Völlen und N Burlage an einem

Hochmoorkolk in einer Torfwand. Bei kalter Witterung suchen sie >3 km entfernt über insektenreichen Wasserflächen Nahrung wie z.B. über dem Soltborger Teich.

Borkum: unregelmäßig an frischen Steilkanten von Dünenabbrüchen (erstmals 1967, Peitzmeier 1970; nach Hofmann, 1986, im Zeitraum 1980-1985 unregelmäßig 3-5 Bp).

Rauchschwalbe (Boerenzwaluw, *Hirundo rustica*)
Noch häufiger, weit verbreiteter Brutvogel ↓

Sie ist nach wie vor ein für die Innenräume von Stallungen oder Betriebsgebäuden auf dem Lande charakteristischer Brutvogel, wenn auch mit stark abnehmender Bestandsentwicklung. Hauptursachen für den Rückgang sind zunehmender Nistplatz- und Nahrungsverlust. Die Intensivierung der Landwirtschaft, Modernisierung der Gebäude, die Abnahme von Fluginsekten und das Verschwinden dörflicher Strukturen nehmen der Rauchschwalbe Lebensmöglichkeiten (Bauer & Berthold 1996).

Auch abseits von Gebäuden nistet sie. Unter der stark befahrenen Jann-Berghaus-Brücke bei Leer fütterte 1999 ein Paar seine Jungen. Genaue Angaben über den Brutbestand fehlen. In Westoverledingen wurden 1992 etwa 500 Paare geschätzt (M. Bergmann).

Auf Borkum blieb sie seit Drostes Zeiten (1869) "ziemlich häufig". Nach dem Zweiten Weltkrieg hat sie gelegentlich in gesprengten Bunkern genistet (Peitzmeier 1961), aber in den 1990er Jahren hat ihr Vorkommen nach Hofmann (briefl.) abgenommen (1999 21 Bp, NLWK).

In einem Trockenraum der Ziegelei Reins in Jemgum nisteten 1984 12 Bp. 1983 waren etwa 50 % der Jungen durch die starke Hitze verdurstet. Am 22.06.1984 waren von 5 Jungen zwei sehr blass gefärbt (leukistisch).

Am Grenzgraben im Dollart nächtigten Ende Mai/Anfang Juni 1971 und 1973 mind. 50 Ind. im gezeitenbeeinflussten Schilf. Von Ende Juli bis in den September hinein suchen viele (>100) Schwalben über den Strandastern am Dollart Nahrung. Abends bilden sie über dem Schilfröhricht Schwärme von einigen 100 Ind., die "plötzlich im Schilf verschwinden" (H. Heyen). Am S-Rand des Boekzeteler Meeres schliefen am 6.07.1999 200 Schwalben, die vor dem Aufbruch 18 min vor Sonnenaufgang vielfach sangen (Verf.). Wie viele Schlafplätze es im Kreisgebiet gibt, ist nicht bekannt.

Heimzug und Ankunft: meist in der ersten Aprilhälfte, 1995 schon am 26.03. (Mindrup in Rettig 82. Ber.), 1987 nach strengem Winter erst am 28.04. Wegzug ab Mitte September, 1988 noch ein Ind. am 29.10. Am Kanalpolderdeich entlang findet oft Leitlinienzug statt. Am 8.09.1991 zogen etwa 570 Ind. in 3 Stunden durch, falls sich Doppel- und Fehlzählungen die Waage halten. - In Zukunft sind systematische Vogelzug-Erfassungen, die bisher im LK Leer noch nicht durchgeführt wurden, dringend notwendig. Von Ameland gibt es mustergültige Darstellungen (Versluys et al. 1997).

Mehlschwalbe (Huiszwaluw, *Delichon urbica*)
Mäßig häufiger Brutvogel ↓

Auch diese Schwalbenart nimmt fast überall ab. Als Brutvogel tritt sie weniger häufig auf als die Rauchschwalbe. Meist nisten wenige Paare als Außenbrüter in allen Orten, auf dem Lande an Scheunen und Schöpfwerken (z.B. Balkhaus N Marienchor, Pogum). An einem Hof im Jümmiger Hammrich kamen 1983 24 Bp und 1986 6 Bp und an einem alten Haus in Loga 1998 15 Nester vor. In Westoverledingen schätzte M. Bergmann 1992 etwa 150 Paare.

Borkum: Hier brütete sie um 1960 in mehreren kleinen Kolonien in der Stadt und am Ostland (Peitzmeier 1961). 1999 nur 4 Bp (NLWK).

Spornpieper (Grote Pieper, *Anthus novaeseelandiae*)
Sehr seltener Gast aus der Ost-Paläarktis

Nach Droste (1869, 27 Sichtungen 1868) hat er auf Borkum im Herbst zu den regelmäßigen Zugvögeln gehört. Auf Juist erschien er auch um 1900 einzeln oder "zu kleinen Gesellschaften vereinigt", eine Bemerkung Leeges (1905), die man vermutlich auf Borkum übertragen kann. Hier hielt sich nach Harrison (1954) im Oktober 1950 ein Vogel einige Tage und nach Schoennagel (1974) am 19.09. 1972 ein Ind. unter 30 Wiesenpiepern auf. In neuerer Zeit ist er außergewöhnlich selten. Am 17.10.1993 wies E. Wolters ein Ind. am Südufer des Dollard nach. Weitere Belege für das Festland fehlen.

Brachpieper (Duinpieper, *Anthus campestris*)
Verschwundener Sommervogel

Vermutlich kam er früher auf den Heiden der Geest vor, wie es für den Hümmling noch 1985 zutraf (Heckenroth & Laske 1997). Droste (1869) vermutete ihn als Brutvogel auf Borkum. Er hat "nur einmal, Anfang September, 2 Stück erlegt". Nach Leege (1905) erschien er spärlich auf dem Zug. Aus neuerer Zeit liegen keine Nachweise vor.

Baumpieper (Boompieper, *Anthus trivialis*)
Spärlicher Brutvogel (>100 Bp, ↓) und Durchzügler

Der Baumpieper ist einer der Charaktervögel der Wallhecken, der Waldränder auf der Geest, der Hochmoorränder und der locker mit Bäumen bestandenen Hochmoore. Er meidet die Marsch.

Flächendeckende Erfassungen fehlen. S vom Heseler Wald sangen 1982 mind. 10 ♂. Im streifenweise mit jungen Bäumen bestandenen Sperrgebiet O Burlage kamen 1987 etwa 30 Bp vor. Auch in anderen mit Bäumen bestandenen Hochmooren (Königsmoor 1987 mind. 4 ♂, Neudorfer Moor 1988 mind. 12 ♂, NSG Lengener Meer N-Rand 1983 mind. 6 ♂, Klostermoor, Wymeer) ist sein auffallender Gesang zu hören. Entlang einer 3 km langen Strecke am W-Rand des Stapeler Moores zählte B. Petersen am 5.06.2000 7 Reviere.

Borkum: Droste (1869) und Leege (1906) kannten ihn als Brutvogel, während Peitzmeier (1961) und Hofmann (1986) ihn nicht mehr gefunden haben. Am Dollart ist gelegentlich auf dem Zug sein Fühlungsruf zu hören.

Wiesenpieper (Graspieper, *Anthus pratensis*)
Mäßig häufiger Brutvogel (500-1000 Bp, ↓) und Durchzügler

In den weitläufigen Grünländereien ist er noch allgemein verbreitet, aber durch landwirtschaftliche Intensivierung bestandsgefährdet (Bauer & Berthold 1996). Für wenige Gebiete liegen Angaben zur Siedlungsdichte vor: Dollartheller (336 ha) 1977 36 Bp, 1985 30 Bp, 1989 44 Bp und 1999 sogar 56 Bp (1,3 bis 1,7 Bp /10 ha, C. Panzke briefl., NLWK), Emsvorländer bei wahrscheinlich unvollständiger Erfassung 1997 48 Bp (0,6 Bp/10 ha, Gerdes et al. 1998), Stapelmoorer Hammrich 1987 28 Bp, Wymeerster Hammrich 1986 12 Bp (C. Panzke briefl.). Im Grünland des Niederrheiderlandes erfassten Flore u. Schreiber 1994 152 Paare und H. Pegel in den NSGs des Fehntjer Tief-Gebiets 1995 269 Paare (2,1 Bp/10 ha). Diese Dichtewerte sind niedriger als die von Glutz von Blotzheim & Bauer (1985) genannten oder entsprechen ihnen knapp.

Am Dollart und an der Ems bevorzugt er die Deiche für den Aufstieg zum Singflug und für die Nestanlage. Sehr zahlreich kam er in den 1980er Jahren in trockenen Hochmooren vor, wo er ein wichtiger Kuckuckswirt ist: im Bereich des Sperrgebiets bei Burlage und im Jammertal 1987 >50 Bp. Gebiete mit Stechtorfabbau sind viel günstiger als solche mit dem modernen Fräsverfahren. Auf Borkum ist er seit vielen Jahrzehnten häufiger Brutvogel. Eine Bestandszählung ergab 1999 158 Bp (NLWK).

Erster Gesang um die Monatswende Februar/März, nach strengen Wintern im letzten Märzdrittel. Von Ende Februar bis Ende April und von September bis November sind am Dollart einige 100 Ind. an Tagen mit massiertem Zug anzutreffen. Hauptzugmonate sind der April und Oktober. Bei einem Zugstau am 17.4. 1988 wurden 1220 Ind. erfasst (davon 583 in D) und etwa ähnlich viele im Oktober 1983. Angesichts der schwierigen Erfassung lässt die Genauigkeit zu wünschen übrig. Die Abb. 49 gibt Mindestzahlen wieder, denn Kleinvögel lassen sich bei weitem nicht so vollständig zählen wie Wat- und Wasservögel. Vergleiche der Brutvogelerfassungen mit den Zahlen der Graphik deuten an, dass im Mai etwa 25 % der Altvögel "gezählt" werden. Das Minimum im August könnte ein Verstreichen der Altvögel anzeigen. Nur wenige oder kleine Trupps versuchen von Dezember bis Februar zu überwintern. Auf der NL-Seite liegen die Zahlen in diesen Monaten deutlich höher.

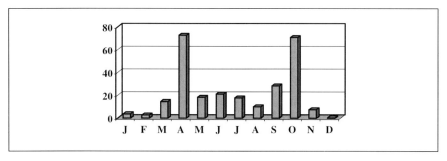

Abb. 49: Monatsmittel des Wiesenpiepers in Ind. am Dollart (D) im Zeitraum 1975-1999

Rotkehlpieper (Roodkeelpieper, *Anthus cervinus*) *
Sehr seltener Durchzügler aus N-Skandinavien

Da dieser nordische Pieper im Herbst hauptsächlich nach SO zieht, wird unser Gebiet nur gelegentlich gestreift. Dabei wird er wahrscheinlich oft übersehen. Leege (1905) bezeichnete ihn als selten auf dem Herbstzug. Vom Dollard liegt nur ein Nachweis vor: 5 Ind. am 10.09.1995 (R. Drent).
    Auf Borkum sah Müller (1971) 5 Ind. am 1.09.1970.

Wasserpieper (Bergpieper) (Waterpieper, *Anthus spinoletta*)
Neuerdings (?) spärlicher Wintergast

Dieser Pieper hat sein Brutgebiet in den Alpen. Ein Teil der Population zieht zur Überwinterung nach N und gelangt bis an die Nordseeküste. Er ist sehr schwer und nur von wenigen Kennern vom Strandpieper zu unterscheiden. Es liegen mehrere Meldungen knapp außerhalb des Kreisgebietes vor: Tunxdorfer Schleife 2 Ind. am 19.11.1992 und 3 bzw. 4 Ind. am 13.10.1996 bzw. 16.03.1997 in den Brualer Wiesen (K.-D. Moormann, W. Schott, Saxicola 1992, H. 2; 1996, H. 3; 1997, H. 1). Öfter ist er von November bis März am Dollard (NL, am 22.01.1995 sogar 29 Ind., E. Boekema) erkannt worden. In den 1990er Jahren häufen sich die Nachweise. Von 77 am Dollard erfassten Ind. entfallen 76 auf den Zeitraum 1990-1997, davon fast die Hälfte auf den März.

240

Strandpieper (Oeverpieper, *Anthus petrosus littoralis*)
Spärlicher Durchzügler und seltener Wintergast von der Küste Norwegens

Von Mitte September bis März sucht er oft, meist einzeln oder zu zweit, an der Hellerkante des Dollart (29.10.1978 mind. 15 Ind.) oder im Emsvorland Nahrung. In 25 Jahren (1975-1999) sind nur 7 mal wenige Ind. im September vorgekommen. Im Oktober steigen die Zahlen. Die meisten dieser Pieper erscheinen im November (10.11.1996 fast 90 Ind.) und Dezember (maximal 68 Ind. 10.12.1995). Im Januar harren einige selbst in strengen Wintern aus. Der Heimzug bereits im Februar ist in der Regel unauffälliger als der Wegzug, wenn auch 1993 ausnahmsweise 200 Pieper (fast nur in NL) gezählt wurden. Im März wird er nicht immer registriert; gelegentlich sind es wenige 10 Ind.

Wie häufig er auf Borkum vorkommt, ist nicht bekannt.

Schafstelze (Gele Kwikstaart, *Motacilla flava*)
Mäßig häufiger Brutvogel (200 Bp, ↓) und Durchzügler

Günstig sind von Rindern beweidete Grünländereien. Sie halten die Grasnarbe kurz und sorgen durch ihren Dung für Insektenreichtum. Bestandserfassungen: Dollartheller 1985 13 Bp, 1993 21 Bp und 1999 14 Bp (C. Panzke, Th. Lobinger, NLWK); Emsvorland 1997 44 Bp auf etwa 800 ha. Allein entlang der linken Emsseite zählte M. Reuter (NLWK) 1999 131 Bp. Aber auch Ackerpolder mit lockerem Bewuchs und Spülfelder werden nach der Einstellung der Spülungen vorübergehend als Bruthabitate angenommen.

Borkum: Während Droste (1869) sie als "recht häufig" und Peitzmeier (1961) als "nicht selten" bezeichnete, wurden später bis 1988 nur wenige Einzelbruten registriert, danach lediglich Gäste (Hofmann briefl.). Zwei Paare der Englischen Schafstelze *M. f. flavissima* haben nach Peitzmeier (1961) 1956 im Grünland auf Borkum gebrütet. Danach konnte er jedes Jahr einige Paare feststellen.

Im Mai zieht die nordische Rasse *M. f. thunbergi* durch, von der manchmal Trupps mit >10 Ind. beobachtet werden: 43 Ind. am 10.05.1975, 70 Ind. am 11.05.1986 im Dollard-Kwelder. Ein ♂ der englischen Form sah H. de Boer am 18.04.1982 am S-Ufer des Dollard. Ein günstiger Platz zum Beobachten von Schafstelzen ist Anfang Mai der Soltborger Teich. Auf einer Wiese am Westrand bzw. in Pappeln oder Weiden kamen am 3.05.1992 20 Ind. und am 7.05.1994 65 *thunbergi*-Stelzen vor. Auf dem Wegzug lockte der Insektenreichtum der Strandastern am Dollart mind. 49 Ind. in D und 55 Ind. in NL am 8.09.1991 an.

Gebirgsstelze (Grote Gele Kwikstaart, *Motacilla cinerea*)
Seltener Gastvogel

Obwohl sie im Emsland bis an den Küstenkanal vorgedrungen ist und stellenweise in Ostfriesland (z.B. Hopelser Wald) gebrütet hat, fehlen bisher Brutnachweise aus dem Kreisgebiet. Am 26.05.1991 sah D. Reinold ein Ind. am Langholter Meer bei Rhauderfehn (Rettig 61. Ber.). Auf dem Frühjahrszug ist sie wenige Male zwischen Mitte März und Mitte April, während des Wegzugs von Mitte September bis Anfang Oktober am Süd- bzw. Nordrand des Dollart nachgewiesen worden (z.B. 4.10.1994 W Emden, Rettig 87. Ber.).

Auf Borkum ist sie von August bis Oktober seltener Gast (Hofmann briefl.).

Bachstelze (Witte Kwikstaart, *Motacilla alba*)
Mäßig häufiger Brutvogel ↔

An Brücken, Sperrwerken, Rohrleitungen, Kiesgruben, vielen Höfen, Ruinen und Baustellen ist sie regelmäßig anzutreffen. Zwischen Pogum und Bingum kamen 1997 12 Bp vor (Flore u. Schreiber). In Westoverledingen schätzte M. Bergmann 150 Paare. Auf Borkum hat sie in gesprengten militärischen Anlagen "reiche Nistgelegenheiten" gefunden (Peitzmeier 1961). Hier ergab eine Bestandsaufnahme 1999 53 Bp (NLWK).

Nach der Brutzeit sammelten sich im letzten Augustdrittel 1986 bis zu 450 Ind. zum Nächtigen auf dem Flachdach eines Geschäftshauses in der Innenstadt von Leer (H.-J. van Loh). Im Juli 1987 flogen sie den Schlafplatz aus allen Himmelsrichtungen 50-65 min vor Sonnenuntergang und am 19.09.1987 (Höchstzahl 521 Ind.) 20 min vor Sonnenuntergang bis kurz danach an.

Neuerdings gibt es Hinweise auf Überwinterungsversuche der Bachstelze: 1.01. 1994 3 Ind. im SO am Dollart, 14.12.1994 ein Ind. in Leer und am 3.01.1995 ein Ind. am Anleger Leer-Nord (Th. Munk, H.-J. van Loh; Th. Mindrup in Rettig 81. Ber.). Ankunft schon am 29.01.1990 und 1994, sonst meist im Laufe des Februar bis Anfang März. Ein Ind. der Trauerbachstelze (*M. a. yarrellii*) fiel am 12.04.1998 im W des Dollard auf (B. Koks, Dollard Rapport Nr. 319). Auf feuchten, insektenreichen Schlammflächen sucht sie im Herbst gern Nahrung (z.B. 51 Ind. am 22.09. 1990 am Deichfuß des Dollart).

Seidenschwanz (Pestvogel, *Bombycilla garrulus*)
Invasionsvogel aus Skandinavien

Großräumige Fehlernte der Vogelbeeren der Eberesche (*Sorbus aucuparia*) löst in unregelmäßigen Abständen eine Flucht nach S aus (Glutz von Blotzheim & Bauer

Bachstelze beim Flügelstrecken

Uferschnepfe beim Stochern nach Nahrung

1985). Einflüge fanden in den Jahren 1965-1971, 1975, 1988, 1990 und 1995/96 statt. Am stärksten war der Einflug im Herbst 1965, als Verf. vom 25.10.-22.11. im Stadtgebiet von Leer 126 Vögel (einschließlich möglicher Doppelzählungen) in Trupps von bis zu 23 Ind. feststellte. In den Jahren danach kamen meist nur kleine Trupps (größter Trupp mit 19 Ind. am 20.11.1971) oder Einzelvögel vor. Die späteste Beobachtung mit 4 Ind. stammt vom 2.03.1976. Am 5.11.1988 sah H.-J. van Loh 6 Ind., am 6.11.1988 E. Meyer 26 Ind. Vogelbeeren fressend. Rettig (46. Ber. 1991) meldet 2 Ind. von den Gandersumer Kolken am 26.12.1990. H. Janssen stellte am 19.02.1991 3 Ind. in Warsingsfehn fest. Erst im Winter 1996 wurde der nächste Einflug registriert. Am 17.01.1996 zeigten sich kurzfristig 3 Ind. in Loga (Verf.). H. van Göns sah am 27.01.1996 16 Ind. im Nordteil des Leeraner Hafens beim Fressen von Ligusterbeeren. In Warsingsfehn hielten sich nach Th. Mindrup am 12.02.1996 mehrere Ind. auf (Rettig 91. Ber.).

Wasseramsel (Waterspreeuw, *Cinclus cinclus*)
Sehr seltener Durchzügler

Zwei Nachweise: Vom 7.11.-11.11.1976 verweilte ein Vertreter der nordischen Form *C. c. cinclus* an der frisch entschlammten Graft bei der Evenburg (Leer-Loga, Verf. u. A. Haken). Am 22.10.1955 wurde ein beringter Vogel auf dem Feuerschiff P 8 N Borkum fotografiert (Ringleben 1959).

Zaunkönig (Winterkoning, *Troglodytes troglodytes*)
Mäßig häufiger und weit verbreiteter Brut- und Jahresvogel ↔

Er besiedelt alle Landschaftstypen, soweit Dickicht und andere günstige Nistmöglichkeiten vorkommen, besonders in unterwuchsreichen Parks, heckenreichen Friedhöfen und Windwurf-Flächen der Wälder: Julianenpark 1996 8 Bp, Evenburgpark in Leer mit Großer Allee 1996 sogar 24 Bp vor der Entfernung des Unterwuchses. Im Kanalpolder hatte ein Paar 1993 ein Nest in einer bewohnten Hundehütte in 1,20 m Höhe gebaut (H. Heyen).
    Auf Borkum beobachtete Droste (1869) ihn häufig im Winter; er hat jedoch nur einmal 1867 ein Bp im Dorf gefunden. Ab 1904 hat Leege (1905) ihn als Brutvogel nachgewiesen und in den 1950er Jahren brüteten regelmäßig wenige Paare (Peitzmeier 1961). Im Zeitraum 1980-1985 schätzte Hofmann (1986) wahrscheinlich zu niedrig 20-25 Bp. Der Zaunkönig findet in den sanddornreichen Dünen und in der Greunen Stee ideale Nisthabitate. 1999 wurde für die Insel ein Bestand von 409 Bp veranschlagt (NLWK)!
    Nach der Brutzeit streift dieser Kobold umher. Im Oktober ist sein Ruf auch aus dem Schilf der Hammrichgräben, ja sogar außendeichs aus dem Strandastergürtel

des Dollart zu hören. Bei strengem Winterwetter mit Schneelagen sucht er in den Kellerschächten von Wohnhäusern nach etwas Fressbarem.

Heckenbraunelle (Heggemus, *Prunella modularis*)
Mäßig häufiger Brutvogel ↑

Friedhöfe und Parks mit reichlich Buschwerk, Bahndämme sowie Gärten sind bevorzugte Nisthabitate. Sie harrt oft bei Frost- und Schneewetter aus. Westoverledingen: 1992 150 Bp geschätzt (M. Bergmann). Erster Gesang in manchen Jahren vor Mitte Februar (7.-19. Februar). Auf dem Zug kommt sie auf den Buschlahnungen am Dollartufer vor (5.03.1975).
 Borkum: Erster Brutnachweis 1962; 1968 hatte sich die Zahl beträchtlich vermehrt. 1980-1985 und 1999 5-7 Paare auf 2 km² im W der Insel (Peitzmeier 1970, Hofmann 1986 und briefl., NLWK).

Rotkehlchen (Roodborst, *Erithacus rubecula*)
Mäßig häufiger, weit verbreiteter Brutvogel ↔

Das Rotkehlchen, Großbritanniens Nationalvogel, gehört dort wegen seiner Vertrautheit und des anmutig wirkenden Verhaltens zu den beliebtesten Vögeln. Es lebt in Wäldern mit viel Unterwuchs, dichten Schonungen, strauchreichen Gärten und dicht bewaldeten ehemaligen Hochmooren (z.B. Neudorfer Moor). Nur wenige Bestandserfassungen liegen vor: Philippsburger Park in Leer 1983 mind. 5 ♂, Stiekelkamper Wald 1995 mind. 12 ♂, Julianenpark 1996 15 ♂, Evenburgpark mit den Alleen 1996 13 ♂ (1997/98 wurde der Park ausgeholzt und die Rotkehlchen verschwanden fast ganz, Verf.) und im NSG Holle Sand um 1965 7 Bp (E. von Toll). Westoverledingen: 1992 150 Bp geschätzt (M. Bergmann).
 Als Bodenbrüter hat das Rotkehlchen unter streunenden Hauskatzen zu leiden. In Leer wurde ein Paar bekannt, das drei Jahresbruten aufzog, wobei die Jungen der 3. Brut erst Mitte August flügge wurden (E. Meyer mdl.). Auf der Innenbank eines stets offenstehenden Fensters in Leer bebrütete ein Vogel im Mai 1993 zwei Eier.
 Borkum: spätestens seit 1970 Brutvogel, 1980-1985 2-4 Bp, 1999 mind. 18 Bp (Schoennagel 1972, Hofmann 1986, NLWK).

Während unsere heimischen Brutvögel nach SW in den Mittelmeerraum ziehen, kommen N-europäische Wintergäste zu uns. Nicht nur ♂, sogar viele ♀ besetzen eigene Herbst- und Winterreviere, die nicht mit der Nahrungsversorgung in Zusammenhang stehen sollen. Die ♀ markieren ihre Reviere mit dem Gesang, dulden aber auch nahrungsuchende Artgenossen im Revier (Glutz von Blotzheim & Bauer 1988). Optisch lassen sich die Geschlechter nicht unterscheiden. Nur bei wenigen anderen Arten singen außer den ♂ die ♀. Der Gesang wirkt auf den Menschen "wehmütig". Besonders schön kann man ihn in der Abenddämmerung im Heseler Wald erleben, wenn alle anderen Sänger außer den Singdrosseln schweigen. Am frühen Morgen beginnen Rotkehlchen schon eine Stunde vor Sonnenaufgang zu singen. Ein am 12.10.1995 auf Vlieland beringter Vogel (wahrscheinlich ein Wintergast) wurde am 24.01.1996 in Weener frischtot gefunden.

Nachtigall (Nachtegall, *Luscinia megarhynchos*)
Spärlicher, nicht immer regelmäßiger Brutvogel ↔

Die Nachtigall wurde schon im Altertum als Inbegriff eines Singvogels bewundert und verherrlicht. Außer dem Weißstorch ist sie eine der wenigen Vogelarten, über die aus früherer Zeit Mitteilungen vorliegen. Siedhoff (fide Niebuhr 1952) nennt 1845 mehrere Brutplätze aus der Nähe von Aurich. Nach Bielefeld (1906) kam sie früher auf der "hohen Geest nicht selten" vor. Niebuhr gibt für 1928 je ein Paar in Bollinghausen und im Evenburgpark an. In diesem Park hielten sich 1950 2 Paare auf (auch von Holzwig angegeben) und bei Weener sangen 2 ♂. (F. Klimmek in Niebuhr 1952). Ohne genaue Daten ("aus früheren Jahren") nennt Holzwig (1950) den Philippsburger Park mit 2 Paaren, den Logabirumer Wald ("2 Jahre lang") und "am Osseweg" als mögliche Brutplätze. Er beklagt den Rückgang der Art.

Der Kreis liegt am NW-Rand des geschlossenen Verbreitungsgebietes. Die Nachtigall meidet weitgehend den küstennahen Bereich wegen der kühlen Sommer. So ist ihr Gesang wahrscheinlich nicht alljährlich in der Stadt Leer zu hören. Oft mag es sich um unverpaarte umherstreifende ♂ gehandelt haben. Im Evenburgpark kam sie im Mai 1954 und später in wenigen Jahren vor, zuletzt 1992 (H. Reepmeyer). Seit 1967 sang sie im Stadtgebiet von Leer an bis zu sieben Stellen wie z.B. am Julianenpark, im Philippsburger Park (auch 1957), Evenburgpark, auf dem Friedhof Heisfelderstraße, im Bollinghauser Gehölz (1954, 1974) und am Bahndamm an der Leda (1985, 1988 mit Brutnachweis, 1989, 1993, 1999 Junge fütternd, H.-J. van Loh). 1984 zog ein Bp in Heisfelde 6 Junge auf (H. Janssen in Rettig 18. Ber.).

Außerhalb des Stadtgebietes von Leer wurde auf dem Festland zum Teil wochenlanger Gesang an mind. 13 Stellen von Ende April bis Mitte Juni gehört: Logabirumer Wald (1977-1985, A. Haken), Collinghorst (1986 mit Brutverdacht), Weener nahe Eisenbahnbrücke (1991, 1997 6 ♂ und 1998 5 ♂, H. Reepmeyer, H. Kruckenberg), Halte 1998 (M. Trzoska, Saxicola 1998, H. 2), Rorichmoor 1991 (Mindrup in Rettig 51. Ber.), Gandersumer Kolke 1990 und 1998 ein ♂, Erlensee 1994, Neermoor 1996, Oldersum 1998 (Mindrup in Rettig 93. u. 124. Ber.) und an der B 70 beim Entlastungspolder 1999 (Verf.). Die Situation hat sich wahrscheinlich in 50 Jahren nicht wesentlich geändert, wenn man die damalige geringe Beobachtungsintensität bedenkt.

Im S-Teil des Kreises ist sie am ehesten anzutreffen. B. Petersen (briefl.) erbrachte folgende Nachweise: Mai 1973 5 ♂ O Burlage vor der Rodung von Birken, Mai 1974 4 ♂ S Halte am Dortmund-Ems-Kanal, 1977 ein ♂ am Rhaudermeer und Mai 1986 ein ♂ bei Vellage.

Auf Borkum wurden unregelmäßig wie 1970, 1983, um 1989 und 1995 bis zu drei singende ♂ verhört (Hofmann 1986 und briefl.). Droste (1869) hörte ihren Gesang 1864 und 1867 mehrere Tage lang im Dorf. In neuerer Zeit besiedelt sie feuchte, gebüschreiche Dünentäler. 1999 sangen 10 ♂ (NLWK).

Weißsterniges Blaukehlchen (Blauwborst, *Luscinia svecica cyanecula*) *
Neuerdings mäßig häufiger Brutvogel (150 Bp, ↑)

Seit langem besiedelt dieser hübsche Wappenvogel der Deutschen Ornithologen-Gesellschaft Gräben und Schilfgebiete der Marsch, außerdem Raps-, nicht so häufig Winterweizen- und Wintergerstefelder der Ackermarsch sowie in Abtorfung befindliche Hochmoore. Entscheidend sind vegetationsfreie oder -arme Flächen wie am Grunde von Gräben, Prielen der Vorländer oder auf Torf, wo die Vögel zur Nahrungssuche gut laufen können. Bereits Leege (1930) gibt diese Art für die "trockenen, weidendurchsetzten Gräben" des Rheiderlandes an.

Klimmek (1950) entdeckte im April 1949 zwei Bp an einer Ledaschleife bei Leer (1954 wurde hier das Sperrwerk gebaut), deren Nester 30 m voneinander entfernt waren (eins außendeichs). Er schildert detailliert den Ablauf der Brut (Tagsüber brütete offensichtlich nur das ♀ 14 Tage lang vom 26.04. an.) und die Aufzucht der Jungen, an deren Fütterung am Anfang überwiegend das ♂ beteiligt war.

Ebenfalls im Bereich dieses Standorts wies H. Reepmeyer von 1956-1962 öfter verpaarte Blaukehlchen nach, außerdem 1958 an der Deichstraße bei der Kläranlage Leer sowie vor Hohegaste, bei Weener, an der früheren Emsschleife bei Grotegaste und vor Vellage. In dem Gelände, wo später der Verbrauchermarkt "Multi" entstand, beobachtete er im April 1960 2 Paare. Diese Gelegenheitsbeobachtungen erwecken den Eindruck, dass die Art in den 1950er und 1960er Jahren nahe der Ems und Leda zahlreich vertreten war, wie es Blaszyk (1963) für die gebüschlose Ackermarsch der Krummhörn geschildert hat.

B. Petersen (briefl.) untersuchte die Verbreitung ab Mitte der 1960er Jahre an der Ems zwischen Oldersum und Vellage. Im Zeitraum von 1966 bis Ende der 1980er Jahre schwankte der Bestand hier zwischen 20-30 Bp. An der Ems wurden 1989 vom Anleger Leer-Nord bis Coldam 12 ♂ nachgewiesen. Im Jammertal sangen 1968-1978 bis zu 2 ♂ und im Stapeler Moor um 1975 ein ♂. Um 1980 waren die Bestände am niedrigsten. Ab 1985 oder spätestens ab 1990 nahm das

Blaukehlchen nicht nur in den bisherigen Gebieten deutlich zu, sondern besiedelte auch neue Gebiete. 1997 wurden zwischen Petkum und Leer 43 ♂ und 1998 58 singende ♂ kartiert. Weiter flussaufwärts bis Diele sind etwa 40 ♂ hinzuzurechnen (Gerdes et al. 1998 u. M. Reuter). Degen (1999) zählte 1997 im NSG "Emsaltwasser Vellage" 29 revieranzeigende ♂. 1999 wies M. Reuter auf dem Hatzumer Sand 11 ♂ nach.

Nach wie vor ist das Blaukehlchen Brutvogel in wenigen Paaren an der Leda. Häufiger kommt es außendeichs an der Ems trotz gelegentlicher Gelegeverluste infolge von Überflutungen vor. Auch im Schilfgürtel am Dollart, der ebenso wie die Emsvorländer den Gezeiten ausgesetzt ist, ist es mit einigen Bp (1992 7, 1999 11 Bp, NLWK) vertreten. Am Dollart wie an der Ems haben wir öfter Blaukehlchen futtertragend festgestellt.

Aus der binnenländischen Acker- und Grünlandmarsch gibt es meist nur Zufallsbeobachtungen, die sich seit 1995 häufen: im Heinitzpolder 1991 4 Bp (Koks 1993) und 1999 >2 Bp und im Kanalpolder an mind. 3 Stellen 1995 und 1998, bei Dyksterhusen 1998, NSG Puddemeer 1994 (NSGs im Fehntjer Tief-Gebiet 1998 sogar 8 Bp, H. Pegel), Gandersum ein Bp 1998, Memgaste 1998 ein Bp (H. Kruckenberg), Rorichum 1995 (Mindrup in Rettig 74. u. 75. Ber.), Industriegebiet Leer-Nord 2 Bp 1997, nahe dem Hessentief im Wymeerster Hammrich 2 ♂ 1997, 4 ♂ 1999 (D. Kolthoff in Rettig 131. Ber.), bei der Breinermoorer Mülldeponie ein ♂ 1999 und im Hochmoor an der Jammertalstraße 1992 ein ♂. Bei großräumiger Erfassung im nördlichen Niederrheiderland wurden 1999 im Grünland bei Ditzum, Nendorp und Coldeborg 4 Ind. (Paare?) und entlang dem Barßeler Tief sowie der Jümme von der Kreisgrenze bis Detern 7 Paare registriert (K.-D. Moormann briefl.).

Ankunft: Ab Mitte März oder spätestens Anfang April ist der Gesang regelmäßig zu hören.

Hausrotschwanz (Zwarte Roodstaart, *Phoenicurus ochruros*)
Spärlicher Brutvogel (80-100 Bp, ↔)

Dem ursprünglichen Felsbewohner bieten alte Gebäude, noch im Bau befindliche Häuser, Ziegeleien, Sperrwerke und Wassertürme in allen Orten Ersatzhabitate. Im Stadtgebiet von Leer kamen um 1985 mind. 10 Bp und 1988 19 Bp vor (H.-J. van Loh). In den Orten des Rheiderlandes fanden Flore u. Schreiber 1994 12 Bp. Für Westoverledingen schätzte M. Bergmann etwa 20 Bp.

Borkum: seit 1947 Brutvogel (Peitzmeier 1961). 1999 4 Bp (NLWK).

1987 hat ein Paar erfolgreich seine Jungen in einem Stapel von Spülrohren am Dollart aufgezogen, wo die Art mitunter auf dem Zug rastet. Gesangsbeginn: 16. März bis 9. April. Kennzeichnend ist Herbstgesang im Oktober. Ein sehr spätes ♂ sah H.-J. van Loh am 13.12.1987 im Leeraner Hafen.

Gartenrotschwanz (Gekraagde Roodstaaart, *Phoenicurus phoenicurus*)
Spärlicher Brutvogel (150 Bp), wahrscheinlich in jedem Messtischblatt-Quadranten, ↔?

Charaktervogel der wenigen Wälder, in Parks, Gärten und Wallhecken mit altem Baumbestand (besonders Eichen wie z.B. zwischen Hesel und Stiekelkamp). Der Bestand schwankt sehr von Jahr zu Jahr. In der Stadt Leer sind bis 6 ♂ (1989) nachgewiesen worden (Bestand geschätzt 10-15 Bp). Im Holle Sand wiesen E. von Toll um 1965 4 ♂, Verf. zwischen Hesel und Beningafehn auf einer Linientaxierung 1981 6 singende ♂ und am Geestrand Steenfelde-Ihrhove 1999 7 ♂ nach. In der gesamten Gemeinde Westoverledingen kamen 1992 35-40 Bp vor (M. Bergmann). Bei den Höfen des Rheiderländer Grünlandes stellten Flore u. Schreiber 1994 nur 2 ♂ fest, eine vermutlich zu niedrige Zahl.

Auf Borkum hat erstmals 1904 ein Paar in einem Sanddornstrauch gebrütet. Später ist er unregelmäßig vorgekommen: 1947, 1948, 1959-1961 2 Paare, 1964-1985 alljährlich wenige Paare (Peitzmeier 1961, Hofmann 1985) und 1999 10 Bp (NLWK). Am 28.04.2000 sangen 3 ♂ in der Greunen Stee (B. Petersen briefl.). Gesangsbeginn zwischen 9. und 25. April.

Braunkehlchen (Paapje, *Saxicola rubetra*)
Mäßig häufiger Brutvogel (200-300 Bp, ↓) und Durchzügler im Mai

In Wiesenlandschaften mit Hochstauden und einzelnem Gebüsch und in trockeneren Hochmooren ist es zu Hause. Dagegen verschwindet dieser Schmätzer aus ausgeräumten Landschaften mit intensiver Grünlandwirtschaft. 1984 kamen in der Umgebung von Dünebroek NW Wymeer, einem damals optimalen Habitat, mind. 12 Bp vor. Hier fand Koks (1993) noch 1991 eine ansehnliche Dichte und stellte 8 Bp im Heinitzpolder fest. Bei Kartierungen in 1987 wurden 21 Bp im Stapelmoorer Hammrich, 4 Bp im Dieler Hammrich und 22 Bp im Marine-Sperrgebiet O Altburlage festgestellt (Verf.) und 1988 9 Bp in der Umgebung des Süderkolks (K. Dieterich briefl.). Im Wymeerster Hammrich zählte C. Panzke (briefl.) 1986 11 Bp und Flore (briefl.) 1994 8 Bp. In Westoverledingen wurden 1992 25-30 Bp ermittelt (M. Bergmann). Im Fehntjer Tief-Gebiet, im Leda-Jümme-Gebiet und in zahlreichen anderen Gebieten ist es mit jeweils einigen Bp vertreten (z.B. im Holter Hammrich 1988 4 Bp). Das Niederrheiderland ist dagegen spärlich besiedelt. Im Ostteil des Kreises registrierte K.-D. Moormann 1999 bei Detern 3 Bp (Abb. 50).

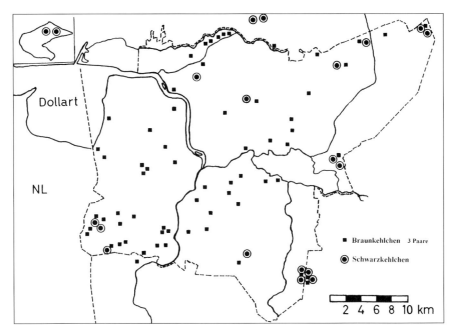

Abb. 50: Brutvorkommen des Braunkehlchens und Schwarzkehlchens (1984-1999). Das Braunkehlchen meidet weitgehend strukturärmere Gebiete wie z.B. im nördlichen Rheiderland.

Während die Bestände in einigen Gebieten abgenommen haben, ist das Braunkehlchen im Fehntjer Tief-Gebiet dank Extensivierung und Biotopgestaltung zahlreicher geworden: 4 Bp in 1984 und 27-41 Bp von 1994-1998 (s. Abb. 50, nicht alle Paare sind in der Karte eingetragen, H. Pegel mdl.).

Borkum: Seit etwa 1890 Brutvogel, um 1970 15 Bp, bis 1985 noch 8-10 Bp, ab 1991 kein Nachweis (Leege 1905, Schoennagel 1970, B. Hofmann briefl. u. NLWK). Ankunft um den 20. April. Vermutlich auf dem Wegzug waren am 10.09. 1995 9 Ind. am Dollart.

Schwarzkehlchen (Roodborsttapuit, *Saxicola torquata*)
Spärlicher Brutvogel (40-50 Bp), wahrscheinlich ↑

In Hochmooren mit lockerem Gebüsch aus Brombeeren (*Rubus*), Ebereschen (*Sorbus aucuparia*) und Birken oder Übergangsgebieten zwischen der Geest und Hochmooren ist dieser Schmätzer stellenweise anzutreffen. Zwei Gebiete sind wegen ihrer Bedeutung hervorzuheben: 1. das Marine-Sperrgebiet O Altburlage, wo Verf. 1987 innerhalb des Gebietes 19 Bp (nach Dirks, 1992, 10 Bp in 1987) zählte. 1994 sah Verf. 5 Bp allein im Bereich des Zaunes, auf dem sich oft Altvö-

250

gel aufhalten. Auch in der weiteren Umgebung wie z.B. im Jammertal kommen einzelne Paare vor. 2. Lengener Meer, alljährlich 2-3 Bp (z.B. 1995, Abb. 50).

Weitere Bp kommen sehr zerstreut vor: 1975-1978 brütete ein Paar S Wymeer bis zur Zerstörung des Habitats in 1980; 1983 ein Bp bei Burlage; 1985 ein Bp im Bagbander Torfmoor und 1995 2 Bp in einem ehemaligen Militärgebiet des Neudorfer Moores (Verf.). 1993 und 1999 fand G. Reichert ein Bp im Königsmoor. Im NW des Wymeerster Hammrichs wies D. Kolthoff nahe dem Hessentief im Juli 1998 3 Bp nach (hier 1997 2 ♂). Im Hochmoor S Wymeer fand er am 30.04.1999 3 Paare (Rettig 131. Ber.). Diese Übersicht ist sicherlich unvollständig. 1993 entdeckte Th. Lobinger (mdl.) ein Paar mit Jungen im Heinitzpolder, die vielleicht woanders erbrütet worden waren. Neuerdings ist das Schwarzkehlchen ins Grünland vorgedrungen. So kommt es im Fehntjer Tief-Gebiet auf sehr extensiv bewirtschafteten Flächen vor: 1998 6 Bp an der Flumm (H. Pegel) und bei Memgaste NW Neermoor ein Bp 1998 (H. Kruckenberg). K.-D. Moormann (briefl.) fand 1999 2 Bp N und NO von Detern.

Auf Borkum nistete je ein Paar um 1989, 1994 und 1995 (B. Hofmann briefl.). 1999 wurden 5 Bp nachgewiesen (NLWK).

Im Februar 1977 verweilte nach Brinkschröder (1978) ein Paar drei Wochen lang beim Erlensee, wo W. Schott (Saxicola 1992, H. 3) recht spät ein ♂ am 21.11.1992 sah.

Steinschmätzer (Tapuit, *Oenanthe oenanthe*)
Spärlicher Brutvogel (50 Bp, ↓) und mäßig häufiger Durchzügler

"Kein anderer Singvogel ist für jene Plätze, wie Borkum sie ihm bietet, so geschaffen, als unser Steinschmätzer". Diese Aussage Drostes (1869), die auch Schneider (1900) ähnlich wiederholte, galt wahrscheinlich noch bis Ende der 1960er Jahre. In den Dünen Borkums hatte er seine größte Dichte erreicht. Günstige Nistgelegenheiten boten gesprengte Bunker nach dem Zweiten Weltkrieg. 1980-1985 schätzte Hofmann (1986) den Bestand auf 35-50 Bp; Erchinger & Mennebäck (1990) erwähnen für 1988 12 Bp. Schon lange vor 1980, dem Jahr der Einführung der Elster auf Borkum, soll er abgenommen haben. Jedoch ergab eine Zählung 1999 39 Bp (NLWK).

Ein zweiter Verbreitungsschwerpunkt liegt in den Hochmooren S vom Lengener Meer (1993 >2 Bp) und im Jammertal (Brutnachweise 1976, 1981, 1987 mind. 4 Bp, Verf.), wo er leicht auf den Torfhocken als Brutvogel zu entdecken ist und seine Jungen füttert. Schon Menken (1932) bemerkte: Er "nistet zwischen alten Torfhaufen". An den "Einfriedigungswällen" (gemeint sind offensichtlich Wallhecken) der Geest war er nach Bielefeld (1906) "allgemein verbreitet, aber nirgends häufig". Aus neuerer Zeit liegen keine sicheren Brutnachweise von der Geest vor. Vielleicht war die Beobachtungsintensität nicht ausreichend. Feststel-

lungen zur Brutzeit bei Folmhusen, am Lüdeweg N Ihrhove und im Entlastungspolder müssen mit großer Skepsis aufgenommem werden (M. Bergmann). Da sich
der Heimzug noch bis zum 10. Juni hinzieht, kommt es auf verbürgte Brutnachweise an. H. Janssen berichtete 1996 von einem Paar mit 3 Jungen am Auto-
bahnsee Mooräcker N Heisfelde.

Heimzug ab Ende März, kulminierend im ersten Maidrittel: z.B. am 8.05.1997
40 Ind. im Stapelmoorer Hammrich (J. Melter in Rettig 105. Ber.). Am Deichfuß
des Dollart sucht er oft im Teeksaum Nahrung oder rastet auf Zaunpfählen (am
14.09.1975 18 Ind. auf dem Wegzug am Seedeich des Dollart, D).

Steinrötel (Rode Rotslijster, *Monticola saxatilis*)
Irrgast aus S- oder O-Europa

Vom 15.-17.05.1971 soll ein ♂ auf Borkum verweilt haben (Schoennagel 1972).
Dass die Beobachtung nicht unwahrscheinlich ist, zeigt der sichere Nachweis
eines aus dem Mittelmeerraum stammenden Steinrötels am 30.10.1954 in Norden (Ringleben 1959).

Ringdrossel (Beflijster, *Turdus torquatus*)
Spärlicher Durchzügler

Nach Droste (1869) zog sie "in grossen Massen" durch. Noch Leege (1905) berichtete von "Hunderten", die "an guten Zugtagen" die Dünen bevölkerten. Solche Ansammlungen bleiben seit langem aus. In den 1990er Jahren zogen alljährlich einzelne Vögel durch (B. Hofmann briefl.). Diese Aussage gilt auch für das
Festland, wo die meisten unentdeckt bleiben. 60 Sichtungen (1977-1997) entfallen auf den Heimzug vom 1.04.-2.05., davon allein 27 vom 5.04.-25.04.1993 (Th.
Mindrup in Rettig 64. Ber.). Nur 6 Vögel wurden auf dem Wegzug (2.10.-1.11.)
beobachtet.

Amsel (Merel, *Turdus merula*)
Sehr häufiger Brutvogel (10.000 Bp, ↑)

Die Schwarzdrossel war ursprünglich ein Vogel der Naturwälder, an die sie her-
vorragend angepasst ist. Wann sie die Parks und die Gärten der Ortschaften Ostfrieslands besiedelt hat, ist nicht bekannt. Droste (1869) kannte sie noch nicht als
Brutvogel. Doch dürfte die Verstädterung auf dem Festland spätestens im 19 Jh.
geschehen sein. Heute gehört sie in den Ortschaften zu den häufigsten Arten. Im
Evenburgpark wurden 1996 33 Bp (23 Bp/10 ha) gezählt, eine Dichte, wie sie in
Großstadtparks erreicht wird (Glutz von Blotzheim & Bauer 1988). Obwohl typi-

scher Gebüschbrüter, legt sie ihr Nest manchmal am Boden an, z.B. an einer Grüppenkante im 30 cm hohen Gras.

Borkum: Vor 1929 hat sie nach Leege "wiederholt genistet"; 1980-1985 wurden 150-200 Bp geschätzt (Peitzmeier 1961, Hofmann 1986) und 1999 144 Bp erfasst (NLWK).

Gesangsbeginn Mitte Januar bis 25. Februar je nach Witterung. Lauter Gesang ertönt nach der Mauser auch im Oktober bis Ende November. Gleichwohl überwiegt leiser Gesang (Subsong). Viele unserer Amseln überwintern. Bei strengem Frostwetter sammelten sich am 25.12.1996 35 Ind. in einem Garten Nüttermoors, wo sie vom Fallobst fraßen. Dass sie zu den Teilziehern gehört, zeigt folgender Wiederfund auf: Eine am 29.10.1979 in Zulte (Ost-Flandern, Belgien, vermutlich auf dem Wegzug) beringte Amsel wurde am 15.04.1980 in Leer verwest gefunden.

Wacholderdrossel (Kramsvogel, *Turdus pilaris*)
Unregelmäßiger Brutvogel (↑) und häufiger Wintergast

Diese nach W vordringende Drossel hat im Kreisgebiet nur vereinzelt gebrütet. Wahrscheinlich sind nicht alle Bruten bekannt geworden. Am 8.06.1980 sah B. Petersen ein Ind. am Rhaudermoor, das vielleicht zu einem Paar gehörte. Am 27.05.1981 schlüpften in einem Nest 1,2 km SO Burlage nahe dem Militär-Sperrgebiet drei Junge (Gerdes 1982). Im selben Jahr meldete H. Janssen ein Bp mit drei Jungen in Holtland, wo sie auch 1984 gebrütet hat (Rettig 18. Ber.). Im Mai 1995 entdeckte K.-D. Moormann (briefl.) Wacholderdrosseln in einem Baumbestand an der Bahnlinie N Hilkenborg O Weener, konnte aber keinen Brutverdacht bestätigen.

Borkum: erster Brutnachweis 1969 und wieder 1985 in den Woldedünen (Hofmann 1975, 1986 und briefl.).

Ab Mitte September treffen die ersten nordischen Drosseln ein. Die Wintergäste fressen auf der Insel gern Sanddornbeeren (*Hippophaë rhamnoides*), auf dem Festland suchen sie meist Nahrung in den Hammrichen, gelegentlich auch in den Gärten auf der Suche nach nicht abgeernteten Äpfeln. Überwinternde Schwärme mit 200-300 Ind., gelegentlich bis 600 Ind. wie am 13.01.1984 oder 450 Ind. am 25.11.1990 im Stapelmoorer Hammrich halten sich von November bis Anfang Mai in den Grünländereien auf. Am 9.11.1996 sah Rettig (98. Ber.) sogar eine Ansammlung von 1100 Ind. zusammen mit 200 Rotdrosseln bei Petkumer Münte. Als am 5.02.1983 eine Schneefront durch das Rheiderland zog, sollen nach J. Meyer-Deepen und O. Onken (mdl.) bis zu 15.000 in vielen Trupps von 30-100 Ind. zwischen Critzum und Ditzum nahe der Ems erschienen sein.

Singdrossel (Zanglijster, *Turdus philomelos*)
Häufiger Brutvogel (>1000 Bp, ↔)

Auch wenn sie heute ein häufiger Garten- und Parkvogel geworden ist, machen ihre Habitatansprüche die Herkunft aus dem Wald deutlich, indem sie eine Vorliebe für dichteres Unterholz und Schatten zeigt. Sie hat sich später als die Amsel zum Kulturfolger entwickelt, vielleicht auch bei uns zu Beginn des 20. Jh. (Glutz von Blotzheim & Bauer 1988).

Im NSG Holle Sand stellten E. von Toll um 1967 5 Bp (0,4 Bp/10 ha) und B. Petersen zwischen Holle Sand und Großoldendorf am 23.03.2000 6 singende ♂ fest. Evenburgpark 1996 9 ♂ (0,6 ♂/10 ha, Verf.). Diese Dichtewerte mögen wegen der Schwierigkeiten quantitativer Erfassung zu niedrig sein.

Auf Borkum Brutvogel spätestens seit 1946; von 1960 bis 1980 kam sie in fast jedem größeren Garten vor, danach nahm sie stark ab (Peitzmeier 1961, B. Hofmann briefl.). 1999: 12 Bp (NLWK).

Gesangsbeginn: 1974 schon am 25. Januar, meist 7. Februar bis 7. März, nach sehr strengen Wintern noch später. Winterbeobachtung: 14.01.1990 ein Ind. am Dollart (H.-J. van Loh).

Rotdrossel (Koperwiek, *Turdus iliacus*)
Mäßig häufiger Durchzügler und spärlicher Wintergast

Sie erscheint bei weitem nicht so häufig wie die Wacholderdrossel. Oft ist sie mit dieser Art in wenigen Ind. von Oktober bis April vergesellschaftet. Außergewöhnlich sind Trupps von 200-300, wie sie Th. Mindrup Anfang April und am 11.12. 1996 in Moormerland sah (Rettig 98. u. 100. Ber.). Regelmäßig fällt ihr "zieh"-Ruf Anfang Oktober auf, wenn Rotdrosseln Ebereschenbeeren ernten, doch können frühe Vögel schon ab Mitte September eintreffen. Als sie bei strengem Winterwetter im Januar 1996 Not litten, suchten sie in Leer im *Cotoneaster*-Gestrüpp an Wohnstraßen und in Kellerlichtschächten unter Laub nach Nahrung.

Misteldrossel (Grote Lijster, *Turdus viscivorus*)
Spärlicher oder mäßig häufiger Brutvogel (100-200 Bp, ↔)

Als dritte Drosselart ist sie aus Hochwäldern in die offene Kulturlandschaft vorgedrungen. Ihre Verstädterung begann wahrscheinlich gegen 1945 (Glutz von Blotzheim & Bauer 1988). In Schwerinsdorf war sie nach F.E. Stoll schon 1946 ebenso häufig wie die Amsel. Er wies sie 1948 brütend im Julianenpark und 1949 in Oldehave nach und fand 1949 3 Nester im Heseler Wald. In einem Schloßpark von Loga kam sie nach v. Ophuysen 1948 vor (Bruns 1948 a u. 1950 sowie Stolls Tagebücher).

Sie ist der Charaktervogel von Waldrändern, Wallhecken mit überständigen Stieleichen, Alleen mit hohen Bäumen, in älteren Parks, auf Friedhöfen und an Bauernhöfen mit altem Baumbestand. Solche Habitate besiedelt sie in geringer Dichte (z.B. ein mittelgroßer Friedhof mit nur einem Bp). In der Gemeinde Westoverledingen kamen 1992 15-20 Bp vor (M. Bergmann). Im Stiekelkamper Wald 1981 mind. 3 Bp, im Südteil des Heseler Waldes mind. 4 Bp und im Neudorfer Moor 1987 3 Bp.

Borkum: Erster Brutnachweis 1966. Danach haben jedes Jahr 1-2 Paare in der Greunen Stee gebrütet (Peitzmeier 1970, Schoennagel 1972). Am 28.04.2000 sangen 2 ♂ im südlichen Ortsbereich (B. Petersen briefl.).

Ein kleiner Teil der Misteldrosseln überwintert. Die Art neigt nicht zur Bildung großer Trupps wie die nordischen Drosseln. Am 4.01.1993 sah Th. Mindrup 30 Ind. locker verteilt in Moormerland (Rettig 61. Ber.).

Gesangbeginn: 23. Januar bis 7. März, meist im Februar. Herbstgesang ist selten. Mindrup (Rettig 98. Ber.) hörte ihn am 2.10.1996 in Neermoor. 1991 fiel in der Stadt Leer lauter Wintergesang auf, so am 16.12. anhaltend von 10 Uhr 30 bis 11 Uhr MEZ und am 17.12. (B. Petersen, Verf.), außerdem in Rhauderfehn am 26.12.1989 sowie am 29.12.1990 (Th. Munk briefl.).

Feldschwirl (Sprinkhaanrietzanger, *Locustella naevia*)
Spärlicher Brutvogel (100 Bp, ↔)

Regelmäßig auftretend vor allem in trockeneren, leicht verbirkten Hochmooren mit Bentgras (*Molinia coerulea*), weniger häufig auf Waldschonungen oder an verschilften Gräben. Er meidet im allgemeinen das Innere ausgedehnter Schilfgebiete.

Drei ehemalige Hochmoore, von denen Teile wiedervernässt worden sind, weisen überdurchschnittliche Dichten auf: Neudorfer Moor mit mind. 9 singenden ♂ am 14.06.1988, Stapeler Moor Mai 1974 7 ♂ (B. Petersen) und das Militär-Sperrgebiet Ramsloh O Burlage am 25.06.1987 mit mind. 9 ♂ (Dirks, 1992, registrierte im selben Jahr 15 Bp) auf 540 ha. Weiter S im Jammertal an der Kreisgrenze im Mai 1973 5 ♂. Weitere wichtige Gebiete sind das Hochmoor am Lengener Meer (30.05.1981 5 ♂), das Rhaudermeer und Langholter Meer bei Rhauderfehn (15.05.1978 und Juni 1979 4 ♂, später Abnahme), das Brunseler Meer SO Papenburg (Juni 1980 3 ♂, Mai 1994 2 ♂) und das Gastmer Meer NW Sieve (30.05.1995 4 ♂). Aus zahlreichen übrigen Gebieten liegen seit 1985 Angaben einzelner singender ♂ vor, so außendeichs an der Ems bei Nüttermoorersiel (1996 drei ♂ auf ehemaliger Spülfläche), Rauhes Land beim Emstunnel, am Altarm Coldam, an der Leda bei Esklum 1999 2 ♂, Soltborger Teich 1999 3 ♂, im südlichen Kanalpolder, an der Bahnlinie bei Leer (H.-J. van Loh), Erlensee, Hammeer, Boekzeteler Meer und im Jammertal SO von Burlage.

Borkum: seit 1929 Brutvogel, 1988 8 Bp (Peitzmeier 1961, Erchinger & Mennebäck 1990), eine wahrscheinlich viel zu niedrige Zahl in den stark verbuschten Braundünen. 1999: 7 ♂ (NLWK).

Erstgesang: 23.04.1980, meist letztes Aprildrittel. Im Dollard trug ein ♂ am 19.08.1978 halblauten Gesang vor (E. Koopman).

Schlagschwirl (Krekelzanger, *Locustella fluviatilis*)
Sehr seltener, unregelmäßiger Gast

Diese sibirisch-osteuropäische Art hat ihre Verbreitung nach W bis Holstein ausgedehnt (Glutz von Blotzheim & Bauer 1991). Sie ist bisher nur einmal im Kreisgebiet festgestellt worden. In der Zeit vom 26.-30.05.1974 sang ein ♂ im Schloßpark der Philippsburg (Loga). Rettig (Septemberheft 1981) hat am 30.05.1981 ein oder zwei ♂ im Gehölzstreifen N vom Dollart verhört.

Rohrschwirl (Snor, *Locustella luscinioides*)
Fast verschwundener Brutvogel ↓

In den ausgedehnten Schilfröhrichten am Dollart und an der Ems kam die Art bei weitem nicht so häufig vor wie am Großen Meer, wo Rettig (1987, 27. Ber.) 1971 19 Paare festgestellt hatte. Für 1992 gibt er 13 Paare an (Rettig 1994, 69. Ber.). Im Juli 1961 und 1963 soll je ein ♂ an der Tunxdorfer Schleife gesungen haben (Hammerschmidt 1965). Hier hörten H. Reepmeyer u. Verf. ein ♂ am 24.07.1966 singen.

Von 1969-1978 sangen ♂ fast alljährlich an folgenden Stellen: im SO des Dollart, Hatzumer Sand in der Ems (hier am 7.06.1959 mind. ein ♂, H. Reepmeyer, 23.05.1976 2-3 ♂), Kolke im Rauhen Land und bei Coldam (pro Jahr etwa 5 singende ♂). B. Petersen (briefl.) stellte auf einer Flusslänge von 30 km 1968-1980 7-10 ♂ sowie im Mai 1979 im Rhaudermeer und bei Barßel im SO des Kreisgebietes 3 ♂ fest. Danach nahm die Art wie überall in Ostfriesland deutlich ab. Am 17.05.1980 sang ein ♂ auf dem Hatzumer Sand und am 30.05.1980 hörte B. Petersen 2 ♂ im Rauhen Land vor Spittland. 1983: 5 ♂ im Dollard ("Avifauna Groningen") und 2 ♂ bei Nüttermoorersiel (Rettig 1983, 14. Ber.); 14.07.1984 und 19.05.1996 je ein ♂ im SO des Dollart und am 7.05.1994 ein ♂ beim Anleger Leer-Nord an der Ems (Mindrup in Rettig 74. Ber. 1994). Im Frühsommer 1999 stellte M. Reuter ein ♂ an der Ems N Vellage fest. Direkt an der Kreisgrenze im äußersten SO sang ein ♂ am 15.05.2000 im Schilfgebiet des Barßeler Tiefs (B. Petersen briefl.).

Borkum: 1968 ein ♂ singend (Peitzmeier 1970), 1985-1989 alljährlich singend, 1999 ein ♂ (B. Hofmann briefl. u. NLWK).

Seggenrohrsänger (Waterrietzanger, *Acrocephalus paludicola*) *
Vielleicht ehemaliger Brutvogel, weltweit gefährdet

Ob die Art jemals im Kreisgebiet gebrütet hat, ließ sich nicht ermitteln. Im 19. Jh. erstreckten sich im westlichen Ostfriesland ausgedehnte, als Lebensräume geeignete Großseggenflächen. Jedoch sind möglicherweise vorhanden gewesene Vorkommen erloschen, bevor sie entdeckt werden konnten. P. Blaszyk erwähnt ihn vom Boekzeteler Meer am 2.06.1962. Hier hat B. Petersen ein singendes ♂ im Juni 1965 an mehreren Tagen verhört sowie am 10. und 14.05.1966 in den damals noch existierenden Seggenwiesen.

Seit dem Verschwinden als Brutvogel streifen selten Durchzügler unser Gebiet: am Dollard 4 Ind. (26.09.1971, Boekema et al. 1983); bei Dykstrhusen am Dollart sollen am 16.08.1998 rastende Vögel aufgefallen sein (A. Schröter u. H. Lohmann in Limicola 12, 1998, S. 287). Die Beobachtung wird mit Vorbehalt genannt, da die Anerkennung durch die Deutsche Seltenheitenkommission noch aussteht.

Borkum: ein Ind. im Mai 1977 nach Schoennagel (1980).

Schilfrohrsänger (Rietzanger, *Acrocephalus schoenobaenus*)
Spärlicher Brutvogel (150-200 Bp, ↓ oder ↔)

Im Gegensatz zur Krummhörn N von Emden, wo er noch mit einem stattlichen Bestand vertreten ist, hat er im Kreisgebiet stark abgenommen. In den 1960er Jahren war dieser Rohrsänger an den vielen Gräben und Gewässern eine vertraute, häufige Art. Er reagiert empfindlich auf Entwässerungsmaßnahmen und die intensivere Nutzung der Grabenränder (Glutz von Blotzheim & Bauer 1991).

In den 1970er Jahren nahm er allmählich ab. An der Leda bei Logaer Fähre kamen 1966 noch 7 Bp vor; heute ist das Vorkommen erloschen. Von etwa 30 Bp 1972 am Boekzeteler Meer sind 1980 drei Bp übriggeblieben. Im 80 ha großen NSG Hammeer und Puddemeer kamen am 20.05.1980 noch 12 Bp vor. C. Panzke (briefl.) hat am Dollart 1985 14 und 1989 12 singende ♂ verhört. 1999: nur ein ♂ (NLWK)! - Erstgesang: ab 22. April.

In neuerer Zeit scheint sich der Bestand auf niedrigem Niveau stabilisiert zu haben. Im Rauhen Land beim Emstunnel kamen 1989 7 und 1997 9 singende ♂ auf 1,2 km Uferstrecke vor. Entlang 22 km Emsstrecke wurden 1997 bei einer fast vollständigen Bestandserfassung 36 ♂ gezählt (Gerdes et al. 1998). In den Schutzgebieten des Fehntjer Tief-Gebiets hat der Bestand sogar seit 1991 zugenommen (1995-1998 59-87 Bp mit dem Maximum von 87 Bp 1996, H. Pegel).

Borkum: Der erste Brutnachweis wurde 1961 erbracht, 1980-1985 15-20 Bp, 1999 18 Bp (Peitzmeier 1961, Hofmann 1986, NLWK).

Sumpfrohrsänger (Bosrietzanger, *Acrocephalus palustris*)
Mäßig häufiger, in allen Meßtischblatt-Quadranten verbreiteter Brutvogel (500 Bp, ↔)

Dieser hervorragende Spötter zeigt von allen Rohrsängerarten das vielseitigste Habitatspektrum. Vorzugsweise besiedelt er mit Hochstauden durchsetzte Röhrichtränder, ist aber auch in reich strukturierten Gärten mit Gräben, an feuchten Waldrändern und sogar in Pferdebohnenfeldern (15.07.1984) der Dollartpolder zu finden. Rasch besiedelt er ehemalige Spülfelder mit hoher Krautvegetation wie bei Soltborg, wo 1991 7 und 1994 12 ♂ sangen. Hier ist er die häufigste Singvogelart. Seine weite Verbreitung erschwert eine Bestandsschätzung. Wahrscheinlich ist die Art häufiger als der Schilf-, aber nicht so häufig wie der Teichrohrsänger. Vorkommen im Getreide sind nicht bekannt geworden. Im Emsvorland wurden 1997 auf 22 km Flusslänge 24 singende ♂ gezählt (Gerdes et al. 1998).

Auf Borkum, wo 1894 eine Brut nachgewiesen wurde (Schneider 1900), hat Hofmann (briefl.) ihn 1985-1998 alljährlich beobachtet (Peitzmeier 1970). 1999 kamen 13 Bp vor (NLWK). - Erstgesang: um den 5. Mai.

Teichrohrsänger (Kleine Karekiet, *Acrocephalus scirpaceus*)
Häufiger Brutvogel (1000-1500 Bp, ↔)

Trotz des Schilfrückgangs wie z.B. an der Leda ist er unser häufigster Rohrsänger geblieben. Er ist besonders stark an *Phragmites*-Röhricht gebunden, wobei sogar schmale Schilfstreifen von etwa 1 m Breite ausreichen. Bei einer unvollständigen Erfassung 1997 von Leer bis Petkum wurden mind. 255 Bp gezählt (Gerdes et al. 1998). Der Gesamtbestand in diesem Emsabschnitt einschließlich des Hatzumer Sandes dürfte nach M. Reuter (mdl.) sogar >500 Bp betragen. Allein auf dem 23 ha großen Hatzumer Sand sangen 1999 154 ♂. Diese Dichte von 67 Bp/10 ha ist noch höher als die von Glutz von Blotzheim und Bauer (1991) angegebenen Werte mit 50-60 Bp/10 ha. Am Dollart (Ostseite) ermittelte C. Panzke 1989 einen Bestand von 74 Bp (34 Reviere/10 ha). 1999: 127 ♂ (NLWK).

Auf Borkum brütete er regelmäßig z.B. in der Greunen Stee, doch war der Bestand mit etwa 10 Paaren (1980-1985) vielleicht nicht vollständig erfasst (Peitzmeier 1961, Hofmann 1986). 1999 zählte man 28 Bp (NLWK).

1989 wurden mehrfach während der Brutzeit Schilfröhrichte abgemäht. Dabei sind mit Sicherheit Gelege bzw. Junge vernichtet worden. - Erstgesang: ab 27. April, meist erst im Mai.

Drosselrohrsänger (Grote Karekiet, *Acrocephalus arundinaceus*)
Ehemaliger Brutvogel †

Leege (1905) bezeichnete den größten Rohrsänger als "zahlreich im Küstengebiet". In weiten Teilen Mitteleuropas nahm dieser Rohrsänger zwischen 1955 und
1980 stark ab (Glutz von Blotzheim & Bauer 1991). Nach 1982 ist im LK Leer kein
Nachweis bekannt geworden.

Die spärlichen Gelegenheitsbeobachtungen ab 1954 geben nur Hinweise auf
die frühere Verbreitung. H. Reepmeyer nennt folgende Nachweise: Juni 1954,
1957 2 ♂ und 1959 ein ♂ bei Soltborg, Mai 1956 beim Ledasperrwerk. Im Mai
und Juni 1954 hörten Brinkmann (1956) 1-2 ♂ und Hammerschmidt (1965) am
4.06.1963 sogar 4 ♂ an der Tunxdorfer Schleife. Um 1966 kam er noch gelegentlich vor. So stellte Verf. am 22.05.1966 ein ♂ bei der Logaer Fähre und am
14.06.1969 ein ♂ an der Ems bei Grotegaste fest. 1973 und 1974 wurde ein ♂
im SO am Dollart (NL) verhört. Ein ♂ sang am 3.06.1976 an der Emsbrücke bei
Leer. B. Petersen (briefl.) stellte das wahrscheinlich letzte (umherstreifende?) ♂ am
31.05.1980 an der Ems im Rauhen Land fest.

Borkum: noch 1982 längere Zeit singend (B. Hofmann briefl.). All diese Vorkommen sind später erloschen.

Gelbspötter (Spotvogel, *Hippolais icterina*)
Mäßig häufiger, noch weit verbreiteter Brutvogel (150-200 Bp, ↓)

Der Gelbspötter ist ein typischer Singvogel in den Bauerngärten der Marschhöfe.
Selbst windreiche Gegenden, wie "die wenigen verkrüppelten Bäume" nahe den
Häusern Borkums werden von ihm besiedelt (Droste 1869). Flore u. Schreiber fan-
den 1994 im Grünland des Niederrheiderlandes mind. 14 ♂. Aber auch in vielen
Gärten und Parks der Geest, an Waldrändern, in verbuschten Hochmooren ist sein
mannigfaltiger Gesang von Mitte Mai an zu hören.

Borkum 1980-1985: 15-20 Bp, nach Peitzmeier (1961) viel häufiger (Hofmann
1986). 1999 sangen 19 ♂ (NLWK). Am 7.07.2000 ahmte ein ♂ den Gesang des
Karmingimpels nach.

Erstgesang: ab 7. Mai, oft erst um Mitte Mai. Nach der Brutzeit zeigt er seine
Anwesenheit noch im August und September durch den markanten "didderoit"-
Ruf.

Sperbergrasmücke (Sperwergrasmus, *Sylvia nisoria*) *
Einmaliger Brutvogel

Der einzige Brutnachweis eines Paares gelang H. van Jindelt und B. Hofmann
(briefl.) 1974 (nicht 1976 oder 1980, wie Hofmann 1986 u. Glutz von Blotzheim

& Bauer 1991 vermerken) in der Greunen Stee auf Borkum, wo sie Mitte Juli frisch ausgeflogene Jungvögel entdeckten. Dies Brutvorkommen liegt weit außerhalb der Hauptverbreitung dieser östlichen wärmeliebenden Grasmücke.

Klappergrasmücke (Braamsluiper, *Sylvia curruca*)
Mäßig häufiger Brutvogel ↓

Sie bevorzugt heckenreiche Gärten aller Landschaftstypen, Friedhöfe und verbuschte Hochmoore. Westoverledingen: 1992 20-30 Bp geschätzt (M. Bergmann).

Borkum: 8-10 Bp, 1999 12 ♂ (Hofmann 1986, NLWK). Diese letzte Angabe liegt viel zu niedrig; B. Petersen (briefl.) verhörte am 28.04.2000 21 ♂ in einem kleineren Teil der Insel und schätzte den Gesamtbestand auf 45-65 Bp. Auf der 55 km² großen westfriesischen, gut untersuchten Insel Ameland (NL) wurden 1987 und 1988 180-220 Reviere geschätzt (Versluys et al. 1997)! Solch hohe Zahlen sind vom Festland nicht bekannt. Gesangsbeginn: Mitte bis Ende April; im September gelegentlich halblauter Gesang.

Dorngrasmücke (Grasmus, *Sylvia communis*)
Mäßig häufiger oder häufiger Brutvogel (1000 Bp, ↔?)

Die Dorngrasmücke ist wahrscheinlich noch vor dem Mönch und der Gartengrasmücke die häufigste Grasmücke, denn sie ist viel weiter verbreitet als die auf Gärten, Parks und Wälder beschränkten Grasmückenarten. Sie ist nicht nur ein zahlreicher Charaktervogel der Wallhecken, sondern ihr genügen oft kleine Buschgruppen oder einzeln stehende Büsche selbst in offener Landschaft.

Als die Hochmoorflächen des Neudorfer Moores um 1985 z.T. entbirkt wurden, sangen hier erstaunlich viele ♂ in Reisigdickichten und im Brombeergestrüpp. In einem kleinen Teilgebiet dieses NSG kamen 1987 10 ♂ vor; der Gesamtbestand wurde auf 40 Paare geschätzt. Im Raum Holte zählte B. Petersen (briefl.) 1980 14 Sänger. Im Sperrgebiet O Altburlage 1987 mind. 15 ♂ und in den heckenreichen Teilen des Stapelmoorer Hammrichs ebenfalls 1987 18 ♂ (Verf.). Am N-Rand vom NSG Lengener Meer sangen 1981 mind. 5 ♂ und 1982 am S-Rand des Heseler Waldes mind. 7 ♂ sowie 4 weitere ♂ in den Büschen S davon. Für Westoverledingen veranschlagt M. Bergmann 1992 etwa 90 Paare. Im Buschwerk entlang der Bahnlinie von Ihrhove bis zur Ems O Weener zählte K.-D. Moormann (briefl.) 1995 18 ♂ auf etwa 2,5 km Länge und S vom Ledadeich NW Potshausen 1998 auf 65 ha 15 Reviere (2,3 Bp/10 ha). Außergewöhnlich ist das Vorkommen zweier ♂ in einem Brennesselstand auf dem Bingumer Sand 1999 (M. Reuter). Gesangsbeginn: um die Monatswende April/Mai.

Borkum: Droste (1869) fand nur ein Paar in Weidenhecken des Ostlandes. Nach der Ausbreitung des Sanddorns und der Kriechweide (*Salix repens*) hat sie stetig zugenommen (Leege 1905). Hofmann (1986) schätzte 1980-1985 10-15 Bp. Ähnlich wie der Zaunkönig war sie 1999 mit 136 Bp in den verbuschten Dünen stark vertreten (NLWK, zum Vergleich mit Ameland: 480-535 Bp 1986-1989, Versluys et al. 1997).

Gartengrasmücke (Tuinfluiter, *Sylvia borin*)
Mäßig häufiger Brutvogel ↔

Sie bevorzugt gebüschreiche feuchte Gebiete, unterholzreiche Parks, Wälder, gut entwickelte Wallhecken, größere Gärten und verbuschte Hochmoore. Stiekelkamper Wald: im W-Teil 1980 mind. 6 ♂. Westoverledingen: 1992 50-75 Bp (M. Bergmann).
   Borkum: Brutvogel spätestens seit 1948, 1980-1985 15-20 Bp (Peitzmeier 1961, Hofmann 1986). 1999: 3 Bp (NLWK, zum Vergleich auf Ameland: 120 Bp, Versluys et al. 1997). - Gesangsbeginn: ab 27. April

Mönchsgrasmücke (Zwartkop, *Sylvia atricapilla*)
Mäßig häufiger Brutvogel ↑

Diese Grasmücke kommt in manchen Parks und Gärten etwas häufiger als die Gartengrasmücke vor bei ähnlichen Habitatansprüchen. Offen bleibt, ob sie im Kreisgebiet 2-3 mal so häufig ist wie die Gartengrasmücke, wie es Glutz von Blotzheim & Bauer (1991) für Mitteleuropa angeben. Stiekelkamper Wald 1980 u. 1995 5 ♂. M. Bergmann schätzt den Bestand in Westoverledingen 1992 auf 50 Bp.
   Borkum: Brutvogel seit 1964, 1980-1985 5-8 Bp und 1999 11 Bp (Peitzmeier 1970, Hofmann 1975 u. 1986, NLWK).

Seit einigen Jahren versuchen ♂ wie ♀ gelegentlich zu überwintern. Aus der Stadt Leer liegen folgende Meldungen vor: 23.01.1992, 17.11.1993, 9.02.1996, Januar 1997, 1999 und Januar sowie Februar 2000 (E. Meyer, B. Petersen). Auch auf Borkum überwintert sie neuerdings, so 1984 mind 3 ♀ (B. Hofmann). Milde Winter und Futterhäuschen in den Gärten erleichtern eine Überwinterung. Gesangsbeginn: 1990 am 4. April, meist um Mitte April.
   Auch nach der Mauser singt sie manchmal im September. Ein am 20.09.1991 bei Antwerpen beringtes, vermutlich auf dem Wegzug befindliches ♀ verunglückte am 25.04.1992 an einem Fenster in Leer.

Waldlaubsänger (Fluiter, *Phylloscopus sibilatrix*)
Seltener Brutvogel (20 Bp, ↔)

Da Rotbuchenbestände im Kreisgebiet kaum vertreten sind, kommt er selten in unseren Wäldern vor. Stetige Vorkommen befinden sich im Heseler Wald (1987 10 ♂), Stiekelkamp (1994 ein ♂), Oldehave, Logabirumer Wald (bis 4 Bp), Julianenpark (2-3 ♂). Außerdem hat er gelegentlich zur Brutzeit bei der Evenburg (1980), im Auewäldchen, im Bollinghauser Gehölz (1981) und im mit Birken bestandenen Hochmoor Wymeer (1995) gesungen.

Auf der waldarmen Insel Borkum, wo 1968 erstmals zwei Paare in der Greunen Stee nachgewiesen wurden, kamen 1980-1985 8-10 Paare und 1999 ein Bp vor (Peitzmeier 1970, Hofmann 1986, NLWK). Am 2.05.2000 sang ein ♂ in der Greunen Stee (B. Petersen briefl.). Gesangsbeginn: letztes Aprildrittel.

Zilpzalp (Tjiftjaf, *Phylloscopus collybita*)
Häufiger Brutvogel (1000 Bp, ↔)

Dieser Laubsänger ist im mitteleuropäischen Tiefland viel weniger häufig als der Fitis. Er besiedelt Parks, Friedhöfe und größere Gärten (Glutz von Blotzheim & Bauer 1991). Im NSG Holle Sand fand E. von Toll nur 7 Bp (0,56 Bp/10 ha). Im baumbewachsenen Hochmoor Wymeer war 1995 das Verhältnis singender ♂ von Zilpzalp und Fitis 5:20, am Lengener Meer 2:18, im Stiekelkamper Wald 8:12, während das Verhältnis im Evenburgpark Logas und in den Bauernwäldern bei Jübberde ausgeglichen war.

Borkum: Brutvogel seit 1980 (Hofmann briefl.). 1999 kamen 26 singende ♂ vor (NLWK). Hier wurde nach M. A. Neumann (Limicola Bd 9, 1995, 102) vom 25.-26.10.1993 ein Ind. des Sibirischen Zilpzalps *Ph. c. tristis* oder *fulvescens* nachgewiesen.

Gesangsbeginn: frühestens 26.02.(1978), meist um 20. März, nach strengem Winter am 28.03.1987. Bei diesem Laubsänger fällt der Herbstgesang von Ende August bis weit in den Oktober besonders auf. Außergewöhnlich sind der Gesang am 25.11.1989 bei -3° und der Nachweis eines Zilpzalps am 6.12.1986 beim Julianenpark (H.-J. van Loh).

Fitis (Fitis, *Phylloscopus trochiloides*)
Häufiger Brutvogel (>3000 Bp, ↔)

Dieser weit verbreitete Laubsänger besiedelt alle Landschaftstypen, soweit in ihnen Bäume und eine für die Nestanlage geeignete Krautschicht vorkommen. Im NSG Holle Sand, einem mit Eichen, Birken und Fichten aufgeforsteten Dünengelände, ist er der häufigste Brutvogel. E. von Toll (briefl.) ermittelte um 1965 52 Bp auf 126 ha (4,1/10 ha). Auch in neuerer Zeit ist er häufig geblieben: Sperrgebiet Burlage 1987 etwa 50 Bp, Hochmoor Wymeer 1995 mind. 20 Bp, im Stiekelkamper Wald 1995 >12 Bp und im Evenburgpark 1996 14 ♂ (1 Bp/ha, Verf.). Westoverledingen: 1992 wurden mind. 500 Bp geschätzt (M. Bergmann).

Seit etwa 1921 Brutvogel auf Borkum (Peitzmeier 1961). Schoennagel (1972) gab den Bestand mit etwa 100 Paaren an. 1999 wurden 581 singende ♂ gezählt (NLWK, zum Vergleich mit Ameland: 1115 Reviere in 1987, Versluys et al. 1997)! Gesangsbeginn: meist um Mitte April, in drei Jahren ab Mitte März (16.03.1988). Nach der Mauser ist sein Gesang im August und September nicht so oft zu hören wie der des Zilpzalps.

Wintergoldhähnchen (Goudhaantje, *Regulus regulus*)
Spärlicher, verbreiteter Brutvogel (>100 Bp, ↔)

In den Fichtenbeständen aller Wälder und Wäldchen sowie in Parks ist es häufig und regelmäßig als Brutvogel anzutreffen. Eine Fichtenschonung von 30 x 40 m reicht für ein Revier aus.

Häufiger Durchzügler auf Borkum. Nach Droste (1869) fanden sich diese Winzlinge "oft in erstaunlicher Menge in allen Dünen, wo es die Sandhaferbüsche so gut durchsucht, als das Strauchwerk". Solch starker Zug kommt heute nicht mehr vor. Mitten im Winter durchstreifen kleine Trupps oft zusammen mit Meisen unsere selten verschneiten Wälder.

Sommergoldhähnchen (Vuurgoudhaantje, *Regulus ignicapillus*)
Sehr seltener Brutvogel (1-3 Bp, ↔)

P. Blaszyk hat es 1947 und 1961 singend im Logabirumer Wald angetroffen. Aus neuerer Zeit liegen nur vom Heseler Wald, Stiekelkamper Wald, von Oldehave und dem Philippsburger Park wenige Nachweise von singenden ♂ vor. Im Julianenpark hat Verf. es nur 1968 vor der Vernichtung der Fichtenbestände durch Windwurf (November 1972) und im Evenburgpark 1972 gehört (evt. auf dem Durchzug).

Auf Borkum zieht es in geringer Zahl durch (Droste 1869 u. Hofmann briefl.).

Grauschnäpper (Grauwe Vliegenvanger, *Muscicapa striata*)
Mäßig häufiger Brutvogel (200 Bp, ↓)

Er besiedelt Parks, Alleen, Wälder und stellenweise Gärten (z.B. im Evenburgpark 1996 5 Bp). In Westoverledingen kamen 1992 25-30 Paare vor (M. Bergmann). Seine Nester baut er oft an Gebäuden, wie 1993 im Kanalpolder auf der Oberkante eines ständig geöffneten gekippten Fensters. 1985 zog ein Paar einen Kuckuck bei Potshausen auf.

Borkum: seit etwa 1900 vertreten, 1980-1985 6-8 Bp (Peitzmeier 1961, Hofmann 1986). Ankunft ab 24. April, meist Anfang Mai.

Zwergschnäpper (Kleine Vliegenvanger, *Ficedula parva*) *
Sehr seltener Gast

Das geschlossene Brutverbreitungsgebiet reicht von O-Europa nach Holstein und Brandenburg. Er dehnt seine Verbreitung allmählich nach W aus. Erstmals sang ein ♂ am 21.05.1995 in einem Rotbuchenbestand des Heseler Waldes. Der wochenlang anhaltende Gesang ließ vermuten, dass es sich um ein umherstreifendes ♂ gehandelt hat.

Auf Borkum meinte Schoennagel (1974) am 23.05.1970 ein (nicht leicht erkennbares) ♀ zu sehen.

Trauerschnäpper (Bonte Vliegenvanger, *Ficedula hypoleuca*)
Spärlicher Brutvogel (50-100 Bp, ↑)

Nach Menken (1932) erschien er auf dem Zug im Mai für wenige Tage in den Gärten Leers. Angaben über Brutvorkommen fehlen aus älterer Zeit. Stoll (1948) stellte ihn bald nach dem Zweiten Weltkrieg im Julianenpark fest, äußert sich jedoch nicht zur möglichen Brut. Der sehr auf Nisthöhlen angewiesene Fliegenschnäpper war bis in die 1930er Jahre in den Niederlanden als Brutvogel sehr selten (Glutz von Blotzheim & Bauer 1993). Brinkmann (1933) bezeichnete ihn für W-Niedersachsen als "spärlich und unregelmäßig". Wann er sich in Ostfriesland ausgebreitet hat, ist nicht bekannt.

In neuerer Zeit ist er ab Mitte April öfter in Gärten und laubholzreichen Wäldern auch als Brutvogel anzutreffen. Aus dem Stadtbereich von Leer liegen vom Ende der 1960er Jahre folgende Daten vor (insgesamt etwa 15 Bp): Julianenpark 5 Bp, Philippsburger Park 3 Bp, Evenburgpark 2 ♂ und in größeren Gärten der Stadt Leer mit altem Baumbestand einige weitere Bp (1993 und 1996 5-7 Bp). Wälder mit Eichenbeständen oder künstlichen Nisthöhlen sind attraktiv: Stiekelkamp am 27.05.1979 mind. 7 ♂ singend (nach Koppelkamm 24, 1980 25 und 1999 14 Höhlen besetzt), Oldehave 1980 4 Bp am SO-Rand, Heseler Wald 1985, 1987 u. 1995 mind. 5 ♂, Logabirumer Wald 1981 mind. 2 ♂ und im Königsmoor 1987 mind. 3 Bp. Er ist zur Brutzeit an zahlreichen anderen Stellen nachgewiesen worden, so in Weener, Ihrhove, Steenfelde, Collinghorst, Holte, Brinkum, Holtland, Zinskenfehn und Ockenhausen (Uplengen). Ein ♂, das am 25.04.1994 auf

Trauerschnäpper an einer Nisthöhle in Logabirum (1980)

dem Friedhof von Neermoor sang, befand sich vielleicht auf dem Weiterzug (Mindrup in Rettig 74. Ber.). Er beschränkt sich wahrscheinlich auf die Geest.

Borkum: Erstmals brutverdächtig 1952. Der erste Brutnachweis wurde 1971 erbracht (Peitzmeier 1961, Schoennagel 1972). 1985 verhielt sich ein Paar brutverdächtig (Hofmann 1986).

Erstgesang: 17. April (2000), meist im letzten Aprildrittel.

Bartmeise (Bartmannetje, *Panurus biarmicus*)
Spärlicher Brut- (100 Bp, ↑) und Jahresvogel

Wahrscheinlich ist Ostfriesland von Flevoland S vom Ijsselmeer (NL) her besiedelt worden, wo früher nach der Trockenlegung riesig ausgedehnte Schilfmeere durch Ansaat wuchsen. Um 1970 trat die Art am Dollart und an der Ems flussabwärts von Tunxdorf regelmäßig in mehreren Paaren auf. Dollart: spätestens seit 1967 in der Schilfzone im SO, 23.12.1967 6 Ind., 26.06.1972 ein Paar brutverdächtig am Grenzgraben. Hier kamen kleine Trupps bis Herbst 1974 vor. Boekema et al. (1983) geben für 1972 8 Bp im Dollard-Kwelder an. Am 22.06.1975 brutverdächtige Paare an 3 Stellen im SO des Dollard (NL). Am 29.04.1974 2-3 Paare auf dem Rysumer Nacken an der Knock. Ab 1977 scheint die Art abgenommen zu haben.

Die Schilfgürtel entlang der Ems waren an mind. sieben Stellen besiedelt: 10.11. 1968 2 ♂ u. 3 schlichtfarbene Vögel (Junge oder ♀) auf dem Tunxdorfer Hagen, 18.05.1970 bei Soltborg, 2.05.1974 nahe der Jann-Berghaus-Brücke 2 Ind. rufend, ebenso im Rauhen Land vor Spittland am 3.05.1974 und 17.06.1976, auf dem Hatzumer Sand am 3.08.1975 und 11.04.1976 öfter rufend, 2.05.1976 beim Thedingaer Vorwerk und 20.05.1976 S Sautelersiel (Verf.). E. Meyer fand 1976 ein Nest W von Leer. Die letzte Beobachtung stammt vom Hatzumer Sand am 18.05. 1978, wo E. Voß (in Rettig 1979/1980) 1977 10 Bp gefunden hatte. Aus dem Zeitraum bis 1982 sind keine Nachweise bekannt geworden. Dies mag mit Verlusten durch den außergewöhnlichen Schneewinter 1979 und mit unzureichenden Kontrollen zusammenhängen. Auf dem Hatzumer Sand fand Rettig (14. Ber.) am 8.05.1983 2 ♂, wo Verf. auf einer Paddelfahrt am 6.07.1989 nahe dessen Ufer mind. 5 Bp und auf dem Beitelke Sand bei Nendorp 2 Bp im Juni und Juli 1989 (1997 7 Bp) mit Jungvögeln nachwies (Gerdes et al.1998). Der Hatzumer Sand bietet der Bartmeise ein ideales Habitat, da hohes, zusammengeknicktes Altschilf wegen fehlender Mahd vorhanden und die Insel schwierig erreichbar ist. Ab 1993 liegen aus jedem Jahr und den wichtigen Gebieten (Dollart, Beitelke Sand, Hatzumer Sand und Rauhes Land) Beobachtungen vor. Nach diesen Gelegenheitsbeobachtungen ergaben quantitative Untersuchungen 1999 für den Hatzumer Sand 38 Bp und für den Beitelke Sand 16 Bp. Im Emsvorland zwischen Petkum und Leer zählte M. Reuter 1999 bei sehr sorgfältiger Erfassung 90 Bp und 4 weitere Bp bis Vellage. Es liegen nur drei Nachweise außerhalb der Außendeichsgebiete vor: 1993 ein Bp an den Gandersumer Kolken (Rettig 64. Ber.); auf der verschilften ehemaligen Spülfläche Gastmer Meer NW Sieve (Fehntjer Tief-Gebiet) stellte Verf. am 30.05.1995 1-2 Bp fest. Im Mai 2000 riefen Bartmeisen im Schilf der Pütten des Heinitzpolders. Diese Übersicht ist mit großer Wahrscheinlichkeit unvollständig.

Von Borkum sind noch keine Nachweise gemeldet worden.

Schwanzmeise (Staartmees, *Aegithalos caudatus*)
Spärlicher Brut- (30 Bp, ↔) und Jahresvogel

Die volkstümlich "Pfannenstielchen" genannte Meise besiedelt Wälder, Friedhöfe und manche Gärten. Bruten sind an einigen Stellen der Stadt Leer seit 1967 festgestellt worden, außerdem in einer Wacholderhecke im Stiekelkamper Wald 1980, Heseler Wald 1985 und 1989, Oldehave 1988 und 1995, im Königsmoor 2 Bp 1984, im Neudorfer Moor 2 Bp 1987 und bei Tergast ein Bp 1991 (Mindrup in Rettig 49. Ber.). Am O-Rand des Julianenparks begann ein Bp am 12.03.1988 mit dem Nestbau (H.-J. van Loh).

Auf Borkum wurde sie bis 1970 nur durchziehend festgestellt. 1971 wurde die erste Brut nachgewiesen, später kamen in den 1990er Jahren 2-3 Bp, 1999 ein Bp vor (Schoennagel 1972, B. Hofmann briefl., Rettig 56. Ber. u. NLWK). Am 10.06.2000 fand B. Petersen (briefl.) ein Paar in der Greunen Stee.

Sumpfmeise (Glanskopmees, *Parus palustris*)
Spärlicher Brutvogel (20 Bp, ↔)

In den Parks der Stadt Leer, im Heseler, Stiekelkamper Wald, Oldehave und im bewaldeten Neudorfer Moor kommt sie in wenigen Paaren vor. Aus der Marsch liegen keine Nachweise vor.

Auf Borkum ist sie als früher regelmäßiger und neuerdings gelegentlicher Durchzügler bekannt (Droste 1869, Hofmann briefl.).

Weidenmeise (Matkopmees, *Parus montanus*)
Spärlicher (?) Brutvogel ↔

Im Vergleich zum küstenferneren Binnenland ist die Verbreitung in unserer Region lückenhaft, jedoch beruhen die Angaben im Brutvogelatlas für 1985 auf unvollständiger Erfassung (Heckenroth und Laske 1997). Blaszyk (1955 b) hält sie für einen "allgemein verbreiteten Brutvogel". Er hat sie zwischen 1947 und 1961 in allen Wäldern der Geest (z.B. ein Bp im Logabirumer Wald 1947, 1950 und

1953), der Baumschule von Hesse in Weener und in Windschutzgehölzen kultivierter Hochmoore als Brutvogel gefunden. B. Petersen u. Verf. stellten sie seit 1980 zur Brutzeit nicht alljährlich an folgenden 14 Plätzen fest: Julianenpark in Leer, Logabirumer, Heseler, Stiekelkamper Wald, Neufirrel, Oldehave, bei Siebenbergen, Wolfmeer, Neudorfer Moor, Lengener Meer 1989 und 1992, im S-Teil des Stapeler Moores am 3.06.2000, Barge, Gehölze an der Jammertalstraße und bei Holthusen im Rheiderland. Rettig (40. u. 45. Ber.) berichtet von Brutverdacht 1990 an den Gandersumer Kolken und bei Petkumer Münte. Außerhalb der Brutzeit (September) streifte sie bei Kloster Thedinga (1981), im Weidengebüsch bei der Breinermoorer Mülldeponie (1983) und 1994 in einer inzwischen beseitigten Fichtenschonung bei Tergast umher (Mindrup in Rettig 74. Ber.).

Auf Borkum als Gast nachgewiesen.

Haubenmeise (Kuifmees, *Parus cristatus*)
Sehr seltener Brut- und Standvogel in Nadelwäldern ↔

Aus dem Kreis Leer liegen wenige Beobachtungen, fast nur vom Heseler Wald vor, wo Verf. sie am 26.07.1985 an zwei Stellen im NO-Teil hörte sowie am 2.06.1995 im Südteil. Am 6.06.1999 entdeckte H.-J. van Loh hier ein Paar mit 4 Jungen. Sonst ist sie zur Brutzeit nur im Julianenpark bei Leer vorgekommen (van Loh). Außerhalb dieser Stellen hat P. Blaszyk sie am 4.06.1948 im Logabirumer Wald gefunden. An den Futterhäuschen in Leer und ebenfalls auf Borkum erscheint sie sehr selten (Hofmann briefl.).

Tannenmeise (Zwarte Mees, *Parus ater*)
Spärlicher Brut- (50 Bp, ↑) und Jahresvogel

Der größte Bestand kommt in den Nadelwaldgebieten des Heseler Waldes vor (mehrere Bp). In den wenigen Fichtenbeständen des Julianenparks sangen 1996 3 ♂. Ab 1981 ist sie mehrfach zur Brutzeit in den Gärten von Leer angetroffen worden, wo sie auch mit einigen Paaren in kleinsten Fichtengruppen erfolgreich gebrütet hat. Schon Anfang Januar (8.01.1993) lässt sie wie andere Meisenarten ihren Gesang hören. Während der Zugzeit im Oktober erscheint sie auch in Bäumen unmittelbar am Dollart.

Auf Borkum hat Hofmann (briefl.) sie nur zweimal in 45 Jahren gesehen.

Blaumeise (Pimpelmees, *Parus caeruleus*)
Sehr häufiger Brut- und Jahresvogel ↔

In allen Wäldern, Parks und in vielen Gärten verbreitet. Eine kreisweite Bestandsschätzung ist nicht möglich. Im baumhöhlenreichen Evenburgpark zählte Verf.

1996 23 Bp (16 Bp/10 ha) und im Julianenpark 13 Bp. In den meisten Parks und in gartenreichen Randgebieten der Orte sind die Dichtewerte erheblich niedriger. Nach der Brutzeit durchstöbern sie u.a. die Schilfröhrichte am Dollart bis an den Wattrand.

Borkum: Seit 1952 Brutvogel (Peitzmeier 1961), 1985 70 und 1999 32 Paare (Hofmann 1986, NLWK).

Kohlmeise (Koolmees, *Parus major*)
Sehr häufiger, weit verbreiteter Brut- und Jahresvogel ↔

Überall, wo Bäume und Nistmöglichkeiten vorkommen, ist die Kohlmeise anzutreffen. Nach Winkel & Zang (1998) schwanken die Dichtewerte in Parks und Gartenstadtzonen zwischen 5 und 15 Bp/10 ha. Im Stiekelkamper Wald werden Nistkästen sorgfältig betreut. Dadurch lässt sich die Siedlungsdichte steigern. 1980 waren hier 39 Nisthöhlen von ihr und 26 von der Blaumeise besetzt (H. Koppelkamm mdl.).

Borkum: erstmals 1947 Brutvogel, 1980-1985 90-100 Bp (Peitzmeier 1961, Hofmann 1986) und 1999 124 Bp (NLWK).

Eine am 3.10.1986 bei Ventes Ragas (Litauen) beringte Meise wurde am 3.11.1986 in Leer gefangen und freigelassen.

Kleiber (Boomklever, *Sitta europaea*)
Spärlicher Brut- und Jahresvogel ↔

Er ist regelmäßiger Brutvogel der Alleen, Parks, Friedhöfe und Wälder. Bisher ist er als Brutvogel nur auf der Geest und als sehr seltener Gast auf Borkum festgestellt worden. Im Evenburgpark kamen 1983 mind. 5 und 1996 7 Bp vor.

Waldbaumläufer (*Certhia familiaris*)
Sehr seltener Gastvogel

In den Wäldern des Festlandes ist er in neuerer Zeit nicht nachgewiesen worden. Nach einer Tagebuchnotiz von Stoll ist er am 2.05.1949 in Oldehave vorgekommen. Im Rahmen einer Invasion aus Skandinavien mit zahlreichen Nachweisen z.B. in den Niederlanden wurden auf Borkum um die Jahreswende 1972/73 bis zu fünf Ind. festgestellt (Glutz von Blotzheim & Bauer 1993, Schoennagel 1974).

Gartenbaumläufer (Boomkruiper/tje, -loper/tje, *Certhia brachydactyla*)
Spärlicher Brut- und Jahresvogel ↔

Er ist vornehmlich in allen Parks, Wallhecken mit gutem Eichenbewuchs und Wäldern der Geest verbreitet. In der Großen Allee Logas 1996 2 Bp und im Evenburgpark 5 Bp. Aber auch in der Marsch bewohnt er größere Gärten der Höfe (z.B. im Heinitzpolder 1991).

Beutelmeise (Buidelmees, *Remiz pendulinus*)
Seltener Brutvogel, Bestandsentwicklung unklar

Diese östliche Meise ist in jüngster Zeit nach Ostfriesland vorgedrungen. Erstmals wurde sie 1991 an der Ems als Brutvogel festgestellt, nachdem B. Andreesen (mdl.) im Juni 1989 einen Altvogel in einem Weidendickicht bei Leerort beobachtet hatte.

Am 19.05.1991 entdeckte G. Pöppe (mdl.) ein fertiges Nest in 5 m Höhe in einer 12 m hohen Weide an der Ems ONO von Brual. Ein stark zerfetztes vorjähriges Nest hing 1 m entfernt. Gemeinsame Kontrollen am 29.05. und 2.06. bestätigten das Brüten eines Altvogels. Am 8.06. verfütterte ein Altvogel Maden oder Raupen (G. Pöppe), jedoch war das Nest am 16.06. vor dem Flüggewerden der Jungen verschwunden. Unweit dieser Stelle, an der Mündung der Tunxdorfer Schleife in die Ems, riefen am 2.06.1991 2 Altvögel (Verf.). Im Juli 1991 beobachtete B. Petersen einen Jungvogel bei Soltborg, wo Verf. 3 Jungvögel am 16.09. feststellte. NW Nesseborg (SO Stapelmoor) hatte vielleicht ein viertes Paar gebrütet (Nestfund am Erlensee im Spätsommer durch G. Pöppe). Die Gesamtzahl betrug mind. 6 Paare, denn am 8.03.1992 fand M. Kramer (nach G. Pöppe) ein vorjähriges Nest rechts der Ems nahe der Meyer-Werft (Brut nicht bestätigt). Am Langholter Meer O Rhauderfehn sah Th. Munk am 26.05.1991 ein und 1994 zwei Ind. 1992 haben Bruten bei Brual, am Erlensee (G. Pöppe mdl.), nahe der Ledabrücke S Leer (B. Kolthoff mdl.) und an den Gandersumer Kolken stattgefunden (bis 1999 alljährlich, Rettig 59., 131. Ber.).

1993 häuften sich die Nachweise: Nestfunde und Bruten bei Brual an der Ems, am Erlensee (G. Pöppe), 1 km SO Rhede bei Herbrumwehr (K. Hass), 2 Bp am Tunxdorfer Waldsee (K. Hass mdl.), ein ♀ mit 4 flüggen Jungen bei Soltborg NW Leer, wo am 19.05.1993 ein Altvogel Nistmaterial gesammelt hatte (Verf.). Außerdem hörte Verf. Rufe der Beutelmeise W Tunxdorf nahe der Ems und am Südrand von Vellage 1 km S Weener. Somit sind 1993 etwa 9 Paare im Kreis Leer und seiner Nähe vorgekommen. Von den folgenden Jahren liegen weniger Beobachtungen vor, so 1994 Brut bei Brual (letztmalig?, G. Pöppe). N vom Dollart im Wybelsumer Polder am 20.07.1994 8 Ind. (Rettig 75. Ber.) und am 6.08.1995 10 Ind. (Rettig 85. Ber.). Bei Soltborg hat 1994 und 1995 wahrscheinlich keine

Brut stattgefunden, wenn auch H. van Göns und Th. Munk am 16.08.1994 ein Paar mit 5 Jungen gesehen haben, die vielleicht woanders erbrütet waren. Zuletzt sah Verf. hier 2 Ind. am 20.09.1995. Nicht alle Gebiete wurden ab 1995 erneut kontrolliert. 1996 wurden die Jungen in einem 8 m hohen Nest am 14.06. in einem Birkenwäldchen des Leeraner Hafens flügge. Im selben Jahr waren 2 Bp am Erlensee brutverdächtig (Verf.).

Ob die Beutelmeise in den letzten Jahren abgenommen hat, konnte nicht untersucht werden. Ende März 2000 fand H. Janssen (mdl.) ein vorjähriges, vollständiges Nest an einem Gewässer in Mooräcker N Leer, wobei offenblieb, ob eine Brut stattgefunden hat. B. Petersen hörte ein Ind. am 13.05.2000 an der Leda N Ubbehausen 14 km OSO Leer.

Pirol (Wielewaal, *Oriolus oriolus*)
Seltener Brutvogel (10-20 Bp, ↓)

Diese wärmeliebende Art kommt im Kreisgebiet sehr spärlich vor, sichere Brutnachweise liegen nicht vor. Stoll hat seinen Gesang 1948-1950 im Heseler Wald gehört. Im Zeitraum 1980-1988 wurden in folgenden neun möglichen Bruthabitaten rufende ♂ festgestellt: Stiekelkamp (1.06.1980), Logabirumer Wald (28.06. 1980, 23.06.1985), Julianenpark (14.08.1988), Evenburgpark (21.05.1981), Bollinghauser Gehölz N Leer (11.06.1981, 22.05.1983, 20.06.1985, 1984 wahrscheinlich 3 Paare, H. Janssen), Holthuser Wald (bereits 18.05.1952 2 ♂, H. Reepmeyer briefl., 22.06.1980), Wymeerster Hochmoor (10.06.1984, Rettig 18. Ber.), Potshausen (8.06.1980) und Saterberg bei Burlage (10.06.1981, Verf.). Seit 1989 hat der Pirol abgenommen. Über einen landesweiten Rückgang während der 1990er Jahre berichtet Zang (1998). Rettig (57. Ber.) hat am 8.07.1992 in einem Erlenwäldchen im Stapelmoorer Hammrich Rufe gehört und schließt auf sicheres Brutvorkommen. Westoverledingen 1992: 7-10 Bp (M. Bergmann). 1993 stellte Th. Munk Einzelpaare bei Potshausen (hier im Mai 2000 ebenfalls, B. Petersen) und Rhauderfehn (Südwieke) sowie 1995 bei Stickhausen fest. An der Westergaste 2 km SSW Ihrhove sang im Mai 1995 ein ♂ (K.-D. Moormann briefl.).

Auf Borkum ist er seltener Gast (Hofmann briefl.). Am 2.05.2000 rief ein Pirol in der Greunen Stee (B. Petersen briefl.).

Neuntöter (Grauwe Klauwier, *Lanius collurio*) *
Seltener Brutvogel auf dem Festland (10-15 Bp, ↓)

Nach Bielefeld (1906) war er zu Beginn des 20. Jh. "sehr häufig" auf der Geest vertreten. Dies galt 60 Jahre später nicht mehr. Schon ab 1960 ging der Neuntöter in vielen Gegenden Niedersachsens stark zurück (wenn auch nicht überall,

Zang 1998). Der Neuntöter ist auf ausgedehnte und reich strukturierte Hecken mit einem hohen Anteil dornentragender Sträucher entlang Wegen oder Feldmarkbegrenzungen angewiesen. Solche Habitate findet er im Kreis nur an wenigen Stellen.

Am stetigsten kommt die Art in den trockeneren Teilen von Hochmooren vor. So stellte Verf. im Militärgebiet Ramsloh O Burlage am 25.06.1987 4 Bp (Dirks, 1992, 5 Bp in 1987) bei flächendeckender Kontrolle fest. Das Gebiet darf in der Regel nur am Rande außerhalb des Zaunes kontrolliert werden (13.06.1992 2 Paare erkennbar, 18.06.1994 ein ♂ singend). Im NSG Lengener Meer brüten wahrscheinlich alljährlich 1-3 Paare: 1989 3 Bp, 1993 ein Bp (T. Meyer mdl.), am 1.06.1995 ein Bp mit mind. einem Jungvogel (Verf.) und im Juni 2000 3 Reviere (B. Petersen briefl.). Vom NSG Neudorfer Moor liegen folgende Nachweise vor: 1985 und 1986 je ein Bp (A. Keßler briefl.), 28.05.1987 ein Bp, am 9.08. mit 4 Jungvögeln (Verf.). Am 20.05.1995 ein Bp in einem ehemaligen Militärgebiet W vom NSG. 1999 fand J. Prins (mdl.) den Neuntöter als Brutvogel beim Mercedes-Testgelände O Papenburg.

Auf der Geest wird die Art nur an wenigen Stellen nachgewiesen. Günstig ist die Parklandschaft S vom Heseler Wald: 10.07.1985 2 Bp mit Jungen zwischen Hasselt und Lammertsfehn, 22.06.1986 ein ♂ und 16.05.1993 ein Bp (T. Meyer mdl.). Nahe Leer bei Siebenbergen fand H. van Göns (mdl.) am 10.05.1983 ein Bp mit Jungen.

Brutvorkommen in der Marsch sind außergewöhnlich. So hat 1990 und 1991 je ein Bp in Weidenbüschen des Heinitzpolders nahe dem Dollart gebrütet (Koks 1993).

Eine sanddornreiche Düneninsel wie Borkum mit für Ostfriesland überdurchschnittlichem Sonnenschein ist ideal für den Neuntöter. Trocken-warme Witterung im Juni ist günstig für die Jungenaufzucht. Leege (1906) entdeckte ihn auf Borkum 1905 zum ersten Mal, doch hatte er vielleicht schon vorher gebrütet. Um 1960 wurden 15 Bp geschätzt, ein Bestand, der ebenfalls im Zeitraum 1980-1985 vorkam. Jedoch ging die Zahl der Brutvögel ab 1991 stark zurück (Peitzmeier 1961, Hofmann 1986 und briefl.). 1999 verhielt sich ein Paar brutverdächtig (NLWK).

Schwarzstirnwürger (Kleine Klapekster, *Lanius minor*) *
Irrgast aus SO-Europa

Borkum: Ende April 1971 2 Ind. durchziehend (Schoennagel 1972). Unweit Punt van Reide bei Termunten wurde ein Ind. am 25.05.1955 nachgewiesen (Boekema et al. 1983).

Raubwürger (Klapekster, *Lanius excubitor*)
Sehr seltener Brutvogel und Wintergast

In folgenden drei ehemaligen Hochmooren ist er zur Brut geschritten: 1. Militärgebiet Ramsloh-Burlage, am 25.06.1987 ein Bp mit mind. einem Jungvogel (1961
Brutverdacht bei Burlage, P. Blaszyk), hier am 22.05.1991 ein ad. Ind.; 2. Im
äußersten Süden des Kreises am verlandeten Brunseler Meer ein Bp am 20.06.
1976, 29.06.1980 und erneut 1999 (J. Prins mdl., Verf.), aber in letzter Zeit kaum
Brutnachweise. 3.: Am Lengener Meer am 11.06.1994 ein Altvogel (H. Kruckenberg mdl.). Hier hatte E. Garve (in Rettig 57. Ber.) am 29.03.1994 2 Altvögel
gesehen und schließt auf Brutverdacht. Die älteste Beobachtung stammt von
Stoll: ein Ind. am 7.06.1953 im Königsmoor.

Auch vom Durchzug oder Winteraufenthalt liegen nur wenige Meldungen vor:
6 Ind. am 22.11.1961 im Jümmiger Hammrich (E. von Toll briefl.), je ein Ind. am
14. u. 15.04.1992 in Moormerland vermutlich durchziehend (Th. Mindrup in Rettig 56. Ber.), ein Ind. am 28.10.1995 S von Remels (W. Röttcher in Rettig 87. Ber.).
Als Wintergast ist er wenigstens 5 mal 1954-1972 festgestellt worden: je ein Ind.
bei Folmhusen am 9.12.1954, bei Filsum am 18.11.1956, bei Hatshausen 21.02.
1961 (P. Blaszyk), am 6.12.1959 ein Ind. beim Ledasperrwerk (H. Reepmeyer) und
ein Ind. am 8.01.1972 W von Jemgum (Verf.). Seitdem liegen keine Winterbeobachtungen vor.
    Auf Borkum zog er früher spärlich im Mai, September und Oktober durch (Leege
1905). Hofmann (briefl.) sah ihn dreimal in 45 Jahren.

Rotkopfwürger (Roodkopklauwier, *Lanius nubicus*)
Irrgast aus S-Europa oder O-Polen

Der einzige anerkannte Nachweis eines Altvogels gelang W. Schott (in: Südbeck
1998) am 9.06.1996 bei Herbrum, 8 km SW Papenburg (außerhalb des Kreisgebietes).

Eichelhäher (Vlaamse Gaai, *Garrulus glandarius*)
Spärlicher Brut- und Jahresvogel ↑

Er ist in allen Wäldern, Parks (Julianenpark nicht alljährlich) und größeren Gärten
zu Hause. Insbesondere nach der Brutzeit durchstreift er die Gärten auf der Suche
nach Eicheln oder Haselnüssen, von denen er Nahrungsspeicher anlegt. Genaue
Bestandsangaben fehlen.
    Auf Borkum stellte Hofmann (briefl.) nur zweimal in 45 Jahren Einzelvögel fest.

Elster (Ekster, *Pica pica*)
Häufiger Brut- (1000 Bp, ↑) und Jahresvogel

Seit einigen Jahrzehnten nimmt der Bestand der bei vielen Menschen unbelieb-
ten Elster zu. Dafür sind wahrscheinlich hauptsächlich die Eingriffe des Menschen in die Landschaft verantwortlich. Als Opportunist hat sie immer mehr die
Randbereiche der Orte und die innerstädtischen Parkanlagen besiedelt, wo sie von
geringerer Verfolgung profitiert. Oft legt sie ihre Nester in Bäumen an Verkehrs-
straßen an, so dass sie schnell Verkehrsopfer finden kann. Baumreihen entlang
Wegen im Grünland werden von ihr ebenfalls gern angenommen. Sie stiftet so
Nistgelegenheiten für Turmfalken und Waldohreulen. Für das Stadtgebiet von
Leer veranschlagte B. Oldenburg (mdl.) 1985 96 Bp. Weitere Vergleichszahlen vom
Festland liegen nicht vor.

Von allen Rabenvögeln verursacht die Elster "die größten Verluste unter Sing-
vogeleiern und Nestlingen", doch ist auf dem Festland bisher kein Einfluß auf den
Bestand der betroffenen Singvögel nachgewiesen worden (Glutz von Blotzheim
& Bauer 1993).

Auf Borkum bis 1973 seltener Gast (Schoennagel 1974). 1980 haben Besucher
nach B. Hofmann (briefl.) ein Paar auf dieser Insel ausgesetzt. Bis 1994 hat sich
daraus ein Bestand von mind. 62 Bp entwickelt. 1996 wurden 79 Bp kartiert und
1999 86 Bp gezählt (Haberer 1996, NLWK). Unter ihrer Nahrungssuche haben
Bruten des Steinschmätzers, Braunkehlchens, Neuntöters, Hänflings u.a. nach
Meinung zahlreicher Insulaner sehr gelitten. Jedoch lässt sich ein Rückgang der
Singvögel durch das Nesträubern der Elster nicht nachweisen (s. Allg. Teil, Kapitel 8).

Tannenhäher (Notenkraker, *Nucifraga caryocatactes*)
Seltener Invasionsvogel

Invasionsjahre mit verstärktem Auftreten waren: 1865, 1889 (Droste 1869, Leege
1905), 1954, 1968 und 1977. Im herausragenden Invasionsjahr 1968 registrierte
B. Hofmann (briefl.) bis 80 Ind. auf Borkum. Bei Bollinghausen sah H. Janssen
am 19.10.1982 einen Trupp mit 18 Ind. Ab 1983 ist er sehr selten beobachtet
worden (z.B. ein Ind. am 24.01.1996 in Heisfelde, H. Janssen in Rettig 14. u. 91.
Ber.).

Dohle (Kauw, *Corvus monedula*)
Häufiger Brutvogel, ↔ oder ↓

Die meisten Dohlen nisten in Schornsteinen, aus denen Schornsteinfeger die
Nester manchmal entfernen müssen. Wie groß der Bestand der vielen Schorn-

steinbrüter ist, ließ sich nicht ermitteln. Demgegenüber ist der Anteil baumbrütender Dohlen in Parks oder Wäldern mit altem Baumbestand bedeutend kleiner. Im höhlenreichen, alten Baumbestand des Evenburgparks in Loga brüteten 1996 mind. 14 (evt. 20) Bp. Auch im Heseler und Stiekelkamper Wald ist sie zahlreich Brutvogel. An der Emsbrücke bei Weener zählte K.-D. Moormann (briefl.) 1995 7 Bp. Am Richtfunkturm in Nüttermoor brüteten 1982 und 1983 bis zu 15 Bp in 100 m Höhe auf Doppel-T-Trägern. Moderne Bauweisen der Schornsteine oder der Verzicht auf Schornsteine nimmt den Dohlen Nistmöglichkeiten.

Borkum: Droste (1869) kannte sie als Gast, seit etwa 1989 kommt sie hier als Schornsteinbrüter vor (B. Hofmann briefl.). 1996: 100-125 Bp, davon 90 Bp an Gebäuden, 1999: 77 Bp (Haberer 1996, NLWK).

Unter den Rabenvogelscharen, welche die Grünländereien außerhalb der Brutzeit bevölkern, stellt sie den größten Anteil. Von hier suchen sie ihre Schlafplätze in der Dämmerung auf (s. Kap. 5.6). Wenn Deichvorländer oder Entlastungspolder geflutet werden, finden Hunderte ein reiches Nahrungsangebot.

Saatkrähe (Roek, *Corvus frugilegus*)
Mäßig häufiger Brutvogel (800 Bp, ↑) und Wintergast

Als Charaktervogel der Marschen und Flussniederungen mit Baumgruppen oder Gehölzen findet die Saatkrähe im Emsbereich ideale Voraussetzungen für die Koloniebildung und Nahrungssuche. Trotz der häufigen, sinn- und planlosen Verfolgung durch den Menschen sucht sie oft die Nähe menschlicher Siedlungen, vor allem wenn hier geeignete Nistbäume wie z.B. Linden (*Tilia*) oder Eichen wachsen. Alle Kolonien liegen in neuerer Zeit unweit der Ems oder Leda, von wo die Altvögel in die nahen Grünländereien zur Nahrungssuche ausschwärmen. Menken (1932) berichtet von großen Kolonien in Bollinghausen und Eisinghausen bei Heisfelde. Die Kolonie von Bollinghausen bestand 1950 aus 140 Nestern, letztmalig 1958 50 Nester. In Hatshausen nisteten 1955 200 Paare, die Kolonie nahm aber 1956 auf die Hälfte ab und umfasste 1963 60 Bp, bis sie durch Verfolgung 1980 erlosch (Blaszyk 1952 a u. Tagebuch, Staatliche Vogelschutzwarte).

Eingriffe des Menschen können die Verlagerung von Kolonien und die Bestandsgröße stark beeinflussen. Beschuss, Lärm oder Ausspritzen der Nester durch die Feuerwehr sind von erheblicher Auswirkung. Wymeer erlosch bereits 1974. Eine kleine Kolonie in Dyksterhusen bestand nur 1980 und 1981 und wurde zerstört. Ähnlich erging es der Kolonie in Hatshausen. Die Kolonien im Stadtinneren von Weener oder Leer wurden öfter gestört oder z.T. vernichtet (P. Blaszyk). Dort, wo Kolonien fernab von bewohnten Häusern liegen und Kontrollen selten erfolgen, sind die geschützten Krähen noch stärker der Willkür des Menschen ausgesetzt.

Die bedeutende Kolonie in Weener-Buschfeld (200 Nester in 1984) existierte ab 1949 39 Jahre lang. Von 1977 an entstand eine Kolonie in Bingumgaste, die

1990 mit 320 Bp am größten war und 21 Jahre existierte. In der Stadt Leer begann die Gründung kleiner Kolonien 1981. Als 1990 die Kolonie am Großen Stein unmittelbar an der Ems entstand, wuchs der Leeraner Bestand stark. Trotz der kurzen Entfernung zum Bingumer Sand mit seinem großen Reichtum an Wiesenbrütern hat Verf. keine Nahrungssuche der Saatkrähe auf dieser Insel festgestellt, wohl aber der Rabenkrähe. Am Großen Stein und am Südrand des Entlastungspolders nistet sie in Pappeln (*Populus*), deren Geäst für die Verankerung der Nester wenig geeignet ist. Viel günstiger sind Linden, Eichen, Eschen (*Fraxinus*) oder Rosskastanien (*Aesculus hippocastanum*).

Über die Bestandsgröße in früherer Zeit hat lediglich Blaszyk (1952 a) berichtet. Außer der Kolonie in Bollinghausen existierten 1950 Kolonien in Weener-Buschfeld, Jemgum und Hatshausen mit zusammen 295 Paaren. Bis 1975 nahm der Bestand im Kreisgebiet auf fast 1/3 ab. Ab 1977 setzte eine Erholung ein. Auch wenn sich der Bestand in 30 Jahren verdreifacht hat, ist die Saatkrähe landesweit gefährdet (Heckenroth & Laske 1997). In Abb. 51 sind die über 5-7 (zeitweise bis 11) Plätze verteilten Kolonien der Städte Leer und Weener sowie im nördlichen Rheiderland (unter Jemgum) zusammengefasst. Obwohl die Zählungen am Anfang der 1970er Jahre wahrscheinlich nicht immer vollständig waren, wird deutlich, dass der Bestand des Kreisgebietes infolge Bejagung und häufiger Störungen nur zwischen 100-200 Bp lag. Bis 1991 war der Bestand auf 400-500 Bp und bis Ende der 1990er Jahre auf 800-900 Bp angewachsen. Damit stellt der Kreis Leer 1994 etwa 8 % des niedersächsischen Brutbestandes (Mädlow & Mayr 1996).

Nicht nur die gesetzliche Jagdverschonung seit 1987 (Bundesartenschutz-Verordnung), sondern auch das reichere Nahrungsangebot haben die Zunahme bedingt. So haben das Ausbringen von Gülle und Mist im Grünland und die Dränung vieler Ländereien zur Vermehrung der Bodentiere geführt und folglich das Nahrungsangebot verbessert.

Ein Mosaik aus Grün- und Ackerland mit Getreideanbau sowie die Nähe der Mülldeponie Breinermoor ist günstig für die Nahrungssuche. Während der Brut- und Aufzuchtzeit sucht die Saatkrähe überwiegend tierische Nahrung wie Regenwürmer (*Lumbricus*) und Schnakenlarven (*Tipula*), die sie im Grünland mit ihrem spitz zulaufenden Schnabel gut erstochern kann. Auf den Nahrungsflügen entfernt sie sich bis zu 2,5 km von der Brutkolonie. Vom Spätsommer bis zum Herbst bevorzugt sie abgeerntete oder umgebrochene Getreidefelder (Glutz von Blotzheim & Bauer 1993). Fraßschäden durch Rabenvögel (einschließlich der Saatkrähe) kommen in der Landwirtschaft vor (z.B. in frisch auflaufendem Getreide oder bei fehlerhafter Drillung des Getreides). Aus Mangel an Artenkenntnis werden der Saatkrähe manchmal Schäden angelastet, die von Dohlen oder Rabenkrähen verursacht werden.

276

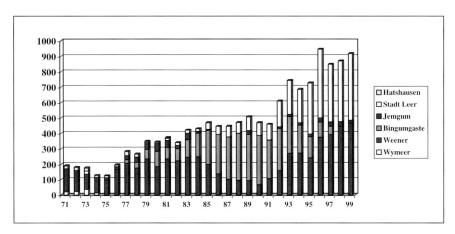

Abb. 51: Entwicklung der Saatkrähen-Kolonien (in Paaren) im LK Leer von 1971-1999.

Als Teilzieher wandern die einheimischen Vögel z.T. (wie viele ?) nach SW, während östliche Vertreter zu uns kommen. Ihre Trupps bevölkern im Winterhalbjahr die Hammriche (z.B. 400 Ind. im Stapelmoorer Hammrich am 6.12.1992, B. Hülsmann, Saxicola 1992, H. 3). Meist sind die Trupps aber viel kleiner. An den Schlafplätzen in Leer werden bis zu 150 Ind. geschätzt (H. van Göns).

Aaskrähe (Zwarte oder Bonte Kraai, *Corvus corone*)
Häufiger Brutvogel (1000-2000 Bp, ↑)

Die einzeln brütende **Rabenkrähe** (Subspecies *C. c. corone*) hat sehr von der modernen Landwirtschaft profitiert. Mist- und Gülleaustrag verschaffen ihr ein reiches Nahrungsangebot durch das so entstandene Bodenleben. So konnte sie sich in den letzten 30 Jahren vermehren, zumal die Rabenvögel seit Ende 1986 nicht mehr ohne Ausnahmegenehmigung bejagt werden dürfen. Von einem Großteil der Bevölkerung wird die Krähe oft als Räuber von Eiern oder Küken verteufelt. Viele Menschen übersehen dabei, dass eine Bejagung das Problem nicht löst. Da diese Krähe Turmfalken und Waldohreulen Nistmöglichkeiten verschafft, dürfen Krähennester auf keinen Fall durchschossen werden! J. Prins fand in den Gemeinden Langholt, Burlage und Klostermoor auf 3000 ha 1997 91 Bp und 1998 49 Bp, von denen jeweils nur 10 bzw. 12 Bp erfolgreich ihre Jungen aufzogen. Rabenkrähen fürchten sich vor dem Habicht, der Jungvögel im Nest oder eben flügge Junge erbeutet.

Borkum: Die Besiedlung ist zwischen 1946 und 1959 erfolgt. 1996: 31 Bp mit mind. 14 flüggen Jungvögeln, 1999 25 Bp (Haberer 1996, NLWK). 1954 hatte eine mit einer Nebelkrähe verpaarte Rabenkrähe gebrütet. Peitzmeier (1961) sah einen Bastard dieser beiden Unterarten.

Die Nebelkrähe (Subspecies *C. c. cornix*) war bis Mitte der 1990er Jahre ein mäßig häufiger Wintergast, der neuerdings wegen milderer Winter weiter östlich überwintert. Seitdem erscheint sie fast gar nicht mehr auf der deutschen Dollartseite (Abb. 52), wo vorher in den Wintermonaten regelmäßig 20-50 Ind. (auf niederländischer Seite gelegentlich >300 Ind., am 19.11.1978 sogar 1056 Ind.) gezählt wurden. Ihre Zahlen überwogen bei weitem die der Rabenkrähe. Auf der NL-Seite ist die Abnahme nicht so drastisch. Die Nebelkrähen suchten häufig im hellernahen Wattbereich und auf oder an den Lahnungen Nahrung. Bei geflutetem Heller gingen sie zusammen mit Rabenkrähen und Möwen auf Mäusefang. Nur bei Eis und Schnee blieb sie fast ganz aus. Am Dollart traf man sie öfter als im Binnenland an. Im Jümmiger Hammrich zählte Th. Munk am 23.01.1994 106 Ind.

Nach Leege (1905) fressen Nebelkrähen Sanddornbeeren auf den Inseln. Sie haben daher zur Ausbreitung des Sanddorns in den Graudünen der Inseln beigetragen.

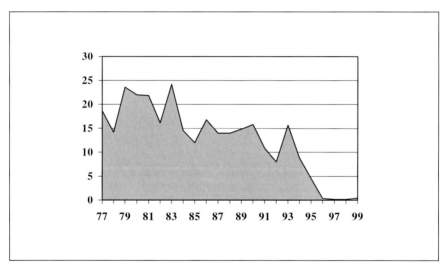

Abb. 52: Nebelkrähen am Dollart (D): Für jedes Jahr ist das Mittel pro Monat aus den Summen der Monate Oktober bis März angegeben (1977-1999).

Kolkrabe (Raaf, *Corvus corax*)
Ehemaliger Brutvogel

Wie stark der Wodansvogel verfolgt wurde, erhellt aus einer Notiz der Zeitung "Leerer Anzeigeblatt" vom 28.01.1886, wonach ein Verein für Tierschutz (!) im Rheiderland Prämien für 56 Eier verteilte. Demnach muss er recht verbreitet gewesen sein. Bielefeld (1906, 1924) berichtet, dass er auf der Geest seltener sei als der Eichelhäher und "schon ganz selten geworden" sei (1924). Wann der Kolkrabe in Ostfriesland verschwand, ist nicht bekannt.

Im Ostland Borkums "hat in früheren Jaren ein Rabenpaar im Kaap" um 1850 (?) genistet, dessen Horst zerstört worden sei. "Jetzt zeigen sich die Raben nur noch im Winter" (Droste 1869). Auch auf Rottumeroog, der niederländischen Nachbarinsel Borkums, hat er früher gebrütet (Boekema et al.1983).

Im Frühjahr 1997 soll sich ein Kolkrabe im Heseler Wald gezeigt haben (G. Dählmann mdl.). Diese nicht dokumentierte Beobachtung soll dazu anregen, verstärkt auf den sich ausbreitenden Kolkraben zu achten.

Star (Spreeuw, *Sturnus vulgaris*)
Sehr häufiger Brut- (↓) und meist Jahresvogel

Der Star gehört zu den individuenreichsten und recht anpassungsfähigen Vogelarten der Erde. Er nistet nicht nur häufig in Baumhöhlen wie im Evenburgpark (1983 etwa 50 Bp) oder Heseler Wald, sondern auch an Gebäuden unter schadhaften Dächern oder in Trümmern, die nach dem Zweiten Weltkrieg seine Vermehrung begünstigt haben. Blaszyk (1952 b) entdeckte im Logabirumer Wald freistehende Nester in dichten Fichtenkronen, die durch den Befall von Fichtenblattwespen entstanden waren. Als Grund für solches Nisten vermutete er Mangel an Höhlen. Die Nester bestanden aus kunstlosen Strohunterlagen auf den Zweigen. Die Stare hatten schon am 26.05.1948 flügge Junge.

Für Borkum beschreibt Droste (1869) ihn mit blumigen Worten als Brutvogel, wenn sie "in grössern Rotten" beim Sammeln von Junikäfern (*Phyllopertha horticula*) "in den Wiesen und Weiden umherschweifen". 1999 wurden 31 Bp ermittelt (NLWK).

Für die Nahrungssuche ist er auf Grasland angewiesen, wo er geschickt durch Zirkeln Schnakenlarven findet. Manchmal reichen ihm kleinste Rasenflächen in den Siedlungen, doch die Mehrzahl sucht die vielen Grünländereien auf, wo sich die Stare im März oder nach der Brutzeit manchmal mit Kiebitzen und im Herbst oder Winter mit Wacholderdrosseln vergesellschaften. Als Opportunist nutzt der Star auch umgepflügte Stoppelfelder. Im September 1983 suchten 200 Ind. an aufgerissenen Müllsäcken der Breinermoorer Deponie Nahrung. Auch im Dollartheller sammeln sich oft Hunderte oder (selten) Tausende.

Schon Anfang Januar lässt er seinen schwatzenden Gesang hören, der durch viele wohllautende Nachahmungen für Überraschungen sorgt. Immer häufiger überwintert er bei uns. Sogar bei Frost um -10°C und dünnen Schneedecken harren einige aus. Bei strengem Winterwetter setzten sich am 14.01.1979 7 Stare über dem vereisten und verschneiten Dollartheller nach SW ab.

Das Hin- und Hergewoge riesiger Wolken über den Schlafplätzen von März bis Ende April und wieder ab Anfang Juni nach dem Flüggewerden der Jungen beeindruckt viele Menschen.

Ringfund: Ein am 12.02.1983 in Frodsham (Großbritannien) vermutlich als Überwinterer beringter Star wurde am 19.03.1986 in Neermoor geschwächt gegriffen (Rettig 26. Ber.).

Haussperling (Huismus, *Passer domesticus*)
Früher häufiger, neuerdings vielleicht mäßig häufiger Brutvogel ↓

Als Kulturfolger mit strenger Bindung an den Menschen war er in den 1970er und 1980er Jahren weit verbreitet und regelmäßig in allen Ortschaften vertreten. In der Innenstadt von Leer war sein Schilpen in den 1990er Jahren allenfalls aus efeuberankten Hauswänden und in dichten Büschen oder Bäumen der Fußgängerzone zu hören. In Straßencafés bieten ihm manchmal heruntergefallene Kuchenkrümel Nahrung. Auf Borkum profitiert er von Samen im Pferdedung. Für Westoverledingen schätzte M. Bergmann in 1992 >500 Bp.

Doch die sorgfältige Unterhaltung der Gebäude, die Abschaffung von Hühnerställen im Siedlungsbereich, die zunehmende "Ordentlichkeit" (z.B. mangelnde Dreschabfälle, baldiges Umpflügen der Stoppelfelder nach der Ernte) und der Einsatz von Pflanzenschutzmitteln haben ihm Nist- und Nahrungsmöglichkeiten entzogen.

Droste (1869) und Peitzmeier (1961) bezeichneten ihn für Borkum als sehr gemein bzw. häufig. Auch hier hat er nach B. Hofmann (briefl.) abgenommen (1999 68 Bp, NLWK).

Außerhalb der Brutzeit streifen kleine Trupps umher. Schlafplätze werden u.a. im Schilf am Wattrand des Dollart aufgesucht (11.12.1976 15 Ind.).

Feldsperling (Ringmus, *Passer montanus*)
Spärlicher Brutvogel ↓

Als Bewohner der offenen Kulturlandschaft besiedelt er Waldränder, Wallhecken, Alleen und andere Gehölze, soweit wie sie ihm Nisthöhlen bieten (z.B. 3-4 Bp in den Alleen des Evenburgparkes), aber auch Gärten mit Nistkästen. Obwohl er eher Nistmöglichkeiten findet als der Haussperling, hat er ebenfalls in unserem Kreisgebiet wie in vielen Gegenden Deutschlands abgenommen. Wahrscheinliche Ursache ist das geringere Nahrungsangebot von Samen der Wildkräuter (Glutz von Blotzheim & Bauer 1997). Westoverledingen: 1992 >25 Bp.

Auf dem Ostland von Borkum kam er schon um 1865 als Brutvogel vor (Peitzmeier 1961). 1999 wurde nur ein Paar nachgewiesen (NLWK).

Trupps mit 40 oder gar 100 Ind. wie im September 1995 an den Pütten im Heinitzpolder sind heute bemerkenswert. Kleine Trupps (um 20 Ind.) suchen im Schilfgürtel am Dollartwatt zur Zeit der Samenreife Nahrung.

Ringfund: ad. Vogel beringt 18.10.1995 in Wetteren (Ostflandern, Belgien) verunglückt am 29.04.1996 in Rhauderfehn (Th. Munk briefl.).

Buchfink (Vink, *Fringilla coelebs*)
Häufiger, weit verbreiteter Brutvogel (>2000 Bp, ↔) und spärlicher Wintergast

Ob das Gehölz groß oder klein ist, wo auch immer einige nicht zu junge Bäume mit etwas Unterholz beisammen stehen, trifft man ihn als Brutvogel an. Siedlungsdichte: Evenburgpark 17 Bp (11,7 Bp/10 ha, eine durchschnittliche Dichte), Holle Sand 9 Bp auf 126 ha (sehr geringe Dichte, E. von Toll briefl.).

Spätestens seit den 1940er Jahren brütet er auf Borkum, z.B. in der Greunen Stee; sein Bestand schwankt stark (Peitzmeier 1961). 1999: 41 Bp (NLWK).

Einige finden sich regelmäßig an Futterhäuschen auch in strengen Wintern ein. Sie durchstreifen sogar baumlose Hammriche und suchen in kleinen Trupps an Gräben Nahrung. Manchmal sind sie mit Grünlingen vergesellschaftet. Th. Mindrup (in Rettig 100. Ber.) bemerkte einen Schwarm mit 130 Ind. am 12.12.1996 bei Rorichmoor. Noch um diese Zeit findet Wegzug statt. Gesangsbeginn um den 20. Februar, frühestens 8.02.1999.

Bergfink (Keep, *Fringilla montifringilla*)
Mäßig häufiger Durchzügler im Oktober und März und meist spärlicher Wintergast

Um die Monatswende September/Oktober ist der quäkende Ruf der Durchzügler häufig zu hören. An den Futterhäuschen stellt er sich im Winter regelmäßig ein. Schwärme wie z.B. 80 Ind. bei Loga am 1.01.1996, 135 Ind. am 24.11.1996 im Jümmiger Hammrich oder am 21.12.1996 80 Ind. zusammen mit 10 Feldsperlingen beim Holtgaster See sind außergewöhnlich.

Borkum: Ein ♂ dieses nordischen Finken fütterte im Juli 1971 einen Jungvogel. Bis zu 6 Ind. erschienen an einem Geflügelhof (Schoennagel 1972).

Girlitz (Europese Kanarie, *Serinus serinus*)
Unregelmäßiger Brut- (↔) und seltener Sommergast

Ostfriesland liegt außerhalb des Brutverbreitungsgebietes des ursprünglich auf S-Europa beschränkten Girlitzes. Im mehr kontinental beeinflussten Bereich Niedersachsens ist er regelmäßig als Brutvogel in den Städten anzutreffen. Bisher liegen aus dem Kreisgebiet hauptsächlich Nachweise umherstreifender Männchen vor, die kurzfristig oder einige Tage lang in Gärten der Randbezirke der Stadt Leer gesungen haben. Nach P. Blaszyk sang ein ♂ am 23.07.1960 in der Baumschule von Hesse in Weener. In den 16 Jahren von 1966-1981 wurde Gesang in 12 Jahren registriert, jeweils zwischen dem 28.03.(1994) und 13.07.(1976). Möglicherweise hat ein Paar im Osten der Stadt gebrütet, das sich mind. vom 11.05.-4.06. 1980 aufgehalten hat. Im Zeitraum 1982-1994 war sein Gesang in der Stadt Leer nur in den Jahren 1987, 1991 und 1994 zu hören (H.-J. van Loh u. Verf.). SO Folmhusen hörte M. Bergmann 1992 ein Ind.

Die einzige Brut auf Borkum hat B. Hofmann (briefl.) in 1974 nachgewiesen.

Den seltenen Wintergesang hörte Verf. am 2.12.1967 in Loga.

In küstenferneren Gebieten 50 km weiter südlich, z.B. in Sögel (Hümmling), kommt die Art wahrscheinlich regelmäßig als Brutvogel vor (vgl. Kumerloeve 1974). Weiter küstenwärts, z.B. im Emder Raum, erscheint der Girlitz nach Rettig noch weniger als in Leer (Rettig 27., 39. u. 56. Ber.).

Über die Anfänge der Besiedlung ist nichts bekannt. Für den Bremer Raum geben Seitz & Dallmann (1992) das Jahr 1921 an. Wegen der vergleichbaren geographischen Breite könnten die ersten Girlitze um die gleiche Zeit bis in die Gegend von Leer vorgedrungen sein. In der benachbarten Provinz Groningen gilt der Girlitz als gelegentlicher und sehr seltener Brutvogel (Boekema et al. 1983).

Grünling (Groenling, *Carduelis chloris*)
Häufiger Brutvogel (1000 Bp, ↔) und Wintergast

Verbreitet als Brutvogel vor allem auf den Friedhöfen, in größeren Gärten und Parks. Westoverledingen 1992 (M. Bergmann): >100 Bp.

Nach Borkum ist er spätestens 1948 eingewandert, wo Peitzmeier (1961) ihn als regelmäßigen Brutvogel fand. Für den Zeitraum 1980-1985 schätzt Hofmann (1986) 5-10 Bp mit abnehmender Tendenz. 1999 wurde kein Bp nachgewiesen (NLWK). Gesangsbeginn ab Mitte Januar oder bis 20. Februar je nach Witterung.

Im Winterhalbjahr durchsuchten Schwärme von 200-300 Ind. das Treibsel der Flutsäume nach Sämereien. Am Dollart fielen bis etwa 1985 gelegentlich Trupps (am 18.11.1974 60 Ind., 18.12.1983 300 Ind.) in die Bestände der Strandsimse ein, um Samen aus den Fruchtständen zu klauben. Seit dem weitgehenden Verschwinden der Simse blieben solche Schwärme aus. Auf dem Rysumer Nacken, wo Wildkräuter zahlreich wachsen, bestand ein Schwarm aus 1200 Ind. (10.12.1967, Verf.). Am 18.10.1986 entdeckte H.-J. van Loh einen Schlafplatz von 50-60 Ind. in einem dichten Bestand der Hemlocktanne (*Tsuga canadensis*) im Julianenpark in Leer.

Stieglitz (Putter, *Carduelis carduelis*)
Spärlicher Brut- (150 Bp, ↓) und mäßig häufiger Wintergast

Er ist in jedem Messtischblatt-Quadranten vertreten, wenn auch bei weitem nicht so häufig wie der Grünling. Der Stieglitz kommt sowohl in den Bauerngärten der Marsch und Geest wie auch in dicht gewachsenen Bäumen der Innenstadt von Leer vor (z.B. im Kugelahorn *Acer spec.*). M. Bergmann schätzte den Bestand in Westoverledingen für 1992 auf >25 Bp und H.-J. van Loh denjenigen der Stadt Leer für 1993 auf etwa 30 Bp. Diese Dichte ist vergleichbar derjenigen, die Rettig (50., 149. Ber.) mit 65 Bp in 1991 für den Bereich der größeren Stadt Emden von der Knock bis Petkumer Münte angibt.

Auf Borkum ist er unregelmäßiger Brutvogel (1946, 1947 und ab 1980, Peitzmeier 1961, Hofmann 1986).

Gelegentlich bildet er größere Schwärme im Winterhalbjahr von >100 Ind.: z.B. 250 Ind. am 16.10.1993 im Borssumer Hammrich (Rettig 68. Ber.), 265 Ind. am 10.11. 1996 oder >100 Ind. am 18.10.1998 im Dollard-Kwelder (H. de Boer). Der große Nahrungsreichtum der niederländischen Seite lockt sie an. Meist durch-streifen Trupps von 10-25 Ind. in milden Wintern die Landschaft auf der Suche nach Distel-, Erlen- oder Beifußsamen (*Carduus crispus, Alnus et Artemisia vulgaris*). An einem Schlafplatz O Tergast fielen im Februar 1994 bis 100 Ind. ein (Rettig 70. Ber.).

Erlenzeisig (Sijs, *Carduelis spinus*)
Spärlicher oder mäßig häufiger Wintergast

Brutnachweise aus dem Kreisgebiet liegen nicht vor. Im März singen gelegentlich ♂, die sich vermutlich auf dem Heimzug befinden, in den Hausgärten. Bei folgenden Beobachtungen handelt es sich möglicherweise um umherstreifende Vögel, denn schon ab Juli kommen Einflüge vor: 3 Ind. 25.07. bis 22.08.1981 in Loga und 3-4 Familien zwischen Brinkum und Veenhusen am 23.08.1992 (Rettig 59. Ber.). Rettig (47. Ber.) meldet eine Brut für 1989 in Lütetsburg östlich von Norden.

Im Winterhalbjahr durchstreifen Trupps von 10-60 Ind. die Erlenbruchgehölze. Bei Bollinghausen hielt sich am 1.03.1983 ein Schwarm aus 350 Ind. auf; in Warsingsfehn zwei Trupps mit zusammen 460 Ind. am 6.02.1997 (H. Janssen u. Th. Mindrup in Rettig 14. bzw. 103. Ber.).

Bluthänfling (Kneu, *Carduelis cannabina*)
Spärlicher oder mäßig häufiger, in allen Messtischblatt-Quadranten vertretener Brutvogel ↓

Er bevorzugt offene Landschaften mit gut entwickelter Strauchvegetation, z.B. mit Brombeergebüsch oder Weidendickichten, wie sie in stark genutzten Gebieten nicht

mehr vorkommen. So findet er Bruthabitate an Bahndämmen, der Sukzession über-
lassenen Spülflächen wie bei Soltborg, am Rande der Breinermoorer Mülldeponie
oder sogar außendeichs an der Ems bei Nüttermoorersiel, in verbuschten Hochmoo-
ren (Lengener Meer, Neudorfer Moor, Klostermoor), Militärgebieten (Neudorf und
Burlage) oder an vielen Stellen auf der Geest, manchmal auch in wenig gepflegten
Gärten und Friedhöfen. Entlang dem Bahndamm Ihrhove-Weener registrierte K.-D.
Moormann (briefl.) 1995 12 Bp in zwei strauchreichen Bahnabschnitten an der
Westergaste und nahe der Ems. Aus den Gärten im Kanalpolder fliegt er zur
Nahrungssuche zum Dollartdeich. Im Wymeerster Hochmoor fand Verf. am 16.05.
1976 ein Nest mit 5 Eiern in einem 20 cm hohen Heidebüschlein (*Calluna vulgaris*).

Auf Borkum war der Hänfling früher ein "gemeiner" bzw. "häufiger" Brutvogel
(Droste 1869, Peitzmeier 1961). Er nistete bevorzugt im Sanddorn. Hofmann
(1986 u. briefl.) gibt für Borkum (1980-1985) 25-35 Bp an. Der Bestand hat sich
trotz der häufigen Elster nicht geändert, denn 1999 zählte man 33 Bp (NLWK).
B. Petersen (briefl.) schätzte für 2000 jedoch 40-70 Reviere (zum Vergleich mit
Ameland: 260-300 Reviere 1986-1988, Versluys et al. 1997).

Wie andere samenfressende Kleinvögel durchstreift er in Trupps von 20-50 Ind.
nach der Brutzeit die Grünländereien, meidet dabei aber die Wattnähe.

Berghänfling (Frater, *Carduelis flavirostris*)
Häufiger Wintergast aus Skandinavien

Der Berghänfling überwintert von Anfang oder Mitte Oktober bis Mitte April. Die
größten Schwärme von mehreren hundert Ind. kommen in den Salzwiesen der
Inselküste vor. Hier lebt dieser Hänfling häufig von den Samen seiner Hauptnah-
rungspflanze, dem Queller. Am Dollart, wo der Queller mit abnehmendem Salzgehalt vor allem im Südosten spärlicher wächst oder fehlt, sind die Bestände viel
kleiner als an der marinen Küste.

Nur ein Bruchteil der Berghänflinge sucht die Ostseite des Dollart auf. Während hier von November bis Januar Trupps von etwa 50 Ind. vorkommen (Maximum 265 Ind. am 14.11.1993), steigen die Zahlen auf der niederländischen Seite
mit größerem Queller- und Strandasteranteil auf das Fünf- bis Zehnfache an
(Höchstzahlen: 1380 Ind. am 8.11.1987 und 1446 Ind. am 14.12.1997).

Im ersten Zeitabschnitt kamen öfter strenge Winter vor. Dann verließen die Berg-
hänflinge den Dollart (Abb. 53, s. Minimum im Januar). Im Februar stiegen die
Zahlen wieder an. Im März nehmen die Bestände stark ab; die Art wird selten im
April angetroffen. Im zweiten Zeitabschnitt sinken die Zahlen nach dem Maxi-
mum im November allmählich bis März/April ab. Die höheren Zahlen im zweiten
Zeitabschnitt hängen möglicherweise auch mit einer größeren Ausdehnung der
Quellerbestände zusammen.

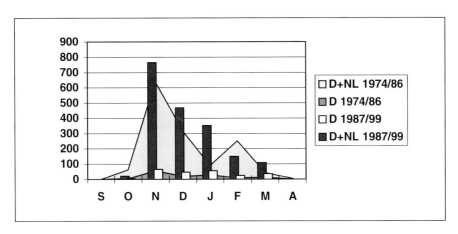

Abb. 53: Monatsmittel des Berghänflings (Ind.) am Dollart von September bis April in zwei Zeitabschnitten (Flächen: 1974-1986, n = 12.399; Säulen: 1987-1999, n = 24.208).

Von 1952 bis 1970 leitete Bub (1973) ein umfangreiches Planberingungs-Programm an 160 Stellen in NW-Mitteleuropa und benachbarten Ländern. Eine Fangstelle befand sich in den Winterhalbjahren 1962/63 und 1963/64 bei Bingum, wo jeweils von Ende Oktober bis Anfang April im ganzen 268 Ind. gefangen und beringt wurden. Die 21 Wiederfänge (7,8 %) zeigten, dass die Vögel im selben Winter nicht nur im nördlichen Weser-Ems-Gebiet weit umherstreiften (davon 7 Ind. bei Wihelmshaven wiedergefangen, in einem Fall schon nach einem Tag), sondern viel größere Entfernungen zurücklegten. Ein am 23.10.1963 bei Bingum beringtes ♂ wurde 13 Tage später bei Den Haag (NL, 243 km WSW), ein am 14.11.1963 gefangenes ♀ wurde nach 16 Tagen bei Zeebrügge (Hafen von Brügge, Belgien, 356 km SW) wiedergefangen. Ein ♀ vom 21.02.1964 befand sich am 7.04.1964 in Pelzerhaken (bei Neustadt, Holstein, 243 km ONO) vielleicht auf dem Heimzug. Diese Beispiele können nur einen kleinen Eindruck der ungeheuren Dynamik der Wanderungen überwinternder Berghänflinge geben.

Von Januar an, wenn die Nahrungsquelle des Quellers versiegt, verteilt er sich stärker im Binnenland, wie unsere Beobachtungen gezeigt haben. Bis in den März hinein finden sich meist kleine Trupps von etwa 20 Ind. (bis 90 Ind. am 28.12. 1981 bei Tunxdorf oder 150 Ind. im Charlottenpolder am 15.12.1992) vornehmlich an den Gräben der Grünländereien, wo die Nahrungssuche am ergiebigsten ist. In den 1990er Jahren haben diese Flüge ins Binnenland nachgelassen.

Birkenzeisig (Barmsijs, *Carduelis flammea*)
Seltener Brutvogel (↓?) und mäßig häufiger Wintergast

Ab 1900 schaffte die britische Rasse *C. f. cabaret* den Sprung über den Ärmel-kanal (Glutz von Blotzheim & Bauer 1997). Auf Borkum wurde die erste Brut 1948 nachgewiesen (Ringleben 1959). 1963 und 1968 wurde er hier wieder mit Gesang und Revierverhalten beobachtet (Peitzmeier 1970). Für 1974 und 1980-1985 schätzten Schoennagel (1974) und Hofmann (1986) den Inselbestand auf 10-15 Bp. 1992 bestätigte Hofmann (briefl.) die Brut eines Paares. Wie groß der Bestand 1999 war, blieb unbekannt, da er nicht erfasst oder erkannt wurde. B. Petersen (briefl.) wies im Juni und Juli 2000 mind. 3 singende ♂ über der Greunen Stee und weiter O über den Woldedünen nach.

Von den Ostfriesischen Inseln aus drang die Art auf das Festland vor. Nachdem in Emden schon 1982 Brutverdacht bestand und 1985 ein sicherer Brutnachweis erbracht worden war (Rettig 59. Ber.), ist das küstenfernere Leer spätestens 1988 erreicht worden. In diesem Jahr balzten zwei Paare in Loga vom 14.04. an. Am 31.05. beobachtete Verf. erstmals zwei Jungvögel. 1992 kamen wenigstens 7 Bp an verschiedenen Stellen der Stadt Leer vor (Brutnachweise mit flüggen Jungvögeln). Auch in Weener wurde sein Gesang vernommen. 1994 sangen ♂ ebenfalls an 7 Stellen in Leer. Der Gesamtbestand in Leer dürfte bei vorsichtiger Schätzung doppelt so hoch gewesen sein (Glutz von Blotzheim & Bauer 1997). Schon 1996 nahm er wieder ab (Nachweise von 4 Stellen, 1997 von 2 Stellen) und 1998 ist der Birkenzeisig in der Stadt Leer nur an einer Stelle nachgewiesen worden. Am 5.07.2000 sang ein ♂ in Loga (B. Petersen briefl.). Gesang ab Ende Februar.

Im Winter 1986/87 trat die Art invasionsartig gehäuft vom 2.11. an auf: am Osseweg in Leer 200 Ind. am 5.11., im Julianenpark 200 Ind. am 13.11.1986. 19 Ind. fraßen am Wattrand des Dollart Strandastersamen am 16.11.1986 und 30 Ind. suchten hier Schilfsamen am 25.01.1987. Auch mit Schilf bewachsene Gräben der Hammriche durchstreiften sie (H. van Göns, H.-J. van Loh). Birken stellten die Hauptnahrung. Ein Schwarm von 55 Ind. nahm am 6.01.1987 so eifrig Samen in einer Birke an der Mozartstraße in Leer auf, dass Samen regelrecht herabregneten. Ein Teil der Vögel nahm die Nahrung dann vom Boden auf.

Polarbirkenzeisig (Witstuitbarmsijs, *Carduelis hornemanni*)
Sehr seltener Invasionsvogel (Irruption)

Borkum: nach Schoennagel (1977, vgl. Glutz von Blotzheim & Bauer 1997) je 2 Ind. am 2.03.1972 und 5.12.1975. Die Beobachtungen sind von der Bundesdeutschen Seltenheiten-Kommission nicht geprüft worden.

Fichtenkreuzschnabel (Kruisbeek, *Loxia curvirostra*)
Seltener, unregelmäßiger Brutvogel und spärlicher Gast

Er ist auf das Herausklauben reifer Samen in Fichtenzapfen spezialisiert. Bei Nahrungsmangel in Skandinavien weichen die Vögel nach Süden aus. 1983/1984 war solch eine Invasionszeit (Glutz von Blotzheim & Bauer 1997). 1984, als viele Bp in den Niederlanden auftauchten, sah Verf. im März 4 Trupps mit je 5-10 Ind. im Heseler Wald, wo sie vielleicht gebrütet haben (am 2.07.1985 16 Ind. an Kiefernzapfen, A. Keßler in Rettig 21. Ber.). Von Herbst 1985 bis Februar 1986 durchstreiften kleine Trupps die Gärten der Siedlungen wie z.B. in Loga. Auch 1989-1991, 1993 (seit Juni stärkerer Einflug, Keßler in Rettig 66. Ber.), 1994 und 1997 wurde er in kleinen Trupps bemerkt, so 55 Ind. am 9.01.1994 im Heseler Wald (Rettig 70. Ber.).

Zu ungewöhnlicher Jahreszeit wies Peitzmeier (1961) am 7.07.1959 auf Borkum in der Greunen Stee ein ♀ mit zwei Jungen nach. Dies einzelne Brutereignis hing "offenbar mit der Invasion des Jahres 1958 zusammen" (Peitzmeier 1961). F. Goethe (briefl.) sah zahlreiche Vögel am 13.09.1963 auf Borkum, die "wie Perlen an der Schnur auf einem Antennendraht" saßen.

Karmingimpel (Roodmus, *Carpodacus erythrinus*)
Seltener, unregelmäßiger Gast

Die von S-Skandinavien bis O-Sibirien verbreitete Art hat einen sehr langen Zugweg bis zum Überwinterungsgebiet von Indien bis Thailand. In den letzten Jahrzehnten ist der Karmingimpel vor allem entlang der Küste nach W bis in die Niederlande vorgedrungen. Erstmals wurden im Juni 1968 zwei singende ♂ auf Borkum festgestellt (Peitzmeier 1970, Glutz von Blotzheim & Bauer 1997). Ob Brut stattfand, ist nicht bekannt. Später wurden regelmäßig Sänger gehört, so mind. bis 1995 (P. Südbeck briefl.). Aus dem Jahr 2000 gibt es keinen Nachweis von Borkum. Am 26.05.1987 sang ein nicht ausgefärbtes ♂ im Neudorfer Moor (A. Keßler briefl. u. in Rettig 40. Ber.). Brutnachweise fehlen bisher. Neuerdings nimmt die Zahl der Nachweise im Weser-Ems-Gebiet nach Keßler (mdl.) ab.

Gimpel (Goudvink, *Pyrrhula pyrrhula*)
Spärlicher Brutvogel ↔

In allen Wäldern mit Nadelholzbeständen sowie in Fichtenbeständen auf Hochmoor (z.B. am Brunseler Meer) oder einigen Parks kommen meist wenige Bp vor. Unregelmäßig nistet er auch in Gärten. Im Winter durchstreifen kleine Trupps die Gärten.

Auf Borkum sah B. Hofmann (briefl.) 1995 5-6 Ind. beim Fressen von Sanddornbeeren.

Kernbeißer (Appelvink, *Coccothraustes coccothraustes*)
Seltener Brutvogel (10 -20 Bp, ↔)

Regelmäßiger Brutvogel mit etwa fünf Paaren im Stadtbereich von Leer seit 1965: Kleine Allee in Loga (2 Bp), Bergmannstraße, hier auch schon 1960 singend nachgewiesen, Goethestraße und alljährlich im Ostteil des Julianenparks (H. Reepmeyer, Verf. u. H.-J. van Loh). Er ist außerdem nachgewiesen im Logabirumer Wald (1978, 1979, 1980 und 1987, A. Haken) und im Heseler Wald (1981, Verf.). F. Klimmek teilte Stoll mit (Tagebuch), dass er am 11.04.1948 8 Ind. im Evenburgpark sah, wo die Art später nicht nachgewiesen wurde. Wie der Name sagt, frisst er gern ab Juni Kirschkerne (die Samen der Süß-, Sauer- und Vogelkirsche, *Prunus cerasus et P. avium*) und im Winter und Vorfrühling Samen der Hainbuche (*Carpinus betulus*, Glutz von Blotzheim & Bauer 1997).
　　Gesang ab Ende Januar, 1993 erst am 22. März. Flügge Junge vom 10. Mai an (1994).

Spornammer (Ijsgors, *Calcarius lapponicus*)
Durchzügler und Wintergast aus der Tundra

Am Dollart wird sie fast alljährlich, wenn auch meist selten von Mitte Oktober bis Mitte April registriert. Die meisten Vögel werden auf dem Zug im November vor allem auf der niederländischen Seite beobachtet (1974-1993 insgesamt 59 Ind., davon nur acht auf deutscher Seite). Für die folgenden Monate lauten die Summen der Ind.: Dezember 43, Januar 17, davon allein 13 im Trupp am 10.01.1993 auf dem im Bau befindlichen Kanalpolderdeich, wo zur Befestigung des Sandkerns Roggen (*Secale cereale*) gesät war (H.-J. van Loh), Februar 20 und April 4 (zwei Paare am 15.04.1984 auf Punt van Reide). In den meisten Fällen handelt es sich am Dollart um 1-3 Ind.
　　Am 10.12.1967 erlebten wir ein krasses Beispiel der Pseudozahmheit. Ein ♂ im Schlichtkleid ließ sich an der Ems beim Hatzumer Sand aus kürzester Entfernung beobachten. Zeitweise hüpfte es auf der Deichkrone unmittelbar um unsere Füße herum. Manchmal betrachtete es uns von Grasbüscheln aus, rannte im nächsten Moment geduckt in Dellen, um dann an Grashalmen zu knabbern.

Schneeammer (Sneeuwgors, *Plectrophenax nivalis*)
Regelmäßiger, oft häufiger Wintergast

Große Schwärme kommen nur an der äußeren Küste vor, wie z.B. 500 Ind. am 12.02.1967 an der Knock westlich von Emden (Verf.). An der gegenüberliegenden NW-Ecke des Dollart auf Punt van Reide (NL) wurden am 17.11.1974 400 Ind. gezählt. Im allgemeinen liegen die Zahlen auf der niederländischen Seite erheblich niedriger (5-70 Ind.). Die deutsche Ostseite wird noch weniger aufgesucht. Hier sind Trupps von 25-30 Ind. außergewöhnlich (21. u. 29.12.1974 bei Pogum). An manchen Zähltagen werden keine Vögel festgestellt, an anderen nur wenige. Da sie ständig umherstreifen, hängt die Feststellung der Anwesenheit vom Zufall ab. Am ehesten trifft man sie auf der äußeren Deichberme im Teeksaum an. Von 1974-1992 sind am Dollart 1806 Vögel bei monatlichen Zählungen registriert worden, davon nur 20,1 % auf deutscher Seite (Flächenanteil etwa 30 %). Die prozentuale Verteilung auf die Monate in diesem Zeitraum zeigt Abb. 54. Dreiviertel aller Vögel kommen also in den Monaten November und Dezember vor. An der Ems erscheinen sie sehr sporadisch, z.B. 18 Ind. im Treibselsaum bei Midlum am 25.01.1998.

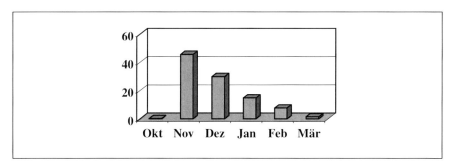

Abb. 54: Prozentuale Verteilung der Schneeammer von Oktober bis März am Dollart (NL+D, 1974-1992)

Ins Binnenland wandert sie noch seltener: Deich bei Vellage am 10.12.1969 7 Ind. und am Schöpfwerk Weener 4 Tage später 11 Ind. (H. Reepmeyer). Im strengen Winter 1986/87 verteilten sich die Vögel stärker im Binnenland. So wurden in der Poldermarsch am 23.12.1986 bis zu 48 Ind. und in der Nähe von Leer 17 Ind. am 28.01.1987 beobachtet (A. Haken). Am 10.01.1987 sah Verf. am Puddemeer 15 Ind. über verschneitem Boden umherfliegen.

Borkum: allwinterlich meist in Trupps von etwa 20 Ind., gelegentlich mehr im Spülsaum am Strand, wie z.B. 105 Ind. am 19.01.2000 am SW-Strand (Hofmann briefl. u. Verf.). Wie auf fast allen Ostfriesischen Inseln und der marinen Küste kommt sie viel häufiger und stetiger als am Dollart vor (Dierschke 1997).

Goldammer (Geelgors, *Emberiza citrinella*)
Mäßig häufiger Brutvogel (200-300 Bp, ↓) und Wintergast

Sie ist ein Charaktervogel der Geest und der ehemaligen Hochmoore und hier in allen Messtischblatt-Quadranten vertreten, soweit in diesen Landschaften Wallhecken oder Gebüschstreifen entlang den Wegrändern vorkommen. Bielefeld (1906) fand sie häufig auf der Geest. Folgende Teilzählungen liegen vor: An den Wallhecken zwischen Hesel und Stiekelkamp 1981 6 ♂, im Bereich Brinkum-Nortmoor 1994 5 singende ♂, im südlichen Randbereich von Oldehave 1981 6 ♂, im Bereich Logabirum/Königsmoor NO Leer mind. 6 Bp, in einem ausgetrockneten, stark verbuschten Hochmoor bei Wymeer am 12.07.1985 10 Paare auf 25 ha, im Neudorfer Moor 1988 11 Bp, am W-Rand des Stapeler Moores auf 3 km Wegstrecke 6 singende ♂ am 5.06.2000. Am Südrand des Heseler Waldes kamen am 10.07.1985 auf etwa 45 ha 8 singende ♂ vor. In den letzten 10 Jahren hat die Goldammer abgenommen, doch liegen darüber keine genauen Bestandserfassungen vor. Gesang ab 20. Februar, meist erst im März.

Auf Borkum erstmals 1948 ein singendes ♂. 1956 wies Peitzmeier (1961) 2 Bp nach. Bis 1959 hatte sich die Goldammer auf 10 Bp vermehrt, vor allem in der Greunen Stee. Jedoch brütete sie später unregelmäßig und wurde in den 1990er Jahren seltener Gast (1985 wahrscheinlich ein Paar, Hofmann 1986 u. briefl.). 1999 wurde sie nicht nachgewiesen (NLWK).

In die Marsch dringt die Art wahrscheinlich nur als Wintergast vor. Schwärme von >50 Ind. sind seit 1970 äußerst selten. Bei Wymeer am 12.01.1986 45 Ind., SW Ihrhove am 29.01.1987 80 Ind., am 28.11.1993 20 Ind. im Landschaftspolder an einem Lagerplatz für Zuckerrüben, bei Dauerfrost und geschlossener Schneedecke im Februar 1996 22 Ind. an einem Hühnerstall in Rhauderfehn und am 29.11. 1996 60 Ind. bei Heisfelde (Th. Munk briefl., H. Janssen in Rettig 100. Ber.).

Ortolan (Ortolaan, (*Emberiza hortulana*) *
Ehemaliger Brutvogel †

Diese wärmeliebende Ammer bevorzugt Gebiete mit kontinentalem Klima. Daher war sie vermutlich nie häufig im Kreisgebiet. Im stark ozeanisch beeinflussten Ostfriesland findet sie keinen günstigen Bereich.

Nach P. Blaszyk (briefl.) ist die kleine Population wahrscheinlich Mitte der 1950er Jahre im Landkreis Leer verschwunden. Auf der Geest zwischen Logabirum und Holtland wurden 1934 und 1935 5-6 Bp nachgewiesen (Bruns 1951). Im Mai 1947 war der Ortolan relativ häufig (?) im Raum Logabirum-Brinkum-Holtland vertreten; am 7.05.1948 zwischen Logabirum und Holtland an mehreren Stellen singend. Am 20.05.1948 sangen wenigstens 2 ♂ zwischen Filsum und Hesel. Die vielleicht letzten Ortolane hörten B. Petersen u. H. Reepmeyer (briefl.) am 3.06. 1955 bei Holtland bzw. 4.06.1955 bei Brinkum. Als Habitat gibt P. Blaszyk eine Ackerlandschaft mit wenig befahrenen Straßen oder kleine Gruppen älterer Eichen meist auf Wällen an.

Auf dem Durchzug wird er wohl meist übersehen. Am Dollard zog bei Kamp ein Ortolan am 5.05.1990 durch (E. Wolters). Leege (1905) und Harrison (1954) trafen gelegentlich kleine Trupps im April und Mai auf Borkum an.

Rohrammer (Rietgors, *Emberiza schoeniclus*)
Häufiger Brutvogel (1000 Bp, ↓) und Jahresvogel

Charaktervogel der Schilfbestände, naturnaher Gräben der Marsch, der Weidendickichte auf Spülfeldern und in wiedervernässten Hochmooren, aber auch in bentgrasreichen Hochmooren. Am Dollart stellte C. Panzke (briefl.) auf 9,5 km Uferstrecke 1985 35 und 1990 23 Bp fest. Th. Lobinger (briefl.) ermittelte 1993 44, und Vertreter des NLWK 1999 sogar 102 Paare, eine vielleicht überhöhte Zahl. Im zu 15 % verschilften Emsvorland wurden zwischen Petkum und Leer 1997 mind. 122 und 1998 180 Bp erfasst (Gerdes et al. 1998, M. Reuter mdl.). Im Stapelmoorer Hammrich kartierte Verf. 1987 30 Bp und im verschilften Gastmer Meer O Tergast 1995 mind. 19 Bp. Im Binnenland gibt es Anzeichen für eine Abnahme der Art.

Borkum: Hofmann schätzte (1986) 8-10 Bp, 1999 zählte man 64 Bp (NLWK).

Im gesamten Winterhalbjahr kommt sie am Dollart vor, wo sie bei den Wasservogelzählungen nicht quantitativ erfasst werden kann. Am 13.11.1977 wurden als Höchstzahl 85 Ind. ermittelt. In den 1990er Jahren wurden nur noch wenige registriert.

Grauammer (Grauwe Gors, *Miliaria calandra*)
Ehemaliger Brutvogel (†) und sehr seltener Gast

Diese Ammer war mit ihrem weittragenden Gesang von Anfang März bis in den Oktober hinein ein Charaktervogel insbesondere der Ackermarsch in den dollartnahen Poldern. Bielefeld (1906) traf sie nicht auf der Geest an, dagegen öfter auf Pfählen und Telegraphenleitungen in der Marsch. Leege (1930) meint, sie wohne "unweit der Straße" im Rheiderland; Menken (1932) gibt sie auch für die Geest an. H. Reepmeyer (briefl.) hörte ein ♂ am 1.05.1954 in der Flussmarsch bei Hilkenborg gegenüber Weener. Entlang der Straße Leer-Weener sangen im Mai 1955 4 ♂, NO von Tergast bei Imkehörn ein ♂ am 4.06.1968 (B. Petersen briefl.). Am 9.05.1957 hörte P. Blaszyk ein ♂ am Lengener Meer. Nahe dem Schöpfwerk Wymeer sang ein ♂ am 12.05.1974. Sonst liegen nur über den seedeichnahen Kanalpolder Bestandserhebungen vor. So verhörte Verf. hier am 23.04.1975 mind. 6 singende ♂ auf etwa 200 ha, selten auch im Heller. Im weiteren Umkreis der Dollartpolder dürfte die Zahl erheblich höher gelegen haben. 1977 und 1978 (noch ein ♂!) kam es zum plötzlichen Zusammenbruch der Population. Ab 1979 bis 1986 wurde die Art nicht mehr als Brutvogel, sondern nur noch vereinzelt auf niederländischer Seite im Winterhalbjahr festgestellt, zuletzt 4 Ind. am 14.12. 1986 (E. Koopman).

Das Verschwinden der Art hängt mit der Intensivierung der Landwirtschaft zusammen. Das weitgehende Fehlen von Brachen, Wildkrautsamen im Herbst und rascher Umbruch der Stoppelfelder haben der Grauammer die Lebensgrundlage entzogen. Abzuwarten bleibt, ob im Zuge neuerer Extensivierungen eine Wiederbesiedlung erfolgt. Nach Th. Lobinger (mdl.) hat im Frühjahr 1993 wieder ein ♂ im Kanalpolder kurzfristig gesungen.

Größere Trupps im Winterhalbjahr (Februar) gehören der Geschichte an. Am 16.02.1973 sah Verf. 60 Ind. bei Marienchor im Rheiderland auf der Suche nach einem Schlafplatz. Am 18.01.1976 wurden 69 Ind. im Reiderwolderpolder (NL) nahe der Staatsgrenze und am 17.02.1980 noch 8 Ind. gezählt (H. de Boer, C. ten Cate u. E.V. Koopman). Bei Diele fand Hammerschmidt (1965) am 7.07.1962 14 Ind.

3 Gesamtschau

Es werden 306 Vogelarten des Kreisgebietes und seiner Nähe behandelt. Von diesen sind 167 Brutvogelarten (mit Ausnahme von Rauhfußbussard und Bergfink) nachgewiesen worden. 15 Arten sind zumeist im 20. Jh. durch menschliche Eingriffe verschwunden (Tab. 21). Gegen Ende des 20. Jh. gelten 138 Arten (ohne Löffler und Goldregenpfeifer) als sichere und regelmäßige Brutvögel. Folgende acht gefährdete Arten sind mit so wenigen Paaren vertreten, dass ihr Überleben wenig wahrscheinlich ist oder unsicher erscheint (in Klammern der Gefährdungsgrad der Roten Liste Niedersachsens, vgl. Heckenroth & Laske 1997). Es bedeuten: 1 vom Aussterben (besser vom Verschwinden) bedroht, 2 stark gefährdet und 3 gefährdet. Weißstorch (1), Wespenbussard (3), Wiesenweihe (1), vielleicht Rebhuhn (3), Seeregenpfeifer (1), Steinkauz (1), Rohrschwirl (2) und Raubwürger (2). Wie aus den Artmonographien hervorgeht, verdienen zahlreiche weitere Arten Schutzmaßnahmen, insbesondere die Wiesenbrüter: Knäkente (2), Kiebitz (3), Bekassine (2), Uferschnepfe (2) und Sumpfohreule (2). Von diesen Arten haben Kiebitz, Uferschnepfe auf dem Festland und die Sumpfohreule auf Borkum überregionale Bedeutung. Auch für den Schutz der Kornweihe und Zwergseeschwalbe auf Borkum hat der Landkreis besondere Verpflichtungen.

Folgende Arten weisen landesweit gesehen überdurchschnittlich große Bestände auf: Graureiher (noch nicht gefährdet, aber bedenklich abnehmend), Blaukehlchen (2), Bartmeise (3) und Saatkrähe (1991 noch gefährdet). Auch ihnen gegenüber hat der Landkreis eine große Verantwortung.

Den zahlreichen gefährdeten Arten stehen 18 neue Arten (seit 1948) gegenüber, die aber z.T. selten sind (Zwergtaucher, Löffler und Schnatterente), unregelmäßig brüten (Wacholderdrossel) oder schon wieder vor dem Verschwinden stehen wie der Rothalstaucher (Tab. 22). Auch das Habitat des Schwarzhalstauchers bedarf besonderen Schutzes. Die Einbürgerungen der exotischen Kanadagans (aus der Wasservogelhaltung entwichene Ind.) und Nilgans (ebenfalls ehemaliger Gefangenschaftsflüchtling) sind vermutlich unabsichtlich geschehen.

Überragende, ja internationale Bedeutung (1 % der NW-europäischen Winterpopulation) besitzt der Landkreis für mehrere Gastvogelarten (in Klammern der maximale Prozentwert). Dazu gehören in erster Linie die Entenvögel des Rheiderlandes und seiner Umgebung: Blässgans (10 %), Graugans (4 %), Weißwangengans (>20 %) und gelegentlich die Pfeifente an der Ems (1-2 %). Die Saatgans hat sich ins angrenzende Emsland zurückgezogen, wo international bedeutende Bestände vorkommen. Dies gilt auch für den Zwergschwan. Das Überleben der seltenen Zwerggans ist durch widerrechtliche Bejagung gefährdet.

Der Dollart hat trotz der Abnahme einiger Arten seine internationale Bedeutung für den Säbelschnäbler, Kiebitzregenpfeifer, Alpenstrandläufer, die Pfuhlschnepfe, den Dunklen Wasserläufer und Rotschenkel behalten.

Art	Letztes Jahr	Ort	Beobachter
Rohrdommel	1981	Borkum	B. Hofmann
Birkhuhn	1984	Lengener Meer	A. Keßler
Kranich	1900	Lengener Meer	R. Bielefeld
Goldregenpfeifer	1948	Lengener Meer	H. Bruns
Alpenstrandläufer	1972	Petkum	K. Rettig
Kampfläufer	1996	Holtgaste	V. Moritz
Bruchwasserläufer	1840?	Stapelermoor?	
Trauerseeschwalbe	1989	Neudorfer Moor	A. Keßler
Ziegenmelker	um 1964	Hesel	E. von Toll
Haubenlerche	1987	Heisfelde	H.-J. van Loh
Heidelerche	1960	Holle Sand	E. von Toll
Seggenrohrsänger	1966	Boekzeteler Meer	B. Petersen
Drosselrohrsänger	1982	Borkum	B. Hofmann
Ortolan	1955	Holtland	H. Reepmeyer
Grauammer	1978	Kanalpolder	K. Gerdes

Tab. 21: Ehemalige bzw. verschwundene Brutvögel im Landkreis Leer

Neue Brutvögel	seit	Ort	Quelle
Zwergtaucher	1985	Neudorf	A. Keßler
Rothalstaucher	1985	Neudorf	A. Keßler
Schwarzhalstaucher	1986	Burlage	Dirks 1992
Kormoran	1987	Randzel	P. Südbeck briefl.
Löffler	1999	Borkum	B. Hofmann
Graugans	1985	Borkum	B. Hofmann
Kanadagans	1998	Iheringsfehn	H. Kruckenberg
Nilgans	1995	Bingum	K. Gerdes
Schnatterente	1985	Nüttermoorersiel	K. Gerdes
Tafelente	1975	Borkum	B. Hofmann
Reiherente	1977	Borkum	B. Hofmann
Eiderente	1967	Borkum	Peitzmeier 1970
Kornweihe	1968	Borkum	W. Pötter
Heringsmöwe	1952	Lütje Hörn	Goethe 1962
Türkentaube	1958	Borkum	B. Hofmann
Wacholderdrossel	1969	Borkum	B. Hofmann
Beutelmeise	1991	Soltborg	B. Petersen
Birkenzeisig	1948	Borkum	Ringleben 1959

Tab. 22: Neue Brutvögel im Zeitraum 1948-1999 (abgesehen vom Rauhfußbussard und Bergfink)

Literatur

AERTS, B.A., P. ESSELINK & G.J. HELDER (1996): Habitat selection and diet composition of Greylag Geese *Anser anser* and Barnacle Geese *Branta leucopsis* during fall and spring migration in relation to management in the tidal marshes of the Dollard. Z. Ökologie u. Naturschutz 5: 65-75.

ALPERS, R. (1978): Zwergtaucher (S. 29-30). In: Goethe, F., H. Heckenroth & H. Schumann (1978): Die Vögel Niedersachsens und des Landes Bremen. Naturschutz u. Landschaftspfl. Niedersachs. B, H. 2.1, Hannover.

ARBEITSKREIS FEUCHTWIESENSCHUTZ WESTNIEDERSACHSEN e.V. (1998): Wiesenvögel im westlichen Niedersachsen. R. Kollmann, Osnabrück.

ATKINSON-WILLES, G.L. (1961): Emsland without Wildfowl. The Wildfowl Trust 12: 1959-1960, 34-39.

ALTUM, B. (1866): Auf Borkum, im September 1865. J. Orn. 11: 110-121.

BAIRLEIN, F. & G. BERGNER (1995): Vorkommen und Bruterfolg von Wiesenvögeln in der nördlichen Wesermarsch, Niedersachsen. Vogelwelt 116: 53-59.

BARTHEL, P.H. (1993): Artenliste der Vögel Deutschlands. J. Orn. 134: 113-135.

BARTHEL, P.H. (1994): Seltene Vogelarten in Deutschland, 5. Bericht. Limicola 8: 153-209. Bci dcn mcisten Seltenheiten ist die Quelle unter "Limicola" angegeben.

BAUER, H.-G. & P. BERTHOLD (1996): Die Brutvögel Mitteleuropas, Bestand und Gefährdung. Aula, Wiesbaden.

BAUER, K.M. & U.N. GLUTZ VON BLOTZHEIM (1966, 1968): Handbuch der Vögel Mitteleuropas, Bd 1, 2. Akadem. Verlagsgesellsch., Frankfurt a. M.

BEERENS, J. (1999): Urwald auf Borkum "De Greune Stee". Ostfriesland Magazin H. 11: 114-115.

BEHM-BERKELMANN, K. & H. HECKENROTH (1991): Übersicht der Brutbestandsentwicklung ausgewählter Vogelarten 1900-1990 an der niedersächsischen Nordseeküste. Naturschutz Landschaftspfl. Niedersachs. 27, Hannover.

BEHRE, K.-E. (1987): Meeresspiegelbewegungen und Siedlungsgeschichte in den Nordseemarschen. Heinz Holzberg, Oldenburg.

BEHRE, K.-E. & H. VAN LENGEN (1996): Ostfriesland; Geschichte und Gestalt einer Kulturlandschaft. Ostfries. Landsch., Aurich.

BEINTEMA, A., O. MOEDT & D. ELLINGER (1995): Ecologische Atlas van de Nederlandse Weidevogels. Schuyt & Co, Haarlem.

BELKUM, J. VAN & P. ESSELINK (1986): Broedvogeltelling van de Kluut *Recurvirostra avosetta* in de Dollard in 1985. Limosa 59: 189-191.

BERGMANN, H.-H., M. STOCK & B. THEN THOREN (1994): Ringelgänse: arktische Gänse an unseren Küsten. Aula, Wiesbaden.

BIELEFELD, R. (1906): Die Geest Ostfrieslands. Geologische und geographische Studien zur ostfriesischen Landeskunde. J. Engelhorn, Stuttgart.

BIELEFELD, R. (1924): Ostfriesland, Heimatkunde. A.H.F. Dunkmann, Aurich.

BIJLSMA, R.G. (1994): Ecologische Atlas van de Nederlandse Roofvogels. Schuyt & Co, Haarlem.

BLASZYK, P. (1952 a): Zur Verbreitung der Saatkrähe zwischen Ems und Jade. Beitr. Naturk. Niedersachs. 5: 70-74.

BLASZYK, P. (1952 b): Beobachtungen über die Anlage von freistehenden Nestern beim Star. Vogelwelt 73: 6-8.

BLASZYK, P. (1953): Zum Brüten des Austernfischers im Binnenland. Vogelwelt 74: 41-45.

BLASZYK, P. (1955 a): Zum derzeitigen Brutvorkommen des Säbelschnäblers (Recurvirostra avosetta) zwischen Ems und Jade. Orn. Mitt. 7: 41-47.

BLASZYK, P. (1955 b): Zum Vorkommen der Weidenmeise (Parus atricapilla) zwischen Ems und Jade. Beitr. Naturk. Niedersachs. 8: 39-40.

BLASZYK, P. (1956): Der Graureiher im ostfriesischen Raum. In: Natur und Jagd in Niedersachsen, Festschrift Hugo Weigold. August Lax, Hildesheim.

BLASZYK, P. (1961): Die Tierwelt. In: Ostfriesland, Burkhard-Verlag Ernst Heyer, Essen, S. 42-49.

BLASZYK, P. (1963): Das Weißsternige Blaukehlchen, Luscinia svecica cyanecula als Kulturfolger in der gebüschlosen Ackermarsch. J. Orn. 104: 168-181.

BLASZYK, P. (1966): Moderne Landwirtschaft und Vogelwelt. Ber. dt. Sekt. Int. Rat Vogelschutz 6: 36-46.

BLASZYK, P. (1986): Ringeltaube (S. 31-37). In: Zang, H. & H. Heckenroth (1986): Die Vögel Niedersachsens - Tauben- bis Spechtvögel. Naturschutz Landschaftspfl. Niedersachs. B, H. 2.7.

BLASZYK, P. & H. HECKENROTH (1986): Turteltaube (S. 45-49). In: Zang, H. & H. Heckenroth (1986): Die Vögel Niedersachsens - Tauben- bis Spechtvögel. Naturschutz Landschaftspfl. Niedersachs. B, H. 2.7.

BOEKEMA, E.J., P. GLAS & J.B. HULSCHER (1983): Vogels van de provincie Groningen. Wolters-Nordhoff/Bouma's Boekhuis, Groningen.

BOERE, G.C. & C.J. SMIT (1980): Redshank (Tringa totanus L., S.195-206), Greenshank (Tringa nebularia Gunnerus, S. 206-212). In: C.J. Smit & W.J. Wolff (1980): Birds of the Wadden Sea, Stichting Veth tot Steun aan Waddenonderzoek, Leiden.

BORBACH-JAENE, J. & H. KRUCKENBERG (2000): Heute hier, morgen dort? Gibt es wiederkehrende Raumnutzungsmuster bei in Grünlandgebieten überwinternden Blessgänsen? Vogelwelt 121, im Druck.

BRAAKSMA, S. & A. TIMMERMAN (1969): De avifauna van het Eems-Dollardgebied. Limosa 42: 156.

BRANDES, J. (1965): Das Lengener Meer. Ostfreesland Kalender 48: 77-81. Soltau, Norden.

BRINKMANN, M. (1933): Die Vogelwelt Nordwestdeutschlands. F. Borgmeyer, Hildesheim.

BRINKMANN, W. (1956): Ein Überwinterungsplatz für Wasserwild im Emsland. In: Natur und Jagd in Niedersachsen, Festschrift für H. Weigold. August Lax, Hildesheim, S.130-133.

BRINKSCHRÖDER, W. (1978): Winterbeobachtungen von Schwarzkehlchen (*Saxicola torquata*). Vogelkdl. Ber. Niedersachs. 10: 56.

BRINKSCHRÖDER, W., B. HÜLSMANN & W. SCHOTT (o. J.): Zum Vorkommen des Haubentauchers im westlichen Niedersachsen. Deutsche Ges. f. Natursch., Osnabrück. (Daten bis 1984)

BRUIN, B. DE, & A. VAN DIJK (1993): Dwaalgasten in Groningen. De Grauwe Gors 21: Jubileum-Nr. 56-62.

BRUNS, H. (1948 a): Die Ausbreitung der Misteldrossel im Weser-Ems-Gebiet. Beitr. Naturk. Niedersachs., H 2: 8-17.

BRUNS, H. (1948 b): Bemerkenswertes aus der deutschen Vogelwelt von 1948. Orn. Mitt. 1: 14-15.

BRUNS, H. (1950: Zur weiteren Ausbreitung der Misteldrossel in Nordwestdeutschland. Orn. Mitt. 2: 190-194.

BRUNS, H. (1951): Verbreitung, Biotop, Bestandsschwankungen und Brutbiologisches vom Ortolan (*Emberiza hortulana L.*) im nordwestdeutschen Flachland. Orn. Abh. H. 12: 1-22.

BUB, H. (1973): Das Planberingungsprogramm am Berghänfling (*Carduelis f. flavirostris*) 1952-1970. Institut für Vogelforschung "Vogelwarte Helgoland", Wilhelmshaven.

BURDORF, K., H. HECKENROTH & P. SÜDBECK (1997): Quantitative Kriterien zur Bewertung von Gastvogellebensräumen in Niedersachsen. Vogelkdl. Ber. Niedersachs. 29: 113-125.

DAHL, H.-J. & H. HECKENROTH (1978): Landespflegerisches Gutachten zur Emsumleitung durch den Dollart. Naturschutz Landschaftspfl. Niedersachs. H. 6. Hannover.

DANTUMA, R. & P. GLAS (1968): Hoogwatertellingen in de Dollard van najaar 1966 tot voorjaar 1968. Waddenbulletin 3: H. 3, 1-3.

DANTUMA, R. & P. GLAS (1974): Aantalsverloop van trekvogels in de Dollard. In: Dollard, portret van een landschap, 35-46. Werkgroep Dollard, Harlingen.

DEGEN, A. (1999): Ornithologischer Jahresbericht für Niedersachsen und Bremen 1997. Vogelkdl. Ber. Niedersachs. 31: 87-103.

DEGEN, A., B.-O. FLORE, J. LUDWIG & P. SÜDBECK (1996): Rastbestände von Höcker-, Zwerg- und Singschwan (*Cygnus olor, C. columbianus bewickii, C. c. cygnus*) in Niedersachsen: Ergebnisse landesweiter Synchronzählungen im Januar und März 1995. Vogelkdl. Ber. Niedersachs. 28: 3-18.

DIEK, P. TOM (1933): Die Vogelwelt der Jadestädte und ihrer Umgebung. Selbstverlag d. Verf., Wilhelmshaven.

VAN DIEKEN, J. (1960): Dreysloot. Ostfreesland Kalender 43: 89-93, Soltau, Norden.

DIERSCHKE, J. (1997): The status of Shorelark *Eremophila alpestris*, Twite *Carduelis flavirostris* and Snow Bunting *Plectrophenax nivalis* in the Wadden Sea. Wadden Sea Ecosystem No 4: 95-114.

DIETRICH, S. & H. HÖTKER (1991): Wo mausern nordfriesische Säbelschnäbler? Vogelwelt 112: 140-147.

VAN DIJK, A. J. & B.L.J. VAN OS (1982): Vogels van Drenthe. Van Gorcum, Assen.

DIRCKSEN, R (1973): Vogelschutz und Umweltschutz im Nordseeraum. Der Biologieunterricht 9, H. 1: 132-137.

DIRKS, W. (1992): Avifaunistische Beobachtungen 1986/1987 im Hochmoorkomplex Westermoor/Klostermoor (Landkreis Cloppenburg/Landkreis Leer). Jahresber. Orn. Arbeitsgem. Oldenb. 11: 35-44.

VON DRACHENFELS, O., H. MEY & P. MIOTK (1984): Naturschutzatlas Niedersachsen. Naturschutz und Landschaftspflege in Niedersachsen, H. 13, Hannover.

DROST, R. (1967): Der Dollart, ein internationales Vogelreservoir. Ber. Dtsch. Int. Rat Vogelschutz Nr. 7: 43-44.

DROSTE-HÜLSHOFF, F. Baron von (1869): Die Vogelwelt der Nordseeinsel Borkum. Selbstverlag d. Verf., Münster (Nachdruck, Schuster, Leer).

EBBINGE, B.S. (1991): The impact of hunting on mortality rates and spatial distribution of geese wintering in the western Palearctic. Ardea 80: 197-209.

VAN EERDEN, M.R., M. ZIJLSTRA, M. VAN ROOMEN & A. TIMMERMAN (1996): The response of *Anatidae* to changes in agricultural practice: long-term shifts in the carrying capacity for wintering waterfowl. In: M. Birkan, J. van Vessem, P. Havet, J. Madsen, B. Trolliet & M. Moser (ed.), Proceedings of the Anatidae 2000 Conference, Strasbourg, France, 5-9 September 1994, Gibier Faune Sauvage, Game Wildl. 13: 681-706.

ELLENBERG, H. (1989): Eutrophierung - das gravierendste Problem im Naturschutz? NNA-Ber. 2: H. 1, S. 4-8.

ERCHINGER, H.F. & Th. MENNEBÄCK (1990): Seevogelschutz an der ostfriesischen Küste. Ostfreesland Kalender 73: 174-193.

ESSELINK, P., G.J.F. HELDER, B.A. AERTS & K. GERDES (1997): The impact of grubbing by Greylag Geese (*Anser anser*) on the vegetation dynamics of a tidal marsh. Aquatic Botany 55: 261-279.

ESSINK, K. & P. ESSELINK (red.) (1998): Het Eems-Dollard estuarium; interacties tussen menselijke beïnvloeding en natuurlijke dynamiek. Rijkswaterstaat, Rijksinstituut voor Kust en Zee/RIKZ, Rapport RIKZ-98.020.

FLEET, D.M., J. FRIKKE, P. SÜDBECK & R.L. VOGEL (1996): Brutvögel des Wattenmeeres 1991. Sonderheft der Schriftenreihe Nationalpark Schleswig-Holsteinisches Wattenmeer.

FLORE, B.-O., J. FRÖHLICH & P. SÜDBECK (1994): Wegzugbestände des Goldregenpfeifers (*Pluvialis apricaria*) in Niedersachsen-Ergebnisse einer landesweiten Synchronzählung am 30./31. Oktober 1993. Vogelkdl. Ber. Niedersachs. 26: 17-26.

FRANK, R. (1975): Bestandsveränderungen des Weißen Storches (*Ciconia ciconia*) in Ostfriesland von 1971 bis 1973. Orn. Mitt. 27: 20-29.

FRANK, R. (1992): Der Graureiher in Ostfriesland. In: Ostfreesland Kalender, 75: 192-213. Soltau, Norden.

FRANK, R. (1993): Katastrophaler Rückgang: Der Weißstorch in Ostfriesland. In: Ostfreesland Kalender 76: 210-232. Soltau, Norden.

GERDES, K. (1969): Interessante Landschaften Ostfrieslands aus der Sicht des Biologen. In: Festschrift zur Einweihung des Neubaus der Teletta-Gross-Schule Leer-Ostfriesland, 39-43.

GERDES, K. (1971): De ganzen in het gebied van de Dollard tot de Jadeboezem. Waddenbull. 6:19-21.

GERDES, K. (1975 a): Schlafplatzflüge der Uferschnepfe (*Limosa limosa*) und anderer Arten im Bereich des Dollart. Vogelkdl. Ber. Niedersachs. 7: 3-12.

GERDES, K. (1975 b): Probleme des Natur- und Vogelschutzes im westlichen Ostfriesland (Raum Borkum-Dollart). Orn. Mitt. 27: 97-104.

GERDES, K. (1978): Zum Auftreten des Mornellregenpfeifers (*Eudromias morinellus*) im westlichen Ostfriesland. Vogelkdl. Ber. Niedersachs. 10: 73-76.

GERDES, K. (1982): Zum Vordringen der Wacholderdrossel (*Turdus pilaris*) nach Westen. Vogelkdl. Ber. Niedersachs. 14: 9-10.

GERDES, K. (1991): Zum Einfluß der Wattenjagd auf die Vogelwelt des Dollart. Vogelkdl. Ber. Niedersachs. 23: 25-30.

GERDES, K. (1994): Lang- und kurzfristige Bestandsänderungen der Gänse (*Anser fabalis, A. albifrons, A. anser* und *Branta leucopsis*) am Dollart und ihre ökologischen Wechselbeziehungen. Vogelwarte 37: 157-178.

GERDES, K. (1995 a): Zur Phänologie des Dunklen Wasserläufers (*Tringa erythropus*) im Dollart. Vogelkdl. Ber. Niedersachs. 27: 17-22.

GERDES, K. (1995 b): Uferschnepfe (S. 219-227). In: Zang, H., G. Großkopf & H. Heckenroth (1995): Die Vögel Niedersachsens, Austernfischer bis Schnepfen. Naturschutz Landschaftspfl. Niedersachs. B, H. 2.5.

GERDES, K. (1997): Brutnachweis der Saatgans (*Anser fabalis*) an der Ems. Vogelkdl. Ber. Niedersachs. 29: 186.

GERDES, K., D. HESS & H. REEPMEYER (1978): Räumliche und zeitliche Verteilungsmuster der Gänse (*Anser fabalis, A. albifrons* und *A. anser*) im Bereich des Dollart (1971-1977). Vogelwelt 99: 81-116.

GERDES, K. & H. REEPMEYER (1983): Zur räumlichen Verteilung überwinternder Saat- und Bleßgänse (*Anser fabalis* und *A. albifrons*) in Abhängigkeit von naturschutzschädlichen und fördernden Einflüssen. Vogelwelt 104: 54-67.

GERDES, K., H. KRUCKENBERG, M. REUTER & E. VOSS (1998): Zur Brutvogelwelt des Emsästuars zwischen Emden und Leer. Vogelkdl. Ber. Niedersachs. 30: 19-32.

GLUTZ VON BLOTZHEIM, U.N., K.M. BAUER & E. BEZZEL (1971, 1975, 1977): Handbuch der Vögel Mitteleuropas, Bd 4, 6 u. 7, Aula, Wiesbaden.

GLUTZ VON BLOTZHEIM, U.N. & K.M. BAUER (1985, 1988, 1991, 1993 u. 1997): Handbuch der Vögel Mitteleuropas, Bd 10, 11, 12, 13 u. 14. Aula, Wiesbaden.

GOETHE, F. (1954): Grönländische Bläßgänse (*Anser albifrons flavirostris*) in Nordwestdeutschland. Vogelwarte 17: 209-211.

GOETHE, F. (1962): Das Seevogelschutzgebiet Lütje Hörn. Festschr. der Vogelschutzwarte für Hessen, Rheinland-Pfalz und Saarland: 67-76.

GOETHE, F. (1991): Eismöwe (S. 113-114). In: Zang, H., G. Großkopf & H. Heckenroth (1991): Die Vögel Niedersachsens, Raubmöwen bis Alken. Naturschutz Landschaftspfl. Niedersachs. B, H. 2.6.

GROSSKOPF, G. (1991): Spatelraubmöwe (S. 19-23), Lachseeschwalbe (S. 126-128), Raubseeschwalbe (S. 128-131) u. Küstenseeschwalbe (S. 153-161). In: Zang, H., G. Großkopf & H. Heckenroth (1991): Die Vögel Niedersachsens, Raubmöwen bis Alken. Naturschutz Landschaftspfl. Niedersachs. B, H. 2.6.

GROSSKOPF, G. (1995): Knutt (S. 134-138) u. Sichelstrandläufer (S. 155-158). In: Zang, H., G. Grosskopf & H. Heckenroth (1995): Die Vögel Niedersachsens, Austernfischer bis Schnepfen. Naturschutz Landschaftspfl. Niedersachs. B, H. 2.5.

HAARNAGEL, W. (o.J., um 1962): Ur- und Frühgeschichte, S. 31-47. In: Heimatchronik des Kreises Leer. Archiv für deutsche Heimatpflege G.m.b.H., Köln.

HABERER, A. (1996): Erfassung der Bestände der Rabenvogelarten Elster (*Pica pica*), Rabenkrähe (*Corvus c. corone*) und Dohle (*Corvus monedula*) auf den Inseln und Sänden zwischen Ems und Elbe sowie Untersuchungen zur Nahrungsökologie von Elster und Rabenkrähe auf Borkum. - Gutachten im Auftrag des Niedersächsischen Landesamtes für Ökologie und der Staatlichen Vogelschutzwarte.

HAHN, W. (1936): Die Invasion junger Flamingos (*Phoenicopterus ruber antiquorum*) in Schlesien im Herbst 1935. Ber. Ver. Schles. Orn. 21: 10-15.

HÄLTERLEIN, B. & P. SÜDBECK (1998): Brutvogelbestände an der deutschen Nordseeküste im Jahre 1996 - Zehnte Erfassung durch die Arbeitsgemeinschaft "Seevogelschutz". Seevögel 19: 13-79.

HAMMERSCHMIDT, R. (1965): Tunxdorfer Schleife. Ein Wasserwild-Reservat im Emsland, R. Gottlieb, Bramsche.

HAMMERSCHMIDT, R. (1971): Die Vogelwelt des Reg.-Bez. Osnabrück und der unmittelbaren Grenzgebiete, Teile 1-3. Selbstverlag, Bramsche.

HARRISON, J.G. (1954): Pastures New. Witherby, London.

HECKENROTH, H. (1985): Atlas der Brutvögel Niedersachsens 1980. Naturschutz und Landschaftspfl. Niedersachsen H. 14.

HECKENROTH, H. (1985): Kolbenente. In: Goethe, F., H. Heckenroth & H. Schumann (1985): Die Vögel Niedersachsens und des Landes Bremen - Entenvögel. Naturschutz Landschaftspfl. Niedersachs. B, H. 2.2, Hannover.

HECKENROTH, H. & K. SCHRÖDER (1991): Trauerseeschwalbe (S. 171-181). In: Zang, H., G. Großkopf & H. Heckenroth (1991): Die Vögel Niedersachsens, Raubmöwen bis Alken. Natursch. Landschaftspfl. Niedersachs. B, H. 2.6.

HECKENROTH, H. & H. ZANG (1995): Goldregenpfeifer (S. 96-109). In: Zang, H., G. Großkopf & H. Heckenroth (1995): Die Vögel Niedersachsens, Austernfischer bis Schnepfen. Naturschutz Landschaftspfl. Niedersachs. B, H. 2.5.

HECKENROTH, H. & V. LASKE (1997): Atlas der Brutvögel Niedersachsens 1981-1995. Naturschutz Landschaftspfl. Niedersachs., Heft 37, 329 S., Hannover.

HERQUET, K. (1883): Miscellen zur Geschichte Ostfrieslands. H. Braams, Norden.

VON DER HEYDE & H. ZANG (1985): Kranich (S. 77-82). In: Knolle, F. & H. Heckenroth (1985): Die Vögel Niedersachsens und des Landes Bremen - Hühner- und Kranichvögel. Naturschutz Landschaftspfl. Niedersachs. B, H. 2.4.

HILPRECHT, A. (1970): Höckerschwan, Singschwan, Zwergschwan. Nachdruck der Aufl. bei Spektrum Akadem. Verl. Heidelberg 1995.

HOFMANN, B. (1969): Gaukler (*Terathopius ecaudatus*) auf der Nordseeinsel Borkum. Orn. Mitt. 21: 239.

HOFMANN, B. (1971): Hellbäuchige Ringelgänse (*Branta bernicla hrota*) im Borkumer Watt. Vogelkdl. Ber. Niedersachs. 3: 82.

HOFMANN, B. (1975): Die Entwicklung des Bades und ihre Auswirkung auf die Tierwelt der Insel Borkum. In: Festschrift 125 Jahre Nordseeheilbad Borkum. Borkum: 105-109.

HOFMANN, B. (1986): Schätzung der Anzahl der Brutpaare für die Insel Borkum (1980-1985). Beitr. Naturk. Niedersachs. 39: 54-55.

HOFMANN, B. (1989): Brutversuch des Rauhfußbussards *Buteo lagopus* auf Borkum. Vogelkdl. Ber. Niedersachs. 21: 64-66.

HOLTHUIJZEN, Y. (1979): Het voedsel van de Zwarte Ruiter *Tringa erythropus* in de Dollard. Limosa 52: 22-33.

HOLZWIG, H. (1950): Die Nachtigall als Brutvogel in der Umgebung Leers. Ostfriesland, H. 2:23.

HOMEIER, H. (1977): Einbruch und weitere Entwicklung des Dollart bis um 1600. Jahresber. 1976, Forschungsst. Insel- u. Küstenschutz Norderney, Bd. 28: 39-81.

HUMMEL, D. (1980): Durchzug und Überwinterung der Kurzschnabelgans (*Anser brachyrhynchus*) im Bereich der Nordseeküste (1974-1977). Vogelwelt 101: 121-131.

HUMMEL, D. (1983): Der Einflug der Großtrappe (*Otis tarda*) nach West-Europa im Winter 1978/79. Vogelwelt 104: 41-53, 81-95.

HUMMEL, D. (1985): Großtrappe (S. 85-88). In: Knolle, F. & H. Heckenroth (1985): Die Vögel Niedersachsens und des Landes Bremen - Hühner- und Kranichvögel. Naturschutz Landschaftspfl. Niedersachs. B, H. 2.4.

HUMMEL, D. & H. RINGLEBEN (1985): Zwergtrappe (S. 83-84). In: Knolle, F. & H. Heckenroth (1985): Die Vögel Niedersachsens und des Landes Bremen - Hühner- und Kranichvögel. Naturschutz Landschaftspfl. Niedersachs. B, H. 2.4.

JANSSEN, Th. (1967): Gewässerkunde Ostfrieslands. Ostfries. Landsch., Aurich.

KAATZ, Chr. (1999): Die Bestandssituation des Weißstorchs (*Ciconia ciconia*) in Deutschland unter besonderer Berücksichtigung der Jahre 1994 und 1995. In: Schulz, H. (ed.): Weißstorch im Aufwind? - White Storks on the up? Proceedings, Internat. Symp. on the White Stork, Hamburg 1996. NABU (Naturschutzbund Deutschland e.V.), Bonn.

VAN DE KAM, J., B. ENS, TH. PIERSMA & L. ZWARTS (1999): Ecologische atlas van de Nederlandse wadvogels. Schuyt & Co Uitgevers en Importeurs BV, Haarlem.

KELM, H.-J. & K. BOLL (1985): Zwergschwan (S. 23-28). In: Goethe, F., H. Heckenroth & H. Schumann (1985): Die Vögel Niedersachsens und des Landes Bremen - Entenvögel. Naturschutz Landschaftspfl. Niedersachs. B, H. 2.2, Hannover.

KLIMMEK, F. (1950): Brutbiologische Beobachtungen beim Weißsternigen Blaukehlchen. Vogelwelt 71: 145-148, 191-195.

KNOLLE, F. & G. HÖPPNER (1986): Türkentaube (S. 38-45). In: Zang, H. & H. Heckenroth (1986): Die Vögel Niedersachsens - Tauben- bis Spechtvögel. Naturschutz Landschaftspfl. Niedersachs. B, H. 2.7.

KOFFIJBERG, K. (2000): Broedvogelinventarisatie van Kluut, plevieren, meeuwen en sterns in Groningen in 1997 en 1998. De Grauwe Gors 28: 5-11.

KOFFIJBERG, K. & K. VAN DIJK (1989): Broedvogelinventarisatie van Kluut, plevieren, meeuwen en sterns in Groningen in 1988. De Grauwe Gors 17: 28-35.

KOFFIJBERG, K., B. VOSLAMBER & E. VAN WINDEN (1997): Ganzen en zwanen in Nederland: overzicht van pleisterplaatsen in de periode 1985-94. SOVON Vogelonderzoek Nederland, Beek-Ubbergen.

KOKS, B.J. (1993): Broedvogels in het grensgebied van Groningen en Niedersachsen. Interfacultaire Vakgroep Energie en Milieukunde, Rijksuniversiteit Groningen, Onderzoeksrapport No. 61.

KOKS, B.J. & F. HUSTINGS (1998): Broedvogelmonitoring in het Nederlandse Waddengebied in 1995 en 1996. SOVON-Monitoringrapport 1998/05, Beek-Ubbergen.

KOOIKER, G. (1994): Weitere Ergebnisse zum Einfluss der Elster *Pica pica* auf Stadtvogelarten in Osnabrück. Vogelwelt 115: 39-44.

KOOIKER, G. (1996): Nilgansbruten (*Alopochen aegypticus*) in Niedersachsen. Vogelkdl. Ber. Niedersachs. 28: 48-50.

KRUCKENBERG, H., J. JAENE & H.-H. BERGMANN (1996): Rastphänologie und Raumnutzung der Wildgänse am Dollart im Winter 1994/95. Vogelkdl. Ber. Niedersachs. 28: 63-74.

KRUCKENBERG, H., J. JAENE & H.-H. BERGMANN (1998): Mut oder Verzweiflung am Straßenrand? Der Einfluß von Straßen auf die Raumnutzung und das Verhalten von äsenden Bleß- und Nonnengänsen am Dollart, NW-Niedersachsen. Natur und Landschaft 73: 3-8.

KRUCKENBERG, H. & J. JAENE (1999): Zum Einfluß eines Windparks auf die Verteilung weidender Bläßgänse im Rheiderland (Landkreis Leer, Niedersachsen). Natur und Landschaft 74: 420-427.

Kumerloeve, H. (1974): Zum Status der Girlitz-Besiedlung (*Serinus serinus*) im westdeutschen Grenzraum (Frühjahr 1973). Orn. Mitt. 26: 225-229.

Kumerloeve, H. & F. Knolle (1985): Fasan (S. 43-50). In: Knolle, F. & H. Heckenroth (1985): Die Vögel Niedersachsens und des Landes Bremen - Hühner- und Kranichvögel. Naturschutz Landschaftspfl. Niedersachs. B, H. 2.4.

Laubek, B., L. Nilsson, M. Wieloch, K. Koffijberg, C. Sudfeldt & A. Follestad (1999): Distribution, numbers and habitat choice of the NW European Whooper Swan *Cygnus cygnus* population: results of an international census in January 1995. Vogelwelt 120: 141-154.

Leege, O. (1905): Die Vögel der ostfriesischen Inseln nebst vergleichender Übersicht der im südlichen Nordseegebiet vorkommenden Arten. Haynel, Emden u. Borkum.

Leege, O. (1906): 1. Nachtrag zu den "Vögeln der ostfriesischen Inseln". Orn. Mschr. 31: 146-148, 396-413.

Leege, O. (1926): Falkenbeize in Ostfriesland. In: Ostfreesland Kalender 13: 17-24. Soltau, Norden.

Leege, O. (1930): Die Pflanzen- und Tierwelt des Reiderlandes. In: B.O. Siebs: Das Reiderland, Kiel: 17-27. (Nachdruck 1974 Schuster, Leer).

Leege, O. (1931): Fischfressende Vögel in Ostfriesland. Heimatkunde u. Heimatgeschichte, Jg. 1931, 20-22, 31-32.

Leege, O. (1935): Werdendes Land in der Nordsee. Hohenlohesche Buchhandlung Ferd. Rau, Oeheringen.

Leege, O. (1936): Aus der Vogelwelt Ostfrieslands. Veröff. Naturf. Ges. Emden, 104: 57-114.

Leege, O. (1943): Ältester Bericht über zoologische Verhältnisse in Ostfriesland. Ostfriesland 5, Folge 9: 15-17.

Mäck, U. & M.-E. Jürgens (1999): Aaskrähe, Elster und Eichelhäher in Deutschland. Bundesamt für Naturschutz, Bonn.

Mädlow, W. & Cl. Mayr (1996): Die Bestandsentwicklung ausgewählter gefährdeter Vogelarten in Deutschland 1990-1994. Vogelwelt 117: 249-260.

Mannes, P. (1986): Waldohreule (S. 82-88) u. Sumpfohreule (S. 88-92). In: Zang, H. & H. Heckenroth (1986): Die Vögel Niedersachsens - Tauben- bis Spechtvögel. Naturschutz Landschaftspfl. Niedersachs. B, H. 2.7.

Mansholt, D.R. (1909): Vor einem halben Jahrhundert. Jugenderinnerungen eines Landwirts aus dem Rheiderland um 1850. Reprint Schuster 1990, Leer.

Mees, K. (1999): Nistkästen für Mauersegler. Orn. Mitt. 51: 248-249.

Meier-Peithmann, W. (1985): Mittelsäger (S. 122-126). In: Goethe, F., H. Heckenroth & H. Schumann (1985): Die Vögel Niedersachsens und des Landes Bremen - Entenvögel. Naturschutz Landschaftspfl. Niedersachs. B, H. 2.2, Hannover.

Melter, J. (1995): Kampfläufer (S. 177-198). In: Zang, H., G. Großkopf & H. Heckenroth (1995): Die Vögel Niedersachsens, Austernfischer bis Schnepfen. Naturschutz Landschaftspfl. Niedersachs. B, H. 2.5.

Melter, J., G. Voskuhl & A. Welz (1997): Grünland und Grünland-Avizönosen in Niedersachsen: Hohe Bedeutung - unsichere Zukunft? Vogelkdl. Ber. Nieders. 29: 25-36.

Meltofte H., J. Blew, J. Frikke, H.-U. Rösner & C.J. Smit (1994): Numbers and distribution of waterbirds in the Wadden Sea. Results and evaluation of 36 simultaneous counts in the Dutch-German-Danish Wadden Sea 1980-1991. IWRB Publication 34/Wader Study Group Bull. 74, Spec. Issue.

Menken, G. (1932): Flora und Fauna im Kreise Leer, S. 54-61. In: Der Kreis Leer, ein Beitrag zur Heimatkunde, Herausg. Kreisausschuß Kreis Leer, Kiel.

Menneböck, Th. & H. Zang (1995): Säbelschnäbler (S. 42-53). In: Zang, H., G. Großkopf & H. Heckenroth (1995): Die Vögel Niedersachsens, Austernfischer bis Schnepfen. Naturschutz Landschaftspfl. Niedersachs. B, H. 2.5.

Mooij, J.H. (1997): The status of White-fronted Goose (*Anser a. albifrons*) in the Western Palearctic. Vogelwarte 39: 61-81.

Mooij, J.H. (1998): Goose damage to grassland and winter cereals by Whitefronted and Bean Geese (*Anser albifrons* and *A. fabalis*) in the Lower Rhine area, Germany. Vogelwarte 39: 264-280.

Müller, H. (1971): Avifaunistisch-ökologische Beobachtungen auf der Insel Borkum. Orn. Mitt. 23: 91-100.

Nationalpark Niedersächsisches Wattenmeer & Umwelt-Bundesamt (1999): Umweltatlas Wattenmeer, Bd 2, Wattenmeer zwischen Elb- und Emsmündung. Verlag Eugen Ulmer, Stuttgart.

Nehls, G. (1999): Brandentenmauser im Wattenmeer (S. 86-87) u. das Niedersächsische Wattenmeer als Mauser- und Überwinterungsgebiet von Eiderenten (S. 88-89). In: Nationalpark Niedersächsisches Wattenmeer & Umwelt-Bundesamt (1999): Umweltatlas Wattenmeer, Bd 2, Wattenmeer zwischen Elb- und Emsmündung. Eugen Ulmer, Stuttgart.

Niebuhr, O. (1952): Die Nachtigall in Niedersachsen. Biol. Abh. H. 2: 1-36.

OAG Münster (1990): Kampfläufer in Niedersachsen. Vogelkdl. Ber. Niedersachs. 22: 6-12.

Onnen, J. & H. Zang (1995): Kiebitz (S. 115-133). In: Zang, H., G. Großkopf & H. Heckenroth (1995): Die Vögel Niedersachsens, Austernfischer bis Schnepfen. Naturschutz Landschaftspfl. Niedersachs. B, H. 2.5.

Papen, A. (1844): Topographischer Atlas des Königreichs Hannover und Herzogtums Braunschweig, Blatt 11 Aurich und Blatt 18 Leer. Neudruck der Landesvermessung + Geobasisinformation Niedersachsen 1999.

Peitzmeier, J. (1961): Die Brutvogelfauna der Nordseeinsel Borkum. Abh. Landesmus. Naturk. Münster/Westf. 23, H. 2: 1-39.

Peitzmeier, J. (1970): Erster Nachtrag zur Brutvogelfauna der Nordseeinsel Borkum. Vogelkdl. Ber. Niedersachs. 2: 33-36.

Persson, H. (1994): Herfsttrek van Grauwe Ganzen Anser anser; wordt er non-stop gevlogen van Nederland naar de Coto de Doñana, Spanje? Limosa 67: 79-80.

PETERSEN, B. (1950): Bemerkenswerte Vogelarten im Oldenburger Küstengebiet und am Dümmer. Orn. Mitt. 2: 39-40.

PIERSMA, TH. & J. JUKEMA (1990): Budgeting the flight of a Long-Distance-Migrant: changes in nutrient reserve levels of Bar-tailed Godwits at successive spring staging sites. Ardea 78: 315-337.

PLAISIER, F. & E. FOCKE (1990): Brutnachweis der Waldschnepfe auf den Ostfriesischen Inseln. Drosera, Oldenburg, H. 1 u. 2: 141-145.

PLATTEEUW, M., M.R. VAN EERDEN & J.H. BEEKMAN (1997): Social fishing in wintering Smew Mergus albellus enhances prey attainability in turbid waters, S. 379-399. In: M. R. van Eeerden, Patchwork (Patch use, habitat exploitation and carrying capacity for water birds in Dutch fresh water wetlands), Van Zee tot Land 65, Lelystad.

POOT, M., L.M. RASMUSSEN, M. VAN ROOMEN, H.-U. RÖSNER & P. SÜDBECK (1996): Migratory Waterbirds in the Waddensea 1993/94. Wadden Sea Ecosystem No. 5. Common Waddensea Secretariat, Trilateral Monitoring and Assessment Group & Joint Monitoring Group of Migratory Birds in the Wadden Sea, Wilhelmshaven.

PRINS, J. (1987): Sieben Jahre Greifvogelzählung in den Revieren des Landkreises Leer. Niedersächs. Jäger 32: 431-433.

PROP, J. (1998): Effecten van afvalwaterlozingen op trekvogels in de Dollard: een analyse van tellingen uit de periode 1974-1995. In: K. Essink & P. Esselink: Het Eems-Dollard estuarium: interacties tussen menselijke beïnvloeding en natuurlijke dynamiek, RIKZ-98.020, Haren.

PROP, J., P. ESSELINK & J. HULSCHER (1999): Veranderingen in aantallen vogels in de Dollard in relatie met lokaal en regional beheer. De Grauwe Gors 27: 27-55.

RASMUSSEN, L.M., B. HÄLTERLEIN, B. KOKS & P. SÜDBECK (2000): Breeding waterbirds in the entire Wadden Sea in 1996 and colony breeders 1991-1996, in Vorb. Wadden Sea Secretariat.

REINECK, H.-E. (1994): Landschaftsgeschichte und Geologie Ostfrieslands. Verlag Sven von Loga, Köln.

REINKE, E. (1990): Grundlagen für ein Feuchtgrünlandschutzkonzept für Wiesenvögel in Niedersachsen. Universität Hannover.

REQUARDT-SCHOHAUS, E. (1997): Der Yeti vom Fehntjer Tief. Naturschutz an Flumm und Fehntjer Tief. Ostfriesland Magazin H. 11: 24-28.

RETTIG, K. (1970): Große Ansammlungen von Sichelsrandläufern (Calidris ferruginea) am Dollart. Orn. Mitt. 22: 219.

RETTIG, K. (1974 a): Haubentaucher-Bestandsaufnahme 1974 in Ostfriesland. Mitt. Arb. Grupp. Ostfries. Landsch. 5: 108-109.

RETTIG, K. (1974 b): Avifaunistische Besonderheiten aus dem Nordwestteil Ostfrieslands. Orn. Mitt. 26: 221-222.

RETTIG, K. (1979/1980): Erweiterte Artenliste der Vogelwelt im nordwestlichen Ostfriesland nebst Literaturübersicht, Teil I-III, Selbstverlag, Emden.

RETTIG, K. (1982-2000): Beiträge zur Vogel- und Insektenwelt Ostfriesland, zit. u. d. jew. Bericht.

RINGLEBEN, H. 1950): Zum Vorkommen der Kurzschnabelgans, *Anser fabalis brachyrhynchus* Baillon, als Wintergast am Jadebusen. Vogelwelt 71: 118-128.

RINGLEBEN, H. (1952): Bemerkenswerte Brutvögel in Ostfriesland und Jeverland. Ostfriesland 1: 12-14.

RINGLEBEN, H. (1957): Saatgänse (*Anser fabalis*) als Durchzügler und Wintergäste in Deutschland. Vogelring 26: 65-71.

RINGLEBEN, H. (1959): Für Niedersachsen neue Brut- und Gastvögel. Beitr. Naturk. Niedersachs. 12: 4-36.

RINGLEBEN, H. (1975): Über unbeständige Brutvorstöße nach Niedersachsen und Ansiedlungen gebietsfremder Vögel in diesem Lande. Vogelkdl. Ber. Niedersachs. 7: 32-39.

RINGLEBEN, H. (1978): Löffler (S. 92-93), Flamingo (S. 94). In: Goethe, F., H. Heckenroth & H. Schumann (1978): Die Vögel Niedersachsens und des Landes Bremen. Naturschutz Landschaftspfl. Niedersachs. B, H. 2.1, Hannover.

RINGLEBEN, H. (1984): Bemerkungen zur Instabilität isoliert auf Inseln brütender einzelner Singvogelpaare, gezeigt am Beispiel von Haubenlerche (*Galerida cristata*) und Hausrotschwanz (*Phoenicurus ochruros*) auf niedersächsischen Küsteninseln. Beitr. Vogelkd. 30, Jena: 386-387.

RINGLEBEN, H. (1985): Mandarinente (S. 68): In: Goethe, F., H. Heckenroth & H. Schumann (1985): Die Vögel Niedersachsens und des Landes Bremen - Entenvögel. Naturschutz Landschaftspfl. Niedersachs. B, H. 2.2, Hannover.

RINGLEBEN, H. (1989): Gaukler (S. 80). In: Zang, H., H. Heckenroth & F. Knolle (1989): Die Vögel Niedersachsens - Greifvögel. Naturschutz Landschaftspfl. Niedersachs. B, H. 2.3.

RINGLEBEN, H. (1991): Daten zum Mauserzug und zu Mauserstationen des Höckerschwans *Cygnus olor* in Niedersachsen/Bremen. Vogelkdl. Ber. Niedersachs. 23: 66-69.

RUTSCHKE, E. (1995): Biologie, Ökologie und Schutz grünlandbewohnender Vögel. Naturschutzbund Deutschland (NABU), Landesverband Brandenburg e.V., 1. Naturschutztag des Landesverbandes Brandenburg, Naturschutz auf dem Grünland, S. 6-17.

SARTORIUS, K. (1954): Die Uferschnepfe *Limosa limosa* L. (Verbreitung im nordwestdeutschen Flachlande). Oldenbg. Jb. 54: 65-93.

SARTORIUS, K. (1955 a): Der Wespenbussard (*Pernis apivorus*) im norddeutschen Flachlande. Orn. Mitt. 7: 61-69.

SARTORIUS, K. (1955 b): Der Baumfalk (*Falco subbuteo*) im nordwestdeutschen Flachlande zwischen Ems, Weser und Niederelbe. Orn. Mitt. 7: 181-191.

SCHELPER, W. (1986): Grünspecht (S. 129-130). In: Zang, H. & H. Heckenroth (1986): Die Vögel Niedersachsens - Tauben- bis Spechtvögel. Naturschutz Landschaftspfl. Niedersachs. B, H. 2.7.

SCHERNER, E.R. (1978): Silberreiher (S. 70-71). In: Goethe, F., H. Heckenroth & H. Schumann (1978): Die Vögel Niedersachsens und des Landes Bremen. Naturschutz Landschaftspfl. Niedersachs. B, H. 2.1, Hannover.

SCHERNER, E.R. (1980): Der Höckerschwan (*Cygnus olor*) als Brutvogel in Nordwestdeutschland vor 1945. Vogelkdl. Ber. Niedersachs. 12, Sonderheft: 37-43.

SCHERNER, E.R. (1996): Die Bedeutung sozioökonomischer Verhältnisse für den Artenschutz am Beispiel der Haubenlerche (*Galerida cristata*) in Nordwestdeutschland. Ökologie der Vögel 18, H. 1: 1-44.

SCHLOTTER, H. (1927): Der Austernfischer Brutvogel an der Ems. Beitr. Fortpfl. Vögel 3: 168.

SCHLOTTER, H. (1956): Seltene Brutvögel im nördlichen Bourtanger Moor. Beitr. Naturk. Niedersachs. 9: 49-52.

SCHNEIDER, O. (1900): Die Tierwelt der Nordseeinsel Borkum. Abh. Nat. Wiss. Ver. Bremen 16: 1-174.

SCHOENNAGEL, E (1964 a): Thorswassertreter (*Phalaropus fulicarius*) auf Borkum. Orn. Mitt. 16: 40.

SCHOENNAGEL, E. (1964 b): Graubruststrandläufer (*Calidris melanotos*) auf Borkum. Orn. Mitt. 16: 237.

SCHOENNAGEL, E. (1969 a): Kornweihe (*Circus cyaneus*) neuer Brutvogel auf Borkum. Orn. Mitt. 21: 240.

SCHOENNAGEL, E. (1969 b): Gehäuftes Auftreten des Odinswassertreters (*Phalaropus lobatus*) auf der Insel Borkum (Nordsee). Orn. Mitt. 21: 18.

SCHOENNAGEL, E. (1972): Die Vogelwelt der Nordseeinsel Borkum im Lichte säkularer Bestandsveränderungen. Orn. Mitt. 24: 135-152.

SCHOENNAGEL, E. (1974): Bemerkenswerte Brut- und Gastvögel auf Borkum in den Jahren 1972 bis 1974. Orn. Mitt. 26: 191-212.

SCHOENNAGEL, E. (1977): Bemerkenswerte Brut- und Gastvögel der Nordseeinsel Borkum. Orn. Mitt. 29: 143-157.

SCHOENNAGEL, E. (1978): Zur Brutvogelfauna der Nordseeinsel Borkum und Naturschutzgebiet "Lütje Hörn". Orn. Mitt. 30: 22.

SCHOENNAGEL, E. (1980): Der Winter- und Sommervogelbestand der Nordseeinsel Borkum. Orn. Mitt. 32: 283-289.

SCHOTT, W. & J.-H. MÜLSTEGEN: Herausg. der Zeitschr. Saxicola mit avifaunistischen Beobachtungen u. a. aus dem Emsland, zit. u. d. jew. Heft.

SCHRADER, E. (1928): Ostfriesland. Eine Heimatkunde für Schule und Haus. Verl. W. Schwalbe, Emden.

SCHRAMM, A. (1969): Kanadagänse als Wintergäste und Durchzügler in Niedersachsen im Winter 1967/68. Vogelkdl. Ber. Niedersachs. 1: 3-10.

SCHULZ, H. (1947): Die Welt der Seevögel. A. Lettenbauer, Hamburg.

SCHWEIGMAN, A. (1965): Enorme Ansammlung von Alpenstrandläufern und Knutts auf Borkum. Orn. Mitt. 17: 42.

SEITZ, J. (2000): Zur Situation der Wiesenvögel im Bremer Raum. Corax, Sonderheft, im Druck.

SEITZ, J. & K. DALLMANN (1992): Die Vögel Bremens und der angrenzenden Flußniederungen. Bund für Umwelt und Naturschutz Deutschland, Landesverband Bremen e.V., Bremen.

SINDOWSKI, K.-H. (1973): Das ostfriesische Küstengebiet. Inseln, Watten und Marschen. Sammlung geologischer Führer Bd 57, Gebr. Borntraeger, Berlin, Stuttgart.

SOVON (1987): Atlas van de Nederlandse Vogels, Arnhem.

STICHTING WERKGROEP EEMSMOND (1978): Eemsmond grenzenloos. Groningen.

STOLL, F.E. (1948): Vogelleben um Leer. Ostfriesland 31: 61-64.

STRATINGH, G.A. & C.A. VENEMA (1855): De Dollard of geschied-, aardrijks- en natuurkundige beschrijving van dezen boezem der Eems. J. Oomkens, J. Zoon, en R.J. Schierbeek, Groningen.

SÜDBECK, P. (1997): Zum aktuellen Status des Kormorans *Phalacrocorax carbo sinensis* in Niedersachsen - Ergebnisse landesweiter Schlafplatzzählungen sowie Angaben zur Brutbestandsentwicklung. Vogelkdl. Ber. Niedersachs. 29: 63-84.

SÜDBECK, P. (1998): Rotkopfwürger (S. 152-157). In: Zang, H. & H. Heckenroth (1998): Die Vögel Niedersachsens, Bartmeisen bis Würger. Naturschutz Landschaftspfl. Niedersachs. B, H. 2.10.

SÜDBECK, P. (1999): Gastvögel im Wattenmeer: räumliche Verteilung und zeitliches Auftreten (S. 82-83). In: Nationalpark Niedersächsisches Wattenmeer & Umwelt-Bundesamt (1999): Umweltatlas Wattenmeer, Bd 2, Wattenmeer zwischen Elb- und Emsmündung. Eugen Ulmer, Stuttgart.

SÜDBECK, P. & B. HÄLTERLEIN (1997): Brutvogelbestände an der deutschen Nordseeküste im Jahre 1995 - Neunte Erfassung durch die Arbeitsgemeinschaft "Seevogelschutz". Seevögel 18: 11-19.

SÜDBECK, P., B. HÄLTERLEIN, W. KNIEF & U. KÖPPEN (1998): Bestandsentwicklung von Fluß- *Sterna hirundo* und Küstenseeschwalbe *S. paradisaea* an den deutschen Küsten. Vogelwelt 119: 147-163.

SÜDBECK, P. & B. HÄLTERLEIN (1999): Brutvogelbestände an der deutschen Nordseeküste im Jahr 1997 - Elfte Erfassung durch die Arbeitsgemeinschaft "Seevogelschutz". Seevögel 20: 9-16.

TEMME, M. (1989): Über das Vorkommen von See- und Hochseevogelarten vor der Insel Norderney nach Planbeobachtungen. Vogelkdl. Ber. Niedersachs. 21: 54-63.

TEMME, M. (1995): Die Vögel der Insel Norderney. Jordsand Buch 9. Verein Jordsand zum Schutze der Seevögel und der Natur e.V., Ahrensburg.

VON TOLL, E. (1961): Kanadagänse und andere Wasservögel im Leda-Jümme-Gebiet in Ostfriesland. Beitr. Naturk. Niedersachs. 14: 66-68.

VON TOLL, E. (1962): Kanadagänse (*Branta canadensis*) im Winter 1962 in Ostfriesland. Beitr. Naturk. Niedersachs. 15: 40-41.

VON TOLL, E. (1964): Verödete Landschaft. Beitr. Naturk. Niedersachs. 17: 17-18.

VON TOLL, E. (1977): Kraniche (*Grus grus*) auf dem Durchzug bei Leer / Ostfriesland. Vogelkdl. Ber. Niedersachs. 9: 10-11.

VAN TONGEREN, E.L. (1985): Inventarisatie van broedvogels en ganzen van de Dollardkwelders van de Groninger Landschap in relatie met het vegetatie, 1982-1983. Stichting Het Groninger Landschap.

TUCKER, G.M. & M.F. HEATH (1994): Birds in Europe: their conservation status. Bird Life International, Cambridge, U K.

UBBIUS, H. (o.J.): Die Beschreibung Ostfrieslands vom Jahre 1530, o.O. (nach einer Übersetzung aus dem Lateinischen von G. Ohling, Aurich.

VERSLUYS, M., R. ENGELMOER, D. BLOK & R. VAN DER WAL (1997): Vogels van Ameland. Friese Pers Boekerij, Leeuwarden/Ljouwert.

VOET, H. (1983): Het voorkomen van de Regenwulp, *Numenius phaeopus*, op de slaapplaatsen in Belgie tijdens de voorjaarstrek. De Giervalk 73: 313-339.

VOSLAMBER, B. (1989 a): De Kwartelkoning *Crex crex* in het Oldambt: antallen en biotoopkeuze. Limosa 62: 15-21.

VOSLAMBER, B. (1989 b): Foerageer gebieden van de Dollard ganzen. Provincie Groningen, Groningen.

VOSLAMBER, B. (1993): Grauwe Ganzen bij de Dollard: antallen, herkomst en verblijfstijden. In: B. Balten, B. de Bruin, J.B. Hulscher & B. Koks: Avifauna Groningen 1968-1993, De Grauwe Gors 21: 92-98.

VOSLAMBER, B., M. ZIJLSTRA, J.H. BEEKMAN & M.J.J.E. VAN LOONEN (1993): De trek van verschillende populaties Grauwe Ganzen *Anser anser* door Nederland: verschillen in gebiedskeuze en timing in 1988. Limosa 66: 89-96.

VOSS, E. (1994): Brutvogelbestandsaufnahme auf dem Petkumer Deichvorland 1993. Beitr. Naturk. Niedersachsens 47: 39-41.

WANDSCHNEIDER, J. (1967): Zur Frage der freien Wasserjagd im Wattenmeer. Niedersächsischer Jäger 7: 136-138.

WEIGOLD, H. (1937): Der weiße Storch in der Provinz Hannover. Oldenburg i. O., G. Stalling (Schriftenreihe des Niedersächs. Heimatschutzes).

WERKGROEP DOLLARD (1974): Dollard, portret van en landschap, Harlingen.

WERKGROEP EEMSMOND/NATURSCHUTZBUND (1992): Eemswijzer/Emsweiser. Groningen.

WINKEL, W. & H. ZANG (1998): Kohlmeise (S. 78-90). In: Zang, H. & H. Heckenroth (1998): Die Vögel Niedersachsens und des Landes Bremen, Bartmeisen bis Würger. Naturschutz Landschaftspfl. Niedersachs. B, H. 2.10.

WÜBBENHORST, J. (2000): Verteidigungsverhalten von Wiesenlimikolen gegen Prädatoren aus der Luft. Vogelwelt 121: 39-44.

WYMENGA, E., M. ENGELMOER, C.J. SMIT & T.M. VAN SPANJE (1990): Geographical breeding origin and migration of waders wintering in West Africa. Ardea 78: 83-112.

ZANG, H. (1986): Straßentaube (S. 18-24), Hohltaube (S. 25-31) u. Schwarzspecht (S. 131-137). In: Zang, H. & H. Heckenroth (1986): Die Vögel Niedersachsens - Tauben- bis Spechtvögel. Naturschutz Landschaftspfl. Niedersachs. B, H. 2.7.

ZANG, H. (1989): Habicht (S. 118-134), Sperber (S. 134-147), Mäusebussard (S. 148-169) u. Turmfalke (S. 188-203). In: Zang, H., H. Heckenroth & F. Knolle (1989): Die Vögel Niedersachsens - Greifvögel. Naturschutz Landschaftspfl. Niedersachs. B, H. 2.3.

ZANG, H. (1991): Lachmöwe (S. 51-80), Tordalk (S. 186-187), Gryllteiste (S. 188) u. Krabbentaucher (S. 188-189). In: Zang, H., G. Großkopf & H. Heckenroth (1991): Die Vögel Niedersachsens, Raubmöwen bis Alken. Natursch. Landschaftspfl. Niedersachs. B, H. 2.6.

ZANG, H. (1995): Austernfischer (S. 20-38), Stelzenläufer (S. 39-41), Seeregenpfeifer (S. 80-92), Graubruststrandläufer (S. 152-154), Bekassine (S. 195-208), Doppelschnepfe (S. 209-211), Regenbrachvogel (S. 233-236), Flußuferläufer (S. 286-296) u. Steinwälzer (297-301). In: Zang, H., G. Großkopf & H. Heckenroth (1995): Die Vögel Niedersachsens, Austernfischer bis Schnepfen. Naturschutz Landschaftspfl. Niedersachs. B, H. 2.5.

ZANG, H. (1998): Pirol (S. 114-119) u. Neuntöter (S. 120-132). In: Zang, H. & H. Heckenroth (1998): Die Vögel Niedersachsens, Bartmeisen bis Würger. Naturschutz Landschaftspfl. Niedersachs. B, H. 2.10.

ZANG, H. & H. SCHUMANN (1986): Ziegenmelker (S. 99-106). In: Zang, H. & H. Heckenroth (1986): Die Vögel Niedersachsens - Tauben- bis Spechtvögel. Naturschutz Landschaftspfl. Niedersachs. B, H. 2.7.

ZENTRALE FÜR WASSERVOGELFORSCHUNG UND FEUCHTGEBIETSSCHUTZ IN DEUTSCHLAND (1993): Die Feuchtgebiete internationaler Bedeutung in der Bundesrepublik Deutschland. Münster, Potsdam, Wesel; 232 S.

ZWARTS, L. (1990): Increased prey availability drives premigration hyperphagia in Whimbrels and allows them to leave the Banc d'Arguin, Mauretania, in time. Ardea 78: 279-300.

Verzeichnis der behandelten Vogelarten

Begriffserklärungen

Abrasion	flächenhafte Abtragung durch die Brandung an der Küste
Ästuar	trichterförmige Flussmündung im Gezeitenbereich
Basistorf	Torf im Untergrund
Biotop	Lebensraum aller Pflanzen- und Tierarten in einem bestimmten Gebiet
Blänke	flache Wasserstelle im Heller oder Grünland
boreal	im nördlichen Klimabereich lebend, z.B. Nadelwald
Brackwasser	Gemisch aus Süß- und Salzwasser (0,5-30 ‰ Salzgehalt)
Bruchwald	Verlandungszone von Seen, meist aus Erlen und Weiden bestehend
Bult	buckelartige, gras- oder moosbewachsene Erhebung im Moor
Darg	Niedermoorboden unter einer Kleidecke
Deichberme	schwach geneigter Randstreifen am Deichfuß
Dollard bzw. Dollart	Schreibweise im Text: Dollard = niederländischer Teil, Dollart = deutscher Teil bzw. Gesamtdollart
Eutrophierung	Nährstoffanreicherung
Fehn	Moorsiedlung an einem Kanal (Fehn, Venn = Moor)
Frosttag	Tag, an dem die Temperatur unter 0°C sinkt
Gradation	Massenvermehrung, z.B. bei Mäusen (eigentlich Steigerung)
Grüppe	kleiner Graben im Heller oder Grünland
Habitat	Lebensraum einer Tierart oder eines Organismus
Halophyt	Pflanze auf salzhaltigem Boden, meist im Wattenmeer
Hammrich	Meedenlandschaft (ostfries.)
Heller	Deichvorland (ostfries.)
Holozän	Nacheiszeit, Postglazial, frühere Bez.: Alluvium
Immission	Eintrag von Luftverunreinigungen in die Böden
Kwelder (ndl.)	Deichvorland, Heller
Lahnung	niedriger Damm aus Buschwerk oder Beton zum Schutz des Hellers

Limikolen	Vogelgruppe der Regenpfeifer, Schnepfenvögel und verwandte Arten
marines Watt	Watt mit Meersalzgehalten von 30-35 ‰
Median	Datum, an dem die Hälfte einer Gastpopulation durchgezogen ist
Meede	tiefgelegene Mähwiese oder Mähweide
Monitoring	langfristige Untersuchung eines wissenschaftlichen Phänomens, z.B. die Bestandsentwicklung einer Art
Morphe	besondere Form, Gestalt oder Farbe einer Art
pelagisch	im freien Wasser oder an ozeanischen Inseln lebend
Pentade	Zeitraum von 5 aufeinanderfolgenden Tagen
Phänologie	Lehre von den Erscheinungen, Verlauf des zeitlichen Auftretens
Pleistozän	Eiszeitalter, frühere Bez.: Diluvium
Prädation	Ergreifen von Beute durch einen Prädator
Priel	Wasserlauf im Wattenmeer
Ramsar-Gebiet	Gebiet, mit mind. 1% einer Wat- bzw. Entenvogelpopulation Internationales Abkommen über Feuchtgebiete, 2.02.1971, Iran
Ruderalfläche	Schutt- und Abladeplatz
scharliegender Deich	Deich ohne Vorland
Schill	angetriebene Schalen toter Muscheln
Schluff	Ton mit Teilchengrößen von 0,2-20 µm
Sietland	tiefgelegenes Wiesen- oder Weideland, oft unter dem Meeresspiegel
"Stummer Frühling"	Buchtitel von Rachel L. Carson (1962), heute: geflügeltes Wort für Rückgang oder Verschwinden von Tierarten
Teek	bei Hochwasser am Deich angeschwemmtes Treibgut (Treibsel)
Tief	größerer Wasserlauf (Vorfluter) in der Marsch
Tragkapazität	Aufnahmefähigkeit eines Habitats für eine Art
Trittstein	Rastplatz der Zugvögel u.a. zum Aufbau der Fettreserven
Verleiten	Sich-Lahmstellen zum Fortlocken des Feindes vom Gelege / Nachwuchs

Watvögel	Limikolen
windhöffig	windreich genug für die Anlage von Windkraftwerken

Quellennachweis
Fotos:
H. Buschmann: 64
K. Gerdes: 26, 57, 63, 65 jeweils oben
A. Haken: 65 unten, 66, 159 unten, 168, 171 oben, 180, 197 unten, 205 unten
B. Hofmann: 60 unten
E. Meyer: 67 unten, 68-71, 82, 89, 122, 128, 171 unten, 183, 197 oben, 205 oben, 211, 233, 243, 265
H. Unkel: 56 oben, 57 unten
E. Voß: 20, 26 unten, 56 unten, 58, 59, 60 oben, 61, 62, 63 unten, 67 oben, 145, 159 oben, 227

Karten: 1. Karte von Nordwestdeutschland 1 : 86.400 von v. Le Coq (1797-1813) - Sektion 3 und 2. Regionalkarte 1 : 100.000 - Blatt 1 (Ostfriesland). Vervielfältigt mit Erlaubnis des Herausgebers: LGN - Landesvermessung + Geobasisinformation Niedersachsen - 52-2511/00.

Eine Auswahl aus unserem Verlagsprogramm

Jürgen Byl / Elke Brückmann
Ostfriesisches Wörterbuch
Plattdeutsch-Hochdeutsch
168 Seiten, Efalin kart.

Walter Deeters
Kleine Geschichte Ostfrieslands
108 Seiten, Efalin kart.

Enno Eimers
Kleine Geschichte der Stadt Leer
124 Seiten, Efalin kart.

Johann Haddinga
Das Buch vom ostfriesischen Tee
178 Seiten, Efalin kart.

Hermann Lübbing
Friesische Sagen von Texel bis Sylt
Nachdruck der Ausgabe Jena 1928
291 Seiten, Efalin geb.

W. Lüpkes
Ostfriesische Volkskunde
Nachdruck der 2. durchges. u. erw. Auflage Emden 1925
398 Seiten, Efalin geb.

F.J. Mueller (Hrsg.)
Ostfriesland. Bilderbuch einer Landschaft
Grafik von Ludwig Kittel, Ernst Petrich, Alf Depser
25 Seiten Text und 67 Seiten Abbildungen, Hln. geb.

T.X.H. Pantcheff
Der Henker vom Emsland
Dokumentation einer Barbarei am Ende des Krieges 1945
244 Seiten, Efalin kart.

Wiard Raveling
Die Geschichte der Ostfriesenwitze
128 Seiten, Efalin kart.

Theo Schuster
Jan un Greetje. Ostfriesische Vornamen
92 Seiten, Efalin kart.

Theo Schuster
Plattdeutsches Schimpfwörterbuch
für Ostfriesen und andere Niederdeutsche
262 Seiten, Efalin geb.

Wolfgang Schwarz
Die Urgeschichte in Ostfriesland
215 Seiten, Efalin kart.

Dieter Simon
Das Kriegsende 1945 in Leer
80 Seiten mit 54 Abb., Efalin kart.

Cirk Heinrich Stürenburg
Ostfriesisches Wörterbuch
Unveränderter Nachdruck der Ausgabe Aurich 1857
358 Seiten, Efalin geb.

Gernot de Vries
Ostfriesisches Wörterbuch
Hochdeutsch-Plattdeutsch
445 Seiten, Efalin geb.

Verlag SCHUSTER, Postfach 1944, 26769 Leer